Cocina de la familia

MÁS DE 200 RECETAS AUTÉNTICAS DE LAS
COCINAS CASERAS MÉXICO-AMERICANAS

MARILYN TAUSEND *con* MIGUEL RAVAGO
Traducido por PILAR BARNARD BACA *y* CARMEN BARNARD BACA

Libros en Español
Simon & Schuster

SIMON & SCHUSTER
LIBROS EN ESPAÑOL
Rockefeller Center
1230 Avenue of the Americas
New York, NY 10020

Los reconocimientos de los permisos comienza en la página 399.

Diseño de Bonni Leon-Berman
PRODUCIDO POR K&N BOOKWORKS INC.

Hecho en los Estados Unidos de América

10 9 8 7 6 5

Datos de catalogación de la Biblioteca del Congreso.
Tausend, Marilyn.
Cocina de la familia : más de 200 recetas auténticas de las cocinas caseras México-Americanas / Marilyn Tausend con Miguel Ravago ; traducido por Pilar Barnard Baca y Carmen Barnard Baca.
p. cm.
Includes bibliographical references and index.
ISBN 0-684-85259-4
1. Mexican American cookery. I. Ravago, Miguel. II. Title.
TX715.2S69 T383 1999
641.59'26872073–dc21

Para

Ed Lewis y Fredric Tausend

Sin estos dos hombres en mi vida,
no existiría este libro.

Mi padre me imbuyó de una curiosidad hacia todas las comidas y un profundo respeto hacia aquellos que hacían un banquete con escasos recursos. Mi esposo reavivó mi amor por México y su influencia aparece en cada página.

M.L.T.

Reconocimientos

Cocina de la familia es más bien un relato histórico de cocina que un libro de cocina. Si fuera una producción para el teatro, habría un elenco de más de cien méxico-americanos y un méxico-canadiense a los cuales aplaudir. Y lo hago—de todo corazón. Ellos son las voces en sus propias historias; yo sólo las he plasmado en papel. Las páginas de este libro reconocen mi agradecimiento a todos los que hicieron una contribución.

Mi habilidad para interpretar sus recetas está basada en el conocimiento que he adquirido durante más de una década de aprendizaje con un sinnúmero de cocineros en todo México. En tantas instancias al entrevistar a alguien en los Estados Unidos y al descubrir que provenían de una región específica de México, yo podía decir que había estado en ese pueblo o ciudad, había comido los platillos regionales y en varias ocasiones, hasta conocía los mismos cocineros.

Diana Kennedy me reveló las maravillas de la cocina mexicana, como lo ha hecho para tantos. De ella aprendí a respetar la honestidad e integridad de la cocina mexicana y adquirí un conocimiento de sus dimensiones del sabor. Rara vez cocino un platillo mexicano sin hacer caso de sus muchas advertencias de procedimiento. "Querida, no hiervas los nopales hasta el cansancio". O, "No le acabes el sabor enjuagándolo—cada gérmen se va a morir de todos modos una vez que lo cocinemos". Gracias, Diana, por compartir tu conocimiento y amistad conmigo.

Mi agradecimiento cariñoso para Susy Torres en Puerto Ángel, Oaxaca, miembro de mi "segunda familia" quien viajó conmigo durante parte de mi investigación y actuó como intérprete cuando era necesario, y para Carmen Barnard, mi amiga y socio en Morelia, Michoacán, quien me alegró mandándome contínuamente juegos de palabras y dibujos humorísticos a través de fax, y por su sabiduría poco convencional.

A cualquier parte adonde iba, era bienvenida en los hogares de amigos viejos y nuevos. Me dieron albergue, buenas comidas y compañía. Así que, gracias, Rosie y Don Price en Idaho; Claire Archibald en Oregon; Mary Jo Heavey y Lupe Peach en el estado de Washington; Mario y Diane Montaña, Rusty Mitchell en Colorado; Joe y Elena Kurstin en Florida; Angelita Espinosa en Michigan; Rick y Deann Bayless en Illinois; Shirley King en Nueva York; Jeannaine Brookshire en Arizona; Park Kerr en Texas; Bill y Cheryl Jamison en Nuevo México; y Bernadette Gutierrez, Nancy Zaslavsky, Peg Tomlinson, Kirsten West y Kurt y Kitty Spataro en California. Quiero darles las gracias a todos—así como a tantos otros quienes a manos llenas compartieron sus perspicacias e información conmigo.

Si un libro de cocina va a ser útil, entonces las recetas deben ser precisas y fáciles de entender. Mientras que Miguel y yo pusimos a prueba y probamos muchos, muchos platillos antes de seleccionar los que se convirtieron en parte de esta colección, hubo un círculo informal de cocineros quienes, durante más de un año, probaron con diligencia y repetidamente cada receta. Deseo expresar mi profundo agradecimiento a estos voluntarios: Renée Downey, Doris Evans, Marilyn Farrell, Albert Furbay, Joan Wickham, Allen y Suzanne Peery, Claire Archibald, Shelly Wiseman, Amy Neal, Darcy Clark, Jessica y Bill Baccus, Nancy Leushel, Kelly Martin, Maria McMahon, Jeff Pilcher, Terri Pomerenk, Rusty Mitchell, Dane y Wendy Henas, Nancy Irwin, Shirley King, David y Margaret Juenke y Corinne Hagen.

Antes de empezar este libro, nunca había apreciado el papel de un agente. Maureen y Eric Lasher han sido indispensables, trabajando conmigo durante varios años y a través de muchos borradores, hasta que todos quedamos satisfechos. Luego, los Lasher me encontraron una empresa editorial con una editora, Sydny Miner, con cantidades iguales de entusiasmo, destreza y paciencia. Gracias.

Soy una de esas criaturas raras que escriben todo a mano en papel tamaño oficio. Lo único que me salva es mi ayudante, Carole Jordan, quien por unos treinta años, ha estado descifrando mis garabatos y, con ayuda de su madre, Gwen Jordan, una correctora de pruebas para periódico jubilada, poniéndolo en forma correcta.

Tengo una deuda especial con Miguel Ravago, un méxico-americano de segunda generación. Por más de veinte años, fue el copropietario y chef de Fonda San Miguel en Austin, Texas, uno de los restaurantes mexicanos más finos en los Estados Unidos. Estábamos juntos cuando mi agente y yo primero exploramos la posibilidad de este libro y Miguel inmediatamente y de todo corazón ofreció su inapreciable ayuda. Cocina de la familia ha estado naciendo durante cuatro largos años. Durante todo este tiempo, trabajamos armoniosamente a pesar de las miles de millas de distancia. En muchas ocasiones, ambos estábamos preparando la misma receta al mismo tiempo y nos consultábamos a través del teléfono y fax. La vasta experiencia que tiene Miguel en la preparación de comida mexicana sabrosa y sus pruebas exigentes me dieron la constante seguridad de que andábamos por buen camino.

Por más de un año, mi hija Sara McIntyre abrió la puerta todos los días con un "Buenos días, Mamá" generoso y lleno de alegría y se ponía a lavar la acumulación constante de ollas y cazuelas y a recoger los deshechos de mi cocina. Fue la tarea más ingrata de todas y, sin embargo, fue el optimismo interminable de Sara el que me alentó a seguir adelante—de probar solamente un platillo más, de verificar un dato más o de volver a escribir una página más—aun cuando estaba yo más allá del deseo de continuar.

M.L.T.

Qué bonita es la vida cuando nos da de sus riquezas.

De niño pasé innumerables horas en la cocina viendo a mi abuela maravillosa, Guadalupe Velásquez, preparar platillos tradicionales mexicanos mientras me contaba las viejas historias familiares de cuando era una niñita en México. Me transmitió el conocimiento de esta gran cocina así como el orgullo de mi herencia. Cambió mi vida para siempre. Sin sus riquezas, nunca me hubiera hecho chef. ¡Gracias, Abuelita!

También quiero dar las gracias a toda mi familia—mi querida madre, Amelia Galbraith; mi hermana, Betty Saenz; mi tía Linda Mendivil; y mi prima Dina Mendivil Lansdell—por su contribución y apoyo y por ser simplemente la mejor familia del mundo.

Nushie Chancellor, quien me dio mucho de su tiempo al probar recetas conmigo, quien me ayudó con su conocimiento y grandes consejos de la cocina mexicana y quien trajo tanta diversión a mi cocina todo el tiempo que estuvimos trabajando, gracias.

Meras palabras no pueden expresar mi agradecimiento por toda la ayuda que recibí desde el principio de parte de mi querido amigo Phillipe Mercier durante la preparación de este libro y por su apoyo poderoso cuando atravesé por tiempos difíciles este año pasado. Gracias.

Y a las familias méxico-americanas que ayudaron a hacer este libro, gracias a todos.

M.R.

Contenido

Introducción

Durante la mayor parte de los últimos tres años, he viajado a través de los Estados Unidos hablando con cientos de cocineros mexicanos y méxico-americanos, oyendo sus historias y coleccionando sus recetas. Rara vez estaban escritos los ingredientes o las instrucciones, pero aprendí al ver, escuchar y hablar. Cocina de la familia es la historia de todos estos cocineros—todos quienes han adaptado los platillos familiares y las tradiciones que ellos recuerdan de su pasado, para acomodar una vida considerablemente distinta a las vidas de sus padres y abuelos.

Ésta es una transición que merece ser entendida. Nuestras costumbres de comer cambian según cambia la sociedad. La mayoría de los cocineros caseros, ya sea en México o en cualquier otro lado del mundo, eran mujeres que lo hacían por necesidad y no por un impulso creativo. Lo que cocinaban procedía de un conocimiento transmitido de una generación a otra más que por un gusto individual.

Los cocineros mexicanos de hoy podran usar aceite en vez de manteca, jitomates enlatados en vez de frescos o un procesador de alimentos en vez de moler sobre un trozo de piedra volcánica, pero la comida es el hilo que todavía los une a su pasado. María, quien vive y trabaja en Sacramento, California, pero cuya familia es de un pequeño pueblo cerca de Guadalajara, lo explica de la mejor manera: "En nuestra cultura, la comida *es* mucho más que alimento. Nos conecta. No sólo se sirve durante una celebración, es una celebración".

Es esta celebración de la comida—el espíritu mismo del país—la que he tratado de enfocar en estas recetas contemporáneas de las cocinas méxico-americanas. Creo que es importante hacer hincapié en el hecho de que uso la palabra "contemporánea" para decir comida verdadera consumida diariamente por familias méxico-americanas, sin importar si viven en ciudades tales como Los Ángeles or Chicago, en los pueblos fronterizos de Texas o Arizona, en comunidades granjeras en el "Pacific Northwest", o en las aldeas aisladas de Nuevo México y el sur de Colorado. Esta es comida que tiene sus raíces en la tierra prehispánica de México, pero que se ha establecido, ha sobrevivido y ha florecido en este mundo moderno.

No soy mexicana de nacimiento, herencia o ciudadanía. Pero mi relación con la comida de México abarca más de medio siglo. Mi padre era lo que llaman un distribuidor de productos alimenticios de "carro", lo cual significa que él compraba productos alimenticios tales como cebollas, papas y cítricos de los campos y huertos y los vendía por carros ferroviarios a mayoristas en Chicago y Nueva York. Por necesidad, crecí siguiendo el ciclo rítmico de las temporadas de cosecha a través del suroeste de Texas, el Valle Central de California y el sur de Idaho. En las noches, dormía en hoteles y moteles y aprendí cosas sobre la comida al compartir alimentos con los trabajadores itinerantes mexicanos y méxico-americanos.

Debo haber despertado la naturaleza maternal apasionada de las mujeres mexicanas al seguir a mi papá entre los campos. Sin importar que vivían en automóviles y cocinaban sobre un quemador de gas butano, me mostraron su compasión de la mejor manera que podían: al compartir conmigo los sabores y texturas de sus comidas—y de sus vidas. Cuando tenía unos once años, creo, trabajé en la cosecha con mis amigos méxico-americanos. Me enseñaron la manera más rápida de cortarle la parte superior a las cebollas para que dieran semilla, cómo pizcar duraznos de lo alto del árbol sin caerme de la escalera y cómo deshierbar el maíz sin perturbar las raíces. Luego, compartieron su comida del mediodía conmigo. Recuerdo las gruesas tortillas envolviendo un guiso de carne oloroso a chile, todo amarrado en un paliacate y puesto en la sombra hasta la hora de comer. Mis manos eran pequeñas y tenía que hacer varios intentos hasta que pudiera inclinar las tortillas enrolladas, haciendo curva con los dedos en la punta extrema para que no se le saliera la salsa y corriera por mi barbilla.

Recuerdo una familia grande que parecía compuesta de puros hombres de todos los tamaños y edades. Seguido traían un bote de café grande y rojo lleno de tortas de papa hechas con mucho queso esponjoso, tibias pero todavía crujientes. Las apilábamos con una salsa hecha de jitomates recién cortados, tan maduros que se partían al picarlos con la uña. Los jitomates, una cebolla blanca lechosa y chiles muy pequeños muy hostiles eran picados juntos sobre la tapadera del bote con un cuchillo pequeño y filoso. Comíamos sentados junto a la acequia, pateando los pies en el agua que se movía lentamente y chapoteándonos para refrescarnos.

Todavía recuerdo una niña, como de mi edad, tendiendo una cama de cobijas viejas en el asiento trasero de un viejo Ford destartalado, luego acostando a un niño pequeño y arrullándolo con un abanico de hojas de maíz. Una mujer con cara de luna llena siempre tenía un nuevo bebé con ella cada año—siempre apretadamente envuelto en un rebozo color obscuro mientras ella agachada deshierbaba arriba y abajo en los surcos. Ésta fue mi primera imágen consciente de una madre amamantando, la leche chorreando alrededor de la boca del bebé y el sudor corriendo por el cuello y pecho al descubierto de la mujer. Admiré los hombres con sus brazos musculosos y conocí la envidia cuando alguno se detenía junto a su mujer y tranquilamente le acariciaba el cuello. Lo vi todo, absorbiendo el amor que sentía alrededor de mí. También fue entonces que empezé a identificar a la comida mexicana con ese balance poco usual de contento y emoción.

Décadas después, cuando ya había criado a mi propia familia en comunidades principalmente escandinavas y yugoeslavas, me propuse volver a descubrir estas comidas de mi pasado.

Ciertamente no se estaban sirviendo en los restaurantes de cadena mexicanas que aparecían por todos los centros comerciales cerca de donde vivíamos. Comenzé a pensar que no existían más que en mi memoria.

Parecía lógico comenzar la búsqueda en México mismo. E, igual que Colón, encontré un mundo culinario que no sabía que existía—uno mucho más grande y variado de lo que me había imaginado. Cuan más viajábamos y gustábamos, mi esposo Fredric y yo, más feliz me ponía.

Muy temprano en la búsqueda, tuve la fortuna de hacer amistad con Diana Kennedy, quien quizás es la experta viva más importante en la cocina tradicional de México. Bajo su orientación, empecé a reconocer los ingredientes y técnicas de cocina comunes por todo el país e, igual de importante, a buscar y entender las características divergentes de la comida regional. Estaba intrigada por todos los platillos pero siempre me quedaba pensando dónde podría encontrar unos similares en los Estados Unidos si no que los preparara yo misma.

La respuesta llegó cuando estaba yo en Oaxaca compartiendo una cena tardía con Emilia Arroyo de Cabrera, una amiga de varios años. Su mesa de comedor tenía un tazón—los mismos tonos tierra vidriosos por el sol que las laderas resecas—lleno de un caldo transparente. Zarcillos de plantas de calabaza tiernas estaban enredados entre los trozos sumergidos de maíz amarillo pálido, los granos todavía pegados y circundando el olote. Un platón tenía cuajadas de huevo revuelto cortadas por rayas de flores de colorín rojo vívido. Había dos salsas, una roja y una verde, y un cesto de tortillas de maíz, pecosas por el calor del comal.

La madre de Emilia había preparado esta cena satisfaciente igual que como había preparado la mayoría de la comida de la familia. Aunque un alimento sencillo, los contrastes visuales de color y textura, los sabores harmonizantes de los ingredientes frescos de temporada y el aroma que llenaba el cuarto lo hicieron muy especial.

Después de cenar, me senté en el sofá con Aurora, una de las hijas de Emilia, que recién se había casado con un tejano. Cuando, de manera informal, le pregunté qué cocinaba en su nuevo hogar, me contestó: "Los platillos que aprendí de mi abuela, claro".

"Los platillos que aprendí de mi abuela" fue el punto de partida para mi nueva investigación culinaria—una que me llevaría por todos los Estados Unidos y adentro de las cocinas de muchos méxico-americanos como Aurora. Me propuse descubrir cómo 13 millones de ciudadanos de los Estados Unidos de herencia mexicana—aquellos de primera, segunda, tercera y hasta octava generación—estaban creando sus platillos tradicionales.

Encontré que los ingredientes autóctonos de México—principalmente maíz, frijoles, chile y jitomates—continúan siendo la base de toda cocina mexicana. Las calabazas, el guajolote y el aguacate son tan importantes ahora como lo fueron en los tiempos cuando Cortés aterrizó en México. Igual de importantes son el arroz y el trigo, así como los muchos tipos de frutos cítri-

cos y todos los diferentes animales de cría y sus productos, incorporados a la cocina por los españoles. Ante tanto las oportunidades como las restricciones del mundo de hoy en día, lo que ha cambiado es el uso de equipo y productos que ahorran tiempo, la introducción de muchas otras influencias étnicas y un énfasis en comer de manera más saludable.

Ésta era una manera de cocinar que yo quería conocer mejor y luego compartir. Les pedí a estos cocineros sus recuerdos de sabor acumulados. Comí y cociné con ellos, observando cómo modificaban las comidas de recuerdo tradicionales y las entretejían en la tela de sus vidas diarias.

En Los Ángeles descubrí un platillo inusual de pollo con una salsa de ciruela pasa y uva pasa; su sabor estaba realzado con chile chipotle y calmado con Coca-Cola. Desde Miami, pasando por Guanajuato, vinieron rústicas enchiladas tradicionales junto con trozos de zanahoria y papa ensalsadas con chile. Pero en Detroit un cocinero, más consciente de la dieta, sustituyó tofu, espinacas y yogur. En Illinois, una cocinera añadió chocolate al tradicional arroz con leche mexicano, y la mostaza realzó un salpicón de res en El Paso. La lista sigue y sigue.

La mayoría de las recetas son bastante sencillas, mas aun los platillos más complejos—los moles o los tamales—se pueden hacer por etapas. Deberán ser fáciles de conseguir los ingredientes a menos que sea un producto fuera de temporada. En tal caso, figurará en la lista un sustituto.

Por todos mis viajes, descubrí un tema consistente: durante los muchos años en que los mexicanos se hicieron méxico-americanos, ya sea a través de la anexión o por la inmigración y en tiempos de discriminación y distanciamiento, mantuvieron vivo su pasado en sus hogares a través de las historias que contaron y la comida que cocinaron. Por dondequiera que fui, vi cómo la familia ha jugado un papel importante para la mayoría de los méxico-americanos como defensa en contra de una sociedad a menudo indiferente, hasta hostil, y la familia se extiende hasta incluir abuelos, tías, tíos y primos, parientes consanguíneos o políticos. Es a través de esta familia extendida que las costumbres y herencia culinaria mexicanas se están preservando.

Muchos expertos dicen que la cocina casera se está volviendo obsoleta. Más de nosotros tenemos el con qué para comer fuera a menudo o, si tenemos prisa, para comprar comida ya hecha, pero luego nos damos cuenta de que estas comidas producidas en masa rara vez satisfacen: les falta corazón. Las condiciones que crearon las recetas en este libro no se pueden duplicar, pero aquellas personas que usen las recetas conocerán el orígen de los platillos, la historia y la tradición detrás de éstos, quiénes los preparan y consumen hoy en día y cómo recrear los platillos en sus propias cocinas para disfrutar con sus propias familias.

Técnicas básicas de la cocina méxico-americana

ASAR, TOSTAR, CHAMUSCAR Y AVINAGRAR

La mayoría de los sabores vibrantes y texturas rústicas de la comida mexicana son creados usando unas cuantas técnicas básicas que, al parecer, no han cambiado a través de los siglos, ya sea si vive el cocinero o cocinera en Acapulco, Guerrero o Albany, Nueva York. También hay algunos utensilios útiles, aparatos y equipo de cocina que la mayoría de los cocineros méxico-americanos encuentran esenciales.

EL EQUIPO

Para moler, mezclar y procesar los ingredientes

La preparación de la comida mexicana requiere de mucha mano de obra. Durante siglos, los ingredientes que tenían que ser pulverizados o picados eran molidos a mano en un molcajete de piedra tallada. Cuando la licuadora fue introducida a los cocineros mexicanos, fue recibida con júbilo y hoy en día hay muy pocas cocinas en ese país sin una de ellas. La duradera licuadora reduce rápidamente las nueces y semillas, chiles remojados y jitomates a la consistencia apropiada para salsas sin grumos, con un poco de agua agregada.

El procesador de alimentos, que es más versátil (y más caro), puede simplificar la tarea de picar pero no puede reemplazar a la licuadora para hacer puré. Sin embargo, lo que sí puede hacer es hacer una salsa muy satisfactoria con un breve y cuidadoso giro de las hojas.

Para crear la textura gruesa que se necesita para las salsas y el guacamole, muchos cocineros méxico-americanos todavía muelen los ingredientes en un molcajete. Se usa este cuenco de piedra volcánica gris o negra de tres patas como mortero con una mano (tejolote/metlapil) hecha del mismo material de superficie áspera. La punta más chica debe caber en la palma de su mano, usando la muñeca para girarla. Para Estella Ríos-Lopez de El Paso, Texas, el artículo de mayor valor que posee es el molcajete centenario de su bisabuela. Como dijo otra mujer joven en Chicago: "Además de ser tan útil, se ve mucho más atractivo sobre mi encimera que un procesador de alimentos y puedo servir directamente de mi molcajete."

Busque su propio molcajete en las tiendas de barrios mexicanos o tráigase uno de un viaje a México. Deberá tener el color más obscuro posible y poros muy pequeños. Para no moler piedra en sus salsas, primero ponga un puño de arroz crudo y muélalo con el tejolote hasta que se haga polvo. Enjuague el molcajete y repita el proceso tres o cuatro veces hasta que no se vea arenilla mezclada con el arroz. Entonces está listo para usarse.

Al hacer una salsa, siempre comience con los ingredientes más sólidos, girando la mano hasta que estén pulverizados. Luego agregue los más suaves y continúe moliendo hasta que la mezcla llegue a la consistencia deseada. También es útil el molcajete para moler ciertas comidas a una consistencia áspera, tales como los chiles secos de piel más dura, el maíz fresco o la carne.

Las especias despiertan sus sentidos olfactorio y gustativo y son un elemento indispensable en la cocina méxico-americana. Para asegurar una mezcla bien balanceada y altamente aromática, es importante usar especias recién molidas. Aunque yo todavía utilizo mi molcajete para moler cantidades pequeñas, en estos días no podría vivir sin mi molino eléctrico de café o especias. El molino de especias también es útil para moler nueces y semillas para moles y pipianes. Si es posible, no use el mismo molino para moler su café, ya que el sabor agresivo de las especias siempre parece perdurar. La mejor manera que he encontrado para limpiarlo es moler un cuarto de taza de arroz blanco en el tazón, tirarlo y limpiar cualquier polvo que quede con una toalla de papel.

Para remover, cocinar, estirar y prensar

Yo no tengo una batidora para uso industrial con todos sus accesorios, como la KitchenAid, pero sé que sería útil para batir e incorporar aire en la masa de tamal. Yo todavía utilizo una batidora de mano más pequeña para batir claras de huevo y uso cucharas de palo y espátulas largas, sin punta, para casi todo lo demás.

En México, se utilizaría un comal de barro o de metal delgado sobre una llama para cocer tortillas, para tostar ingredientes secos tales como semillas y chiles secos, y para asar chiles frescos, ajo, cebolla y jitomate. La mayoría de los cocineros méxico-americanos que yo conozco usan una plancha o un sartén pesado de hierro fundado para estos propósitos.

Las salsas mexicanas se doran rápido a fuego alto, así que cacerolas de fondo grueso son esenciales. Yo uso el mismo sartén de hierro fundado de diez pulgadas que me dio mi madrastra en 1951. Me gusta pensar que está ennegrecida y gruesamente encrustada con los recuerdos de las mejores comidas que he cocinado. Con un sartén tal, otros similares en tamaños más pequeños y una olla grande de hierro fundado pesada, tendrá Ud. la mayoría del equipo de cocina que se necesita para preparar un pipián o un mole. También recomiendo muchas de las cazuelas de barro españolas o mexicanas que, aunque se pueden romper, son ideales para cocinar y servir porque se calientan parejo y mantienen el calor por buen rato. Una cazuela de peltre con tapadera es otro tipo de equipo de cocina de uso útil y versátil. Para enchiladas y otros platillos con tortilla, las fuentes refractarias poco profundas de cerámica o barro son muy útiles. Los refractarios marca Pyrex pueden ser usados, pero no son tan atractivos para llevar directamente a la mesa.

Debe Ud. tener por lo menos una olla grande para frijoles, caldos y estofados; a mí me gusta usar una olla de barro mexicana, grande y redonda con un cuello bastante angosto. Puede que sea mi imaginación, pero creo que el barro le imparte un sabor tradicional que favorezco. También la uso para hacer café de olla, un café especial infundido con especias. Hoy día, casi todo mundo en los Estados Unidos parecen usar *stockpots* regulares de metal, ollas grandes de hierro, o cacerolas grandes para esos platillos. Pueden ser más prácticas, pero ciertamente no son tan atractivas para tener a la vista.

Los tamales son el único otro platillo tradicional que requiere de una olla especial para cocinarlos. No necesita una auténtica vaporera para tamales—cualquier olla grande con tapadera que cierre bien funcionará. He visto una gran variedad de improvisaciones que han cocinado los tamales al vapor hasta la textura y consistencia deseadas por la cocinera. Lo que se necesita es una rejilla perforada que pueda ser apoyada por lo menos dos a tres pulgadas sobre el fondo de la olla para que una buena cantidad de agua pueda hervir a fuego lento debajo creando vapor que envolverá a los tamales. Para cantidades muy pequeñas o para recalentar tamales una vaporera de aluminio perforada o de bambú es perfecta.

Si tiene pensado hacer sus propias tortillas de harina, el mejor rodillo es uno que tenga por lo menos doce pulgadas de largo, como una pulgada de diámetro y sin asas. Es casi idéntico al rodillo italiano para pasta. Una prensa de metal para tortillas es útil para hacer sus propias tortillas de maíz. Sin embargo, la mayoría de los cocineros méxico-americanos que conocí me confesaron que usan tortillas hechas en fábrica, que son fáciles de conseguir.

LAS TÉCNICAS

Cómo asar chiles frescos, cebollas, ajo, jitomates y tomatillos

Algo mágico ocurre cuando se asan chiles frescos, ajo, jitomates y tomatillos. El fuego alto concentra los sabores y agrega textura.

Los chiles frescos

Al escoger chiles frescos para asar, busque aquellos que tengan el menor número de hendiduras porque se asarán más parejo. La manera más fácil de asarlos es ponerlos directamente dentro de o sobre la llama de una estufa de gas durante aproximadamente cinco minutos, volteando con unas pinzas mientras se chamuscan y ampollan en todos los lados. La idea es chamuscar la piel pero apenas cocer la carne. El aroma es inolvidable. Se pueden asar los chiles sobre carbón muy caliente o sobre una parrilla de gas, lo más cerca a las brasas posible. Como último recurso, se pueden asar los chiles bajo una parrilla, cerca de un elemento precalentado, volteando de vez en vez hasta que estén ennegrecidos por todos lados, usualmente como diez

minutos. Sin embargo, casi siempre están demasiado suaves los chiles para rellenar, mas se pueden usar para rajas (tiras delgadas) o mezcladas en salsas.

Ya asados los chiles, póngalos en una bolsa de papel o de plástico o en un tazón tapados con una gruesa toalla de cocina. Permita reposar durante aproximadamente cinco minutos antes de retirar la piel.

Cada quien elabora su propia técnica para retirar la piel chamuscada, usando las manos para frotarla, escarbarla y/o pelarla. Si está preparando muchos chiles o si es de piel sensible, use guantes de latex o ponga una bolsa de plástico sobre cada mano. Si es necesario, enjuague los chiles rápidamente en agua y no se preocupe si quedan pedazos de piel chamuscada. Corte y abra los chiles, según la forma en que vayan a ser usados, y corte y retire la membrana con sus semillas.

Las cebollas y el ajo

Ase las cebollas en rebanadas gruesas o cortadas en cuatro directamente sobre una parrilla o a fuego mediano en una plancha o en un sartén de hierro fundado caliente. La experiencia me ha enseñado que forrar la plancha o el sartén con una capa de papel aluminio grueso ayuda a que no se pegue a la superficie la carne de la cebolla. Ase, volteando de vez en vez, hasta que la cebolla esté ennegrecida en algunos puntos y ha comenzado a suavizarse, como diez minutos.

Ase el ajo de la misma manera, separando cada diente, pero sin pelarlos. Ase hasta que la cáscara de papel esté ennegrecida y pele cuando estén lo suficientemente enfriados como para tocarlos.

Los jitomates y los tomatillos

Yo aso mis jitomates y tomatillos (sin cáscara) en un sartén pesado o en una plancha a fuego mediano durante ocho a diez minutos, volteando de vez en cuando, hasta que la piel comienze a ampollarse y ennegrecerse y la parte interior se torna suave y aguada. Forre el sartén o la plancha con una capa de papel aluminio para que sea más fácil conservar los jugos dulces y agregárselos a los jitomates que serán picados o hechos puré. Yo le pongo toda la piel, menos la más quemada, a mis sopas y salsas, pero ésta es una decisión propia. Me gusta la textura rústica.

Para usar la parrilla, caliente de antemano y ponga la rejilla lo más cerca posible a la fuente del calor. Idealmente los jitomates sólo deben estar a más o menos una pulgada de distancia del calor. Forre una parrilla con papel aluminio y ase los jitomates hasta que la carne esté suave y la piel chamuscada en partes. Tendrá que voltear los jitomates por lo menos una vez.

Tostando el chile seco

El proceso de tostar chile seco es parecido al de asar los frescos. La diferencia está en que sólo hay que dorar los chiles muy ligeramente, para enriquecer el sabor natural, antes de la remojada necesaria en agua caliente. Retire el tallo y abra el chile; saque las semillas y rompa en pedazos. Ponga a calentar un sartén o plancha a fuego mediano y cuando esté caliente, coloque los pedazos de chile con el lado de la piel hacia abajo. Apachurre el chile con una espátula por sólo unos segundos, voltee, apachurre de nuevo y retire del calor rápidamente. Tenga cuidado de no quemar la carne o tendrá que desechar los chiles y comenzar de nuevo. Se trata de que el chile sólo empieze a cambiar de color y que suelte un aroma rico y fuerte.

Cocinando las salsas a calor alto

El endulzamiento, concentración y combinación de los sabores a menudo ásperos y distintos que son usados en la cocina mexicana se lleva a cabo al traer en contacto las mezclas de chiles, jitomates o tomatillos hechos puré con una superficie cubierta de aceite muy caliente. Es una técnica esencial, aunque al principio le cause un poco de temor si uno no está preparado, porque la salsa hace erupción y salpica todo a su alrededor. Pero no es difícil de hacer.

Es útil usar un sartén o una olla pesada de hierro fundado, algo que tenga los costados altos y que conserve el calor. Yo utilizo mis cazuelas de barro. Entibie la olla a fuego medio-alto, agregue la cantidad de aceite o grasa que requiera la receta específica, y permita calentar durante un ratito. Vierta la salsa espesa toda de una vez y aléjese mientras chisporrotea y salga a borbotones. Puede bajar la llama a un punto mediano, pero la salsa siempre debe de seguir bullendo. Revuelva frecuentemente durante cuatro a cinco minutos hasta que la mezcla se espese y se obscurezca en color, luego vierta el líquido que pida la receta y permita que la salsa hierva a fuego lento un ratito más.

Agriar la crema

La verdadera crema mexicana es muy parecida a la *crème fraîche* de Francia—espesa, rica y un poco agriada. Muchas tiendas venden una *crème fraîche* comercial que puede ser sustituida por crema, aunque es muy sencillo hacer la verdadera crema y se mantendrá fresca por lo menos una semana bajo refrigeración. Un sustituto adecuado para la mayoría de los platillos que piden a gritos el sabor y las texturas exquisitas de la crema gruesa y ácida es la crema ácida comercial apenas rebajada con leche entera o crema ligera. El resultado funciona bastante bien para poner encima de muchos antojitos, aquellos "pequeños antojos" o "antojos repentinos", tales como los tacos y burritos, que son las comidas de las calles y mercados mexicanos.

Para preparar alrededor de una taza de crema mexicana, mezcle una taza de crema espesa (no ultrapasteurizada) en un pequeño tazón con una cucharada de leche búlgara o yogur con

cultivos activos, sin sabor y de buena calidad. Tape con un pedazo de plástico que tenga unos cuantos agujeros, o con una toalla de cocina, y ponga en un lugar cálido (como de 85 grados Fahrenheit) hasta que cuaje la crema, desde ocho hasta veinticuatro horas, dependiendo en lo activo que sea el cultivo y qué tan pasteurizada esté la crema espesa. Cuando esté bastante espesa, revuelva la crema de nuevo, tape con el plástico y ponga en el refrigerador durante unas seis o más horas para que se enfríe y se ponga firme. Si se pone demasiado espesa la crema, se puede diluir con un poco de leche entera o una crema ligera.

Encontré que bastantes abarroterías en los barrios mexicanos venden crema mexicana comercial. Tuve la oportunidad de probar sólo algunas marcas, todas las cuales parecían contener aditivos.

Ingredientes básicos cotidianos

LOS ACEITES Y GRASAS PARA COCINA

Use un aceite de cocina de buena calidad, como cártamo o *canola*, que tenga un perfil saludable de ácido graso y que pueda aguantar las altas temperaturas (por lo menos 375 grados Fahrenheit o más sin hacer humo). Para fritangas, me gusta el sabor del aceite de cacahuate y, a veces, el aceite de maíz para freír tortillas. Para tamales y, de vez en cuando, para una olla de frijoles la manteca de cerdo con su sabor rico—no el tipo del supermercado hidrogenado—es lo único que le dará ese sabor y textura tradicionales (véase la página 295).

EL AZÚCAR

Con excepción de los postres y productos horneados, el piloncillo, o azúcar no refinada, es el endulzador básico usado en la cocina mexicana. Está hecho de almíbar de caña hervido que se moldea en forma de conos o barras de azúcar cristalizada color café obscuro. El piloncillo se consigue en la mayoría de los supermercados en la sección de comida étnica o en las tiendas de abarrotes mexicanas. Los conos pequeños de una pulgada, que se venden comúnmente en los Estados Unidos, pesan alrededor de una onza y los más grandes como siete onzas. Si no está muy duro el azúcar, usualmente le rebano lo que necesito, pero también se puede disolver fácilmente en el líquido que se usa en la receta. El azúcar cruda o azúcar morena obscura pueden ser sustituidos, pero no tienen el mismo sabor profundo a melaza.

LA SAL

No todas las sales tienen el mismo sabor o el mismo grado de sabor salado. Para la comida mexicana, prefiero el sabor más pronunciado de la sal de mar de grano mediano. Es el compañero perfecto para los sabores agresivos de la cocina; yo guardo la mía en un molino de sal. La sal kosher gruesa tiene un sabor mucho más templado. La sal de mesa común que se usa en los Estados Unidos contiene aditivos que producen un sabor áspero y fuerte. Por estas diferencias, y porque muchas personas estan restringiendo su insumo de sodio, usualmente no damos cantidades específicas de sal para usar en una receta a menos que juegue un papel importante en el balance de los sabores de un platillo. Si el proceso de cocimiento es largo, tal como hervir una sopa a fuego lento, siempre agregue la sal al final porque el sabor salado se concentra más al reducirse el líquido.

LAS HIERBAS DE OLOR

Existen seis hierbas de olor comunes que no deben faltar en su cocina si piensa hacer comida mexicana:

- *Orégano mexicano:* el orégano mexicano seco o fresco tiene un sabor bastante distinto a la variedad griega más común. Schilling y algunas otras compañías de especias venden las hojas secas del orégano y también se consiguen en pequeños paquetes en la sección de comida étnica de las tiendas de abarrotes o en los mercados étnicos.
- *Hoja de laurel, tomillo y mejorana:* estas hierbas de olor son usadas usualmente juntas, frescas o secas, en las sopas, estofados, platillos de curtidos y en algunas salsas cocidas.
- *Cilantro:* se usa el cilantro fresco en platillos y como adorno. Siempre busque el cilantro más fresco, preferiblemente con raíces porque se hecha a perder fácilmente. Yo lo guardo como un ramillete, en un pequeño vaso de agua dentro del refrigerador, y envuelvo las hojas en una bolsa de plástico sin apretar.
- *Perejil italiano o de hoja plana:* éste es el único perejil que se debe usar en la cocina mexicana y como adorno. Quizás tendrá que pedirle a su gerente de productos alimenticios que lo surta, o Ud. misma lo puede cultivar fácilmente como lo hago yo.

Hay muchas, muchas otras hierbas de olor que se usan regionalmente en México. Dos de las más importantes, el epazote (página 228) y la hoja santa (también conocida como hierba santa, acuyo o momo; página 100), son ingredientes en algunas de nuestras recetas. Para un sabor auténtico, haga el esfuerzo de localizarlos.

Cocina de la familia

Impresiones de Nuevo México

Nuevo México es una tierra austera. El invierno llega temprano a los áridos planos altos que se detienen junto a las montañas del desierto. Tormentas de viento llegan con la primavera, pero la nube verdosa de las hojas de los álamos es una señal de renacimiento a las generaciones de gentes españolas, mexicanas e indígenas que se establecieron aquí desde hace muchos siglos. Este es un mundo donde el pasado está vivo y los hilos sagrados de la tradición todavía atan.

La mayoría de los cocineros que conocí en Nuevo México compartían enlaces familiares entretejidos que abarcan hasta las primeras décadas del siglo diecisiete. Un día, traté de hacer cita con personas en tres comunidades distintas, pero me dijeron una y otra vez: "Vamos a un entierro. Quizás podamos reunirnos mañana". Me quedé asombrada con el número de muertes hasta que alguien me explicó que sólo se trataba de una. "Aquí todos somos primos o tenemos parentesco con los padrinos."

Los orígenes de mi familia se remontan hasta antes de la Guerra de Independencia Norteamericana, pero la familia de Carmen Barnard Baca, una de mis amigas más íntimas en México, estaba viviendo en lo que ahora es el estado de Nuevo México cien años más atrás. Muchos de nosotros no nos damos cuenta de que aun antes de que los ingleses colonizaran Jamestown, Virginia, en 1607, los antepasados de muchos méxico-americanos eran una presencia en la parte occidental del país—primero como exploradores y luego en la década de 1590, como primeros colonizadores en el presente estado de Nuevo México. Miguel Baca, el abuelo de Carmen quien acaba de morir a los 104 años de edad, mientras todavía vivía en su propia granja de 2.5 acres cerca de Albuquerque, era conocido por sus vecinos como "el viejito".

Los orígenes de la familia de Carmen, cuya cara está rodeada por rizos color rojo-cobrizo, se remontan hasta España, donde el apellido familiar era Vaca, abreviado del nombre ancestral de Cabeza de Vaca. Cristóbal, hijo de Juan de Vaca, llegó a Nuevo México en 1600, luego el nombre se cambió a Baca.

En Santa Fe, al leer la historia de las familias nuevomexicanas en una genealogía del período colonial español, noté las hazañas de un tal Ignacio Baca en el año 1681, capitán del ejército quien a la edad de veinticuatro años era "alto, delgado, con cara aguileña, tez clara, sin barba y cabello ondulado rojo". Cuando le platiqué a Carmen que había descubierto la explicación genética de su cabello rojo, me dijo: "Ah, encontraste a Nacho. Mi Abuelito Miguel siempre lo llama por su apodo". Hoy día, los Baca viven en los pequeños pueblos de Española, Chimayó, Velarde y Socorro, así como en Santa Fe y Albuquerque, todos accesibles desde México por el Camino Real, ahora conocido como la carretera federal número 25.

En ningún otro estado se reflejan las raíces históricas en la comida tan completamente como en Nuevo México. Su austeridad original permanece hoy en día a pesar de las conveniencias modernas, un incremento en la abundancia y la llegada siempre creciente de gente de fuera, desde los primeros colonos anglo-americanos hasta los científicos de Los Álamos, los tipos del *New Age* que vinieron buscando una relación espiritual cercana a la tierra y al cielo y las legiones de turistas, artistas y jubilados seducidos por el encanto único de Santa Fe.

El estilo de vida basado en la tierra podrá haber cedido a un estilo diferente, pero en prácticamente todos los hogares que visité, me prepararon la misma comida que la de sus padres y abuelos. Casi todas de las comidas son marcadamente condimentadas con los chiles largos y angostos de Nuevo México. Cuáles se usan es cuestión de gusto—el chile maduro seco, como los que se trenzan en ristras, o la misma variedad pizcada y secada aún verde. Quizás un día se sirve un plato de chile colorado o chile con carne con frijoles, al siguiente un estofado de chile verde o pozole, un estofado de maíz descascarillado. Las tortillas generalmente son de harina y sorprendentemente, un gran número de mujeres de todas edades hacen una buena cantidad para cualquier comida—y para un bocado para después de la escuela con mantequilla de cacahuate y jalea. Fui afortunada al poder compartir algunos platillos con los descendientes directos de estos primeros colonos.

Algunas mujeres, tales como Leóna Medina-Tiede, han convertido la hechura de tortillas en una profesión. Leóna, anteriormente una sobrecargo con Pan-American Airlines, siendo la mayor de once hijos, creció en una familia que cultivaba sus propios frijoles, maíz, chiles y hasta trigo. Después de casarse y regresar a la pequeña comunidad remota de Chimayó, abrió una pequeña concesión de tortillas y tamales junto al famoso Santuario de Chimayó. La fama de Leóna creció y ahora es dueña y maneja una fábrica grande de tortillas que se especializa en productos naturales, sin preservativos, incluyendo tortillas de sabores y tamales vegetarianos, que son distribuidos en todo el oeste de los Estados Unidos. Aun con su creciente éxito, podrá encontrar a Leóna en la ventanilla de comida para llevar de su pequeño restaurante, sirviendo una variedad de tortillas rellenas y burritos a visitantes con hambre para ser disfrutados en mesas y barras debajo de un árbol de sombra grande, viendo hacia el Santuario.

El otoño es el tiempo del chile. En esta época, el aire está lleno del aroma fuerte de chiles asados. Ahora los chiles son en mayor parte el producto de negocios consolidados, especialmente alrededor de Hatch en la parte sur del estado, pero muchas familias todavía cultivan sus propios chiles, trayéndolos a los puestos regionales al borde de la carretera para asarlos en sus asadores de chile de gas propano. En Santa Fe, Mary Jane Chavez hizo una descripción de cómo era cuando ella era niña en la casa de su bisabuela: "Pasábamos muchas horas largas asando los chiles verdes sobre una estufa de leña caliente. Luego los pelábamos y colgábamos en una cuerda de tender para que se secaran. Si parecía que iba a llover, metíamos los chiles

para luego volverlos a colgar hasta que estuvieran lo suficientemente secos para guardar en una bolsa vieja de tela para usarlos durante el invierno frío y la primavera".

Para muchos de nosotros, los días festivos traen un regreso a las tradiciones. Cuando se acerca la Navidad todos, incluso aquellos que han estado metiendo comidas congeladas al horno de microondas, ceden a la época: los cocineros están ocupados cocinando tamales al vapor, horneando empanaditas de picadillo condimentado y bizcochitos, esas ricas galletas de anís, y friendo frituras de chile y carne deshebrada. Durante la Cuaresma, especialmente en Miércoles de Ceniza, se hornea la panocha, un budín de cocimiento tardado, caramelizado, de granos hinchados de trigo germinado, o se prepara un budín de pan empapado con almíbar bajo el nombre engañoso de *sopa*. No es un caldo sino la versión nuevomexicana de la tradicional capirotada. Dora Chavez, con la presencia de muchos de sus cuarenta y cinco nietos y veintiséis bisnietos, separa docenas de huevos, agrega ajo y chiles colorados y rápidamente fríe sus tortas de huevos especiales, frituras de huevo que a veces tienen el sabor del camarón seco en polvo. Por lo que vi, más de uno de sus nietos se encargarán de que las tradiciones de Nuevo México sobrevivan.

Botanas

Desde que me hice mayor, me he dado cuenta de que la esencia de la hospitalidad mexicana es hacer vida social con una familia de parientes y amigos de escala épica.

—ZARELA MARTÍNEZ

AL FINAL DE UNA TARDE CALUROSA de junio, nos estacionamos junto a una casa grande de dos pisos en Detroit. La marea de la fiesta echó al porche y al jardín delantero a los felicitantes. Estaban celebrando la graduación del colegio secundario y su ingreso en la universidad de Princeton de Pedro Hernandez, un africano méxico-americano.

Cuando atravesábamos la multitud, fuimos detenidos por un joven impresionantemente guapo: era el agasajado en persona. Aunque no nos conocíamos, Pedro nos saludó como si fuéramos parte de la familia, presentándonos a la gente a nuestro alrededor, quienes, a su vez, se aseguraron de que conociéramos a los demás. Nos invitaron a entrar a la casa; cada cuarto estaba lleno con una mezcolanza amorosa de todas las razas y edades. Los bebés dormían en las camas de la planta baja, los niños pequeños deambulaban entre las piernas de la gente grande, y sólo tenían que estrechar los brazos para ser levantados y abrazados. Fue una fiesta maravillosa, con la alegría de la ocasión reflejada en la exaltación de la comida.

Tanto en México como en España, se ofrecen cientos de exquisiteces para comer de manera informal. Pueden ser tan sencillos como una raja crujiente de jícama avivada con un chorro de limón agrio y chile molido, unas cuantas zanahorias en vinagre, o un bocado rápido de un taco o una tostada. Escogimos de una selección de botanas constantemente cambiante—comidas para una gratificación instantánea. Hubo nueces asadas con chile, canastos de totopos recién dorados para comer guacamole o para meter en una salsa, albóndigas y empanadas tan pequeñas que apenas hacían un bocado. Todos eran gustos sabrosos para comer de una forma relajada en un ambiente social—para botanear mientras se está parado, platicando o caminando de aquí para allá, y usualmente con una bebida de algún tipo en la mano. Las botanas no son tanto un tipo de comida como una manera de vivir—para gozar algo fugazmente en un ambiente de convivio y luego probar un sabor diferente mientras se voltea uno para platicar con aún otro amigo.

Nueces y pepitas picantes

ALBUQUERQUE, NUEVO MÉXICO

4 TAZAS *Cuando los primeros colonizadores llegaron desde el centro de México a las tierras fronterizas septentrionales, utilizaron ingredientes locales que con frecuencia eran parte de la alimentación de los indígenas locales. En Nuevo México, los piñones y las semillas de calabaza criolla se usaban como tentempié, y en California había una variedad aun mayor de nueces y semillas. Las nueces y las pepitas de calabaza siguen gozando de popularidad como botanas en fiestas o como refrigerio, en especial cuando se animan con chile y ajo.*

1–2 cucharadas de aceite de cacahuate
10 dientes de ajo, pelados
1 taza de cacahuate fresco, pelado
1 taza de nuez pacana en mitades
1 taza de piñones pelados (opcional)
1 taza de pepita verde de calabaza pelada
1 cucharadita de sal de mar, o más
como ¼ de cucharadita de pimienta de cayena molida o chile piquín molido

Precaliente el horno a 275 grados F.

Entibie el aceite en un sartén de fondo grueso y sofría el ajo a fuego lento por unos 2 minutos, hasta que se vuelva amarillo. Añada las nueces y semillas y revuelva hasta que estén bien bañadas en aceite. Agregue la sal y revolviendo todo, la cayena o chile, pizca por pizca, hasta obtener el picor deseado; ¼ de cucharadita suele ser más que suficiente.

Esparza las nueces y las pepitas uniformemente sobre una charola de horno y hornee por 20–25 minutos, revolviendo de vez en vez.

Cuando las nueces y semillas comienzen a tostarse ligeramente y a despedir un rico aroma a nuez, transfiéralas a una bolsa de papel. Agregue sal si es necesario. Sírvase tibio o a temperatura ambiente. La mezcla se conservará bien por varias semanas en un recipiente sellado.

PIÑONES
(Pinus cembroides edulis)

Tanto el hombre como el animal disfruta del sabor a nueces de las semillas en forma de lágrima que se anidan en los pequeños conos del piñón (Pinus cembroides edulis), *un árbol pequeño y resistente que crece con vigor en las cuestas secas y abiertas de todo el suroeste de los Estados Unidos y partes de México. De niña me quedaba con mi abuela en Colorado Springs y recuerdo que hurgaba en busca de los pequeños piñones metiendo la mano en las madrigueras poco profundas de las ardillas y tomando un puñado de su abundante reserva.*

Mientras que todos los pinos tienen piñas con semillas, menos de una docena de diferentes especies son valoradas por sus nueces comestibles. Los tres pinos más comunes son el piñón de Norteamérica; el pignolia (Pinus pinea), *rico y dulce y cultivado principalmente en España, Portugal, el norte de África y Turquía; y el piñón de mayor tamaño de la China o Korea* (Pinus koreinsis), *el que se vende comúnmente en los Estados Unidos. Tienen diferentes características, así que cuando tenga oportunidad, trate de cocinar con todas.*

El trabajo que se necesita para pelarlos y su tendencia, como la de todos los productos vegetales, de volverse rancias fácilmente es lo que hace caras a estas nueces. Aunque los piñones se mantienen bien en sus cáscaras, ya pelados se deben guardar en un recipiente que selle bien, en el congelador.

Totopos

UNAS 6 PORCIONES *Uno puede entrar en cualquier tienda de abarrotes y comprar una enorme bolsa de papel celofán llena de totopos sencillos o hasta de sabores, pero los recién hechos en casa son mucho más sabrosos y son una manera perfecta de usar las tortillas sobrantes que tiene guardadas en el refrigerador o en el congelador.*

Aunque se pueden comer los totopos sólos, son perfectos para comer con su salsa favorita, Guacamole (página 278), o Chile con Queso (página 42), o en los Nachos (página 35). En Nuevo México, estos totopos crujientes de maíz se usan para hacer pay de tortilla: se pone un puño de totopos en un plato hondo y se mezclan con frijoles cocidos, cebolla picada, lechuga y mucha salsa.

16 tortillas comerciales (véase la Nota)
aceite de cacahuate o maíz para freír
sal de mar (opcional)

Amontone las tortillas en pilas de 3–4 cada una. Con un cuchillo filoso, corte cada pila en 4–6 trozos.

Esparza los trozos en una capa sencilla, tápese con una toalla de cocina para que no se enrosquen demasiado, y permita que se sequen durante varias horas.

Vierta el aceite a una profundidad de por lo menos 1 pulgada y caliente a una temperatura mediana-alta (375 grados F.). No debe de humear pero debe estar lo suficientemente caliente para que, cuando se le añade un pedazo de tortilla como prueba, la tortilla se dore bastante rápidamente. Fría varios totopos a la vez, volteándolos con una espumadera hasta que estén crujientes y de un color café dorado ligero, como 30–45 segundos. No deje que se tornen obscuros o estarán amargos.

Escurra sobre papel absorbente y repita el proceso con los pedazos sobrantes. Mantenga tibios en un horno a 250 grados F. hasta que todos los totopos estén fritos. Póngales sal, si asi desea, mientras estén tibios.

Estos totopos son mucho mejores cuando se comen calientitos. Si no los puede servir de una vez, enfría y guarde en un recipiente hermético, luego recaliéntelos en un horno a 250 grados F.

NOTA: Si le gustan los totopos y tostadas que estan muy crujientes, compre tortillas lo más delgadas posible. Compre aquellas que tengan un color bajito y, si es posible, sin preservativos.

VARIACIÓN: CUADRITOS O TIRITAS DE TORTILLA CRUJIENTES Para usar como adorno y como ingrediente en algunas sopas, corte las tortillas comerciales en tiras de ¼ de pulgada por 1 pulgada o cuadritos de ½ pulgada.

VARIACIÓN: TOTOPOS HECHOS EN EL HORNO Aunque no son tan sabrosos como los totopos fritos, se pueden hacer unos totopos aceptables al esparcir los pedazos de tortilla en una capa sencilla sobre una chapa de horno y hornearlos en un horno a 350 grados F. por unos 10 minutos. Rick Bayless sugiere poner una rejilla para enfriar invertida encima de las tortillas para que no se enrosquen al hornear.

Nachos

AUSTIN, TEXAS

6 PORCIONES *Esta nueva preparación de ingredientes mexicanos ha sido adoptada por méxico-americanos a través de todo el país. Aunque sale mejor con Totopos (página 33) recién hechos, Miguel seguido usa totopos de maíz sin sal para que la preparación sea rápida y fácil.*

1 taza de Frijoles refritos (página 233) o enlatados
1 bolsa de 14½ onzas de totopos redondos o una receta de Totopos (página 33), como 36
4 onzas de queso *Monterey jack* rallado
3 chiles jalapeños en escabeche, rebanados

Para los ingredientes de encima (opcional)

Guacamole (página 278) o Salsa fresca (página 269)
carne de pollo o de res deshebrada
camarón pequeño cocido o cangrejo desmenuzado
crema ácida
cebollitas verdes picadas

Precaliente el horno a 400 grados F.

Unte cada totopo con una capa delgada de frijoles y colóquelos sobre un platón refractario o en un molde. Espolvoree con queso y coloque los chiles encima. Hornee por unos 5 minutos hasta que se derrita el queso. Sírvase inmediatamente o agregue cualesquiera de las guarniciones, sólas o en cualquier combinación.

Pico de Gallo de Jalisco

SEATTLE, WASHINGTON • JALISCO, MÉXICO

6 PORCIONES COMO TENTEMPIÉ, 4 COMO ENSALADA *El nombre* pico de gallo *no nos dice mucho en cuanto a qué es. Quizás el nombre se refiere a los pedazos de fruta y verdura cortados en ángulos agudos o al picor de la mezcolanza. Si Ud. está en Texas o en el norte de México y pide pico de gallo, le ofrecerán una salsa de jitomate fresco, pero en Guadalajara será más como ésta mezcla agradablemente crujiente y colorida de melón, jícama y pepinos.*

El pico de gallo normalmente se sirve como un tentempié con cerveza o copitas de un tequila de buena calidad. Tenga a la mano un pequeño recipiente con palillos para picar los pedazos de jícama, pepino y melón, aunque no deba sorprenderse si muchos prefieran usar los dedos.

Como ensalada, servida en hojas de endivia, éste es un acompañamiento refrescante para Pechugas de pollo en salsa verde (página 161) y Tamal de salmón adobado (página 148).

Esta receta me la dieron en Seattle un grupo de personas de Jalisco quienes trabajaban en establecer una relación fraternal oficial entre los estados de Washington y Jalisco.

1 jícama chica, pelada y cortada en cubos de ¾ de pulgada o en forma de cuña
2 pepinos medianos, pelados, sin semillas y cortados en cubos de ¾ de pulgada o en forma de cuña
½ melón, en bolitas o cortado en cubos de ¾ de pulgada o en forma de cuña, ó ½ piña fresca, pelada y cortada en cubos de ¾ de pulgada o en forma de cuña
4 cucharadas de jugo de limón agrio recién exprimido
como ½ cucharadita de sal de mar
1 chile serrano o jalapeño fresco, picado
chile cayena o piquín molido, o un chile en polvo puro menos picoso

Mezcle la jícama, pepinos y melón con el jugo y sal al gusto. Agregue y remueva el chile, tape y refrigere hasta que esté enfriado, revolviendo de vez en vez. Escurra el jugo que se acumule y acomode el pico de gallo en un tazón o en platos individuales. Espolvoree con un poco de chile molido, empezando con una pequeña cantidad y agregando al gusto.

VARIACIÓN: PALILLOS DE JÍCAMA Pele y rebane la jícama en tiras de ½ pulgada de ancho y permita marinar durante varias horas con el jugo de dos limones agrios y 2 cucharadas de cebolla finamente picada. Cuando esté listo para servir, espolvoree con 1 taza de cacahuates asados picados y chile seco molido.

Chiles rellenos con atún

SAN DIEGO, CALIFORNIA • VERACRUZ, MÉXICO

10 A 12 PORCIONES COMO BOTANA *Puede verse absurdo el usar atún enlatado en una receta originalmente del puerto más importante de México, Veracruz. Sin embargo, Tila Muñoz encuentra que el uso del pescado enlatado es un método fácil y conveniente para armar esta botana ligeramente explosiva. De hecho, la receta es de su hermano, Ricardo, el experto en alimentos de la familia. Él trata de recapturar los platillos que ellos recuerdan haber comido al crecer en Veracruz y Tabasco. La minilla, una*

mezcla de pescado desmenuzado, alcaparras y aceitunas, se puede hacer con casi cualquier pescado recién sancochado o sobras de pescado cocido, y hasta con camarón o cangrejo.

Cualquier relleno sobrante puede ser recalentado y servido encima de arroz. Estos chiles rellenos lucen mejor cuando son la botana única en una reunión informal o antes de una cena. Si se desea una presentación más abundante, incluya tentempiés menos picantes como Quesadillas (página 115) o Guacamole (página 278) y Totopos (página 33). En el verano, un agua de sandía color rosa mexicano (página 382) es una bebida refrescante y un vaso de Dos Equis XX es siempre bienvenido.

24–30 chiles jalapeños grandes frescos
2 tazas de vinagre muy ligero
sal de mar
½ taza de piloncillo (página 23), en pequeños trozos, o azúcar morena
¼ de taza de aceite de oliva
¾ de taza de cebolla blanca finamente picada
3 dientes de ajo, finamente picados
1½ libras de (como 4 de tamaño mediano) jitomates maduros, bien picados
½ taza de uva pasa
½ taza de aceitunas verdes picadas
¼ de taza de alcaparras grandes bien picadas
3 latas de 6½ onzas de atún en aceite, escurridas
½ cucharadita de orégano seco, mexicano de preferencia
3 hojas de laurel
1 cucharada de jugo de limón francés

Con cuidado, corte los chiles por un sólo lado de arriba hasta la punta y saque las semillas y la membrana. Coloque en una olla y cubra con agua fría, 1 taza de vinagre y ½ cucharadita de sal. Lleve a un hervor y cuele. Cubra de nuevo con agua fría y la taza restante de vinagre y ½ cucharadita de sal, lleve a un hervor y cuele. La tercera vez que agregue el agua fría, disuelva el azúcar en ella, lleve a un hervor y cueza a fuego lento por unos 6 minutos, hasta que estén tiernos. Aparte a que se enfríen.

Vierta el aceite de oliva en un sartén grande a fuego medio-alto. Acitrone la cebolla, luego agregue el ajo y cocine por unos 2 minutos. Añada y revuelva los jitomates, uva pasa, aceitunas y alcaparras y cueza unos minutos más. Agregue el atún, orégano y hojas de laurel. Continúe friendo y remueva por 8–10 minutos, hasta que la mezcla esté casi seca y tenga un aroma maravilloso. Agregue el jugo de limón y sal al gusto, retire las hojas de laurel y aparte a temperatura ambiente por 20–30 minutos.

Cuando la mezcolanza de atún esté completamente fría, rellene cada chile hasta que apenas pueda cerrarse, mas dejando un hueco. Coloque de manera atractiva en una platón para servir. Los chiles rellenos se pueden refrigerar durante varias horas antes, llevar a temperatura ambiente y luego servirlos.

NOTA: Las escaldadas múltiples de los chiles les ablanda la carne y aminora su picor un poco. Aun así, como los chiles jalapeños varían mucho en su grado de picante, algunos de ellos serán un reto a las papillas gustativas.

Ceviche

AUSTIN, TEXAS

6 PORCIONES *El ceviche, que a veces se escribe seviche o cebiche, es un platillo de mariscos preparado con un método de hace varios siglos, cocinándose al ponerlo en contacto con los jugos ácidos de las frutas cítricas en vez del calor.*

A veces, Miguel Ravago le agrega vieiras dulces o camarones a su mezcla de mariscos. Prepara su ceviche como una botana refrescante para compartir con sus amigos en un día caluroso junto con un vaso helado de cerveza mexicana tal como Bohemia o Superior, seguido por un plato de Pollo al ajillo (página 159) y Arroz poblano (página 241).

1 libra de huachinango sin hueso, filete de pez espada u otro pescado muy fresco, cortado en cubos de ½ pulgada; se puede sustituir camarones o vieiras por parte del pescado (véase la Nota)
1½ tazas de jugo de limón agrio recién exprimido (unos 7 limones agrios grandes)
2 jitomates medianos maduros, bien picados en cubitos
1 cebolla roja chica, bien picada en cubitos
3 chiles jalapeños o serranos en escabeche, bien picados
½ taza de aceitunas verdes picadas (opcional)
3–4 cucharadas de aceite de oliva
2 cucharaditas de jugo de limón agrio, si es necesario
como ¾ de cucharadita de sal de mar
½ cucharadita de pimienta negra recién molida
½ cucharadita de orégano seco, mexicano de preferencia
1 aguacate firme pero maduro, pelado, sin hueso y cortado en cubos de ½ pulgada

Para la guarnición

6 hojas de lechuga *Bibb* (opcional)
3 cucharadas de cilantro bien picado
Totopos crujientes grandes (página 33) o comerciales

Ponga el pescado y los otros mariscos en un tazón no-metálico y cubra con jugo de limón agrio. Mezcle completamente, tape perfectamente con envoltura de plástico y refrigere durante 4–5 horas, hasta que el pescado ya no esté opaco. Escurra cualquier jugo de limón agrio que sobre. El ceviche se puede refrigerar, después de escurrir, hasta 12 horas, pero tiende a ponerse un poco correoso después de tanto tiempo.

Una hora antes de servir, revuelva con los jitomates, cebolla, chiles jalapeños y aceitunas si las usa. Agregue suficiente aceite de oliva como para cubrir ligeramente todos los ingredientes. Pruebe y si es necesario, salpique jugo de limón agrio adicional. Agregue la sal, pimienta y orégano y regrese al refrigerador hasta justo antes de servir. Rectifique la sazón y revuelva el aguacate. Ponga a cucharadas en un tazón grande y atractivo o coloque sobre hojas de lechuga en platos individuales. Espolvoree con el cilantro. Sirva con los totopos.

NOTA: Si se preocupa por posibles parásitos en el pescado, se recomienda que use mariscos que han sido congelados comercialmente durante dos días, luego descongelados. Se puede cocer el camarón de antemano.

Calamares en vinagreta de naranja

SANTA MÓNICA, CALIFORNIA • CIUDAD DE MÉXICO, MÉXICO

6 PORCIONES *Con un dejo de cítrico aromático, los pequeños anillos de calamar cocidos rápidamente, combinados con aceitunas verdes, chiles en escabeche y monedas doradas de zanahoria, se convierten en una botana de mariscos fuera de lo común. Ricardo Villareal sirve este platillo como botana. Se puede servir como una ensalada refrescante o, después de escurrir, se puede usar para poner sobre tostadas. Esto puede ser comida sabrosa para una fiesta junto con Betabeles en escabeche (página 286), Chiles rellenos con atún (página 36) y un plato de Empanadas de jaiba (página 45). Sirva como un preludio marisquero a una cena con mole o antes de una comida de Enchiladas de jaiba en chile chipotle (página 212).*

sal de mar
1½ libras de calamar pequeño, limpios y rebanados, con tentáculos (véase la Nota)
½ cebolla roja chica, bien picada
1 taza de jugo de naranja fresco
½ taza de jugo de limón agrio fresco
12 aceitunas verdes rellenas de pimentón, en rebanadas
3 chiles jalapeños en escabeche enlatados, rebanados en anillos (véase la Nota)
6 zanahorias en escabeche de los chiles (opcional)
2 cucharadas de vinagre de los chiles
½ taza de aceite de oliva extravirgen
pimienta negra recién molida

En una olla a fuego mediano, lleve a hervor 2 tazas de agua salada. Agregue el calamar rebanado y los tentáculos y cueza por 1 minuto.

Retire el calamar del agua, enjuague en agua muy fría y escurra sobre papel absorbente.

Mezcle el calamar en un tazón mediano junto con la cebolla y los jugos de naranja y limón agrio. Agregue las aceitunas, zanahorias y vinagre. Añada y revuelva el aceite de oliva y sazone al gusto. Permita reposar en el refrigerador por lo menos 2 horas. El calamar se puede macerar 1 día antes.

El calamar sabe mejor cuando se sirve a una temperatura fresca pero no fría o a temperatura ambiente. Presente en un tazón donde todos puedan servirse con un tenedor los bocados sabrosos de calamar, o sirva la mezcla en pequeñas copas individuales como coctel de mariscos.

NOTA: Al escoger los chiles jalapeños en escabeche en la tienda, procure comprar aquellos que incluyan zanahorias de color brillante. Los chiles vendrán con varias etiquetas como "chiles en escabeche", "chiles en vinagre", "*marinated jalapeño peppers*" o "*pickled jalapeños*".

La mayoría del calamar que se vende en las tiendas ya está parcialmente limpio, pero si no, es un proceso bastante sencillo. Agarre el cuerpo del calamar con una mano y jale los tentáculos apartándolos del cuerpo. Córtelos separándolos del resto de la cabeza, un poco debajo de los ojos. Aparte los tentáculos si se van a usar en la receta y deseche lo demás. Saque la espina de la manta del cuerpo y deseche. Con el calamar en una mano, exprima el resto del material que se encuentra dentro de la cavidad del cuerpo y enjuague completamente. Si es posible, corte o jale las aletas del cuerpo y retire la piel grisácea. Enjuague y seque sobre papel absorbente. Voltee la manta del cuerpo de adentro para afuera, enjuague, luego voltéela de nuevo.

VARIACIÓN: ENSALADA DE MARISCOS Y VERDURAS Como ensalada para el almuerzo o cuando se sirve con un plato de sopa para la cena, el calamar macerado se puede combinar con coliflor, jitomate fresco y camarones pequeños. Ponga ¼ de libra de coliflor cortada en pequeñas cabezuelas en suficiente agua salada para cubrir a hervor lento. Retire cuando estén apenas tiernas, enfríe e incorpore con cuidado a la mezcla del calamar. Agregue 1 jitomate cortado en trozos y 6 onzas de camarón dulce cocido antes de servir.

Camarones rellenos

GIG HARBOR, WASHINGTON • OAXACA, MÉXICO

4 A 6 PORCIONES COMO BOTANA *Probablemente, ésta es la receta que más me piden mis amigos méxico-americanos. Aprendí a prepararla durante una de mis primeras visitas a Veracruz y ha sido una de mis favoritas desde entonces. Los Camarones rellenos son usualmente el foco de atención del comienzo de cualquiera de mis reuniones informales, especialmente aquellas donde figura la comida mexicana. En muchas ocasiones sirvo Guacamole (página 278) y Totopos (página 33) con los camarones, y para tener una selección más extensa de mariscos, los Chiles rellenos con atún (página 36) y Empanadas de jaiba (página 45).*

Para la salsa acompañante

1 taza de crema ácida
2 dientes de ajo, finamente picados
1–2 latas de chiles chipotles, picados
como ⅛ de cucharadita de sal de mar

Para el camarón

16 camarones grandes crudos, pelados y abiertos como mariposa, pero con la cola (véase la Nota)
pimienta negra recién molida
1 taza de queso mozzarella rallado
16 rebanadas de tocino con poca grasa (se pueden usar rebanadas a la mitad si están pequeños los camarones)
¼ de taza de aceite de oliva

Para la guarnición

1 cucharada de perejil picado

Mezcle la crema ácida, ajo, chiles y sal en un procesador de alimentos o en una licuadora. Ponga a enfriar en el refrigerador. Esto resulta mejor si se prepara con varias horas de anticipación, se tapa y se refrigera.

Seque los camarones con toallas de papel. Espolvoree con pimienta y rellene con queso. Pliegue los lados del camarón y envuelva con una rebanada de tocino, asegurándose de que esté cubierto todo el queso para que no se salga. Si es necesario, sujete el camarón envuelto con un palillo. Se pueden preparar los camarones de antemano y refrigerar, tapados, durante varias horas.

Caliente un sartén grande y pesado y agregue el aceite suficiente para que no se peguen los camarones. Fría los camarones a fuego mediano, unos cuantos a la vez, volteando frecuentemente, como 10 minutos, hasta que se dore el tocino. Retire del calor y escurra sobre papel absorbente. Mantenga tibios.

Llene un pequeño tazón con la salsa, espolvoree con el perejil y ponga en medio de una charola. Coloque los camarones alrededor del tazón y sirva inmediatamente. Si está preparando varias tandas, el camarón puede ser freído sólo parcialmente—durante 6–8 minutos—escurrido, y apartado hasta el momento de servir. Entonces recaliente el aceite y continúe cocinando el camarón.

NOTA: Ya que la mayoría de los camarones grandes están primero congelados, luego descongelados, y se deterioran rápidamente, yo recomiendo que siempre pida revisar uno y déle la prueba del olfateo. El camarón debe tener un olor a mar fresco, no a amoniaco.

Chile con queso

EL PASO, TEXAS • CHIHUAHUA, MÉXICO

8 A 10 PORCIONES COMO SALSA PARA ACOMPAÑAR Ó 4 A 6 PORCIONES COMO RELLENO PARA TORTILLAS *Este platillo de queso fundido, espeso con chiles asados y cebollas, está muy lejos de aquellas versiones chiclosas de queso procesado que venden en latas en los supermercados o que sirven con nachos en algunas tabernas locales. Lucinda Hutson (que ha publicado dos libros de cocina ella misma, uno sobre hierbas de olor, otro sobre tequila) consiguió esta receta de su ama de llaves, Hermila Contreras. Cuando vienen amigos para una reunión informal, se pueden servir los chiles y queso fundido con una cuchara en tortillas de harina calientes como un tentempié sustancioso, o más comúnmente, comer con totopos como si fuera un fondú de queso suizo.*

Esto sabe perfecto con una cerveza mexicana como Negra Modelo y como parte de una comida ligera. Una Ensalada de nopales (página 56) va bien como acompañante.

2 cucharadas de mantequilla sin sal o aceite de cártamo o *canola*
1 taza de cebolla picada
3 dientes de ajo, picados
2–3 chiles jalapeños frescos, sin semillas y picados
16 chiles Anaheim o poblanos frescos, asados (página 19), sin semillas y picados
1 lata (5.33 onzas) de leche evaporada ó ¾ de taza de caldo de pollo
sal de mar
½ libra de queso *Monterey jack* u otro queso para fundir, rallado
2 cucharaditas de orégano fresco picado, mexicano de preferencia, u otra hierba de olor fresca

Derrita la mantequilla o caliente el aceite a fuego lento en un refractario de tamaño mediano—de barro es ideal. Agregue las cebollas, ajo y jalapeños y saltee por 10 minutos. Añada los chiles Anaheim y cueza otros 5 minutos. Agregue, revolviendo, la leche, sal al gusto y cueza a hervor lento sólo hasta que la mezcla se espese un poco. Los chiles se pueden preparar de antemano hasta este punto. Enfríe y refrigere, tapado, y recaliente antes de continuar.

Añada y mezcle el queso y el orégano sobre fuego lento, revolviendo hasta que el queso se derrita y se torne suave y lustroso. Sirva de inmediato del refractario o vierta en un tazón más chico calentado. Se tiene que mantener tibio el queso. Si va a permanecer afuera durante mucho rato, transfiera a un hornillo para mantener comida caliente a fuego lento.

Masa de trigo para empanadas

GARDEN CITY, MICHIGAN • NUEVO LEÓN, MÉXICO

16–20 EMPANADAS Ó 30 EMPANADITAS *Las empanaditas, con su forma de media luna, y sus primas, las empanadas, son pastelitos extraordinariamente versátiles. La pasta tierna contiene rellenos de sabrosas carnes picadas, mariscos o frutas dulces. Las empanaditas son la comida perfecta para las fiestas porque se pueden armar de antemano, luego refrigerar o congelarlas hasta la hora de hornear, o se pueden hornear antes y luego servir a temperatura ambiente o recalentadas. Lo mejor de todo es que se pueden comer con los dedos. Sirva las sustanciosas empanadas con una ensalada para una comida ligera.*

Cada cocinero o cocinera méxico-americanō que conocí que preparaba empanadas estaba ansioso por compartir su propia manera especial de preparar la masa y casi ninguno de los rellenos que probé eran parecidos. Encontramos que la versión de masa con queso crema bajo en grasa de Maria Petra Vasquez era la más fácil de trabajar. Su consistencia hojaldrada se mantuvo, ya fuera frita u horneada. Se puede usar cualquier de los rellenos con esta masa.

6 onzas de queso crema bajo en grasa a temperatura ambiente
1 taza (2 barras) de mantequilla o margarina sin sal a temperatura ambiente
2 tazas de harina sin blanquear
½ cucharadita de sal de mar

Si va a hornear las empanaditas, precaliente el horno a 375 grados F.

Mezcle el queso crema y la mantequilla juntos hasta que estén bien incorporados. Agregue la harina y la sal y mezcle bien. Suavemente amase la masa, luego forme una bola. Envuelva en plástico y permita reposar durante 15 minutos en un lugar fresco. La masa se puede preparar de antemano.

Empanaditas de cerdo

CHIMAYÓ, NUEVO MÉXICO

Mientras se horneaban los bizcochitos, ella preparaba el relleno para las empanaditas. Un tazón lleno de carne, manzanas secas cocidas, una pizca grande de sal, canela, clavo, comino molido, un poco de gengibre, dos tazas de melaza espesa y dos puños de uva pasa eran el relleno. Esto se cocía mientras ella hacía la masa. La Señora Martina estaba ahí para ayudar a freír y hacer las empanaditas.

—FABIOLA CABEZA DE BACA GILBERT

COMO 30 EMPANADITAS, PARA 10 A 15 PORCIONES *Poco ha cambiado en los casi cincuenta años desde que fue escrita esta descripción de la hechura de las empanaditas; Nolia Martinez puede variar los ingredientes un poco, pero el resultado final es casi el mismo. Nolia prefiere freír sus empanaditas, las que hace del tamaño de un sólo bocado, pero se pueden hornear.*

Para la masa

1 receta de Masa de trigo para empanadas (página 43)

Para el relleno

1 libra de carne de puerco sin grasa, molida
1 cucharada de aceite de cártamo o canola
½ taza de piñones o nuez pacana picadas
1 taza de uva pasa
½ cucharadita de pimienta gorda molida
¼ de cucharadita de gengibre
2 tazas de puré de manzana o calabaza cocida
¼ de taza de jerez o vino dulce
sal de mar y pimienta negra recién molida

Para el glaseado

1 huevo ligeramente batido con 1 cucharadita de agua (opcional)

Precaliente el horno a 375 grados F. para hornear las empanaditas.

Prepare la masa según las instrucciones de la receta.

En un sartén grande, fría la carne de puerco en el aceite sobre fuego medio-alto. Escurra la grasa que sobre.

Agregue las nueces, uvas pasas, pimienta gorda, gengibre, puré de manzana y el vino y continúe cocinando durante 5 minutos. Salpimente bien. Si la mezcla comienza a pegarse, agregue un poco de agua. Aparte para enfriar.

Estire la masa sobre una superficie ligeramente enharinada hasta que esté menos de ¼ de pulgada de gruesa. Divida la masa a la mitad y vuelva a estirar a por lo menos ⅛ de pulgada. Corte en círculos de 3 pulgadas. Se pueden volver a estirar los pedazos de masa que sobren. Ponga como 1 cucharadita de relleno en el centro de cada pedazo de masa. Doble un lado sobre el relleno y selle bien con sus dedos. Haga un reborde con los dientes de un tenedor. Embarre la masa con el glaseado de huevo usando una brocha y ponga las empanaditas sobre una chapa para hornear ligeramente engrasada. Hornee las empanaditas durante 12 minutos, luego vea si se están dorando parejo. Si no, déle vuelta a la chapa y hornee durante otros 4 ó 5 minutos.

Para freír las empanaditas: Omita el glaseado de huevo y caliente ¾ de pulgada de aceite en un sartén hasta que esté muy caliente pero sin humear. Fría unas cuantas empanaditas a la vez hasta que se tornen un dorado crujiente. Escurra sobre papel absorbente.

Empanadas de jaiba

SAN FRANCISCO, CALIFORNIA • VERACRUZ, MÉXICO

16–20 EMPANADAS O UNAS 30 EMPANADITAS *Las empanadas de mariscos son un lujo delicioso para un picnic y esta versión con jaiba era una especialidad de María Teresa Ramírez cuando estaba viviendo en California. Viene de su madre, Carmen Ramírez Degollado, una cocinera muy conocida en la ciudad de México. El relleno que se usa para los Chiles rellenos con atún (página 36) es otro de nuestros favoritos y en Chicago Priscilla Gomez Satkoff rellena las más pequeñas con bacalao para la Navidad y la Cuaresma.*

Para la masa

1 receta de Masa de trigo para empanadas (página 43)

Para el relleno

4 cucharadas de aceite de oliva
1 cebolla blanca, picada (como ¾ de taza)
3 dientes de ajo, finamente picados
1½ libras de jitomate maduro, pelados y picados
8 aceitunas verdes rellenas de pimentón, en rebanadas
1 cucharada de perejil de hoja plana picado
8 alcaparras
1 hoja de laurel
sal de mar y pimienta negra recién molida
12 onzas de carne de jaiba
1 chile jalapeño fresco, sin semillas y picado

Para el glaseado

1 huevo ligeramente batido con 1 cucharadita de agua (opcional)

Precaliente el horno a 375 grados F.

Caliente el aceite en un sartén grande y acitrone la cebolla y ajo hasta que esté suave la cebolla. Agregue los jitomates, aceitunas, perejil, alcaparras, laurel y sal y pimienta al gusto. Baje la llama y continúe cocinando por unos 20 minutos. La mezcla debe estar bien sazonada y seca.

Añada y revuelva la jaiba y el jalapeño picado, agregando un poco a la vez al gusto. Cocine 5 minutos más, deseche el laurel y permita enfriar.

Estire la masa sobre una superficie ligeramente enharinada hasta que esté menos de ¼ de pulgada de grueso. Divida la masa a la mitad y estire de nuevo a por lo menos ⅛ de pulgada de grueso. Corte en círculos de 3 ó 5 pulgadas. Ponga como 2 cucharaditas del relleno en el centro de cada círculo más pequeño ó 3–4 cucharaditas en los más grandes. Doble un lado sobre el relleno y selle bien con sus dedos, luego haga un reborde con los dientes de un tenedor. Con una brocha embarre la parte superior con el glaseado de huevo y ponga las empanadas sobre una chapa para hornear ligeramente engrasada. Hornee durante 15–20 minutos, o hasta que estén ligeramente doradas.

Impresiones de California

La presencia de México en California está por todos lados. Con más del 20 por ciento de la población de origen mexicano, la comida de California, que incluye las comidas de la frontera que la mayoría de los estadounidenses asocian con comida mexicana, ha tenido una infusión contínua de los diversos platillos regionales de todo México—especialmente de Oaxaca, Michoacán, Chiapas y Veracruz.

North Fair Oaks está cerca de Atherton, al sur de la Bahía de San Francisco. En esta comunidad, cerca de doce mil del total de catorce mil habitantes son de México, la mayoría de un solo área rural en la tierra caliente de Michoacán.

Cuando estoy en North Fair Oaks, podría estar en un pequeño pueblo de ese estado. Compro pan dulce en la Panadería Michoacán y más adelantito por la misma calle helado de coco estilo Michoacán. En la Taquería Apatzingán, como un taco lleno de sabrosas carnitas, que me traen recuerdos de Michoacán de las carnitas más sensacionales que he probado en mi vida—trozos de carne de puerco, tiernos por dentro y con un exterior crujiente y con un ligero sabor a naranja.

El caminar por la banqueta de la calle principal de Huntington Park, cerca de Los Ángeles, le trajo recuerdos de otro tipo a Miguel Ravago. De adolescente, iba con su hermana ahí frecuentemente para asistir a juntas regionales de LULAC (*League of United Latin American Citizens* o Liga de Ciudadanos Latinoamericanos Unidos), una organización que ponía bailes para recabar fondos para enseñar a niños mexicanos las quinientas palabras básicas del inglés norteamericano. Hoy en día, la calle está casi igual que como estaba hace más de treinta años. La tarde que estuvimos ahí, tomamos horchata, una bebida refrescante endulzada de arroz y semillas de melón molidos que se disfruta en todas las regiones de México y en la mayoría de las comunidades mexicanas de los Estados Unidos.

En Palm Desert, me senté a la mesa de cocina con Rosa Nava. Su madre era de El Paso, su papá del centro de México, pero se mudaron a esta parte de California en 1918. Sus experiencias reflejan las vidas de tantos méxico-americanos en las décadas de los treinta, cuarenta y cincuenta. El esposo de Rosa, Ramon, era un administrador de campo en el rancho de dátiles Crane en Indio. Rosa nos platicó cómo se corría la voz de que se necesitaban trabajadores para pizcar o podar dátiles y cientos de personas se reunían en los pueblos de Sonora en la frontera de California y México. Un hombre con sombrero blanco de paja, el enganchista, seleccionaba cincuenta hombres para un rancho, treinta para otro y los llevaban en camión a varios destinos en el Imperial Valley. A estos braceros se les pagaba $1.75 por día y la comida era descontada de sueldo. Como no se permitía cocinar en las viviendas que se les proporcionaba a los trabajadores, Rosa comenzó a servir comidas en turnos de quince a la vez. Su refrán era "Quince pa' adentro, quince minutos pa' comer y pa' fuera". Los hombres se sentaban en mesas cubiertas con un hule; para el desayuno, recibían un plato de avena caliente y dos huevos crudos, que chupaban con sal y limón agrio. En domingo, los huevos estaban cocidos y recibían rebanadas de pan blanco. La comida del mediodía era una sopa nutritiva, salsa y montones de tortillas de harina y para postre, un budín dulce; en domingo, siempre menudo. Para la cena, ponía una olla grande de su picadillo económico, carne molida cocida a fuego lento con jitomates y papas hasta que se convertía en una salsa espesa con pedazos de verdura, que se comía con arroz. Las sobras se usaban al día siguiente para tacos. Rosa cocinó para las tripulaciones durante más de veinte años; ahora que está casi jubilada, sus enchiladas, chiles rellenos y tamales ganan listones azules en festivales y muchos abrazos de sus cuarenta y cinco bisnietos.

Casi todos los que viven en Chula Vista, un barrio agradable de clase media en un suburbio de San Diego a sólo un paso de México, consideran a Tijuana como una continuación de "su pueblo". En muchas ocasiones, padres e hijos trabajan en Tijuana y las mujeres casi siempre hacen sus compras ahí, especialmente para pan tal como bolillo y pan dulce. La frontera casi no existe para ellos. La familia de Gloria Anaya López es típica. Nacidos en Tijuana, viven en Chula Vista donde los cinco niños fueron a la escuela. Sus hijos trabajan en los Estados Unidos, pero su esposo prefiere México, donde maneja camiones en obras de construcción. Gloria continúa haciendo la comida cuando sus hijos, ya crecidos, vienen a la casa. Rara es la comida con sólo dos o tres en la mesa. Y para las fiestas, Gloria es la que todavía dirige la cocina—pavo para el Día de Acción de Gracias y la Navidad, menudo para Año Nuevo y tortas de camarón seco durante Semana Santa.

Uno de los aspectos más característicos de la cocina mexicana en California es la abundancia sin rivalidad de los ingredientes. Aún antes de la llegada de los españoles, los indígenas californianos tenían una dieta más variada que los de los otros territorios del suroeste. Con la llegada de los españoles vinieron plantas nativas de España y otros países mediterráneos, incluyendo aceitunas, uvas y alcachofas que florecieron en la tierra fértil y el clima agradable de California, y las naves comerciales podían proveer una variedad aún más grande de comestibles para complementar sus mesas. Los terratenientes españoles—los californios—eran renombrados por sus numerosas fiestas y hospitalidad generosa.

Carlos Andrea Dondero llegó a Nueva York de Italia en los años 1850 y navegó a San Francisco a través de Panamá. Después de cruzar el Istmo a pie y naufragar en el viaje hacia el norte, el hombre de diecisiete años llegó por fin a San Diego. Dondero llegó a ser un huésped frecuente en la casa del Gobernador Pío Pico, el último gobernador mexicano de California. En *Go West: Autobiography of Carlos Andrea Dondero, 1842–1939* (Garlic Press, 1992), escribió:

"[No era] nada para ellos el invitar a cientos de huéspedes. Las comidas que servían eran robustas y deliciosas. Había pollos, guajolotes, enchiladas, tamales, tacos tiernos, frijoles picosos, grandes fuentes de huevos, huevos revueltos, chiles rellenos, chiles fritos en aceite de oliva y una gran fuente repleta de trozos de barbacoa de res. La frase dicha por el anfitrión cuando llegaban los invitados, 'mi casa es su casa', tenía una intención literal y la abundancia de las comidas y entretenimiento ofrecidos tenían pocos límites".

Ensaladas y cocteles de marisco

*La visita semanal el sábado por la mañana al mercado San Juan en la ciudad de México era para hacerse agua la boca y tardado. Manojos delgados de cebolletas—*cebollitas de cambrai*; pequeños rábanos delicados, crujientes y con sabor a nuez; aguacates de todos los tamaños y formas; berros, pepinos y todo tipo de lechuga imaginable.... Pero era los domingos por la mañana cuando rápidamente se vendían las ensaladas ya preparadas, a la vista sobre grandes charolas en forma de ruedas poco profundas, con nopalitos o sobre todo ejotes o habas, adornados de manera elaborada con jitomate y rodajas de cebolla y esparcidos con cilantro verde picado.*

—DIANA KENNEDY

EN LA REGIÓN ALTA Y ÁRIDA del sur de Colorado, las crujientes verduras de hoja verde son un gusto muy bienvenido. En muchas ocasiones, Teresa Vigil enjuaga una cabeza de lechuga de bola en el agua helada de la bomba, le sacude un poco el agua y espolvorea la lechuga con azucar o les pone un poco de mayonesa a las hojas. Aunque en su mesa, y en las de la mayoría de otros méxico-americanos, las ensaladas verdes son cosa común, en México, la lechuga, repollo, jitomates y rábanos serán más bien un condimento para tacos o sopas que un platillo separado de ensalada. Las verduras de color verde de sabor más distintivo—quizás espinacas o berros o combinaciones de diferentes frutas y verduras—son las que llenarán la ensaladera cuando me ofrecen una ensalada. También ya me acostumbré a que me sirvan un plato colorido de verduras ligeramente cocidas al vapor, tales como ejotes, chayote o algo más sustancioso hecho con carne o mariscos. En los Estados Unidos, son consideradas un tesoro algunas de estas ensaladas más tradicionales. Pueden haber cambiado los métodos e ingredientes, pero mantienen su identidad mexicana.

La jardinería ha agregado mucho al gozo y entendimiento de mi propia vida. El experimentar el ritmo inesperado de las estaciones me ha ayudado en aguantar y aceptar lo inevitable, ya sea un arriate de espinacas devorado por babosas saqueadoras o la tragedia mucho más grande de un accidente que dejó lisiado de por vida a uno de nuestros hijos. Es la forma en que mantengo una perspectiva en mi vida día a día. La jardinería me convence de que salga de la casa al clima benigno del "Pacific Northwest", donde hay alguna flor que me llama cada mes del año. Parte de muchas de nuestras comidas aún estaba creciendo, sólo hace unas horas, en mi jardín o en el jardín de una de nuestras hijas. Jessica, Amy y Lisa todas comparten sus cosechas con nosotros y otra hija, Sara, me ayuda a cuidar mi parcela donde, durante la temporada, siembro epazote y otras hierbas mexicanas y una abundancia de jitomates, verdura de hoja verde, fruta y vegetales.

En México, hasta los pueblecitos tienen sus mercados donde se venden las plantas que crecen y que son cosechadas localmente, para luego ser convertidas en platillos sencillos pero distinguidos. Felizmente, hoy en día muchos pueblos y ciudades en los Estados Unidos tienen al menos mercados semanales durante la temporada de verano. Porque, sin el espacio, el tiempo o las ganas de cultivar un jardín, el poder merodear arriba y abajo por los puestos al aire libre es una manera conveniente y agradable de obtener los mismos productos alimenticios tan maravillosamente frescos.

Ensalada César con chile chipotle

SANTA MÓNICA, CALIFORNIA • CIUDAD DE MÉXICO, MÉXICO

4 PORCIONES *La ya mundialmente famosa ensalada César fue creada en Tijuana, México, por un italiano. Hoy en día, casi todos los restaurantes sirven algún tipo de ensalada César, y los estantes de las tiendas de abarrotes mantienen una amplia variedad de aderezos "César" embotellados. Sin embargo, son muy lejanas a la receta original de Tijuana. La versión de Ricardo Villareal le agrega un toque verdaderamente mexicano—el cálido chile chipotle con sabor humeado.*

Si alguna vez hubiera una ensalada que acompañase a un bistec, es esta audaz ensalada César. Comience con Chile con queso (página 42); agregue unos Frijoles charros (página 232) y termine con Arroz con leche achocolatado (página 358) para obtener una comida muy satisfactoria.

Para la ensalada

1 cabeza de lechuga romanita, con hojas separadas, o las hojas del interior de varias cabezas

Para los croûtons

2 cucharadas de aceite de oliva virgen
2 cucharadas de mantequilla sin sal
4–6 dientes de ajo, finamente picados
2 rebanadas de pan añejo o pan francés parcialmente seco, cortado en cubos de ½ pulgada

Para el aderezo

5 filetes de anchoa en aceite, picados (opcional)
3 dientes de ajo, picados
¼ de taza de queso parmesano rallado
1 cucharada de mostaza Dijon
½–1 chile chipotle en adobo enlatado con ½–1 cucharadita del adobo
1 cucharada de vinagre de vino tinto
sal de mar
⅓ de taza de aceite de oliva extravirgen
1 cucharada de aceite de cacahuate

Para la guarnición

1 pequeño trozo de queso parmesano
pimienta negra recién molida

Enjuague y seque las hojas de lechuga. Si están lo suficientemente pequeñas, déjelas enteras; de lo contrario, rómpalas en trozos grandes. Envuelva en una toalla y ponga en el refrigerador durante varias horas para que se pongan crujientes.

Precaliente el horno a 275 grados F.

Entibie el aceite, mantequilla y ajo en un sartén grande a fuego mediano. Cuando se derrita la mantequilla, agregue el pan y revuelva durante varios minutos.

Esparza los cubos de pan sobre una chapa para hornear y hornee por unos 20 minutos, hasta que estén crujientes y dorados. Voltee varias veces para que se doren parejo.

Ponga las anchoas, ajo, queso, mostaza y ½ del chile chipotle, vinagre y sal en una licuadora o procesador de alimentos y muela hasta que esté terso. Pruebe y agregue más chile si desea. Con el motor prendido, vierta los aceites de oliva y cacahuate en chorro veloz conforme se espese el aderezo. Transfiera a un tazón, pruebe para la sazón y agregue más sal al gusto. Tape y aparte. Esto se puede refrigerar por hasta 3 días, pero remueva y regrese a temperatura ambiente antes de usar.

Cuando esté listo para servir la ensalada, ponga las hojas de lechuga en una ensaladera. Agregue los croûtons y suficiente aderezo para cubrir cada hoja y remueva. Usando un pelador de verdura, rebane pedazos delgados de queso parmesano sobre la ensalada y espolvoree con la pimienta. Sirva inmediatamente.

VARIACIÓN: ENSALADA CÉSAR CON CAMARONES A LA PARRILLA Ponga a macerar 12 camarones grandes pelados durante 1 hora en un poco del aderezo. Áselos unos 5 mi-

nutos, volteando una vez, hasta que se tornen color de rosa, luego retire del fuego y enfríe un poco. Use el camarón para poner encima de la ensalada.

Ensalada de berros

EL PASO, TEXAS

PARA 4 A 6 *Los berros, con su picor agudo como pimienta, es una verdura de hoja verde gustada como ensalada por todo México. Como se encuentra fácilmente durante todo el año en los Estados Unidos, nunca he podido entender por qué no se usa con mayor frecuencia en este país. La añadidura de piñones fue sugerencia de Aída Gabilondo, quien todavía recuerda paseos familiares cuando era niña para recoger berros silvestres. Para textura, he agregado escarola belga y hongos.*

Esta ensalada elegante es una elección buena para acompañar con Chambarete de cordero con fideos y menta (página 192) seguido por Helado de rompope (página 359).

Para el aderezo

2 cucharadas de vinagre de jerez de buena calidad
1 diente de ajo, muy finamente picado
sal de mar y pimienta negra recién molida
4 cucharadas de aceite de oliva virgen

Para la ensalada

2 manojos de berros
3 escarolas belgas blancas
4 onzas de hongos blancos frescos, sin tallo y en rebanadas (como 1 taza)

Para la guarnición

½ taza de piñones, ligeramente tostados

Bata el vinagre, ajo y sal y pimienta al gusto en un tazón chico. Cuando esté disuelta la sal, añada y bata el aceite. Pruebe y agregue más condimentos si es necesario.

Quite las hojas de los berros de los tallos gruesos. Enjuague en un colador y seque las hojas a palmaditas.

Rebane diagonalmente la escarola y deseche el corazón. Revuelva junto con los berros y hongos en una ensaladera. Algunos pedazos estarán llenos de hojas, otros en círculos crujientes.

Justo antes de servir, vierta suficiente aderezo sobre la ensalada para cubrir la verdura de hoja verde y esparza con los piñones.

Ensalada de col y chiles

6 PORCIONES *Me encanta la ensalada de col. No más al oír el nombre me trae recuerdos de picnics en el parque donde cada invitado aportaba un plato. Otros niños querían la gelatina temblorosa llena de pequeños malvaviscos. Yo me dirigía a la ensalada de col: col rebanada con aderezo hervido, agridulce con mostaza, mayonesa y azúcar, o extra-crujiente con solo aceite y vinagre y muchas semillas pequeñas de apio. Había col picada con crema ácida y eneldo o con pedacitos de zanahoria y pimentón. Me encantaban todas.*

La ensalada de col es más estadounidense que mexicana, aunque la col rallada se usa para poner encima de los tacos, pozole y menudo. Ricardo Villareal prepara esta versión de mi receta favorita de hace años. Esta ensalada despierta un pescado sencillo o platillos de pollo y aguanta sólo con Carnitas (página 122). Para variar, agregue mayonesa, crema ácida o yogur, o hasta cubos de piña fresca.

4 tazas de col finamente rallada
⅓ de taza de aceite de oliva
½ cebolla blanca chica, bien picada
1 pimentón rojo chico, sin semillas y cortado en tiras muy angostas
1 pimentón anaranjado o amarillo, sin semillas y cortado en tiras muy angostas
1–2 chiles jalapeños frescos, sin semillas y finamente picados
una pizca de orégano seco, mexicano de preferencia
5 cucharadas de vinagre de vino tinto
1 cucharada de azúcar
como 1 cucharadita de sal de mar

Ponga la col en un tazón grande.

Caliente el aceite en un sartén mediano. Agregue la cebolla, pimentón, jalapeños y orégano y sofría ligeramente. Agregue el vinagre y el azúcar y lleve apenas a hervor lento. Retire del fuego y deje que se enfríe un poco la mezcla. Cuando esté apenas tibio, vierta sobre la col y revuelva completamente. Espolvoree con la sal.

Permita que se sazone por lo menos 1 hora en el refrigerador, revolviendo de vez en vez.

NOTA: Aquellas personas que prefieren la textura crujiente del pimentón deben agregárselos cuando la mezcla se esté entibiando y sin sofreírlos.

Ensalada de nopalitos

4 A 6 PORCIONES *Cuando estaba en Tucson, encontré unas recetas regionales maravillosas que habían sido compiladas, sin editar, de los estudiantes de Carrillo Intermediate School como quince años antes. Se llamaba* Festival of Foods: A Carrillo School Project, *y entre numerosas recetas con nopales estaba ésta por Delia Figueroa. Aunque no pude localizarla para obtener mayor información, sus instrucciones estaban bastante completas; las modificamos sólo un poco, reduciendo principalmente la cantidad de aceite. En el sur de Arizona, donde Delia fue a la escuela, el cacto del nopal es tan común como el diente de león y mucho más útil. En la primavera, los retoños de color verde brillante se quitan cuidadosamente de las puntas de las pencas y se usan en una variedad de platillos.*

Como una ensalada atractiva y sencilla, el nopal crujiente proporciona un platillo contrastante de acompañamiento a las Enchiladas coloradas de pollo de Gloria (página 210), o la misma mezcla se puede usar más bien como un condimento para tacos o con Totopos (página 33).

1 libra de pencas frescas de nopal, cocidas (página 57) y picadas, o un frasco de 15–16 onzas de nopalitos, escurridos y enjuagados
½ cebolla blanca chica, rebanada en rodajas muy delgadas
2 dientes de ajo, asados (página 20) y finamente picados, ó ½ cucharadita de sal de ajo
1 jitomate de bola grande maduro ó 4 jitomates pera, picados
1 cucharadita escasa de orégano, mexicano de preferencia
el jugo de 1 limón agrio ó 1 cucharada de vinagre con sabor a ajo
2 chiles chiltepines secos, desmoronados, ó 1 cucharadita de chile rojo seco (opcional)
3 cucharadas de aceite de oliva extravirgen
sal de mar y pimienta negra recién molida
4 cucharadas de cilantro finamente picado

Para la guarnición

4 hojas interiores de lechuga romanita
4 cucharadas de queso fresco desmoronado mexicano (véase la página 118) o queso feta
2 rábanos, en rebanadas

Revuelva los nopales, cebolla, ajo, jitomate y orégano juntos en un tazón mediano. Espolvoree con el jugo de limón agrio y chiles y agregue una cantidad apenas justa de aceite de oliva como para que se unen los ingredientes. Sazone al gusto. La ensalada se puede preparar de antemano y mantenerse fresca. Si se refrigera, lleve a temperatura ambiente antes de servir.

Revuelva con el cilantro justo antes de servir y sirva a cucharadas sobre las pequeñas hojas de lechuga romanita. Ponga encima el queso desmoronado y las rebanadas de rábano.

VARIACIÓN: JITOMATES RELLENOS DE NOPALES Rebane la parte superior de 6 jitomates de tamaño mediano-grande con asiento plano y saque la pulpa. Agregue cualquier pedazo sólido del jitomate a la mezcla de cacto. Con cuchara llene los jitomates huecos con la ensalada de nopales y adorne con el queso.

NOPALES

(Opuntia ficus-indica)

El nopal es más que una fuente alimenticia para México, es un símbolo histórico del comienzo del Imperio Azteca. Según las leyendas, una de las siete tribus de los chichimecas—grupos bárbaros de indígenas nómadas del norte—recibieron instrucciones de su dios de dejar de vagar y asentarse donde se viera a un águila posada sobre un nopal con una serpiente en las garras. Este hecho se vio en Tenochtitlán, una de dos islas áridas en medio del Lago de Texcoco, lugar que hoy ocupa la Ciudad de México. Este pueblo se convirtió en los aztecas y la fecha probable del hecho fue 1325 D.C. Durante los casi doscientos años antes de que llegaran Hernán Cortés y sus soldados, los aztecas conquistaron casi todo de lo que hoy es México, y hoy día el nopal aparece en la bandera mexicana.

El nopal se considera como el cacto de distribución más amplia que cualquier otro. Crece de manera silvestre o es cultivado en África, Asia, Australia y el sur de Europa, así como en las Américas, donde probablemente México es su hogar nativo. Tanto las pencas tiernas, que crecen al final de las pencas más viejas de forma oblonga, y la fruta verde o morado-roja, llamada tuna, son comestibles y por lo general se obtienen en los Estados Unidos en la primavera y en el verano. Los nopales enlatados también se obtienen en las secciones étnicas de muchos supermercados y, aunque no son tan crujientes como los recién cocidos, se pueden usar en la mayoría de los platillos.

Para preparar nopales o nopalitos, como se les llama a los más pequeños, primero raspe con un cuchillo afilado o un pelapapas cualquier espina que tengan y sus ojos, luego corte la base y las orillas. Ponga a hervir, cortados en pequeños trozos para ensaladas, para mezclar con huevos o ase enteros con un "brochazo" de aceite y jugo de limón agrio.

Si ve las tunas dulces en el mercado, cómprelas porque son un gusto especial. Las frutas saben espléndido molidas, usadas en nieves o como agua fresca, mezcladas con agua fría y azúcar. Como dice el dicho: "Al nopal sólo lo van a ver cuando hay tunas".

Ensalada Madrid

CHICAGO, ILLINOIS • CIUDAD DE MÉXICO, MÉXICO

8 A 10 PORCIONES *Esta ensalada muy española con sus verduras de mucho color acompaña al pavo de día festivo de Silvia de Santiago, igual que como lo hizo cuando ella vivía de joven en la Ciudad de México. En Madrid, donde casi cada otro restaurante es un bar informal que sirve tapas en pequeños platos de barro, llenos de todo tipo de "pequeñas probaditas", esta ensalada es un platillo de reserva popular.*

Me gusta servir esta ensalada en un buffet donde figura un jamón de buena calidad rebanado y pavo ahumado o rostizado. Un buen contraste de sabores son los Chiles rellenos con atún (página 36), así como tazas heladas de Sopa de jitomate (página 87).

1 ¼ libras de papas nuevas o rojas pequeñas (como 10 papas pequeñas)
2 cucharadas de aceite de oliva extravirgen
como ½ cucharadita de sal de mar
½ cucharadita de pimienta negra recién molida
2 zanahorias medianas, peladas y en cubitos
2 libras de chícharos frescos en su cáscara, pelados (alrededor de 2 tazas) o un paquete de congelados de 10 onzas
¼ de taza de apio picado
3 cucharadas de cebolla amarilla dulce bien picada
20 aceitunas españolas rellenas, cada una cortada en 4 rebanadas
1 cucharada de alcaparras
2 cucharadas de pepinillos *gherkin* picados
1 cucharada de pimentón picado enlatado
1 cucharadita de semilla de apio
1 cucharada de perejil de hoja plana picado
el jugo de ½ limón agrio
1 taza de mayonesa
1 diente de ajo, machacado o muy finamente picado

Para la guarnición

tiras de pimentón
aceitunas rellenas y rebanadas
perejil de hoja plana picada

Ponga las papas sin pelar en una cazuela o una cacerola mediana. Agregue agua hasta taparlas y hierva como 15 minutos, hasta que estén apenas tiernas. Escurra y permita enfriar. Pele las papas, corte en cubitos de ⅓ de pulgada y ponga en un tazón grande. Salpique con 1 cucharada de aceite de oliva y agregue la sal y pimienta.

En otra cazuela mediana, ponga a hervir agua salada y cueza las zanahorias. Después de 2 minutos, agregue los chícharos y cocine otros 3 minutos. Escurra y enfría bajo el chorro de agua fría. Seque a palmaditas con una toalla.

Agregue las zanahorias y los chícharos a las papas en el tazón. Mezcle cuidadosamente con el apio, cebolla, aceitunas, alcaparras, pepinillos *gherkin,* pimentones, semilla de apio y perejil. Pruebe la sazón y agregue más pimienta y sal, si es necesario. Salpique con la cucharada restante de aceite de oliva y esparza con el jugo de limón agrio.

Mezcle la mayonesa y el ajo. Sirva con cuchara sobre la verdura y revuelva con cuidado. Ponga la mezcla con presión ligera en un molde engrasado con aceite (de capacidad de 1½ cuartos de galón), llenando las esquinas cuidadosamente. Tape y enfría hasta ocuparlo. Antes de servir, recorra las orillas del molde con una espátula delgada, luego voltee sobre un platón. Adorne la ensalada con las tiras de pimentón, las aceitunas y el perejil.

VARIACIÓN: ENSALADA DE PAPA, VERDURA Y ATÚN Como una ensalada agradable para el verano, revuelva con una lata de 3 onzas de atún ligero en trozos y 2 huevos duros picados.

Ensalada de jícama y melón con naranja

TUCSON, ARIZONA

8 A 10 PORCIONES *En las tierras desérticas agrestes y brutalmente calientes de Arizona, los primeros pobladores cercaban cualquier fuente de agua con oasis exuberantes de vegetación. Higueras, limas, naranjos y granados, uvas y granos, cultivos de chiles de temporada, jitomates y melones dulces, crecían todos con fuerza bajo el sol abrasador. Es difícil imaginar ahora el esfuerzo que este crecimiento requería, porque hoy día la irrigación extensiva convierte a estas frutas y verduras en una cosa casi común. Yolanda Mesa encuentra la refrescante carne del melón como un contraste bienvenido a los chiles jalapeños de esta ensalada de jícama. Los pedazos de naranja y jitomate proporcionan un acento de color vibrante.*

Esta ensalada versátil va bien con casi cualquier platillo sencillo de carne o pollo. Pruébelo con Cochinita pibil (página 183) o en compañía de Pescado al mojo de ajo (página 147).

1 jícama pequeña (como de ¾ de libra), pelada y cortada en tiras delgadas tipo cerillo
⅓ de taza de jugo de naranja
2 cucharadas de jugo de limón agrio
½ cucharadita de sal de mar
3 naranjas, peladas y en gajos (véase la Nota)
2 jitomates medianos maduros, cortados en pequeños cubos
½ melón, sin semillas y cortado en pequeñas bolitas o cubitos
2 cebollas verdes, en rebanadas delgadas con parte del rabo
1–2 chiles jalapeños frescos, sin semillas y bien picados, ó ½ cucharadita de chile seco triturado
1 cucharada de cilantro fresco finamente picado

Ponga la jícama en un tazón grande y revuelva con los jugos de naranja y limón agrio y la sal. Ponga en el refrigerador durante 1 hora mientras prepara el resto de las frutas y verduras.

Con un cuchillo pequeño filoso, retire las membranas de los gajos de naranja y corte cada uno en tercios. Agregue a la jícama marinada junto con los jitomates, melón, cebollita verde y jalapeños. Mezcle bien y pruebe para la sazón. Revuelva con el cilantro justo antes de servir. Esta ensalada se puede preparar varias horas de antemano, tapar y refrigerar.

NOTA: Para pelar y cortar en gajos las naranjas para que todo el tejido blanco fibroso o membrana que recubre los segmentos se pueda quitar, es importante usar un pelalegumbres muy filoso. Corte una rebanada de ½ pulgada de gruesa de arriba y abajo de cada naranja. Meta la orilla del cuchillo debajo de la piel de arriba hacia abajo, siguiendo la curva de la naranja. Repita hasta que esté pelada. Ponga la punta del cuchillo debajo de la membrana en la orilla de una sección. Rebane hacia el centro de la naranja de arriba hacia abajo, separando un lado de la sección. Voltee el cuchillo para que esté hacia afuera y esté parejo con la membrana en el lado opuesto de la sección. Mueva el cuchillo del centro hacia afuera junto a la membrana, liberando la sección. Continúe con las otras secciones.

Ensalada de Noche Buena

MCMINVILLE, OREGON • MORELOS, MÉXICO

10 A 12 PORCIONES *Casi la única constante en las cientas de versiones de esta ensalada colorida para día festivo es el rojo profundo de los betabeles. La mayoría de las recetas familiares agregan jícama, manzanas, naranjas, nueces y los granos rojos de las granadas; también he encontrado recetas que piden piña, plátanos, uvas, rábanos, queso o coco rallado. Incluso los aderezos pueden variar, a veces u-*

sando mayonesa, a veces crema ácida. Martha Gonzalez usa una vinagreta sencilla en esta versión tradicional, pero ella le agrega un chorrito de agua de seltz. Sus hijos piensan que es divertido agregarle refresco de naranja, así que luego le omite el azúcar.

Un platón de esta ensalada de fiesta es perfecto cuando se congregan muchos amigos y familia. Úsela como parte del buffet de la época navideña, junto con pavo o jamón rebanado, varios tipos de tamales, quizás Tamales de picadillo con chile colorado (página 299) o Tamales dulces de frijol (página 308) y tazas de Ponche de Navidad (página 386) calientes.

6 betabeles chicos, cocidos, pelados y en cubitos
3 manzanas crujientes, peladas y en cubitos
3 naranjas, peladas, en secciones y cortadas en pedazos de ½ pulgada
1 jícama mediana, pelada y cortada en tiras tipo cerillo
1 taza de cacahuates asados sin sal y sin cáscara, picados
4 cucharadas de azúcar
¼ de taza de vinagre de arroz u otro vinagre muy ligero
2 cucharadas de aceite de oliva
sal de mar
¾ de taza de agua de seltz
2 plátanos, rebanados (opcional)
1 taza de piña fresca o enlatada cortada en cubitos (opcional)
1 cabeza de lechuga de bola, en rebanadas delgadas

Para la guarnición

¼ de taza de cacahuates asados con sal o piñones picados
granos de dos granadas (véase la Nota)

En un tazón grande, revuelva los betabeles, manzanas, naranjas, jícama y cacahuates.

Disuelva el azúcar en el vinagre y agregue el aceite batiéndolo. Añada sal al gusto y vierta sobre la fruta. Agregue el agua de seltz y, con sus dedos o una cuchara de palo, con cuidado revuelva todo junto. Refrigere, tapado, durante 1 hora.

Cuando llegue la hora de servir, revuelva con el plátano y la piña, si la ocupa. La lechuga se puede mezclar junto con la fruta o usar como cama para la fruta.

Adorne con las nueces y los granos de granada.

NOTA: Los granos ácidos y rubíes de las granadas son apreciadas en todo el mediterráneo y en los países del Medio Oriente, pero en el nuevo mundo, sólo en México y en el Hemisferio Sur es donde se usan con abundancia—especialmente como guarnición. Se pueden conseguir al final del verano y en el otoño, y se pueden mantener frescas durante tres o cuatro meses si se conservan secas en la parte inferior del refrigerador. Cuando esté listo para usar las granadas, haga unos cortes en la cáscara correosa en cuatro partes, de arriba hacia abajo, cuidando de no cortar los granos. Rompa cada corte y doble para atrás la cáscara, exponiendo

los granos, que son fáciles de remover. Los granos que sobren se pueden guardar sellados y congeladas para un uso posterior.

VARIACIÓN: ENSALADA DE NAVIDAD CON ADEREZO DE MIEL Y MAYONESA Combine 4 cucharadas de mayonesa, 2 cucharadas de miel, el jugo y ralladura de 1 limón agrio, 1 cucharada de vinagre de manzana, 1 cucharadita de chile puro molido, 1 diente de ajo finamente picado y sal de mar al gusto. Agregue a la ensalada en vez de la vinagreta con agua de seltz y mezcle bien.

VARIACIÓN: ENSALADA DE NAVIDAD CON ADEREZO DE CREMA ÁCIDA Y GRANADAS Este aderezo colorido era una de las especialidades de la abuela de Miguel. Ponga los granos de 1 granada en una licuadora con ½ taza de crema ácida o yogur, 4 cucharadas de azúcar y ½ taza de jugo de fruta. Licue hasta que sea un puré espeso. Agregue a la ensalada como aderezo de sustitución y mezcle bien.

COLACIÓN

Durante la Navidad en México, hay un dulce especial que se usa para poner encima de la ensalada de Navidad. Hecha de ralladura de naranja y limón agrio, semillas de cilantro, cacahuates o piñones y con una cobertura dura de dulce de colores pastel, la colación también aparece entre las frutas y nueces adentro de las piñatas fantasiosas de papel maché o en pequeñas canastas de cáñamo que se reparten durante las posadas de la época navideña, cuando pequeñas procesiones van de casa en casa recreando la búsqueda de alojamiento de María y José en Belén. Yo encontré un dulcecito parecido que se usa en casi todo Texas y en unas cuantas otras comunidades méxico-americanas.

Ensalada de Corpus Christi

ALLEN PARK, MICHIGAN • QUERÉTARO, MÉXICO

6 A 8 PORCIONES *Hay una gama extravagante de colores, formas y sabores en esta reliquia familiar de ensalada, y tan inusual como su nombre. Florencio Perea combina varios colores y formas de verduras verdes y les pone acento con granos de maíz dorado, cerezas de color rojo-vino y pequeños cubitos de pera color marfil. Aunque él supervisa la hechura, manos más pequeñas se divierten sacando el hueso de las cerezas, una tarea que puede ser simplificada con el uso de un pequeño aparato que las saca en un zas.*

Nunca había oído de este platillo hasta que conocí a Florencio, pero recientemente encontré una versión parecida en un libro por Lotte Mendelsohn, Healthy Mexican Regional Cooking *(Front and Center Press, 1995). Ella hace el comentario de que en la casa de Jose N. Iturriaga, cuya receta incluyó en su libro, la ensalada de Corpus Christi siempre se servía con chuletas de ternera ligeramente empanizadas. Iturriaga, un economista/historiador mexicano, compartió su receta con Mendelsohn "con la esperanza de que no se pierda en los archivos vagabundos de la historia oral." Felizmente, está muy presente en Michigan.*

Éste es el mejor platillo para servir junto a enchiladas o, como sugiere Jose Iturriaga, Tortas con filete de ternera milanesa (página 138), un relleno incluido en la receta para tortas mexicanas.

Para la vinagreta

2 cucharadas de jugo de limón agrio fresco
1 cucharada de vinagre blanco muy ligero
2 cucharadas de hojas de cilantro frescas bien picadas
1 diente de ajo, finamente picado
¼ de cucharadita de sal de mar
pimienta negra recién molida
6–8 cucharadas de aceite de oliva virgen

Para la ensalada

2 calabacitas chicas, sin puntas y cortadas en rebanadas de ⅓ de pulgada
granos de 2 mazorcas de elote ó ½ paquete de elote congelado (como 1½ tazas)
1 libra de ejotes, sin las puntas y cortados en pedazos de 1 pulgada, ó 1 paquete de ejotes congelados
½ cebolla blanca chica, cortada en cubos
sal de mar
2 pepinos medianos, pelados, cortados a la mitad y sin semillas
2 aguacates maduros pero todavía firmes
2 peras
½ libra de cerezas *Bing* frescas o congeladas, descongeladas sin hueso y a la mitad
hojas interiores de lechuga romanita pequeñas (opcional)

Para la guarnición

2 onzas de queso Cotija o feta, desmoronado

Ponga el jugo de limón agrio y vinagre en un tazón junto con el cilantro, ajo, sal y pimienta. Bata con 6 cucharadas del aceite de oliva. Pruebe y ajuste para el sabor ácido, agregando más jugo de limón agrio o aceite, cualquiera que necesite.

Cueza la calabacita y el elote al vapor durante varios minutos sobre agua hirviendo. No los cueza demasiado. Escurra, enjuague en agua fría y aparte.

En un sartén, ponga los ejotes y la cebolla en 1 taza de agua salada y cocine, sin tapar, durante 10-12 minutos hasta que estén apenas tiernos. Escurra en un colador de malla fina y vierta agua fría sobre ellos para detener la cocción. Aparte.

Rebane el pepino en trozos de ⅓ de pulgada y coloque en un tazón de servir.

Cuando la calabacita, elote, ejotes y cebolla estén a una temperatura fresca, agréguelos a los pepinos. Revuelva bien.

Pele el aguacate y córtelo junto con la pera en cubitos y agregue al tazón junto con las cerezas. Mezcle ligeramente con la suficiente vinagreta como para humedecer completamente la fruta y la verdura. Enfríe durante 1–2 horas antes de servir, revolviendo de vez en cuando para distribuir la vinagreta. Se puede servir, estilo familiar, en un tazón grande o sobre platos individuales en copas de lechuga, con el queso desmoronado encima.

NOTA: Es importante usar un vinagre blanco muy ligero en la vinagreta, ya sea un vinagre de vino de arroz o un vinagre aún más suave como de pera, piña o champán, que ahora se venden en algunas tiendas de comidas especializadas.

Coctel de almejas y aguacate con camaroncitos

SAN DIEGO, CALIFORNIA • MICHOACÁN, MÉXICO

2 PORCIONES GRANDES O 4 PORCIONES COMO BOTANA *Las playas desiertas de personas en Michoacán, donde vive mucha de la familia de Ana Rosa Bautista, son de donde vienen las almejas dulces que eran parte de la receta original de este platillo. Ahora que vive en San Diego, a ella se le hace más fácil usar las almejas enlatadas. Sirva este coctel en vasos altos y claros, quizás copas de vino grandes o en platos para* sundae *de helado al estilo antiguo.*

Este coctel es la manera perfecta de comenzar casi cualquier comida. Después, van muy bien platillos delicados tales como Crepas con rajas de poblanos (página 207) o Camarones y pasta con tequila (página 153).

¼ de taza de salsa catsup
2 cucharadas de jugo de limón agrio o limón francés
¼ de cucharadita de salsa inglesa
¼ de cucharadita de rábano picante molido
salsa Tabasco u otra salsa de chile picante al gusto
1 jitomate pera maduro, picado
2 ramas de apio interiores, picadas
1 lata de 6 ½ onzas de almejas picadas con su jugo
2 cebollitas verdes, bien picadas
1 aguacate grande maduro pero firme
4 onzas de camarón pequeño, pelado y cocido
sal de mar y pimienta negra recién molida

Para la guarnición

varias hojas interiores de lechuga romanita pequeñas o ramas de apio (opcional)
2 cucharaditas de cilantro finamente picado o perejil de hoja plana

En un tazón, mezcle la salsa catsup, jugo de limón, salsa inglesa, rábano picante y salsa Tabasco. Agregue el jitomate, apio, almejas y cebollita verde y revuelva ligeramente. Debe de haber mucho líquido en la mezcla de mariscos. Ponga a enfriar en el refrigerador hasta que vaya a servir.

Corte el aguacate a la mitad y deseche el hueso. Rebane la carne en cubitos de ½ pulgada y mezcle ligeramente con los otros ingredientes. Agregue los camarones y salpimente al gusto. Pruebe la sazón y agregue más jugo de limón agrio o salsa Tabasco, si es necesario.

Ponga la hoja de lechuga romanita o el apio en un lado de una copa grande para coctel enfriada. Agregue la mezcla de mariscos con una cuchara y adorne con el cilantro.

Vuelve a la vida de Juan Felipe

AUSTIN, TEXAS • MALINALCO, MÉXICO

6 PORCIONES COMO BOTANA Ó 4 COMO PLATILLO PRINCIPAL *Mientras visitábamos a Miguel Ravago en Austin, Texas, comimos con Juan Felipe Chancellor. Probamos de una gran variedad de platillos chinos, pero la conversación era sobre las comidas de México. Juan Felipe sirve esta variedad de mariscos como una botana o como un platillo principal ligero; "vuelve a la vida" se refiere a los poderes de recuperación que tienen los mariscos y el chile después de una noche de tomar mucho. Las cantidades y variedades de pescado pueden variar siempre y cuando acabe con aproximadamente la misma cantidad. Lo que se desea es un balance de formas, sabores y texturas. Pruebe este platillo con pequeños ostiones crudos o pequeños pulpos con tentáculos.*

Como platillo ligero de verano, sirva unas Quesadillas (página 115) junto al coctel de mariscos. Si se desea un platillo acompañante más llenador, pruebe la Tortilla española de papa (página 339). Tómese un fumé blanc seco con la comida.

4 onzas de vieiras de bahía crudas
4 onzas de pedazos de jaiba, precocidas y sin cáscara (los pedazos grandes de la pinza son los mejores)
4 onzas de calamar chico, precocido, limpio y, si es necesario, rebanado en ruedas de ½ pulgada
4 onzas de lubina, huachinango, salmón o atún sin piel, crudo, cortado en trozos de 1 por ½ pulgada
¾ de taza de jugo de limón agrio recién exprimido
4 onzas de camarón chico, precocido y pelado
¾ de taza de salsa catsup
1½ cucharaditas de salsa inglesa
el jugo de 1 naranja
1 cucharada de vinagre de vino
1 cucharadita copeteada de orégano seco, mexicano de preferencia
2 cucharadas de aceite de oliva
½ cebolla blanca, picada
1 jitomate de bola grande maduro ó 3 jitomates pera maduros, picado
½ taza de hojas de cilantro finamente picadas
1 chile chipotle en adobo enlatado, picado
1 chile jalapeño en escabeche, picado
1 taza de chícharos pequeños enlatados (opcional)
½ taza de aceitunas verdes rellenas
sal de mar y pimienta negra recién molida

Para la guarnición

limones agrios partidos en cuatro

Ponga las vieiras, jaiba, calamar y pescado en un recipiente de vidrio o plástico de tamaño mediano. Vierta el jugo de limón agrio sobre todo y permita marinar. Guarde tapado en el refrigerador durante varias horas, revolviendo de vez en vez para que el jugo sature los mariscos completamente. Cuando esté listo para usarlos, agregue los camarones.

Mezcle la salsa catsup, salsa inglesa, jugo de naranja, vinagre, orégano y aceite juntos en un tazón de vidrio lo suficientemente grande para todos los ingredientes. Escurra y deseche el jugo de limón agrio que sobre de la mezcla de mariscos. Con cuidado, revuelva los mariscos con la salsa. Agregue la cebolla, jitomate, cilantro, chile chipotle, chile jalapeño, chícharos y aceitunas. Mezcle completamente y pruebe antes de salpimentar.

Sirva amontonado en copas heladas con un pedazo de limón agrio al lado. Se puede preparar el coctel 1 hora antes y mantenerse en el refrigerador hasta que esté listo para servir, pero al enfriar se puede opacar un poco el sabor.

Salpicón de res

EL PASO, TEXAS

6 PORCIONES COMO PLATILLO PRINCIPAL O DE 8 A 10 COMO PLATILLO ACOMPAÑANTE O BOTANA *Un salpicón debe ser como una pintura abstracta, con pedazos de color brillantes y contrastes de texturas salpicando el fondo apagado. Es un platillo de fiesta ideal para un buffet de verano. Aunque es similar a las ensaladas de carnes frías que he disfrutado tanto en Yucatán, en esta versión, la mostaza agregada por Virginia Lopez, una tejana de cuarta generación, le agrega un sabor muy norteamericano.*

La pulpa de res en trozos, que transmite su sabor maravillosamente rico al caldillo, es el corte de carne preferido por Virginia. Sin embargo, si desea apurar el proceso, Miguel usa falda de res cocido en su jugo por una hora o menos. Y en Texas, así como en partes de México, los mismos cortes de carne de venado son sustituidos por la de res.

3 libras de pulpa de res sin grasa y en corte plano
2 cebollas blancas, cortadas en cuatro
3 dientes de ajo, pelados y picados
2 hojas de laurel
8 pimientas negras enteras
1 cucharada de orégano seco, mexicano de preferencia
1 cucharadita de sal de mar

Para los condimentos de la ensalada

3 cucharaditas copeteadas de mostaza Dijon tradicional (con las semillas)
1 aguacate firme pero maduro
el jugo de 2 limones agrios
el jugo de 2 naranjas
5 chiles jalapeños en vinagre, cortados en tiras, con 2 cucharadas del vinagre
¾ de taza de queso *cheddar* blanco o *Monterey jack*
2 cucharaditas de pimienta negra recién molida
½ taza de cilantro picado
sal de mar (opcional)

Para la guarnición

las hojas interiores de 1 lechuga romanita
1½ tazas de queso ranchero fresco o feta
2 aguacates firmes pero maduros, en rebanadas
8 rábanos cortados en rueditas
½ taza de cilantro picado

En una olla grande llena con suficiente agua para tapar la carne, ponga la carne, cebollas, ajo, hojas de laurel, pimienta negra entera, orégano y 1 cucharadita de sal. Lleve a hervor a fuego alto, luego baje el calor y cueza a hervor lento, sin tapar, como 1½ horas, agregando un poco más de agua si es necesario. Cuando esté tierna la carne y lista para deshebrar, retire la olla del calor y deje que se enfríe la carne en su propio caldillo. Conserve el caldillo.

Cuando la carne esté suficientemente enfriada, retire cualquier exceso de grasa y deshebre la carne completamente con sus manos. Ponga la carne deshebrada en un tazón grande con 1 taza del caldillo. Permita reposar por lo menos 30 minutos, revolviendo de vez en vez, hasta que se absorbe el líquido.

Escurra cualquier caldillo que sobre. Unte la mostaza en sus manos y embarre la carne hasta cubrirla. Machaque el aguacate con un tenedor y embarre la carne. Revuelva con los jugos de limón agrio y naranja, chiles, queso, chile, pimienta y cilantro. Agregue sal si es necesario.

Arregle una cama de hojas de lechuga sobre un platón. Amontone el salpicón sobre la lechuga y adorne con el queso, rebanadas de aguacate, rábanos y cilantro. Sirva a temperatura ambiente con tortillas calientes.

Impresiones de Texas

Mi primera impresión de Texas es también mi primer recuerdo de comida. Tenía dos o quizás tres años. Estaba afuera, debajo de un árbol, jugando con una cuchara brillosa. De repente, una chara verde saltó de una rama y se llevó mi cuchara. Empezé a llorar y Teresita, la mujer mexicana que me cuidaba, me alzó y me dio un pedazo de tortilla de harina embarrada con aguacate mantequilloso para aplacarme. Aún hoy, cuando me siento triste, como aguacates.

La comida Tex-Mex es lo que la mayoría de personas que no son méxico-americanas consideran como comida mexicana, pero no lo es. Es comida de la frontera del Río Grande—una mezcla de ingredientes indígenas: maíz, frijoles pintos, calabaza, nopales y chiles, con los orígenes de la carne y los quesos introducidos por los hombres de la frontera españoles. Al poco tiempo llegaron el trigo para las tortillas de harina, el arroz y luego algunas de las comidas tradicionales mexicanas, como los tamales preferidos por los indígenas tlaxcaltecas del centro de México, quienes vinieron al norte con los españoles como co-conquistadores de los aztecas y colonizaron el área alrededor de Saltillo, en el norte de México y partes de Texas. De estos ingredientes, los primeros pobladores de lo que ahora se conoce como el suroeste estadounidense, preparaban platillos espartanos de chiles y estofados de carne, espesas sopas de largo cocimiento con maíz seco o frijoles, huevos para el desayuno con carnes secas deshebradas y, para las ocasiones especiales, postres de arroz con leche o panocha hecha con brotes de trigo. Aún hoy en día, en partes del suroeste, estas comidas sencillas toman un papel importante en la cocina casera. Fui afortunada al poder compartir algunos platillos con los descendientes directos de estos primeros pobladores.

Para mí, el platillo característico más tejano es el chili. Abundantes historiadores del chili han discutido los orígenes de esta sencilla, robusta preparación de carne y chiles, pero todos parecen estar de acuerdo en que fueron las "Chiliqueens", o Reinas del Chili, de San Antonio las que lo hicieron famoso. A mediados del siglo dieciocho, estas lavanderas hacían chili en sus tinas y lo vendían en las noches en puestos en la Plaza Militar. Habían venido al norte con el ejército mexicano y se quedaron para servirle a la milicia tejana. Hubieran usado el pequeño venado fronterizo, chivos descarriados y el ganado casi silvestre para la carne y chiltepín y mejorana autóctonos como condimento, que todavía crecen silvestres en el suroeste de Texas. También hay buenas señas de que el comino traído por los colonizadores de las Islas Canarias pudo haber sido usado en los primeros chilis de San Antonio. Pronto se convirtió en un sabor esencial de un "plato hondo de colorado". De hecho, de los sabores Tex-Mex, el comino, el chile colorado y el orégano son los más identificables. La manera más común de servir el chili es como un estofado, en un plato hondo con galletas saladas al lado, pero a menudo me gusta comerlo como una salsa espesa sobre frijoles, arroz o enchiladas.

Texas es un estado inmenso: 3.800 millas de fronteras rodeando 267.338 millas cuadradas de planos, desiertos y bosques, todo el cual una vez fue territorio de España y luego de México, aunque originalmente sólo la región del sur fue colonizada. El Texas mexicano también es grande. En 1840, cinco años antes de que Texas formara parte de los Estados Unidos, sólo el 10 por ciento de la población total era mexicana, pero ahora es casi el 23 por ciento, un porcentaje más grande que en cualquier otro estado.

En concordancia con el tamaño grandioso de Texas, es justo que los chefs tejanos también inventaron el consabido platillo combinación mexicano. El poner diferentes tipos de platillos en un sólo plato es casi desconocido en México, con la notable excepción de carne asada a la Tampiqueña, el platillo de la casa de un restaurante de la Ciudad de México en los años 1930, que incluía un biftec grande y delgado, frijoles, una enchilada con salsa y guacamole, pero sin arroz. En las casas méxico-tejanas, cuando me sirvieron tanto frijoles como arroz en el mismo plato, era sólo con enchiladas, y cuando descubrí esta combinación en otros estados, invariablemente el cocinero había vivido previamente en Texas.

Cuando era estudiante de biología en el colegio, una de las primeras cosas que aprendí fue que "la osmosis es el paso recíproco de materia esencial a la vida a través de la membrana semipermeable de una célula". Es esto lo que pienso cuando visito cualquier parte de la frontera entre El Paso y Brownsville o sus contrapartes en el lado mexicano, Ciudad Juárez y Matamoros. Los miembros de las mismas familias trabajan, juegan y visitan ambos lugares. Los alimentos son casi iguales, aunque parece más fácil encontrar barbacoa de cabrito en el lado mexicano y barbacoa de cabeza en Texas. Mexicanos de Texas van de compras en mercados mexicanos para obtener más variedad de ingredientes tradicionales para la cocina y los mexicanos vienen a Texas para checar el supermercado. La tierra de la frontera no es mexicana ni norteamericana sino un poco de los dos. Tiene su propia música fusión, tejano y su propio idioma no oficial, el Espanglés. Como me dijo Luis Helio Estavillo en Ciudad Juárez: "Nuestra familia tiene un pie en cada lado de la frontera".

Fue durante un desayuno de menudo lleno de pozole en El Paso donde primero conocí a Estella Ríos-Lopez, una joven vivaz totalmente comprometida con las largas horas necesarias para establecerse en su profesión de relaciones públicas. Las propiedades energéticas de la sopa, con su picor del chile, evidentemente eran uno de sus secretos. Como muchos amantes de la comida de El Paso, a Estella le gusta bañar su comida con sal, pimienta negra, comino y orégano, aunque tiene un antojo aún más grande que la mayoría de los tejanos que conocí por el picor intenso del chile. "Comería espuma de poliestireno si llevaba una salsa de chile de árbol".

Además de hablar de comida, Estella me contó el primer relato que había escuchado sobre los ladinos en Texas—esos judíos quienes, para evitar la muerte durante la inquisición española, se convirtieron en apariencia al cristianismo. Como era contra la ley para personas conocidas como judíos residir en la Nueva España, aquellos que así lo hacían buscaban lugares dónde vivir, tales como los territorios del norte. Un día, cuando Estella estaba en casa de su abuela católica, encontró escondida en un closet una menora, el candelabro especial encendido por judíos en todo el mundo para celebrar el sábado. Después, supo que su tatarabuela y tatarabuelo habían sido judíos en Bilbao, en el norte de España. Habían venido a Jalisco como cristianos. Después, sus parientes se casaron con indígenas y varias generaciones después se mudaron a Durango, donde su abuela y familia incluso ayudaron a erigir la iglesia católica. No fue hasta que se estaba muriendo y en el hospital que su abuela dio señas de su fe escondida y con gestos trató de mandar traer un rabino en vez de un sacerdote.

He mantenido contacto frecuente con Aurora Cabrera Dawson durante los cinco años desde que primero pasamos tiempo juntos en su casa familiar en Oaxaca. Una artista talentosa, ahora vive con su esposo Don y su hijo joven, Nathan, en una pequeña ciudad al norte de Dallas. Se pasa el tiempo decorando muebles por pedido, tomando cursos de arte, ayudando en la escuela de Nathan… y cocinando. En Texas, Aurora prepara muchos de los mismos platillos con los cuales se crió pero de manera más sencilla, comprando sus tortillas ya hechas, y aunque prepara frijoles frecuentemente, si no hay sobras en el refrigerador, le parece bien abrir una lata de frijoles negros. (Para Aurora, una purista, los frijoles negros del sur de México son los únicos que hay que usar). Sin embargo, todavía no ha usado caldo de pollo enlatado para sopas o salsas. "No más no podía hacerlo; no tendría el sabor correcto". Incluso, cultiva hierbas oaxaqueñas y se trae los chiles regionales distintivos de casa para asegurar que el sabor sea igual. Cuando Aurora vino a los Estados Unidos, rápidamente subió de peso 10 libras al comer comida rápida. "Todo aquí es tan grasoso y gordo comparado con Oaxaca". Estos días, dice que sólo trata de "cocinar los alimentos más saludables y sabrosos que puedo para mi familia y de la manera más sencilla posible. Esto quiere decir que me aprovecho de lo que aprendí en México y lo uso principalmente con los ingredientes que puedo comprar aquí en Texas. Quizás no sean los mismos platillos, pero saben rico". Las prácticas de cocina van a cambiar siempre que haya cocineros preparando alimentos bajo diferentes circunstancias. La cocina de un país, igual que su idioma, se desarrolla con adaptación y uso.

Sopas, caldos, pozoles y menudos

La sopa tiene siete virtudes: calla el hambre, provoca poca sed, da sueño, también es paciente, siempre agrada, nunca enojada y le da color a la cara.

—DICHO MEXICANO DE COCINA

APENAS ME PUEDO IMAGINAR UN HOGAR mexicano sin sopa, ya sea un caldo sazonando, espeso con carne y verduras, chiles y totopos crujientes, o una olla de pozole que parece estar llena de todo. Para aquellos que son mexicanos, el comer una sopa cada día es una parte casi indispensable de la vida. Qué lástima que la sopa rara vez encuentra lugar en las cartas de los restaurantes mexicanos en los Estados Unidos, ya que es de las grandes delicias de la cocina méxico-americana.

Fueron los españoles los que primero trajeron a México la idea de cocinar y servir comida en un líquido. Los indígenas rápidamente adoptaron estas sopas robustas, sustituyendo sus propios ingredientes regionales. Ya que en el Nuevo Mundo no se hallaba los garbanzos de los cocidos y caldos de España, sopas tradicionales españolas, fueron reemplazados por granos secos de maíz o por frijoles rojos, negros, blancos, amarillos o pintos, y por chiles, jitomates y hierbas de olor regionales. Durante los largos años de escasez que la mayoría de familias mexicanas enfrentaban, cruzando la frontera para establecer sus hogares en los Estados Unidos, estas "comidas en una olla" se convirtieron en una manera económica de satisfacer el hambre cotidiano.

Las sopas ligeras originalmente fueron usadas como preludio a banquetes elaborados, estilo romano, celebrados por las clases altas mexicanas. Estas comidas, igual que las maneras y costumbres de las familias ricas que las servían, reflejaban los gustos del príncipe austriaco, Maximiliano, y su esposa belga, Carlota, emperador y emperatriz de México, colocados en sus tronos a fines del siglo diecinueve en la Ciudad de México por Napoleón Tercero de Francia.

Rigieron durante sólo tres años, pero su influencia en la cocina de México fue dramática y permanente.

Probablemente existe un número igual de tipos de caldos hechos en cocinas méxico-americanas que cocineros méxico-americanos. A través de los Estados Unidos, los ingredientes básicos mexicanos como frijoles y maíz son servidos en un número sorprendente de variaciones, pero encontré que las papas parecen desempeñar un papel aún más fuerte. Alrededor de Corpus Christi, Texas, y en Florida, desde Miami hasta los pequeños pueblos atrasados con su concentración de trabajadores migrantes, el pescado u otro marisco recién capturado aparece en caldos a veces intimidantemente enchilados y ofrecen una manera increíble de comenzar el día.

También se comen otros caldos en la mañana, el menudo siendo el más común. Ese reconstituyente favorito es, sin duda, el platillo que la mayoría de los méxico-americanos identifican como propio. Usualmente servido como desayuno, los pequeños cuadritos de panza y el choque despertador del picante punzante de los chiles son combinados usualmente con pozole para hacer una sopa aún más sustanciosa que se puede disfrutar a cualquier hora. He comido menudo en los desayunos de iglesia en Nampa, Idaho, para la cena en hogares en Sacramento y Chicago y para el almuerzo en muchos cafés cruzando los Estados Unidos. Cuando pregunté por qué es tan universalmente popular, la respuesta fue "Si le gusta el menudo, es Ud. una verdadera mexicana", o, "Es nuestro. Los demás comen nuestros tacos y salsas, pero Ud. no encontrará el menudo en Taco Time".

En un tiempo, fue la lucha por sobrevivir la que hizo necesario servir estas sopas nutritivas, pero hoy día es más bien una cuestión de conveniencia y un amor para sus sabores conocidos. Muchas jovenes casadas que trabajan fuera del hogar sienten gran alivio al poder recalentar una olla de caldo maravillosamente sustancioso para la cena, acompañado sólo con bolillos o tortillas. Hayan ido o no a México estas mujeres modernas, las sopas todavía reflejan la manera tradicional en que sus madres, abuelas y bisabuelas preparaban sopa en sus cocinas en México.

Desde el consomé claro hasta los espesos guisos, las sopas caseras albergan los sabores que recogen recuerdos familiares de comidas pasadas mientras que nutre a la presente generación.

Caldo de pollo

El caldo de pollo es la base de muchas sopas de México y como la de los chinos, tiene un carácter sutil y delicado que realza y no abruma los otros ingredientes. Junto con cómo hacer *brownies*, el joven méxico-americano por lo general aprende cómo crear un caldo de pollo básico. La manera usual es comenzar con una olla grande con agua fría (usando alrededor de 1 cuarto de galón de agua por cada 1½ libras de pollo), a la que, idealmente, se

le agrega todos aquellos pedazos de pollo que hoy día rara vez se comen—las espaldas, puntas de ala, pescuezos y claro, cualquier piel. Se les pueden quitar estas partes a los pollos para freír y congelarlas hasta obtener tres o cuatro libras de huesos, o se pueden comprar aparte. Si puede encontrar una gallina gorda para estofar, dése un gusto y agréguela a la olla. Además de darle más sabor, esos pedazos más carnosos del pollo, tales como las pechugas, muslos y piernas, se pueden retirar después de veinte a treinta minutos y apartar para uso posterior en la sopa o en otros platillos. No se le olvide poner los huesos de nuevo a la olla después de quitarles la carne. Cuando el caldo apenas empiece a hervir suavemente, quítele cualquier espuma de encima e inmediatamente baje el calor. Una vez que esté hirviendo despacio, se le agregan los condimentos: rebanadas de una zanahoria pequeña, pedazos de cebolla blanca, varios dientes de ajo, pimienta negra entera, un ramito de perejil y sólo al final, sal de mar. Como dice el dicho: "Ahora es cuando el chile verde le ha de dar sabor al caldo." Hierva a fuego lento, tapando sólo parcialmente, por tres a cuatro horas, agregando más agua si es necesario para mantener los huesos cubiertos, luego enfríelo, saque los huesos y cuélelo.

Si el tiempo lo permite, ya que el caldo esté listo y enfriado, mi amiga Lupe pone la olla entera en el refrigerador durante una noche, con todo y huesos. Al día siguiente, retira la capa de grasa cuajada y la desecha, regresa la olla a la estufa, recalienta el caldo hasta hervir y luego lo cuela. La mejor manera de hacer esto es forrar un colador o escurridor grande con varias capas de estopilla húmeda, colocarlo sobre un tazón grande, y cuidadosamente verter el caldo lleno de poso a través del colador al tazón. Lupe utiliza este líquido aromático para preparar cualquier sopa que piensa hacer. El caldo se puede refrigerar hasta por 5 días. Si necesita conservarlo más tiempo, hierva lentamente por 10 minutos para matar cualquier bacteria, permita enfriar y refrigere hasta por otras 5 dias. También se puede enfriar y congelar en recipientes de 1 ó 2 tazas o en charolas para cubitos de hielo. Los cubitos congelados se pueden sacar y guardar en bolsas para congelador. El secreto del transparente caldo lleno de sabor de Lupe es hervir, retirar la grasa y colar.

CALDO DE POLLO SUSTANCIOSO Para preparar el caldo de sabor intenso usado como el sabor fundamental para muchas sopas, siga la receta anterior, pero esta vez use caldo hecho en casa o un caldo enlatado sin sal de buena calidad en vez de agua como la base. Agregue un pedazo o dos de pollo y un cuarto de una cebolla. Cueza a fuego lento hasta que el sabor esté tan concentrado como Ud. lo desee. También le puede agregar caldo de pollo en polvo. Sí, el sabor será más intenso, pero recuerde que el caldo tanto en polvo como enlatado por lo general está repleto de glutamato monósodico.

¿ES CALDO O ES CONSOMÉ? Aunque las palabras *caldo* y *consomé* son usadas a menudo de manera intercambiable, *caldo* se refiere a un líquido que ha sido cocido a fuego lento con muchos huesos (o en el caso de algunos mariscos, las conchas) y, en ocasiones, algo de carne hasta que todo el sabor ha sido extraído para crear una base llena de sabor para sopas y otros platillos. Los huesos y la carne se desechan. Por otro lado, *consomé* es en realidad sólo el líquido, agua o caldo en el cual se cuece carne, pollo, mariscos o verduras a fuego lento hasta que estén cocidos y listos para comer. Dado su uso más común, el término *caldo de pollo* o *res* se utilizará en este libro.

Caldo de res

Los autores de libros de cocina a menudo dan por sentado que toda persona que cocina sabe cómo hacer un sabroso, sustancioso caldo de res, pero en caso de que Ud. no sabe, ésta es la manera como lo hace un carnicero mexicano en Santa Fe. No es mucho trabajo, aunque tendrá que cocinar a fuego lento durante buen rato.

Ponga varias libras de huesos de res con carne, de preferencia con tuétano, en una olla grande para caldo. Cubra los huesos con 3 cuartos de galón de agua y lleve a un hervor. (Para obtener un caldo más obscuro, dore los huesos en un horno a 400 grados F., escurriéndole la grasa antes de agregarlos a la olla). Retire la espuma que haya en la superficie. Agregue una cebolla, varios dientes de ajo, una zanahoria pequeña, diez a doce pimientas y una o dos hojas de laurel. Baje el calor, tape y cueza a fuego lento durante tres o cuatro horas. Si el líquido se evapora demasiado, tendrá que agregar alrededor de una taza de agua para obtener, finalmente, 1 ½ a 2 cuartos de galón de caldo. Continúe probándolo y cuando el sabor parezca justamente bueno, añada la sal, cocine a fuego lento un ratito más y luego retire la olla del calor. Enfríe, cuele y refrigere el suficiente tiempo hasta que la grasa se solidifique y pueda quitarla con una espátula o levantarla. Ahora está listo para usar o para congelar y usar en una comida posterior.

Sopa de zanahoria

MIAMI, FLORIDA • CIUDAD DE MÉXICO, MÉXICO

4 A 6 PORCIONES *Cuando Patricia Varley quiere hacer una cena pero anda como de costumbre, con el tiempo medido, ella comienza con esta sencilla pero colorida sopa—una que aprendió de su abuela, Eva Aguilar Vehovec. Pequeñas rodajas de zanahoria endulzan el consomé mientras que el comino le da un toque cálido.*

Debido a su ligereza, esta sopa puede introducir una cena construida alrededor de Lomo de cerdo en crema de chile poblano (página 176), Pollo en pipián rojo (página 163), o cualesquiera de los moles. La Gelatina de tres leches con salsa dulce de naranja y ciruela pasa (página 351) sería un final complementario.

4 tazas de Caldo de pollo sustancioso (página 75)
4 zanahorias medianas, peladas y ralladas (ralladura gruesa, no fina)
⅛ de cucharadita de comino molido (véase la Nota)
sal de mar y pimienta negra recién molida

Para la guarnición

½ taza de perejil de hoja plana, finamente picado
1 huevo cocido, bien picado (opcional)
4 rábanos, en delgadísimas rebanadas (opcional)
1 limón agrio partido

Ponga el caldo a hervir lentamente sobre fuego mediano. Agregue las zanahorias ralladas y el comino, luego hierva apenas por 10 minutos o hasta que las zanahorias se cuezan. Salpimente al gusto.

Sirva en tazones llanos precalentados. Adorne con el perejil, huevo o rebanadas de rábano. Se le puede exprimir el limón agrio para darle más sabor.

NOTA: Es mejor utilizar cominos enteros que han sido tostados en seco por varios minutos en un pequeño sartén sobre fuego medio-bajo. Enfríe y luego muela en un molino de especias o con un mortero.

Sopa fría de aguacate de Uruapan

SAN DIEGO, CALIFORNIA • MICHOACÁN, MÉXICO

RINDE 4 PORCIONES *Durante los largos días de verano en San Diego, Ana Bautista no suele tener ganas de cocinar al llegar a casa de la oficina. Una solución es esta sopa fría de preparación rápida, color verde pálido y con el sabor suntuoso pero delicado del aguacate. La afinidad de Ana con el aguacate es natural. Su padre es dueño de uno de los huertos más productivos en Michoacán, extendiéndose por las colinas alrededor de Uruapan. Su hermano Enrique procesa y empaca la pulpa del aguacate para distribución en los restaurantes de cadena en los Estados Unidos y Ana misma maneja su compañía con base en San Diego.*

Esta sopa es una fina entrada para una cena ligera de Camarones y pasta con tequila (página 153). Para una comida fría, póngala de pareja con un Vuelve a la vida de Juan Felipe (página 65) grande. Un Vouvray es un vino sorprendentemente complementario para beber durante la comida.

3 aguacates grandes, maduros y firmes, partidos a la mitad y deshuesados (véase la Nota)
3 cucharadas de jugo de limón agrio
1½ pepinos medianos pelados, sin semillas y cortados en trozos
¾ de taza de crema agria
3 tazas de caldo de pollo (página 74) sin grasa, frío o a temperatura ambiente
½ cucharadita de sal de mar
una salpicada de salsa Tabasco

Para la guarnición

½ taza de totopos desmoronados (opcional)
1 jitomate grande maduro ó 2 jitomates pera maduros, picados
pimienta negra recién molida, molido grueso
2 cucharadas de cebollín picado (opcional)

Saque la pulpa de aguacate de su cáscara y póngala en un procesador de alimentos o en una licuadora y licue hasta que esté cremoso. Agregue el jugo de limón agrio, los pepinos y la crema. Mezcle de nuevo. Licue con el caldo de pollo y sazone con la sal y salsa Tabasco. Mezcle muy bien.

Tape y refrigere hasta que esté muy fría o póngala en el congelador un ratito, unos 10 minutos. Ya para servir, se prueba de nuevo y se agrega, si lo requiere, más sal o jugo de limón agrio para afinar el sabor. Si utiliza los totopos desmoronados, colóquelos en el fondo de cada tazón frío y vierta la sopa encima. Adorne con el jitomate y espolvoree con pimienta y cebollín.

NOTA: Ya que la pulpa de aguacate tiende a decolorarse después de abrir el aguacate, Ana encuentra esta sopa más atractiva si se hace justo antes de servir, utilizando un consomé muy frío. Coloque los tazones en el refrigerador para enfriarlos también.

Sopa de cilantro

NUEVA YORK, NUEVA YORK • CIUDAD DE MÉXICO, MÉXICO

RINDE 4 PORCIONES *El día que platicaba de comida con el ingeniero neoyorquino Benito Lerma, me distraía constantemente. La colección de arte en su departamento es excepcional pero compite con la magnífica vista de la Catedral de San Patricio.*

Había oído que una de las razones por la cual tanta gente de Manhattan salen a comer es porque sus cocinas son tan pequeñas. Aquí no. Benito y su compañero seguido tienen invitados y Benito normalmente guisa platillos tan particulares como esta sopa de cilantro. Si bien no es una planta oriunda de México, el cilantro es probablemente la hierba más utilizada en ese país. Afortunadamente se encuentra todo el año en casi todos los supermercados ya que definitivamente no existe un sustituto a su sabor robusto. Benito usa chayote para espesar esta sopa pero una misma cantidad de calabacita funciona igual. Puede sustituir el queso panela con otro que esté medio suave, el panela llamándose así por su forma plana como un pan.

El sabor sutil del cilantro tanto refresca como complementa un platillo hecho con chiles y de forma agradable prepara el paladar para la explosión de sabores en un platillo principal de Pollo en salsa de ciruela pasa (página 160) o Albóndigas en chipotle (página 188).

2 tazas de chayote pelado y partido en cuadritos
sal de mar
3 cucharadas de aceite de cártamo o *canola*
3 tortillas de paquete, cortadas en tiras de ¼ por ½ pulgada
¾ de taza de cebolla finamente picada
1 diente de ajo, finamente picado
2 jitomates medianos maduros, pelados y picados, o una lata de jitomate picado de 14 onzas, escurrida
3 tazas de cilantro picado, bien apretado en la taza
6 tazas de Caldo de pollo sustancioso (página 75)
2 chiles jalapeños frescos, partidos a la mitad y sin semilla
2 cucharadas de fécula de maíz
¼ de cucharadita de pimienta blanca recién molida

Para la guarnición

8 onzas de queso panela o queso *Monterey jack*, en cuadritos
¼ de taza de crema (página 21) o crema ácida diluida con leche
tiras de tortilla fritas

Coloque el chayote en una ollita, cubra con agua y sal al gusto y cueza a fuego medio-alto por 8–10 minutos aproximadamente, hasta que esté tierno. Escurra y reserve los chayotes.

Caliente el aceite a fuego mediano en una olla de fondo grueso y dore las tiritas de tortilla. Retire y escúrralos en papel absorbente.

En la misma olla agregue la cebolla y el ajo; acitrónelos unos 5 minutos, removiendo con frecuencia. Añada los jitomates, removiendo, y cueza la salsa hasta que espese, otros 5 minutos.

Dejando un poco de textura, licue el cilantro y el chayote cocido con 3 tazas de caldo. Cuando estén cocidos los jitomates, añada el cilantro y chayote a la olla, revuelva y agregue los jalapeños. Disuelva la fécula de maíz en ¼ de taza de caldo, añada a la sopa y vierta el resto del caldo a la olla. Hierva a fuego lento por 15 minutos. Agregue pimienta blanca y sal al gusto.

Retire los chiles jalapeños antes de servir. Coloque el queso en el fondo del tazón, vierta la sopa encima y adorne con una cucharadita de crema y 3 ó 4 tiritas de tortilla.

Sopa de estrellitas

MCMINVILLE, OREGON • MORELOS, MÉXICO

4 PORCIONES *Esta sencilla sopa luce pequeñas estrellitas o si está intentando atraer a niños, utilice pasta de letras. El hijo de seis años de Martha Gonzalez disfruta de ambas.*

Aunque se puede utilizar el consomé de lata, Martha hace hincapié de que "para una sopa más sabrosa, siempre use un sustancioso consomé casero, el jitomate rojo y maduro y la cebolla blanca". La cebolla amarilla rara vez se utiliza en México: en los Estados Unidos cuesta mucho menos que la cebolla blanca y se usa como sustituto—pero no en esta sopa.

Una sopa tan casera se lleva bien con un platillo fuerte igual de sencillo, tal como Pollo al ajillo (página 159). Por la misma razón, una Capirotada (página 356) es un muy buen final.

4 tazas de Caldo de pollo sustancioso (página 75) o Caldo de res (página 76)
2 jitomates medianos maduros ó 3 jitomates pera gordos, cortados en cuatro
¼ de cebolla blanca grande, picada
1 diente de ajo
3 cucharadas de aceite de cártamo o de *canola*
4 onzas de pasta de estrellitas
sal de mar y pimienta negra recién molida

Para la guarnición

½ taza de queso añejo desmoronado o cualquier otro queso seco desmoronable
2 cucharadas de cilantro picado
Salsa Fresca (página 269) (opcional)

Caliente el caldo a fuego lento en una cazuela mediana y mantenga tibio.

Coloque los jitomates, cebolla y ajo en una licuadora o procesador de alimentos con un poco de caldo o agua y licue bien.

Vacíe el aceite en otra cazuela mediana. Caliente a fuego mediano, y cuando esté caliente, agregue la pasta. Dore muy bien sin quemarla. Añada la mezcla de jitomate a la pasta y remueva. Hierva a fuego lento hasta que la pasta se empiece a cocer.

Vierta el caldo tibio sobre la pasta y hierva a fuego lento por 10 a 15 minutos, o hasta que esté suave pero no desbaratándose. Salpimente al gusto.

Sirva en tazones precalentados. Espolvoree con el queso y cilantro. Si lo desea, anime la sopa con una cucharada de salsa fresca.

Caldo de ajo

SANTA FE, NUEVO MÉXICO

4 TAZAS *La mayoría de sopas de ajo que he probado en México y los Estados Unidos son la tradicional mezcla española de ajo, aceite de oliva y trozos de pan seco en un ligero consomé o, a veces, sólo agua. Con frecuencia, se agrega un huevo al líquido caliente. Es platillo austero pero deja muy satisfecho. Para mi asombro, esta sopa es casi desconocida en los Estados Unidos salvo por aquellos mexicanos con fuertes lazos de sangre española. Estas dos versiones, una con un poco de chile y la otra con el refrescante sabor de yerbabuena, me fueron descritas por un grupo de hispano-nuevomexicanos.*

Para una comida ligera, tome esta sopa sobria con la Ensalada de berros (página 54), pan baguette tostado y una copa de jerez muy seco o un tinto robusto, de preferencia español. Súmele el Huachinango a la veracruzana (página 175) y el Flan de chiles anchos (página 368) y tiene una comida muy especial.

2–4 cucharadas de aceite de oliva
8 dientes de ajo
4 rebanadas de pan baguette, cortadas ¼ de pulgada de grueso
4 tazas de Caldo de pollo sustancioso (página 75) o Caldo de res (página 76)
sal de mar y pimienta negra recién molida
4 huevos

Para la guarnición

2 cucharadas de rebanadas delgadas de cebolla verde
3–4 chiles caribes secos (véase la Nota) u otros chiles rojos, desmoronados

Caliente el aceite en una cazuela grande o un sartén hondo. Agregue el ajo y dore. Retire y aparte. Dore las rebanadas de pan por ambos lados; agregue aceite si es necesario. Aparte en papel absorbente y mantenga tibias.

Lentamente añada el caldo a la cazuela y agregue sal y pimienta. Ponga el ajo con 1 taza de caldo en la licuadora y licue. Añada al resto del caldo removiendo. Caliente el caldo a hervor lento y déjelo hervir sobre fuego muy lento por 15 a 20 minutos. Pruebe la sazón.

Para escalfar los huevos: rompa cada huevo por separado en un plato, retire la cazuela del calor y vierta el huevo al caldo caliente. Repita el proceso con cada huevo y entonces regrese la cazuela al calor de inmediato. Con una cuchara bañe los huevos con un poco de caldo, tape la cazuela y hierva a fuego muy lento hasta que se han escalfado los huevos y estén cuajados a su gusto, unos 2–3 minutos por lo general.

Coloque el pan dorado en el fondo de cada tazón, encima ponga un huevo por cada porción y entonces vierta el caldo en cada tazón. Adorne con la cebollita y sirva el chile por un lado para agregar al gusto.

NOTA: *Chile caribe* es un término nuevomexicano para referirse normalmente a sus chiles rojos secos y martajados. Otros tipos de chiles rojos secos pueden martajarse y sustituirse, incluyendo el conocido por el nombre genérico "chile rojo martajado", de venta en la sección de especias de los supermercados.

VARIACIÓN: CALDO DE AJO CON YERBABUENA Algunas veces se elimina el huevo y se hierve el caldo a fuego lento con 3–4 cucharadas de yerbabuena picada, creando así un sabor primaveral apropiado para la Cuaresma. Éste es más sabroso cuando se utiliza ajo tierno y fresco recién cosechado de la hortaliza, después de un largo invierno.

Caldo tlalpeño

CHICAGO, ILLINOIS • GUANAJUATO, MÉXICO

6 PORCIONES GENEROSAS *Esta sopa ligera y picosa, con el sabor ahumado del chile chipotle, es de las favoritas entre los méxico-americanos con raíces familiares en y alrededor de la Ciudad de México. Aunque parece llamarse por Tlalpan, una colonia en las afueras de la Ciudad de México camino a Cuernavaca, nadie parece saber en realidad el origen de su nombre. Nuestra versión proviene de Pamela*

Díaz de León, quien creció cerca de San Miguel de Allende y sabe que la clave de esta sopa está en usar un excelente consomé. Durante la época de lluvias del verano, hongos silvestres abundaban en los cerros donde vivía y su abuela enriquecía el consomé con su sabor a tierra. En Chicago, Pamela cuenta con los hongos cultivados del supermercado, pero trata de incluir algunas de las variedades más exóticas fáciles de conseguir.

Hace feliz pareja con las Quesadillas (página 115) para una merienda sencilla.

1 libra de pechuga de pollo
2 cuartos de galón de Caldo de pollo sustancioso (página 75)
2 cebollas blancas, 1 partida a la mitad y 1 picada
6 dientes de ajo, pelados
1 cucharadita de tomillo seco
1 ramito de perejil de hoja plana
sal de mar
1 cucharada de aceite de cártamo o *canola*
½ libra de hongos rebanados
1 lata de 15½ onzas de garbanzos, escurridos y enjuagados
1 taza de granos de elote congelados
1 ramo grande de epazote fresco ó 1 cucharadita de seco, sin tallos (página 228) (opcional)
1–2 chiles chipotles enlatados en adobo, picados, más 1 cucharadita del adobo
1 aguacate firme pero maduro, pelado y picado en cubitos

Para la guarnición

6 rábanos limpios y en rebanadas delgadas
1 limón agrio grande, partido en gajos

Coloque el pollo y el con somé en una olla grande de fondo grueso. Añada la cebolla en mitades, el ajo, tomillo, perejil y sal al gusto y lleve a punto de ebullición lenta. Baje la llama y permita hervir a fuego lento hasta que el pollo esté tierno y sin carne rosada, unos 15 minutos.

Retire el pollo de la olla, deshébrelo y deje aparte. Cuele el caldo en otro recipiente y desengráselo. Si el tiempo lo permite, prepare esto antes para que se pueda refrigerar el caldo y así la grasa ya solidificada se pueda retirar.

Recaliente la misma olla y agregue el aceite. Cuando esté caliente, añada la cebolla picada y los hongos y saltee unos 5 minutos. Vierta el caldo y agregue el elote, garbanzos y epazote. Hierva a fuego lento 15 minutos. Pruebe y ajuste la sal si es necesario.

Justo antes de servir, añada los chiles chipotles y el adobo a la olla, removiendo todo, y caliente brevemente.

Reparta el pollo deshebrado y el aguacate entre los 6 tazones precalentados y sirva el caldo encima. Esparza los rábanos y sirva de inmediato con los gajos de limón agrio por un lado.

Sopa de milpa

PHOENIX, ARIZONA • SONORA, MÉXICO

4 A 6 PORCIONES *Los recuerdos de Miguel más vívidos de comida son de los años en que él y su hermana vivieron con su abuela Lupe Velasquez en Phoenix. Le encantaba sentarse en la cocina viéndola estirar las increíblemente enormes tortillas de harina sonorenses y escuchándola contar de las personas que ella había conocido en la panadería de su padre en Tucson en la época cuando Arizona aún era parte de México. Aquellos primeros colonizadores fueron verdaderos hombres de la frontera: guerreros indígenas, ganaderos, arrieros y empresarios buscando sus fortunas en esta tierra aislada, y sus hazañas estaban para contarse. Dentro de poco, Miguel estaba ayudando a cocinar y se adiestró en particular en el picar toda la verdura colorida que enriquecía el caldo de pollo de su abuela. Esta sopa de vegetales se puede hacer con algo de verdura enlatada o congelada, pero está de lujo con aquellos jitomates dulces, sobremaduros de fin de verano y con la última calabaza de la hortaliza.*

Es tan colorida esta sopa, que realmente no necesita guarnición, y es tan sustanciosa que con frecuencia se sirve como platillo principal, quizás con una torta crujiente (véase el capítulo "Antojitos y tortas", página 111) con su relleno preferido.

6 tazas de Caldo de pollo sustancioso (página 75)
2 pechugas de pollo con hueso y piel
1 cebolla blanca
1 hoja de laurel
6 pimientas negras
3 tazas de calabacita o calabaza *crookneck* picada
2 jitomates asados (página 20), pelados y picados, ó 1 lata de 14½ onzas de jitomate picado, escurrido
4 chiles poblanos o Anaheim, asados (página 19), pelados, sin semilla y picados
1½ tazas de granos de elote frescos o congelados
1 cucharadita de orégano seco, de preferencia mexicano
1 cucharadita de comino
sal de mar y pimienta negra recién molida

Para la guarnición

2 cucharadas de cilantro picado (opcional)

Ponga el caldo de pollo en una olla mediana y lleve al punto de ebullición lenta. Añada las pechugas de pollo, cebolla, laurel y pimienta y cueza lentamente de 20–30 minutos, con la olla a medio tapar, hasta que el pollo se sienta firme al tocarlo. Retire el pollo del caldo y cuando se enfríe, retire la piel y deshébrelo. Deje aparte.

Cuele el caldo, retirando cualquier grasa, y si el tiempo lo permite, refrigérelo unas horas para que se cuaje la grasa y más fácil se retire. Vierta el caldo de nuevo a la olla y agregue la calabacita, jitomate, chiles, elote, orégano, comino, sal y pimienta. Lleve a punto de ebullición

lenta, baje la llama y hierva unos 20 minutos hasta que la verdura esté tierna pero no aguada. Añada el pollo, ajuste la sal y sirva de inmediato.

Sopa de elote y rajas

MIAMI, FLORIDA • CIUDAD DE MÉXICO, MÉXICO

6 PORCIONES *Incluso en los días bochornosos de verano de Miami, Patricia Varley sirve sopa caliente—en especial las rápidas de hacer como ésta. Flotan las rajas verdes y los granos de elote dorados en el translúcido consomé y se encuentra una sorpresa de cremoso aguacate y queso en el fondo de cada tazón. Cuando tiene prisa, Patricia usa chile verde enlatado pero definitivamente prefiere el sabor del poblano recién asado.*

Tazones chicos de esta sopa, antes de platillos sencillos como Flautas de picadillo (página 128) o Carnitas (página 122) y acompañados con unos Frijoles refritos (página 233), caen muy bien.

2 chiles poblanos asados (página 19) y pelados ó 2 chiles verdes de lata
2 cucharadas de mantequilla sin sal
1 cebolla blanca finamente picada
6 tazas de Caldo de pollo sustancioso (página 75)
1 paquete de 16 onzas de elote congelado
¼ de cucharadita de orégano seco, de preferencia mexicano
sal de mar y pimienta negra recién molida

Para la guarnición

1 aguacate firme pero maduro, pelado y partido en cubitos de ¼ de pulgada
2 onzas de queso *Monterey jack* a temperatura ambiente, cortado en cubitos de ¼ de pulgada
Totopos (página 33)
1 chile ancho asado (página 19) y desmoronado o chile rojo seco y triturado

Corte los chiles en rajas y aparte.

En una olla de fondo grueso, derrita la mantequilla y saltee la cebolla a fuego medio-lento hasta que esté dorada y suave. Añada el caldo de pollo y lleve a punto de ebullición lenta. Agregue el elote, orégano y chiles y cueza a fuego mediano 3–5 minutos hasta que esté tierno el elote. Añada la sal y pimienta al gusto.

Para servir, ponga unos cubitos de aguacate y queso en el fondo de cada tazón. Vierta la sopa encima con un cucharón y sirva de inmediato, adornado con totopos y hojuelas de chile ancho.

Sopa de tortilla

AUSTIN, TEXAS • CIUDAD DE MÉXICO, MÉXICO

6 PORCIONES GRANDES *Aunque Nushie Chancellor nació en Santa Bárbara, California, se crió en la Ciudad de México. Su padre era francés, su madre mexicana y su hogar un ex-convento dominicano del siglo diecisiete. Allí, en la enorme cocina con sus cazueladas de mole sazonando, la cocinera oaxaqueña de la familia introdujo a Nushie al mundo de la cocina. Y luego hubieron los fines de semana y las vacaciones cuando se quedaba con su abuela Virginia Coutlolenc de Kuhn en Cuernavaca. Situado en el estado vecino de Morelos, por siglos este hermoso enclave ha sido un retiro donde los más afortunados pueden escapar del ajetreo cotidiano y del clima más duro de la capital. Para Nushie, significaba un tiempo en el que su abuela compartía sus secretos de cocina con ella.*

La receta familiar de sopa de tortilla de Nushie difiere de la mayoría con la inclusión del elote, fundiendo así todos los sabores y las texturas conocidos de la cocina mexicana en un solo tazón.

Esta sopa casera se sirve antes de una comida mexicana típica. Pollo en salsa chichimeca (página 158) seguido por Frutas en almíbar (página 349) y Bizcochitos (página 365) sería una buena elección.

5 jitomates grandes y maduros, asados (página 20), ó 2 latas de 14½ onzas cada uno, escurridos
1 cebolla blanca grande, picada
2 dientes de ajo picados
6 ramitos de cilantro
¼ de taza de aceite de cártamo o *canola*
2 cuartos de galón de Caldo de pollo sustancioso (página 75)
2 tazas de granos de elote frescos o congelados
sal de mar

Para la guarnición

2 chiles pasillas, sin semillas y desvenados
1 cucharada de aceite de cártamo o canola
½ taza de crema (página 21) o crema ácida rebajada con un poco de leche
1 aguacate pelado y picado
1 taza de chicharrón desmoronado (véase la Nota) (opcional)
8 onzas de queso mozzarella, cortado en cubitos
Tiritas de tortilla fritas (página 34) hechas con 6 tortillas

En una licuadora o procesador de alimentos, muela los jitomates, cebolla, ajo y cilantro. Deberá tener algo de textura.

Caliente el aceite en un sartén de fondo grueso a fuego medio-alto. Añada la mezcla de jitomate rápidamente (tenga cuidado, pues salpicará) y remueva constantemente 3–4 minutos, hasta que espese y obscurezca.

Ponga el caldo en una olla o cacerola grande, hierva y agregue, removiendo, el elote y la mezcla de jitomate.

Añada sal al gusto, vuelva a hervir, luego baje la llama y tape. Cueza a hervor lento por 10 minutos.

Corte los chiles en cuadritos. Caliente el aceite en un sartén chico y acitrone muy brevemente. Retire y escurra. Estos se pueden preparar antes.

Ponga la crema, aguacate, chicharrón y chiles aparte en tazones individuales.

Cuando esté listo para servir, coloque partes iguales de los cubos de queso y tiritas de tortilla en el fondo de cada tazón. Vierta la sopa caliente encima y sirva de inmediato. La guarnición se puede agregar al gusto.

NOTA: Los chicharrones, el residuo crujiente de la piel del puerco freída, dan tanto sabor como textura. Y cuando se usan como guarnición, no está agregando muchas calorías. Se pueden encontrar chicharrones en grandes hojas infladas en los mercados de los barrios mexicanos, y para este platillo puede usar los pedacitos en bolsas de celofán que venden en la sección de botanas en muchos supermercados junto con las papas fritas y fritangas de maíz.

Sopa de jitomate

TUCSON, ARIZONA

6 A 8 PORCIONES *Tenía mucho tiempo buscando una sopa de jitomate mexicana auténtica, una en la cual el rico, suave sabor del jitomate era lo principal y no utilizado, más que nada, por su colorido. La encontré, no en México, sino en Arizona y en un restaurante, no un hogar. Ésta es mi versión de una antigua receta familiar de Carlotta Dunn Flores, una que la tía de su madre, Monica Flin, llevó a El Charro Café en Tucson hace casi ochenta años.*

Para una comida rústica y que llena, comience con Empanaditas de cerdo (página 44) y luego unos tazones de sopa caliente. Coma Tamal de salmón adobado (página 148) acompañado por una Salsa de col yucateca (página 281). Un final ideal sería un Pastel de queso con cajeta (página 369).

2 cucharadas de aceite de cártamo o *canola*
1 diente de ajo, finamente picado
½ taza de cebolla blanca finamente picada
2 cucharadas de harina
3 tazas de Caldo de res (página 76) calentado, o caldo enlatado
1 lata de 28 onzas de puré de tomate
como 1 cucharadita de sal de mar
½–1 cucharadita de pimienta de cayena
¼ de taza de azúcar (opcional)
½ taza de granos de elote congelados, a medio descongelar

Para la guarnición

½ taza de perejil de hoja plana picado
Totopos (página 33) hechos de 4 tortillas de maíz ó 1 taza de totopos comerciales rotos en moronas grandes

Caliente el aceite en una cazuela grande de fondo grueso o en una olla gruesa a fuego lento. Agregue el ajo, la cebolla y la harina y remueva hasta que se dore.

Poco a poco añada el caldo, cuidando de deshacer grumas. Agregue 3 tazas de agua caliente, suba el fuego a medio-alto y lleve a punto de ebullición antes de regresar a fuego lento. Deje hervir a fuego lento por 10 minutos.

Añada el puré de tomate, sal, pimienta de cayena y azúcar, si lo ocupa. Permita hervir lentamente por varios minutos y luego aparte por unos 10 minutos para que sazone. Pruebe y ajuste la sazón.

Caliente de nuevo y agregue los granos de elote. Sirva en tazones precalentados y adorne con perejil y totopos desmoronados.

VARIACIÓN: GAZPACHO Para una sopa fría muy sencilla—casi una ensalada líquida—haga 6 cubos de hielo con una taza de sopa de jitomate. Pele 2 pepinos, quite las semillas y pique finamente un chile morrón sin semillas. Añádalos a la sopa restante removiendo con una cuchara. Agregue 1 o 2 gotas de vinagre de vino tinto y sirva en tazones fríos con los hielos de jitomate. Carlotta utiliza estos hielos para intensificar el sabor y color de un *Bloody Mary.*

Crema de chayote

SACRAMENTO, CALIFORNIA • MICHOACÁN, MÉXICO

4 PORCIONES GRANDES *El chayote, que parece algo como una pera pálida y gorda, es una de esas verduras que se encuentra ya en casi todos los supermercados. Su sabor es algo parecido al de un*

pepino cocido, si lo puede imaginar, y el sabor neutral es ideal para combinar con otros ingredientes. Por lo general, Val Hermocillo sirve caliente esta delicada crema, pero en el verano puede hacer mucho calor en Sacramento y Val tiene un patio sombreado—un lugar ideal para disfrutar una sopa fría. Cuando la sirve fría, se sirve con sólo la salsa y la crema y ella omite el queso.

Para explayar el sabor del jalapeño, sirva antes de Pollo con chiles jalapeños en escabeche y legumbres (página 162).

Aurora Cabrera Dawson de Texas hace una sopa similar utilizando cualquier verdura a la mano: chícharos, espinacas, zanahorias o hasta ejotes enlatados.

1 cucharada de mantequilla sin sal o aceite de oliva
1 chile jalapeño fresco, chico, sin semillas finamente picado
½ taza de cebolla blanca, finamente picada
2 dientes de ajo, finamente picados
½ libra de chayote, pelado y cortado en trozos
3 tazas de Caldo de pollo sustancioso (página 75)
sal de mar y pimienta negra recién molida
1 taza de crema ligera o leche
2 cucharadas copeteadas de cilantro picado
4 onzas de queso *Muenster* o *Monterey jack*, cortado en cubitos

Para la guarnición

½ taza de Salsa fresca (página 269) (opcional)
½ taza de crema (página 21) o crema ácida diluida con leche
4 ramitos de cilantro

Coloque la mantequilla o el aceite en un sartén chico y saltee el jalapeño, cebolla y ajo con cuidado.

En una olla grande, hierva a fuego lento el chayote en el caldo y mientras se está cociendo, añada la cebolla y el chile. Cueza unos 8–10 minutos, a que esté tierno el chayote.

Cuando esté el chayote tierno pero firme, hágalo puré en la licuadora o el procesador de alimentos, moliendo a una textura a su gusto, y regréselo a la olla. Quizás se tenga que moler en dos tandas.

Agregue la sal, pimienta, leche con crema y cilantro, removiendo con una cuchara. Hierva a fuego lento sin tapar por 2 minutos. No permita que hierva recio.

Para servir, coloque un puñito de cubos de queso en el fondo de tazones precalentados y vierta la sopa encima. Ponga una cucharada de salsa si lo ocupa. Añada una porción de crema y un ramito de cilantro y sirva.

Crema de elote y calabacita

AUSTIN, TEXAS • PUEBLA, MÉXICO

6 TAZONES GRANDES U 8 A 10 TAZAS CHICAS *A los mexicanos de cualquier parte les encanta sopa hecha con elote. A veces los granos son cocidos simplemente en caldo de pollo con otros vegetales, pero con frecuencia se enriquece con leche, como esta versión de la abuela de Nushie Chancellor, Virginia Coutlolenc de Kuhn. Esta cremosa y colorida sopa era tan sabrosa que fue añadida a la carta del Restaurant Rivoli, una de las mejores en la famosa Zona Rosa de la Ciudad de México.*

Es una sopa sustanciosa que se puede servir junto con su tostada favorita o Tacos dorados de pollo (página 127).

4 tazas de granos de elote frescos ó 3 paquetes de 10 onzas de elote congelado
2 cebollas blancas medianas, picadas
5 dientes de ajo, picados
4 cucharadas de mantequilla (véase la Nota)
4 calabacitas medianas
6 hojas grandes de epazote ó 1 cucharadita de epazote seco sin tallos (página 228)
2 cuartos de galón de leche entera
sal de mar
½ cucharadita de pimienta negra recién molida

Para la guarnición

Tiritas de tortilla doradas (página 34) de 5 tortillas
4 chiles poblanos o Anaheim, asados (página 19), pelados y cortados en rajas ó 2 latas de 4 onzas de chile verde enlatados, cortados en rajas
1 aguacate pelado y en rebanadas para guarnición (opcional)

Divida el elote en mitad. Acitrone, en un sartén mediano, la cebolla y el ajo en la mantequilla. Agregue la mitad del elote, la calabacita y casi todo el epazote, reservando una pizca para después. Revuelva con una cuchara.

Muela la mezcla de elote en una licuadora o procesador de alimentos hasta que esté cremosa. (Si partes de los granos de elote siguen enteros, pase la calabacita y el elote licuado por un colador, repujando con el dorso de una cuchara para exprimirle todo el líquido). Póngalo todo junto en una olla grande.

Añada el resto de los granos de elote enteros, leche, sal y pimienta al gusto. Cuando rompa el hervor, baje la llama. Continúe hirviendo a fuego lento por 30 minutos. Agregue el epazote restante durante los últimos 5 minutos.

Para servir, coloque un puño de tiritas de tortilla doradas y unas rajas de chile en cada tazón precalentado. Vierta la sopa caliente encima y adorne con el resto de las rajas y el aguacate.

NOTA: La mantequilla es importante para la sazón de la sopa, pero si por cuestiones de salud la tiene que omitir, sustitúyala con un aceite de maíz fino. El tomillo puede sustituir al epazote pero el sabor será muy distinto.

VARIACIÓN: CREMA FRÍA DE ELOTE Y CALABACITA Esta crema es muy refrescante en frío. Unas hojas de menta en vez del epazote crean un sabor muy diferente.

VARIACIÓN: SOPA CREMOSA DE PAPA, ELOTE Y CHILE VERDE Adela Amador sustituye papas en cuadrito por la calabacita y utiliza una cantidad triple de chiles. Ella prefiere mitad caldo de pollo y mitad crema ligera o leche y adorna la sopa con queso ranchero o queso feta desmoronado.

Sopa de papas y queso

PHOENIX, ARIZONA • SONORA, MÉXICO

4 GENEROSAS PORCIONES *En otros tiempos, ranchos ganaderos circundando cientos y cientos de acres abarcaban ambas orillas del Río Grande. En esa época, los linderos de México se extendían muy al norte; los hombres de la frontera y sus familias vivían prácticamente aislados unos de otros. Alejados de la vida más sofisticada de la Ciudad de México y Guadalajara y enfrentados constantemente con la amenaza de asaltos por los indios, cada rancho se hizo una comunidad en sí por necesidad. Sopas ricas y sustanciosas como ésta de Lupe Velasquez, la abuela de Miguel, recuerdan aquellos días cuando hacer tu propio queso formaba parte de la rutina de la mujer. Mucho tiempo después de que Arizona, Texas y Nuevo México se convirtieron en parte de los Estados Unidos, esta tradición de autosuficiencia continúa y en los hogares de varias de las viejas familias hispanas que visité, aún se hacía queso fresco con leche de cabra y de vaca. En una casa hasta encontré requesón hecho del suero sobrante de hacer queso escurriendo en una bolsa de estopilla colgada sobre la tina del baño.*

Sirva Tacos dorados de pollo (página 127) con esta sopa y Zanahorias en vinagre (página 285) o Verdura en escabeche (página 284). En Tucson, a Anna Navarro le gusta agregar a cucharadas una salsa verde tal como Salsa de chile de árbol con tomatillo (página 272) y ofrece pan baguette o bolillos. Termine con Almendrada (página 354) u ofrezca un platón con fruta fresca.

3–5 cucharadas de aceite de cártamo o *canola*
1 cebolla blanca grande, cortada en cubitos
4 papas grandes, peladas y rebanadas en trozos de ⅓ de pulgada
2 cucharadas de harina
sal de mar y pimienta negra recién molida
1 cucharadita de orégano seco, de preferencia mexicano, u hojas de varios ramitos frescos
3 jitomates grandes maduros, asados (página 20) y picados con su piel asada, ó 1 lata de 13–14 onzas de tomate en trozos
4 chiles Anaheim frescos, asados (página 19), pelados, sin semillas y picados, ó 1 lata de 7 onzas de chile verde no picoso, escurrido y picado
6 tazas de Caldo de res (página 76) o consomé enlatado
½ taza de leche con crema comercial o leche evaporada (opcional)
½ libra de queso *Cheddar Longhorn* o *Monterey jack* en cubitos

Para la guarnición

1 cucharadita de chile rojo seco triturado(opcional)
2 onzas de queso *Cheddar Longhorn* o *Monterey jack* rallado

Caliente 4 cucharadas del aceite en un sartén de fondo grueso. Saltee la cebolla a fuego mediano unos 2 minutos, luego agregue las rebanadas de papa y cueza otros 3 minutos, removiendo con frecuencia. Si las papas se comienzan a pegar, añada más aceite, espolvoréelas con la harina y remueva otros 3 minutos para que no se quemen. Sazone bien con sal, pimienta y orégano.

Agregue los jitomates, chiles y caldo a las papas y hierva a fuego lento sin tapar unos 30 minutos. Las papas deben estar suaves pero sin despedazarse. Añada la crema ligera o leche evaporada para una sopa más sustanciosa. Pruebe de nuevo la sazón. Se puede hacer esta sopa por adelantado y recalentar después.

Antes de servir, divida el queso entre 4 tazones grandes precalentados. Vierta la sopa caliente y adorne con los chiles y queso rallado.

Caldo de res

ALBUQUERQUE, NUEVO MÉXICO • MICHOACÁN, MÉXICO

6 PORCIONES Y SOBRAS *Caldos como éste hecho por Rosa Gomez aparecen con regularidad en las cocinas de casi todas las familias.*

Trozos de carne de res se cuecen lentamente en la parrilla posterior de la estufa; entre más duro el corte, más rato se queda. Ya casi cocido, todo tipo de verdura se añade. El resultado es un sustancioso caldo con trozos grandes de zanahoria, elote, ejotes y jitomates rojos. Una o dos papas, unas calabacitas y rebanadas de repollo comparten con frecuencia la olla.

Esta versión enriquecida con jitomate sería más como la que Rosa preparaba en su casa en Zamora, Michoacán, que la de la cocina de Nuevo México. Pueden variar los vegetales, pero siempre están en trozos grandes y a veces, el pollo reemplace la carne de res. Cual sea la variación, cuando encuentro un caldo como este en la carta de un restaurante mexicano, lo pido y termino mi comida satisfecha y deseosa de volver.

Se intensifican los sabores al reposar un rato, así que trate de prepararlo un día antes.

En porciones más grandes, acompañadas de muchas tortillas calientes, es una comida en sí. Lo más que se necesita son unas Quesadillas (página 115).

3 libras de costilla de res, cortada en cubos de 2 pulgadas, sin exceso de grasa
sal de mar y pimienta negra recién molida
1½ cuartos de galón de Caldo de res (página 76) o consomé enlatado
¾ de taza de cebolla blanca picada
3 dientes de ajo finamente picados
1 hoja de laurel
6 papas rojas chicas, en mitades, al menos que sean muy chicas
3 zanahorias peladas y cortadas en rodajas de 1 pulgada
1 jitomate grande maduro ó 2 jitomates peras, picados, ó 1 taza de tomate enlatado, escurrido y picado
½ taza de arroz (opcional)
3 elotes chicos, sin hoja y partidos en rodajas de 1 pulgada
⅓ de libra de ejotes frescos, limpios y cortados a la mitad
2 calabacitas chicas (como 1 libra), partidas en rodajas de 1 pulgada
¼ de un repollo, partido en 3 gajos

Para la guarnición

6 ramitos de cilantro, picados
2 limones agrios partidos en cuatro cada uno
3 chiles jalapeños o serranos frescos, finamente picados

Salpimente la carne y permita reposar varios minutos, luego colóquelo en una olla grande y cubra con caldo y aproximadamente 4 cuartos de galón de agua, para que el líquido cubra la carne por lo menos medio dedo. Agregue un poco de sal.

Lleve a un hervor y retire la espuma que pueda formarse. Añada la cebolla, ajo y hoja de laurel, luego baje la llama, tape y mantenga a punto de ebullición lenta por aproximadamente 1½ horas, hasta que la carne esté apenas suave. Ya cocida la carne, quite la grasa al caldo con una cuchara o coloque todo en el refrigerador durante una noche y retire la grasa cuajada al día siguiente.

Lleve el caldo a punto de ebullición y agregue las papas, zanahorias, jitomates y arroz. Añada más líquido si es necesario. Recuerde que esto debe ser un caldo con carne y verduras, no un estofado.

Continúe cociendo a hervor lento por 20 minutos. Agregue los elotes, ejotes, calabacitas y repollo, remueva con cuchara y cueza hasta que toda la verdura esté tiernita. Rectifique de nuevo la sazón.

Sirva en tazones grandes con mucho caldo y esparza con cilantro. Se le puede agregar jugo de limón agrio y chile al gusto.

Sopa de albóndigas

PHOENIX, ARIZONA • SONORA, MÉXICO

8 PORCIONES COMO PRIMER TIEMPO Ó 6 COMO PLATILLO PRINCIPAL *Encontré versiones de esta apetitosa sopa en casi todos los hogares que visité durante mi búsqueda de recetas. Una vez en California, sirvieron las albóndigas en un caldillo de frijoles enriquecido con chile, y varias veces descubrí que el pollo o guajolote habían reemplazado la carne de res molida. Miguel aprecia esta receta de su abuelita. Cuando era pequeño, su trabajo era hacer la carne en bolitas, el chiste siendo hacerlas todas del mismo tamaño y que no sobrara carne al final.*

Como regla general, las comidas mexicanas consumidas en Arizona están hechas con chiles tipo nuevomexicano no picosos o sin chile alguno. Quienes apetecen el abrasante picor del chile quizás prueban el chiltepín, una elección natural ya que estos pequeños chiles son la versión silvestre del piquín y crecen con fuerza en las elevaciones más altas del Desierto de Sonora en el sur de Arizona. Estos son los chiles que Miguel gusta desmoronar en su sopa de albóndigas.

Esta receta rinde lo suficiente para varias ligeras pero nutritivas comidas, con aún mejor sabor el segundo día. Disfrute con un crujiente bolillo y, al final de la comida, Arroz con leche achocolatado (página 358). Un vino tinto ligero español, quizás un Rioja, es el acompañante ideal.

Para el caldo

1 cucharadita de aceite de cártamo o canola
2 cucharadas de cebolla blanca bien picada
1 cebolla verde bien picada
1 diente de ajo grande finamente picado
½ taza de jitomate maduro picado
2 cuartos de galón de Caldo de res (página 76) o Caldo de pollo sustancioso (página 75)
2 zanahorias peladas y partidas en rodajas de ¼ de pulgada
1 chile jalapeño fresco entero
¼ de taza de arroz blanco crudo
¼ de cucharadita de orégano seco, de preferencia mexicano
1 lata de 8 onzas de puré de tomate
sal de mar y pimienta negra recién molida

Para las albóndigas

1 libra de carne de res molida y sin grasa ó ½ libra de cada uno de res y de puerco
¼ de cebolla blanca mediana, bien picada
1 cebolla verde bien picada
½ jitomate maduro picado
1 diente de ajo grande finamente picado
2 cucharadas copeteadas de arroz blanco crudo
1 cucharada de harina
1 huevo ligeramente batido
½ cucharadita de sal de mar
½ cucharadita de pimienta recién molida

Para la guarnición

6 ramitos de cilantro picados
chiles chiltepines o piquines secos, triturados (opcional)

Caliente el aceite en una olla grande o de hierro y saltee la cebolla, ajo y jitomate sobre fuego medio alto por unos 2 minutos.

Vierta el caldo y añada las zanahorias, el chile, arroz, orégano y puré de tomate. Salpimente ligeramente y lleve a punto de ebullición. Baje la llama y hierva a fuego lento.

Coloque en un tazón grande todos los ingredientes para las albóndigas. Mezcle con sus manos y luego forme en bolitas de aproximadamente 1¾ pulgadas. Debe haber unas 25 cuando acabe.

Ya hechas las albóndigas, colóquelas cuidadosamente en el caldo hirviente. Cueza, destapado, como 1 hora, hasta que esté tierna la verdura y bien cocidas las albóndigas.

Caliente los tazones para la sopa. Antes de servir, retire el chile. Sirva cantidades iguales de albóndigas en cada tazón y vierta caldo y verdura alrededor. Esparza con cilantro y, si desea darle chispa, con los chiles triturados.

Caldillo de papas

SANTA FE, NUEVO MÉXICO

4 A 6 PORCIONES *En Santa Fe, pasé una buena parte de un día en casa de Dora Chavez, rodeada de por lo menos tres generaciones de su familia. Diez hijos de todas edades parecen vivir con ella aún y otros sólo pasaban a darle un abrazo o echarse un taco. Como ella dijo muchas veces: "Se siente solo cuando no andan por aquí". Ya con setenta y tantos años, Dora, habiendo criado sus quince hijos—y ahora con cuarenta y cinco nietos y veintiséis bisnietos—aprendió por necesidad cómo guisar con frugalidad, especialmente durante los duros años treinta. Frijoles y papas se servían de una forma u otra, mínimo a diario; la familia consumía un costal de 100 libras de papa por semana. Cuando había dinero* *para un poco de carne, un platillo favorito era caldillo de papas, un estofado de papa algo espeso con cubitos de carne de res.*

Más al norte, en una parte del estado donde hace aún más frío en el invierno, Sally Borrego prepara un caldillo similar utilizando carne molida de res sin grasa para una cena rápida y reconfortante con su esposo.

Los amplios sabores de esta "comida en uno" necesitan sólo una refrescante Ensalada de nopalitos (página 56) como contraste y muchas tortillas de harina calientes. Las mejores son las que Ud. haga (página 131).

2 ó más cucharadas de aceite de cártamo o *canola*
½ taza de cebolla blanca bien picada
10 dientes de ajo bien picados
1 cucharadita de orégano seco, de preferencia mexicano
1½ libras de diezmillo partido en cubitos de ½ pulgada o molida en grueso
sal de mar y pimienta negra recién molida
1 cucharada de harina
5 tazas de Caldo de res (página 76) o consomé de res enlatado
6 chiles verdes enlatados, de preferencia nuevomexicanos, cortados en rajas de ¼ de pulgada por 1 pulgada
1½–2 libras de papas, peladas y cortadas en tiras de ½ por 1½ pulgadas

Para la guarnición

3 cucharadas de perejil de hoja plana fresco picado

Caliente el aceite en una olla pesada de hierro a fuego mediano. Añada la cebolla, ajo y orégano, moviendo con una cuchara, y acitrone hasta que la cebolla se dore ligeramente.

Suba la llama y agregue la carne a puños, removiendo y raspando de vez en cuando el fondo de la olla. La carne debe cocerse hasta desaparecer lo rosita, luego salpimente al gusto. Agregue la harina y remueva con cuidado y constancia hasta que la harina haya absorbido toda la humedad. Vierta removiendo, poco a poco, el caldo y hierva a fuego lento, destapado, de 20 a 30 minutos, hasta que esté suave la carne. (Si utiliza carne molida, cueza sólo 15 minutos). Agregue más caldo, si es necesario.

Añada los chiles y las papas, tape y cueza como otros 20 minutos, hasta que estén suaves las papas y espeso es caldillo. Pruebe y ajuste la sazón. La pimienta recién molida parece acentuar aún más el sabor del chile verde.

Vierta en tazones precalentados y esparza perejil encima justo antes de servir.

VARIACIÓN: CALDILLO DE PAPAS CON JITOMATES Por más de veinte años, Rosa Navez cocinó un platillo muy similar varias veces por semana para los jornaleros de pizca de dátiles que vivían en su casa de huéspedes en Indio, California. Ella utilizó comino en vez de

chiles, agregó una lata chica de salsa de tomate y lo llamó picadillo, como la espesa mixtura de carne usualmente hecha para rellenar chiles. Rosa servía su picadillo con pequeños tazones de salsa, rábanos en rodajitas y acompañado de un plato de arroz blanco.

En El Paso, Fran y Les Duran agregan a su caldillo una lata de 14½ onzas de jitomate picado, un poco de comino y por lo menos 5 jalapeños picados. Al final, se esparza con cilantro picado, el cual se revuelve en el caldillo al comerlo.

Sopa de lentejas y fruta

CHICAGO, ILLINOIS • MICHOACÁN, MÉXICO

6 PORCIONES *Los inviernos duros de Chicago significan temporada de sopa para Priscilla Gomez Satkoff, una mujer de negocios que trabaja largas horas de mucha tensión antes de volver a casa al final del día. Huertos pequeños de pera, durazno y manzana salpican las altas laderas de las montañas en México cerca de donde crecieron varias generaciones de la familia de Priscilla, y usar fruta en platillos como esta sopa fue la tradición que ella heredó. La acidez tonificante de las frutas combinadas con una base de lentejas de sabor campechano y casi a carne, hacen un platillo que llena la panza y el alma y se puede armar casi del todo un día antes de comerlo. Esta sopa satisface por completo al comerse con sólo una ensalada verde grande, pan baguette y un vino de mesa tal como Beaujolais o un tinto de "jarra".*

1 libra de lentejas
1 cebolla roja grande, asada (página 20) y picada
4 dientes grandes de ajo, asados (página 20) y finamente picados
½ cucharadita de tomillo seco
2 hojas de laurel
½ cucharadita de canela molida (casia)
½ cucharadita de pimienta negra recién molida
4 rebanadas de tocino sin grasa
1 cucharada de aceite de cártamo o *canola*, si es necesario
1 plátano macho maduro ó 1 plátano firme, en cubitos
1 libra de jitomate asado (página 20), pelado y picado, conservando el jugo, ó 1 lata de 14½ onzas de jitomate picado
sal de mar
2 rebanadas de piña fresca, pelada y en cubitos
1 pera chica fresca, pelada y en cubitos
1 manzana chica ácida, tipo *Granny Smith* o *Gravenstein*, pelada y en cubitos

Para la guarnición

tocino, bien dorado, en moronas
pimienta negra recién molida

Enjuague las lentejas en agua fría, escurra y ponga en una olla grande. Agregue el suficiente agua como para cubrirlas hasta 2 pulgadas. Añada la cebolla, ajo, tomillo, laurel, canela y pimienta. Lleve a punto de ebullición, tape, baje la llama y cueza a hervor lento hasta que estén muy tiernas, pero no aguadas, de unos 40 minutos hasta 2 horas, dependiendo del tipo de lentejas y su edad. Agregue más agua caliente cuando sea necesario.

Mientras se cuecen las lentejas, coloque las rebanadas de tocino en un sartén frío sobre fuego mediano y fría ligeramente hasta que estén doradas, volteando varias veces. Retire, conservando la manteca sobrante en el sartén, escurra sobre papel absorbente y desmorone.

Recaliente la manteca de tocino, agregando aceite si es necesario, y dore rápidamente los cubitos de plátano macho. Retire con una espumadera y escurra sobre papel absorbente, luego aparte.

Cuando estén apenas tiernas las lentejas, añada el jitomate y un poco de sal. Hierva lentamente otros 20 minutos.

Agregue el plátano macho, piña, pera y manzana picadas. Cueza a hervor lento otros 10 minutos o hasta que esté suave toda la fruta.

Vierta en una licuadora o procesador de alimentos aproximadamente una tercera parte de la sopa. Muela bien, luego regrese la sopa molida a la olla y revuelva con una cuchara. Hierva lentamente sólo hasta estar recalentada la sopa. Pruebe y ajuste la sal, si es necesario.

Sirva en tazones grandes calentados con tocino y un poco más de pimienta negra recién molida.

Sopa de frijol negro

DENTON, TEXAS • OAXACA, MÉXICO

6 PORCIONES COMO PLATO PRINCIPAL U 8 TAZONES CHICOS *El calendario apretado de Aurora Dawson como madre y diseñadora de muebles mexicanos no le permite cocinar las grandes comidas que su madre y abuela preparaban cuando vivía en su casa familiar en Oaxaca. Sin embargo, sí evoca sus sabores persistentes cuando recrea esta sencilla sopa hecha de frijol negro. Es un platillo ideal para comenzar una noche, refrigerar y luego recalentar al día siguiente para la cena. Se puede hacer la receta en doble o triple porciones y servir en un buffet. La sopa de frijol negro puede ser totalmente vegetariana sustituyendo caldo vegetal por el de pollo.*

Si sobra algo de sopa, la puede moler al siguiente día y comerla fría con una cucharada de crema (página 21) o crema agria. Es una sopa suculenta y podría ser plato principal en sí, pero intente emparejar con Tostadas de cangrejo (página 120). Un zinfandel *de ligero a medio cuerpo complementará su comida.*

12 onzas de frijol negro
1 cuchara de aceite de cártamo o *canola*
¾ de taza de cebolla, bien picada
½ taza de apio, bien picado
6 dientes de ajo, finamente picados
2 cuartos de galón de Caldo de pollo sustancioso (página 75)
1 cucharadita de cilantro, finamente picado
1 ramito grande de epazote fresco ó 2 cucharadas de seco, sin tallos (página 228) (opcional)
¼ de cucharadita de pimienta de cayena molida o chile de árbol molido
sal de mar

Para la guarnición (use 1 ó más)

1 taza de queso *Monterey jack* o queso fresco (página 118) desmoronado
5 cucharadas de cebolla blanca bien picada
2 cucharadas de cilantro, finamente picado
tiritas de 4 tortillas de maíz doradas o secadas en el horno (página 114)

Lave y escoja perfectamente bien los frijoles. Ya limpios, póngalos en una olla lo suficientemente grande para 4 cuartos de galón de líquido. Añada 8 tazas de agua y retire cualesquier frijoles que floten a la superficie. Lleve a hervor lento y hierva 2 minutos. Retire del fuego y deje reposar 1 hora. Cuele los frijoles en un escurridor.

En la misma olla, caliente el aceite y saltee la cebolla, apio y ajo hasta que estén tiernos. Agregue los frijoles colados, caldo, epazote y pimienta de cayena. Lleve a un hervor, baje la llama, medio tape la olla y hierva lentamente 1–2 horas hasta que estén muy tiernos los frijoles. Quizás sea necesario agregar más agua o caldo para mantener cubiertos los frijoles. Añada sal al gusto.

Vierta la sopa en tazones calentados y copetee con 1 ó más de las guarniciones.

CONOZCA UNA HIERBA DE OLOR ÚTIL

Hoja santa *o* hierba santa *en Veracruz,* acuyo *en Tabasco y* momo *en Chiapas, todos estos nombres se refieren a la misma hierba de olor, grande y de tallo semileñoso,* Piper auritum. *Crece en grandes macizos, no sólo en el sur de México, sino también en los Estados Unidos. La he visto creciendo con fuerza junto a ríos en Texas, y cada año en el estado de Washington, siembro una nueva raíz en un barril de whisky en el patio, y cada año crece lo suficiente para que pueda cosechar hojas suficientes para sazonar uno o dos platillos. Mire detenidamente al anverso de una hoja de acuyo y empiezan a verse los pequeños glóbulos como perlas. Estas bolsitas de aceite, cuando son aplastadas, sueltan el aroma distintivo que caracteriza a esta planta.*

Las hojas en forma de corazón de esta planta son lo suficientemente grandes para envolver completamente un pedazo de pescado, transmitiendo su sabor a anís a toda la carne. Su sabor también es utilizado para complementar ciertos platillos de carne de cerdo y pollo.

Se pueden encargar plantas con It's About Thyme (véase las Fuentes de los Productos, página 395) y deberán crecer bien en cualquier clima cálido.

Sopa de huachinango

SAN DIEGO, CALIFORNIA • TABASCO, MÉXICO

6 A 8 PORCIONES *Son más comunes las sopas de marisco en México que en los Estados Unidos, especialmente en los estados bañados por el Golfo de México. Esta sopa, hecha por Ricardo Muñoz, contiene trozos grandes de carne firme de pescado flotando en un caldillo teñido de jitomate. Con sólo el pescado es tan sofisticado como para una cena de lujo, pero la adición de zanahorias y papas lo convierte en un sustancioso caldo para pescadores, tal como se prepara a bordo de los barcos pescadores de la zona utilizando pescado recién sacado del mar.*

Esta sopa de pescado sufre si se utiliza jitomate enlatado en vez de fresco y maduro; las semillas y cáscaras le dan una consistencia y sazón necesarias al caldo. Además, a Ricardo no le gusta escatimar la cantidad de aceite de oliva utilizada en la receta, pues de nuevo es importante para la sazón.

En Tabasco, donde origina la receta para esta sopa, estaría ligeramente perfumada por una hierba aromática de hoja grande llamada acuyo *en esa zona, pero más conocida como* hoja santa *en todas las regiones húmedas del sur de México donde crece (véase el artículo suplementario). Cuando Ricardo vivía en San Diego y no encontraba el acuyo, aumentó en doble la cantidad de cilantro que normalmente ocupa en este caldillo. Un sabor diferente, pero aun así, muy bueno.*

3 jitomates grandes maduros ó 6 jitomates pera, en gajos
¼ de cucharadita de pimienta negra recién molida
una pizca de pimienta gorda
6 dientes de ajo pelados
1 cebolla blanca mediana en gajos
2 tortillas de maíz
½ taza de aceite de oliva
1 libra de huesos de pescado con la cabeza, si es posible
2 manojos de cilantro con tallos
2 hojas de laurel
¼ de cucharadita de orégano seco, mexicano de preferencia
1 cucharadita de sal de mar
3 papas chicas nuevas, peladas y en cubitos (opcional)
1 zanahoria mediana, pelada y en cubitos (opcional)
1½ libras de postas de huachinango, cortadas en trozos de 2 a 3 pulgadas

Para la guarnición

4 limones agrios divididos en cuatro partes cada uno
1 chile pasilla, asado (página 19), y triturado, ó 2 cucharadas de otro chile rojo seco triturado (opcional)

Coloque los jitomates, pimienta negra, pimienta gorda, ajo, cebolla y tortillas en un procesador de alimentos o en una licuadora. Agregue ½ taza de agua y muele perfectamente.

Caliente el aceite en una cacerola o sartén mediano hasta que comienze a humear. Vierta la salsa de jitomate, permita freír unos minutos, luego baje la llama y hierva lentamente, tapada, unos 30 minutos. Remueva de vez en cuando.

Mientras se cuece la salsa, coloque los huesos de pescado en una olla grande con 2 cuartos de galón de agua. Añada el cilantro, laurel, orégano y sal. Hierva a fuego medio-alto por 20 minutos. Retire de la lumbre, cuele, regrese el consomé de pescado a la olla, y

vuelva a calentar. Removiendo con cuchara, agregue la salsa de jitomate y las papas y zanahorias, si las utiliza, y cueza a fuego medio-bajo unos 10 minutos o hasta que estén tiernos los vegetales agregados. Esto se puede hacer hasta esta etapa por adelantado y mantener tibio.

Unos 5 minutos antes de servir, sumerja los trozos de pescado lentamente en la sopa apenas hirviente, ajuste la sal, y cueza suavemente hasta que el pescado se ponga blanco por ambos lados. Permita 5 minutos por cada ½ pulgada de grosor.

Sirva cuidadosamente, a cucharones, el pescado y la sopa en tazones individuales precalentados.

Sirva con los limones agrios al lado. El jugo de un limón agrio exprimido acentúa el sabor. El chile triturado debe estar disponible en tazoncito que cada comensal agregue al gusto.

"LAS MAÑANITAS"

Estas son las mañanitas que cantaba el Rey David
Hoy, por ser día de tu santo, te las cantamos a ti.

El día en que tú naciste, nacieron todas las flores,
Y en la pila del bautismo, cantaron los ruiseñores.

Despierta, mi bien, despierta. Mira, que ya amaneció.
Ya los pajarillos cantan, la luna ya se metió.

En los Estados Unidos, no siempre se rompe el silencio del amanecer de una mañana onomástica con los sonidos de guitarra y violín y voces cantando versos de "Las Mañanitas"—la canción tradicional de cumpleaños de México—pero la ocasión de un cumpleaños sigue siendo ocasión para una fiesta en casa. Y una fiesta significa una celebración con comidas favoritas, así como la familia, los amigos y música. Claro, las hamburguesas y la pizza también se pueden servir ahora, pero para las familias de muchas partes de México, los aromas maravillosos provenientes de la cocina probablemente serán los del sustancioso caldo de maíz descascarillado llamado pozole, *un término indígena que significa* espuma, *que se refiere a la manera en que las flores secas del maíz revientan cuando se están cociendo.*

Pozole

MCMINVILLE, OREGON • SINALOA, MÉXICO

4 PORCIONES *"Entre más pobres, más mexicano comíamos". Ahora esas comidas, que alguna vez fueron platillos por necesidad, son consideradas exóticas por las nueras de Maria McRitchie. Maria, trabajadora médico-social recién jubilada, vive en un pueblo tranquilo en Oregon entre cerros cubiertos de robles. Aquí, en el corazón de la región vinícola del valle Willamette, los viñedos de alrededor proveen empleo para muchas familias de origen mexicano que viven en el valle. El esposo de Maria, un escocés, es el vinicultor y gerente de la cercana bodega Flynn. Esta versión del pozole de Maria aún recuerda los sabores del centro de México, pero requiere menos elaboración que algunas recetas tradicionales.*

El pozole, un guiso espeso de maíz, se come en una forma u otra en todo México. Uno es verde con hierbas y tomate verde, otro rojo con chile seco y el más sencillo de todos es blanco. Las guarniciones son esenciales a todas las versiones, que se añadan al gusto dependiendo del tipo de pozole y preferencia familiar. Pueden ser repollo rallado, rábanos en rodajitas, orégano seco, cebolla picada, trozos de aguacate, chile, o hasta chicharrón de puerco crujiente, y siempre con un chorrito de limón agrio para finalizar.

Sirva con tortillas calientes. Tenga en la mesa un plato con Verdura en escabeche (página 284) para picar y una botella de cerveza lager *mexicana.*

- 2 cucharadas de aceite de cártamo o *canola*
- 1 libra lomo o espadilla de cerdo, sin exceso de grasa y cortado en trocitos
- 1 cebolla blanca mediana, picada
- 2 dientes de ajo
- 1 lata de 15 onzas de maíz pozolero blanco, escurrida
- 4 tazas de Caldo de pollo sustancioso (página 75)
- sal de mar

Para la guarnición

- 2 limones agrios partidos en cuatro, cada uno
- ½ taza de cebolla blanca picada
- 2 cucharadas de orégano seco, mexicano de preferencia
- 1–2 o más cucharadas de chile triturado o molido, tal como nuevomexicano o guajillo
- 12 rábanos, en rodajas delgadas
- ¼ de un repollo chico, finamente rallado

Entibie el aceite en una olla de hierro o cazuela de fondo grueso. Añada el cerdo, cebolla y ajo y fría sobre fuego medio-alto. Cuando esté ligeramente dorado el cerdo, unos 25 minutos, agregue el maíz y el caldo. Sazone al gusto, lleve el pozole a hervor muy suave y luego cueza a hervor lento, medio tapado, por 30 minutos.

Para servir, llene tazones grandes precalentados con pozole y coloque las guarniciones en tazones chicos, permitiendo a los comensales crear su propio platillo.

VARIACIÓN: POZOLE ROJO Para un pozole rico en chile rojo, los méxico-americanos con lazos jaliscienses y michoacanos pueden añadir 1 cucharada de chile molido mientras hierve suavemente el pozole. Pueden utilizar una combinación de chile ancho y guajillo, si hay. En Chicago, Olivia Dominguez usa el chile cascabel, que tiene un sabor algo a nuez, para darle picor y colorido a su pozole.

VARIACIÓN: POZOLE CON POLLO Para un pozole más ligero, Virginia Ariemma de Florida sustituye 1 pechuga de pollo por el cerdo, la cual cuece 15–20 minutos en el caldo antes de deshebrar. En vez de ajo, se saltea un tallo de apio picado con la cebolla y ¾ de taza de jitomate en trozos enlatado se agrega para un sabor muy diferente.

POZOLE... O *POSOLE*, AMBOS SIMPLEMENTE OTRO NOMBRE PARA NIXTAMAL

De la humilde planta del maíz viene la base de toda la cocina mexicana. Claro, se usa como verdura, pero la conocemos mejor cuando está en forma de masa para tortillas y tamales.

Otra forma muy útil es el pozole. Cuando se pone a hervir maíz seco con cal (hidróxido de calcio), que disuelve la cáscara dura, en vez de molerlo hasta tener una masa, los granos se hierven a fuego lento hasta ponerse tiernos y luego se agregan a las sopas campechanas del mismo nombre o al menudo.

Casi todos con quienes hablé parecen comprar el pozole ya preparado que se vende fresco o congelado. Conocí un excelente pozole preparado seco envasado por Peter Casados (véase las Fuentes de los Productos). Se puede usar maíz descascarillado blanco (no amarillo) como método fácil y rápido, y se ofrece con disculpas porque, aunque parece igual, le falta el olor distintivo y una textura más firme.

Menudo

DENVER, COLORADO

4 A 6 PORCIONES *Hasta hace como un año, realmente no era aficionada al menudo—pequeños pedazos de tripa suave en un caldillo bien sazonado. Pero pues nunca lo había comido combinado con pozole, como lo encontré por todas partes en los Estados Unidos. Lo probé cautelosamente en Detroit, con gusto en El Paso y al llegar a Nuevo México, era una verdadera conocedora del platillo.*

No pude conocer a Gina Vigil, quien vive en Denver, pero su madre Teresa Vigil, con quien pasé un rato en el valle de San Luis en el sur de Colorado, me platicó del menudo excepcional de Gina—tan rico que aparentemente los domingos después de misa, toda la vecindad llega de visita "por casualidad" y se quedan a comer. Ésta es nuestra versión de su receta del menudo, la cual incluye los trocitos de res que a Adela Amador, más al sur en Nuevo México, le gusta añadir.

Tenga muchas Tortillas de harina (página 131) humeantes o rebanadas de baguette tostadas, ambas con mucha mantequilla, para acompañar al menudo. Si sirve el menudo para la cena, Helado de rompope (página 359) agregaría un contraste agradable.

½ libra de tripa, prelavada
2 cucharaditas de vinagre de sidra
½ libra de diezmillo (sin grasa y nervios), cortado en trozos de 1 pulgada (opcional)
2 patitas de puerco, ambas partidas en dos
como ½ cucharadita de sal de mar
1 libra de maíz pozolero preparado seco o congelado ó 1 lata de 28 onzas, escurrido y enjuagado
1 cebolla blanca picada
2 dientes de ajo picados
2 cucharaditas de orégano seco, mexicano de preferencia
2 chiles piquines secos
2 cucharadas de chile en polvo puro, nuevomexicano de preferencia, ó ¼ de taza de pasta de chile rojo

Para la guarnición

½ taza de cebollita verde picada
2 limones agrios o limones franceses, cortados en cuatro cada uno
2 cucharadas de orégano seco, mexicano de preferencia
2 cucharadas de chile piquín molido
½ taza de hoja de cilantro finamente picada

Retire cualquier exceso de grasa a la tripa y lave perfectamente bien en varios cambios de agua con sal. Corte la tripa en cuadritos de ½ pulgada, colóquelos en una olla grande y cubra con agua fría. Añada el vinagre, lleve a hervor lento y cueza 5–10 minutos. Escurra en un colador, enjuague con agua tibia y regrese a la olla.

Agregue la carne de res y patitas de puerco a la olla y cubra con 2 cuartos de galón de agua. Añada sal al gusto. Si ocupa pozole preparado seco o congelado, agregue en este punto. Lleve a hervor sobre fuego medio-alto y retire cualquier espuma de la superficie. Baje el fuego y permita hervir lentamente por varios minutos, entonces añada la cebolla, ajo, orégano, piquines y chile en polvo.

Regule la llama para que las burbujas en el caldo apenas rompan la superficie. Tape y cueza a hervor lento por 2 horas. Agregue el pozole enlatado si lo usa. Si falta agua, añádalo con hierbas y especias adicionales al gusto. Continúe cociendo otros 30–60 minutos, hasta que la tripa y la carne de res estén tiernas.

Retire las patitas de puerco del caldo y retire cualquier grasa en exceso de la superficie. Cuando las patas se enfríen lo suficiente, corte cualquier carne y regrese a la olla, desechando hueso y cartílago.

Coloque las cebollitas, los limones agrios, orégano, chile en polvo y cilantro en platitos sobre la mesa. El menudo se debe servir en tazones grandes y hondos con muchas tortillas calientes. Los comensales agregan los condimentos al gusto. Al día siguiente, es sabroso el menudo recalentado, quitada antes cualquier grasa cuajada.

Impresiones de Arizona

Tierra del desierto. Calor. Una tierra dura, sin perdón. Piedra, arena, bosques de saguaros gigantes y cactos "tubo de órgano", matorrales de mezquite, chollas espinudas por todos lados, cacto de barril, los nopales omnipresentes y escorpiones, víboras de cascabel y ranas venenosas. Hay pocos manantiales y arroyos y cuando llegan las lluvias de verano, vienen acompañadas por relámpagos y aguaceros con truenos violentos. Es aquí en el Desierto de Sonora, al sur del serpenteante Río Gila, donde se han establecido la mayoría del 16 por ciento de la población de Arizona que pueden trazar su ascendencia a los españoles y a los indígenas mexicanos. Ésta es la parte septentrional de la tierra llamada *Pimería Alta* por el misionero jesuita y cartógrafo Eusebio Francisco Kino, el famoso "padre a caballo". A pesar de haber sido partida en 1854 por una frontera internacional, comparte una herencia histórica y cultural y está ligada también en lo que concierne al medio ambiente con la parte meridional en México.

En 1691, cuando el Padre Kino fue invitado al norte a visitar los indígenas pima en la pequeña aldea de Tumacacori, los indígenas vivían de manera frugal comiendo las calabazas, frijoles y maíz que cultivaban y compartían, bellotas que recogían en las laderas de las montañas y un poco de carne de caza, roedores y víboras. Pudo darles semillas y ganado. Siete años después, según el sacerdote: "había trigales y manadas de ganado, rebaños de ovejas y chivos". A pesar de que en 1843 habían dejado los campos comunales los pocos indígenas que seguían en la ya abandonada vieja misión de Tumacacori, hoy en día lo que caracteriza la cocina mexicana en el sur de Arizona es la preponderancia de crema y queso, carne de res secada al sol o *carne seca* y las tortillas gigantes tan delgadas como papel hechas de harina de trigo, al igual que al otro lado de la frontera en Sonora.

Hasta los apaches saqueadores hacían tortillas de harina. El abuelo de Carmen Villa Prezelski platicaba cómo, en una ocasión cuando andaba en el desierto, fue rodeado por apaches, quienes primero le quitaron su tabaquera y luego lo trajeron a su pueblo para compartir una comida. Las carnes estaban envueltas en tortillas de harina, teñidas color gris por las manos cubiertas de tierra de las mujeres que las estaban haciendo. Las comió con un gusto tal, que ha de haber hecho amigos ya que, después de fumar, lo dejaron irse.

Me pidieron varias veces que mirara la preparación de la *carne seca,* que se llama *machaca* cuando está machacada y deshebrada. Unas manos manejaron un cuchillo tan filoso que rebanó un trozo duro de carne de res, para atrás y para delante con el grano, volteándolo con destreza justo antes de llegar al final. Cuando terminó, quedó una hoja larga, delgada, continua de carne lista para ser untada con jugo de limón agrio, ajo y quizás un poco de pimienta negra, chile molido y sal y luego colgada o extendida bajo el sol ardiente de Arizona, hasta que estuviera tan seca y dura como el cuero. Se conserva hasta siempre y se usa, machacada y deshebrada, luego guisada, como relleno para tacos, flautas o burros, o revuelta con huevos. Algunos cocineros, especialmente en restaurantes, ahora se saltan totalmente el proceso de secado y apenas guisan y luego deshebran la carne, aún llamándola *machaca*. Aunque puede ofrecer una comida sabrosa, no tendrá el sabor y la textura de la original.

Al final de los años 1800, el proyecto de irrigación del Río Salt había proveído el agua suficiente para transformar el paisaje árido y la presa Roosevelt, que fue inaugurada en 1911, aseguró una fuente continua. Hoy, los cítricos, melones, dátiles y nueces se dan bien en el calor de todo el año y atraen un número creciente de trabajadores deseosos provenientes de Sonora.

En comparación con Texas, donde más es siempre mejor, el verdadero estilo de cocinar sonorense es parco en su uso de chiles y no está adulterado con otras especias; incluso, las hierbas de olor se usan poco. El pequeño, picoso chiltepín silvestre se usa con moderación.

Ésta también es la región del tamal de maíz verde. Hecho con elote fresco molido con queso, esponjado con manteca y surcado con chiles verdes frescos, luego envuelto en hojas verdes de maíz y cocido al vapor, puede ser increíblemente sabroso. Una tarde, mi esposo y yo, sentados a la mesa de la cocina en la casa de Adela Bacahui en Tucson, observamos mientras que ella y su hija adolescente nos hicieron una tanda. Mientras se cocían al vapor los tamales, Ramon, el esposo de Adela, un maestro azulejero, llegó a casa y nos acompañó. Amigos y parientes vinieron, pero mientras probábamos los primeros tamales, de vez en cuando Ramon habló acerca de su vida anterior.

> *Mi mamá era mexicana y yo nací en Sonora llegando a los Estados Unidos de bebé. Mi padre era un apache de Nuevo México y yo era el que sigue del mayor de sus 39 hijos. Como era el único hombre que quedaba en la familia Bacahui, supongo que se sintió obligado a hacer algo para que perdurara el apellido familiar. Ahora hay más de 100 de nosotros los Bacahui—un nombre basado en tanto la palabra para la pequeña flor que sobrevive en las ranuras de las piedras en nuestra reservación como para "agua corriente". Las mujeres de nuestra familia prefieren el significado para la flor; los hombres no quieren ser ningún tipo de flor, así que para nosotros quiere decir "agua corriente".*

A diferencia de Nuevo México, cuyos primeros pobladores mexicanos y españoles estuvieron varios siglos prácticamente aislados antes de formar parte de los Estados Unidos, desde el principio Arizona fue una mezcla de razas: muleteros negros de México, chinos que vinieron con el ferrocarril y aprendieron el español y, claro, los hombres de la frontera anglo-americanos y aquellos que siguieron después. Conocí a muchos, como Ramon, cuyos antepasados eran originalmente de tribus del área locales. Aún hoy en día, el sur de Arizona es una cultura políglota, aunque el inglés y el español son los idiomas principales—y domina la comida mexicana estilo Sonora.

Antojitos y tortas

TORTILLAS COMO ÁFRICA

Cuando Isaac y yo apretamos la masa sobre un tazón,
cuando espolvoreamos la tabla con harina,
cuando nalgueamos y palmeamos nuestras bolas de masa,
cuando dijimos: "Ahí va,"
y comenzamos a estirar las tortillas,
nos reímos porque las nuestras no salieron redondas, como a Mamá,
sino en formas de tierras lejanas.

Aquí estaba África, aquí estaban Colombia y Groenlandia.
Aquí estaba Italia, el país bota,
y aquí estaba México, nuestra patria al sur.

Aquí estaba Chile, delgado como corbata.
Aquí estaba Francia, cuadrado como sombrero.
Aquí estaba Australia, con zonas de canguros brincando.

Estiramos nuestras tortillas en la tabla
y nos reímos al aventarlas en el comal,
estas tortillas que no estaban redondas como una luna picoteada,
sino torcidas y estiradas como la tierra en formación.

Así hicimos nuestra primera tanda de tortillas, riéndonos.
Así las envolvimos en una toalla para secar platos.
Así las untamos de mantequilla y enrollamos dos cada uno
y nos sentamos en el porche delantero—
la mantequilla corrió por nuestros brazos y brillaron nuestras caras.

Le pregunté a Isaac: "¿Qué tal el tuyo?"
Carraspeó y abrió su tortilla.
Dijo: "¡Bueno! Groenlandia sabe a México."

—GARY SOTO

PIENSE EN LA "COMIDA RÁPIDA" DE Italia, Inglaterra o los Estados Unidos y lo que usualmente viene a la mente son pizzas, pescado con papas fritas y hamburguesas. Para los méxico-americanos, significa echarse un taco, una tostada o quizás un burrito. Todas se comen rápido, aunque no necesariamente son rápidas de preparar. Y, si están hechas de ingredientes de buena calidad, de veras satisfacen.

Casi tan popular como estos tentempiés hechos de masa (mezcla de maíz molido con agua) es el sándwich mexicano, la torta. En la calle Treinta y nueve Oeste de Manhattan, Mario nos hizo un sándwich memorable similar a las cemitas que había comido de niño en Puebla—pancitos crujientes redondos partidos en dos, luego con capas de papas fritas, chiles chipotles ahumados, rebanadas de aguacate, col rallada y crema ácida espesa. Para obtener exactamente el sabor recordado, hasta le agregó una hoja de pápalo robusto, una hierba que cultiva en su jardín grande en el norte del estado de Nueva York. Puede sonar bastante ordinario un sándwich de jamón con queso, pero no cuando está apilado en un bolillo grueso y adornado con frijoles refritos, cebolla rebanada, jitomate, chiles y aguacate. Son esos sorprendentes sabores extras los que hacen que sean tan magníficamente diferentes las tortas.

Antojitos es la palabra correcta para la comida tentempié mexicana. México es un país de personas que se sienten cómodas al comer de pie. En pueblos de cualquier tamaño, siempre hay vendedores ambulantes que venden bocaditos de comida casera a los transeúntes. Podrá encontrar una croqueta gruesa de masa crujiente llena de frijoles refritos y salsa, tacos llenos de un guiso maravillosamente sustancioso de pollo deshebrado, o una quesadilla, la tortilla doblada encerrando un trozo de queso derretido y el contrastante sabor de hierbas acres. Lo que todos estos antojitos tienen en común es que incluyen algún tipo de tortilla hecha de maíz o trigo molido que permite que todos se puedan comer directamente de la mano, menos las enchiladas o los burritos más adornados.

Nada se tradujo más rápido y fácilmente a las comunidades méxico-americanas que la comida, vendida en las banquetas o en los pequeños cafés del vecindario. Lo que ofrecen—carne a la parrilla, tripa guisada, pollo deshebrado, chicharrón suavizado en una salsa roja o verde, cordero rostizado, salchicha picosa, lengua, pedazos de carne y sesos de cabeza de res cocidos en barbacoa, un guisado de cordero rústico y altamente sazonado o pedazos suculentos de puerco crujientes—rara vez cambió estuviera yo en Pueblo, Colorado; Detroit, Michigan, o

North Fair Oaks, al sur de San Francisco. En Texas y Oregon, los tacos al pastor fueron agregados a la lista; se preparan rostizando el puerco verticalmente en un asador junto a una pequeña llama. Afuera de Los Ángeles, en Huntington Park, uno puede conseguir tacos llenos de machaca, carne seca de res deshebrada; de picadillo, un guiso de carne molida con papas, zanahorias y uvas pasas cocidos a hervor lento en una salsa rojo-profundo de chiles guajillos; de tinga, carne de res deshebrada estofada con chiles chipotles, así como de cualquier otro relleno.

En los estados fronterizos de Texas, Arizona y Nuevo México, blandas tortillas de harina son la envoltura y los rellenos son mucho menos variados. Los más sencillos son burritos llenos de frijoles refritos y quizás un poco de cebolla, queso y salsa. Mis favoritos eran aquellos con chile con carne, o como lo llaman en Nuevo México, carne con chile. Como muchos tacos, se pueden comer de la mano. Sin embargo, probé muchos burritos donde tuve que usar un plato y un tenedor, especialmente con los burros más grandes que estaban atiborrados de la cantidad máxima de carne, arroz, frijoles, lechuga picada, guacamole y crema ácida y a menudo servidos estilo enchilada con una salsa de chile que cubría todo.

Fue principalmente en el suroeste donde encontré tacos dorados, que poco se parecían a los famosos *taco shells* del supermercado. Y, como una gran variación del tema, los cocineros de Arizona cocinaron hasta estar crujientes sus burros de harina de trigo rellenos y crearon la chivichangas.

Probé todos estos y una multitud de otros tentempiés de masa y pocas veces me conformaba con sólo uno, ya fuera alrededor de una mesa de cocina o en un pequeño café, en un puesto de tacos o en un restaurante del vecindario. Como me lo explicó Ray Aguilera una mañana fría en Pueblo, Colorado, cuando fuimos a almorzar a su lugar favorito: "Ésta es comida casera; las mujeres sólo están cocinando para una familia más grande y pueden ofrecer más selección. Yo nací aquí, pero tantos hombres, cuando primero llegan a los Estados Unidos, están sin sus familias, y lugares como éste son lo más cercano que pueden estar a los sabores conocidos de México".

Tortillas de maíz

RINDE 14 A 16 *Las tortillas de harina podrán ser los cimientos de la cocina mexicana fronteriza, pero para la mayoría de los méxico-americanos no hay tortilla si no es de maíz. A los diez años de edad, viniendo desde Oaxaca, Susy Torres no se daba cuenta siquiera que existía algo como una tortilla de harina hasta que aterrizó en el aeropuerto de Los Ángeles.*

Tortillas de fábrica, compradas en la tienda, especialmente recién hechas en una tortillería, son usualmente las mejores para enchiladas y cualquier platillo donde se fríe o cuece la tortilla. La mayoría de las cocineras las usan hasta para tacos no dorados. Se pueden recalentar y usar para acompañar su comida, pero esto es cuando las tortillas hechas en casa son un detalle especial. No hay pretexto para no hacerlas de vez en cuando. La masa para tortilla recién hecha se consigue hoy en día en cualquier comunidad con una población mexicana notable. Normalmente la más fresca viene en bolsas de 5 ó 10 libras; use la que desee y congele la demás en porciones más chicas. (Tome nota de que las tortillas hechas con masa congelada estarán más correosas). De otra forma, masa harina, o harina de maíz (pero no cornmeal*), se encuentra en la mayoría de los supermercados y se hace masa agregándole agua. La de marca Quaker es bastante buena.*

Lo único que le faltará es una prensa para tortillas. Están hechas de metal y tienen dos planchas planas con bisagra de un lado para que la plancha superior se pueda levantar y bajar para aplanar una bolita de masa. Es más fácil que prensar a mano y, ya agarrando la forma de usarla, es muy divertido. Las prensas se consiguen en tiendas de especialidades en alimentos y en mercados mexicanos. A veces cuando hago una fiesta chica informal, pongo a mis invitados a juntarse y echar tortillas.

Aunque son mejores recién hechas, se pueden recalentar las tortillas que están a temperatura ambiente envolviéndolas en papel aluminio, 5 ó 6 por paquete, y colocándolas en un horno a 275 grados F. unos 5–10 minutos. O para unas cuantas yo acostumbro recalentar mi plancha y calentarlas de nuevo por varios segundos en ambos lados. Se pueden congelar las tortillas si están selladas sin aire, descongelarlas y entonces recalentarlas. Algunas cocineras que conozco usan el microondas para recalentar tortillas congeladas, pero a mí no me han dejado satisfecha los resultados.

1½ libras de masa recién hecha ó 2 tazas de masa harina para tortillas

Si utiliza masa preparada, póngala en un tazón grande para mezclar. Si está un poco seca y se desmigaja, amásele tantita agua de a poquito y mezcle hasta que esté suave pero no pegajosa. Tape con plástico. Si utiliza masa harina, vierta 1¼ tazas de agua tibia todo a la vez y mezcle con sus manos. Amase un poco. Debe estar lo más suave posible la masa pero no pegajosa. Tape con plástico.

Deje reposar unos 15 minutos. Acomode la prensa y 2 pedazos de plástico grueso, como de bolsa para congelador. Coloque una de las hojas de plástico en la parte inferior de la prensa.

Revise la consistencia de la masa, salpicando con agua si lo requiere, luego haga unas 15 bolitas de tamaño uniforme. Tape con plástico.

Caliente una plancha grande, un comal o un sartén de hierro sobre fuego mediano.

Abra la prensa y coloque una bolita de masa sobre la hoja de plástico ya en la prensa. Cubra con la otra hoja y oprima suavemente con la plancha superior de la prensa.

Abra la prensa y retire cuidadosamente la hoja de plástico superior. Levantando la hoja de plástico inferior, voltee la tortilla sobre la parte superior de una mano y retire el plástico.

Deslice lentamente la tortilla de su mano—no la voltee—a la plancha caliente y cueza contando mentalmente hasta 20. El lado de abajo de la tortilla debe estar apenas pecosa. Voltee la tortilla con una pala o sus dedos y cueza otros 30 segundos, luego de vuelta al primer lado por unos segundos más. En total, no debe tardar más de 1½ minutos.

Lo ideal es que se infle la tortilla, pero no es necesario al menos que tenga planeado abrir y rellenarlas. En este caso, ayuda si oprime la tortilla suavemente con una toalla después de voltearla por última vez.

Apile las tortillas una encima de otra al hacerlas. Tape con una toalla o servilleta grande para mantenerlas calientes. Si aún no las va a servir, se pueden mantener calientes envueltas en la toalla y en papel aluminio en un horno tibio, mas no caliente.

Sírvalas calientes en una canasta, envueltas aún, asegurando que se tapen bien después de cada vez que se tome una.

Quesadillas

MCMINNVILLE, OREGON • MORELOS, MÉXICO

RINDE 12 APROXIMADAMENTE *Tome una tortilla hecha en casa, póngale un poco de queso y una hoja de epazote, esa hierba de sabor fuerte, dóblela y ponga al comal y habrá hecho una quesadilla tradicional. Aunque quesadilla se refiere a cualquier relleno de queso, muchas otras combinaciones de ingredientes llegan adentro. Cuando los encuentra Martha Ruiz Gonzalez, quien creció en Cuernavaca, le gusta usar los hongos silvestres de Oregon o un relleno de chorizo (página 175) y papas fritas. Pero casi cualquier relleno de tacos, incluyendo marisco, se puede utilizar.*

Las quesadillas son ideales con copitas o para servir con una sopa o coctel de pescado como cena ligera. Pruebe las de hongo con Sopa de milpa (página 84), las de queso con Sopa de frijol negro (página 98).

Si no tiene una prensa para tortilla, use la técnica de Martha: ella aplasta las bolitas de masa tamaño pelota de golf entre dos platos extendidos cubiertos de plástico recortado de una bolsa de plástico para conservar alimentos.

Si desea quesadillas chicas para botanas de fiesta, use el fondo de una lata de atún. Haga bolitas de 1 pulgada y aplane un poco con las manos. Ponga una bolita sobre una hoja de plástico y cubra con otra hoja. Oprima con la lata, formando un círculo de 3 pulgadas. Retire el plástico y continúe el proceso; debe tener unas 24 quesadillitas. Rellene cada una con 1 cucharada copeteada de relleno.

2 tazas de masa fresca ó 1¾ tazas de masa harina para tortillas mezclada con 1 taza más unas 2 cucharadas de agua tibia (página 114)
aceite de cártamo o *canola* para asar o freír

Para el relleno de queso

2 tazas de queso *Muenster* o *Monterey jack* rallado
12 hojas o más de epazote fresco (véase la página 228) (opcional)
1 chile verde enlatado, cortado en rajas (opcional)

Divida la masa en bolitas de 1 a 1½ pulgadas de diámetro, dependiendo del tamaño deseado de la quesadilla. Siempre mantenga la masa tapada con una toalla húmeda para que no se seque. Cubra las bolitas con plástico.

Si utiliza una prensa, coloque la bolita de masa entre 2 hojas de plástico recortados de una bolsa de plástico y aplane la masa para hacer una tortilla gruesa de 4 a 5 pulgadas. Retire el plástico superior y ponga 1 cucharada de queso rallado en una mitad pero cerca de la orilla de la tortilla. Añada el epazote o chile opcionales. Voltee la otra parte de la tortilla sobre el relleno y oprima las orillas juntándolas. Cubra con plástico y continúe preparando las demás.

Caliente un comal, una plancha o un sartén de hierro enaceitado y ase la quesadilla por unos 5 minutos cada lado. La masa estará crujiente y salpicada de color café. Trate de servir inmediatamente, pero se pueden mantener calientes en un horno a fuego muy lento hasta que estén asados todos.

Para el relleno de hongos

1 libra de hongos, de preferencia boletos o colmenillas
1 cucharada de aceite de cártamo o *canola*
2 dientes de ajo finamente picados
1 chile serrano fresco, bien picado ó 1 chile chipotle enlatado, picado
2 cucharadas de hojas de epazote (página 228) picadas (opcional)
½ cucharadita de pimienta negra recién molida
sal de mar

Limpie los hongos con una toalla de papel o un trapo seco para retirar cualquier tierra. Corte cualquier parte del tallo seco o hebroso. Pique los hongos en pedazos de ½ pulgada.

Caliente el aceite en un sartén mediano a fuego medio-alto y saltee los hongos, ajo y chile unos 5 minutos. Agregue el epazote, pimienta y sal al gusto, baje la llama y continúe cocinando hasta que estén tiernos los hongos. Aparte y deje enfriar antes de usar como relleno.

Ya listo, ponga con cuchara sobre la tortilla y doble. Cocine en una plancha o ase en un sartén hasta que esté crujiente y salpicada de color café.

QUESADILLAS RÁPIDAS HECHAS CON TORTILLAS COMERCIALES

Nada es más fácil de preparar en la parrilla que tortillas (de harina o maíz) comerciales que se rellenan con queso sólo o combinado con tiritas de carne, chiles, cebolla o salsa. Unte el fondo de un sartén de fondo grueso o una plancha con aceite y entibie sobre fuego mediano. Cuando esté caliente, estire la tortilla de maíz o una tortilla pequeña de harina, caliéntela rápido de ese lado y voltéela. Agregue queso, rallado o en tiras, y cualesquier otras guarniciones, y doble la tortilla a la mitad. Al derretirse el queso y dorarse la tortilla, voltéela varias veces más hasta que esté ligeramente dorada por ambos lados.

VARIACIÓN: QUESADILLAS CRUJIENTES También se pueden freír rápidamente las quesadillas en un sartén de fondo grueso con 1 pulgada de aceite caliente. Se deben cocinar hasta que estén ligeramente doradas, como 2 minutos cada lado. Escurra en papel absorbente y manténgalas en un horno tibio hasta que todas estén cocidas.

QUESOS MEXICANOS

A diferencia de la comida restaurantera méxico-americana, que invariablemente está bañada en queso fundido, la mayoría de los cocineros mexicanos usan queso principalmente como guarnición. Las excepciones más grandes son las quesadillas populares y su uso en el norte de México, que es una zona altamente granjera, donde las sopas de queso y el queso fundido son una parte de la cocina regional.

Buen queso auténtico es mi reto más grande en la obtención de los ingredientes para la cocina mexicana y, en muchos casos, opto por usar un sustituto.

Se usan tres tipos básicos de queso en la cocina mexicana: quesos para fundir, queso fresco para desmoronar y queso añejo para desmoronar o rallar. Los quesos para fundir mexicanos más famosos están hechos en el norte de México: el asadero pálido, ligeramente agrio, y el queso Chihuahua, casi blanco y lleno de sabor. Ambos en ocasiones se pueden encontrar en tiendas de queso de calidad o en algunos mercados mexicanos más grandes, pero puede usar un queso Monterey jack *de buena calidad o el muy especial* Sonoma jack, *o en un aprieto el* Muenster *doméstico, que es un poco más desabrido.*

El queso fresco es un queso suave, algo salado de leche de vaca fresca que se usa, desmoronado o rebanado, en o sobre casi cualquier cosa que pueda beneficiar de su sabor ácido. Aunque no se permite importar ningún queso fresco a los Estados Unidos de México, varias compañías de los Estados Unidos producen quesos frescos de calidad, siendo aparentemente el Queso Ranchero marca Cacique y la marca Supreme de Chicago las más fácilmente obtenibles. Yo uso feta o un queso ranchero sólido en ciertos platillos si no tengo un queso fresco a la mano.

Un queso fresco que ha sido madurado, queso añejo, es un queso con un sabor definitivamente ácido y una textura muy seca. Generalmente se ralla, luego se espolvorea sobre antojitos (tentempiés de masa), enchiladas y platillos similares. Me gusta mucho este queso, el cual probé por primera vez durante mis visitas a Michoacán, donde una versión, el queso Cotija, originalmente se producía en el pequeño pueblo de Cotija. Sigo tratando de encontrar un buen añejo importado en los Estados Unidos, pero hasta ahora no lo he conseguido aunque existen algunas marcas locales satisfactorias. Seguiré intentándolo, pero mientras tanto, utilizo un pecorino romano de Italia.

Tostadas de pollo con salsa verde

AUSTIN, TEXAS

4 PORCIONES *¿Qué cocinan en casa los chefs de renombre que, de casualidad, son mexicanos? Con frecuencia, para David Garrido, el chef ejecutivo de un par de restaurantes en Austin, serán unos antojitos (tentempiés de masa) sencillos como esta tostada de pollo con su colorida salsa de chiles y tomatillo—llena de sabor y rápida de preparar.*

Las tostaditas de pollo acompañan bien las sopas, en particular las ricas y cremosas como Crema de chayote (página 88) y Crema de elote y calabacitas (página 90). Para una reunión informal más grande, coloque una variedad de tostadas en la mesa y tenga una olla de pozole suculento (véase la página 103) como platillo fuerte seguido por una Almendrada (página 354).

¾ de taza de aceite de maíz
4 tortillas comerciales, de 4–6 pulgadas de diámetro
4 cucharadas de aceite de oliva
1 cebolla blanca, en rabanadas delgadas
1 chile serrano o jalapeño fresco, sin semillas y bien picado
sal de mar
el jugo de un limón francés
1 pechuga de pollo de 6 onzas, sin la piel, en tiras de ¼ por 1½ pulgadas

Para la salsa

6 tomatillos verdes, sin cáscara y cortados en cuatro cada uno
2 chiles poblanos o Anaheim frescos, asados (página 19), sin semillas y picados
1–2 chiles serranos o jalapeños frescos, asados (página 19) y sin semillas
1 diente de ajo rebanado
¼ de taza de vino blanco, de preferencia dulce
½ taza de hojas de cilantro
como 1½ cucharaditas de sal de mar

Para la guarnición

½ taza de queso fresco, feta o ranchero desmoronado
4 ramitos de cilantro

Precaliente el horno a 325 grados F.

En un sartén mediano caliente el aceite a fuego medio-alto y fría las tortillas por 20 segundos, hasta que estén crujientes. Retire del aceite y escurra sobre papel absorbente.

En un sartén chico, acitrone a fuego mediano la cebolla en 1 cucharada de aceite hasta que esté color café. Añada el chile serrano y ½ cucharadita de sal y cocine 3 minutos más. Revuelva el jugo de limón francés, hierva brevemente, y aparte en un plato.

Agregue el resto del aceite de oliva y las tiritas de pollo al sartén. Cocine por 5–6 minutos, hasta que se cueza por completo. Retire del sartén y aparte.

Para la salsa, agregue los tomatillos, chiles y ajo al sartén y cocine 3 minutos. Añada el vino, revuelva y hierva lentamente hasta que se consuma el líquido. Muela la mezcla hasta que esté tersa en una licuadora. Cuele y aparte.

Para armar las tostadas, divida la mezcla de cebolla y el pollo entre las cuatro tostadas. Añada 1 cucharada de salsa. Esparza el queso fresco, coloque en el horno y caliente por 3 minutos. Retire, choree más salsa y adorne con un ramito de cilantro.

Tostadas de cangrejo

SANTA MÓNICA, CALIFORNIA • CIUDAD DE MÉXICO, MÉXICO

6 PORCIONES *Una de las cocineras más entusiastas y creativas que conocí durante los últimos años fue Ana Lorena Zermeño, quien en aquel tiempo estaba manejando Lula's Restaurant en Santa Mónica, California. Le encantaba preparar antojitos variados para sus propias reuniones y esta tostada de cangrejo adornado con aceitunas y alcaparras es un platillo favorito de sus invitados.*

Para una cena sencilla, sirva las tostadas sólo con una sopa; Sopa de jitomate (página 87) o, en el verano, Sopa fría de aguacate (página 78) sería lo ideal. Tome un vino sauvignon blanc seco con su cena y, confieso que me gusta permitirme, un Pastel de queso con cajeta (página 369) para el postre.

½ libra de carne de cangrejo deshebrado (véase la Nota)
4 jitomates pera maduros, bien picados
½ cebolla blanca, bien picada
2 chiles jalapeños en escabeche, picados
2 cucharadas de alcaparras, picadas si están grandes
2 cucharadas de aceitunas verdes, picadas
¼ de taza de aceite de oliva
el jugo de 1 limón agrio
sal de mar y pimienta negra recién molida

Para las tostadas

6 tortillas de maíz de 6 pulgadas de diámetro
¾ de taza de aceite de maíz
1 aguacate, partido por la mitad y sin hueso
⅛ de cucharadita de jugo de limón agrio
sal de mar
como 2 tazas de lechuga de bola rallada

Para la guarnición

3 aceitunas verdes, rebanadas, u hojas de perejil de hoja plana (opcional)

Caliente el aceite en un sartén mediano a fuego medio-alto y fría las tortillas por 20 segundos, hasta que estén crujientes. Retire del aceite y coloque en papel absorbente para que se escurran.

Mezcle suavemente la carne de cangrejo con los jitomates, cebolla, jalapeños, alcaparras y aceitunas. Salpique con el aceite de oliva y jugo de limón agrio y sazone al gusto con sal y pimienta. Mezcle bien y enfríe, tapado, en el refrigerador por lo menos 30 minutos.

Cuando ya esté listo para servir, machaque la pulpa de aguacate con el jugo de limón agrio y una pizca de sal. Embarre cada tostada con esta pasta de aguacate. Agregue una capa de lechuga y ensalada de cangrejo por encima.

Adorne con las rebanadas de aceituna o el perejil. Sirva de inmediato o las tostadas se pondrán demasiado aguadas para sostener la guarnición.

NOTA: Con tan pequeña cantidad de cangrejo requerido, éste no es el momento de escatimar y usar *surimi,* un sustituto del cangrejo hecho con *pollack,* una variedad de bacalao, o merluza.

Tacos al carbón

SAN DIEGO, CALIFORNIA • SONORA, MÉXICO

8 TACOS BIEN SERVIDOS *Estos tacos sencillos de carne de res al carbón provienen de los enormes ranchos ganaderos de aquellos estados norteños de México que en un tiempo abarcaban a Texas, pero en los últimos veinte años, su fama se ha extendido. Taquerías sirviendo cortes delgados de sábana de res asados sobre carbón abundan en México y las parecidas fajitas aparecen en todo tipo de restaurante en los EE.UU. Éstas se han vuelto tan populares, que cartas presumen de fajitas de pollo y hasta de marisco—un nombre inexacto indudablemente, porque fajita se refiere a un solo corte de carne de res plano, que es el músculo del diafragma. Similar en apariencia al* flank steak *o* London broil, *se puede cocer en forma similar.*

Steven Ravago, quien compartió esta receta conmigo, utiliza el primer corte del round, *la parte más suave. Muchos dicen que es mejor el sabor si se usa carbón de mezquite legítimo o si se agregan astillas de mezquite al carbón ordinario, pero como esta tendencia está acabando con esta planta que protege contra la erosión en las tierras fronterizas, sugiero que use los frijoles de mezquite que venden en algunas tiendas, o elimine por completo. Los bistecs se pueden asar en el horno, mas el intrigante sabor a humo estará ausente.*

Están muy ricos estos tacos simplemente con la carne asada y Salsa de chile de árbol con tomatillo (página 272) o con una Salsa fresca (página 269). Sirva junto con Cebollitas asadas con chiles (página 258) y tazones de Frijoles charros (página 232). Para beber coloque unas jarras de Agua fresca de flor de jamaica (página 383), Sangría (página 384) y, en el verano, cerveza fría mexicana y Licuados (página 382) hechas con sandía y agua.

2 libras de bistec *top round*
2 dientes de ajo
½ cucharadita de sal de mar
½ cucharadita de comino molido
½ cucharadita de orégano, mexicano de preferencia
½ taza de vino tinto
3 cucharadas de aceite de cártamo o *canola*
el jugo de 1 limón francés o de 2 limones agrios
½ cucharadita de pimienta negra recién molida
½ cucharadita de azúcar
tortillas de harina calientes

Para la guarnición

2 tazas de salsa al gusto
2 tazas de Guacamole (página 278) (opcional)
1 cebolla blanca, bien picada (opcional)
1 taza de rábanos picados (opcional)
2 limones agrios, en cuatro cada uno

Recorte la grasa de la carne y luego aplane un poco para suavizarla. Pique el ajo y machaque con la sal. Combine la pasta del ajo, comino, orégano, vino, aceite, jugo de limón francés o de limón agrio, pimienta y azúcar en un tazón de vidrio o de acero inoxidable. Agregue la carne al adobo, volteándola varias veces para que se cubra bien. Tape y refrigere, volteándola de vez en cuando, por unas 6 horas. Cuando esté casi listo para cocinar, retire la carne del adobo y aparte ambos. Si es posible, deje que la carne llegue a temperatura ambiente.

Prenda fuego al carbón y permita quemar hasta que se ponga blanco al parejo y muy caliente.

Ase la carne hasta que logre el punto de cocimiento deseado, por lo general 2–3 minutos cada lado, dependiendo del grosor de la carne y el calor del fuego. Coloque la carne en una tabla, agregue el adobo sobrante con una brocha y deje que la carne repose tapada con papel aluminio por 1 minuto más o menos, para que reabsorba los jugos.

Cuando esté listo para servir, corte la carne a lo ancho del grano a un poco de ángulo en rebanadas delgadas y amontónelas en un platón precalentado con un alto de tortillas calientes a la mano. Ponga a cada quien hacer su taco. Apile carne en una tortilla, agregue salsa y otros condimentos, enrolle y ¡a comer!

Carnitas

SACRAMENTO, CALIFORNIA • MICHOACÁN, MÉXICO

6 A 8 PORCIONES CON VARIOS TACOS POR PORCIÓN *Las carnitas son una de las exquisitas especialidades del México central, en especial del estado de Michoacán. Pedazos grandes de puerco se hierven en aceite sazonado hasta que estén suaves por dentro y crujientes por fuera. Luego,*

usualmente se deshebran y se hacen en taco con un poco de salsa. Es un platillo que fortalece al espíritu cansado. Estas sabrosas carnitas de puerco se pueden usar también en burritos y enchiladas.

No siendo una aficionada a la carne, siempre quedo perpleja ante el hecho de que sucumbo tan fácilmente al sabor tentador de unas carnitas—un sabor que debe mucho a su contenido escandaloso de grasa. Val Hermocillo, cuya madre era de Morelia, Michoacán, ideó una manera de cocer la carne de puerco maximizando el sabor, no la grasa. Se hierve primero en agua la carne, luego se dora en el horno con jugo de naranja y Dr Pepper.

4 libras de lomo de cerdo o costilla larga de cerdo
2 cebollas blancas, partidas en cuatro cada una
6 dientes de ajo
2 cucharaditas de orégano, mexicano de preferencia
2–3 chiles jalapeños enlatados enteros
sal de mar
¾ de taza de Dr Pepper o Coca-Cola
¾ de taza de jugo de naranja
ralladura o cáscara de ½ naranja, cortada en tiritas angostas, de 1 pulgada de largo
pimienta negra recién molida

Para los tacos

tortillas de maíz o harina comerciales, calentadas
Guacamole (página 278)
1 ó más salsas al gusto

Recorte la mayoría de la grasa exterior de la carne pero deje las tiras delgadas interiores. Corte en trozos irregulares, de aproximadamente 1½ pulgadas cuadradas.

Coloque la carne en una olla ancha y de fondo grueso, tal como una olla de hierro o un sartén de hierro fundido con una tapadera. Cubra con agua hasta ½ pulgada, pero no más. Lleve a un hervor sobre fuego medio-alto y retire cualquier espuma que suba a la superficie. Añada las cebollas, ajo, orégano, chiles y sal al gusto. Cuando el agua vuelva a hervir, reduzca el calor y hierva a fuego lento parcialmente tapado como 1 hora hasta que la carne esté casi suave. Si aún está dura la carne, quizás tendrá que agregar un poco más de agua. Remueva de vez en cuando. Si queda líquido cuando esté la carne, suba el calor y hierva hasta que se evapore todo, mas cuide que no se queme la carne.

Precaliente el horno a 450 grados F. Retire los chiles de la olla. Agregue el refresco, jugo de naranja, ralladura, pimienta y sal si lo requiere y mezcle bien con la carne. Si no está en una sola capa la carne, debe cambiarse a una cacerola más plana para que se dore por parejo. Hornee, sin tapa, unos 30–40 minutos, hasta que la carne esté crujiente y glaseada con la miel. Se tendrá que remover la carne con frecuencia porque el azúcar del refresco y del jugo se quemará fácilmente.

Escurra cualquier grasa derretida y ponga las carnitas en un platón para servir. Agarre las carnitas con las tortillas, añada un poco de guacamole y doble en los tacos con mucha salsa

Salsa fresca (página 269), Salsa de chile de árbol con tomatillos (página 272) o cualquier otra salsa dará un levantón. Una combinación tradicional para acompañar es Frijoles refritos (página 233) y Arroz a la mexicana (página 240).

Tacos de pescado estilo Ensenada

SAN DIEGO, CALIFORNIA • BAJA CALIFORNIA NORTE, MÉXICO

10 TACOS, SUFICIENTES PARA 3 Ó 4 COMEnSALES HAMBRIENTOS *La clave de estos tacos de pescado de Steven Ravago está en su sencillez. Con su exterior crujiente y carne húmeda, los pescados fritos son deliciosos.*

Si está a dieta estricta, se puede asar a la parrilla. Macere ligeramente con jugo de limón agrio, aceite y ajo. La carne, aunque sabrosa, tiende a estar más seca. Se sirven los tacos con tazoncitos de distintos condimentos para que todos puedan crear su comida al gusto.

Tacos como éstos usualmente se sirven como un alimento de un solo tiempo en puestitos de tacos a lo largo de la costa del Pacífico entre Los Ángeles y Ensenada en Baja California Norte. Comensales hambrientos pueden pedir también un coctel Vuelve a la vida de Juan Felipe (página 65) y todo se baja con una cerveza mexicana bien fría tal como Superior o Bohemia. Para un acompañamiento vegetal, escogería Crema de elote y calabacita (página 90) para completar el menú.

Para los condimentos

½ cebolla roja
¼ de taza de jugo de limón agrio
1 taza de col rallada
1 taza de Salsa fresca (página 269)
½ taza de hojas de cilantro picadas
1 taza de crema (página 21) o crema ácida rebajada con leche
1 taza de Guacamole (página 278) (opcional)
3 limones agrios, en cuatro cada uno

1 taza de harina
como ½ cucharadita de sal de mar
½ cucharadita de pimienta negra recién molida
⅔ de taza de leche o cerveza a temperatura ambiente
aceite de cártamo o *canola* para freír
1 libra de filete de huachinango o cualquier pescado blanco de carne firme, cortado en trozos para morder
10 tortillas de maíz comerciales

Corte la cebolla verticalmente a la mitad y en rebanadas delgadas en forma de medias lunas. Coloque en un escurridor y vierta agua hirviente encima. Escurra y aparte en un tazoncito con el jugo de limón agrio, revolviendo de vez en vez. Agregue sal antes de servir.

Ponga la cebolla macerada, col rallada, salsa, cilantro, crema, guacamole y limones agrios partidos en tazoncitos para servir en la mesa.

Mezcle la harina con la sal y pimienta al gusto en un tazón grande y agregue poco a poco la leche o cerveza, mezclándolo hasta que tenga la consistencia de masa para hot cakes. Deje reposar 10 minutos.

Vierta al menos 1 pulgada de hondo de aceite en un sartén grueso y hondo (o utilice una freidora si tiene) y caliente bien el aceite—a 375 grados F. (véase la Nota). Dependiendo de la estufa, podrá tardar 6–8 minutos. Reboce los trozos de pescado, uno por uno, en el rebozado. Colóquelos cuidadosamente en el aceite caliente y dore hasta un café pálido dorado. Escurra sobre papel absorbente. Los trozos ya cocidos se pueden acomodar en un platón para servir y mantener calientes en un horno a 200 grados F. por 5–10 minutos.

Mientras fríe el pescado, caliente las tortillas en una plancha sin grasa, luego póngalas en un cesto con servilletas y mantenga calientes en el horno.

Ya listo el pescado, acomode todo, arme los tacos y ¡a comer!

NOTA: No evita el pescado frito porque piensa que tendrá que estar grasoso. El chiste es utilizar un aceite de buena calidad lo suficientemente caliente para que cueza el pescado pero no penetre el rebozado. Caliente el aceite a 375 grados F. usando un termómetro de cocinar si es posible, para cuidar la temperatura. Si no tiene uno, eche un pedacito de pan al aceite. El aceite debe de espumar antes de que se dore ligeramente el pan, que será en 20 segundos si está lo suficientemente caliente el aceite. Como quizás tenga que freír por partes el pescado, asegure que el aceite mantenga su temperatura. Ayuda si, con cada trozo de pescado que retira del aceite, agrega otro.

Tacos de San Luis Potosí

SANTA MÓNICA, CALIFORNIA • SAN LUIS POTOSÍ, MÉXICO

RINDE 8 PORCIONES COMO BOTANA *Los tacos son una de esas combinaciones magníficas de una tortilla envuelta alrededor de un relleno con algún tipo de salsa que se presta para una infinidad de variaciones. Esta versión de Ana Lorena Zermeño es parecida a la que venden los omnipresentes taqueros de San Luis Potosí, en la región central de México. Como una enchilada, las tortillas se meten primero en la salsa de chile, y luego se fríen antes de rellenarlas con queso. Cubitos de zanahoria dulce y*

papas circulando con una porción generosa de chorizo, van por encima de los tacos, haciendo de éste un platillo para comer con tenedor.

Para una comida sencilla, asocie estos tacos con la Ensalada de jícama y melón con naranja (página 59) o hágalo parte de un buffet informal con una o más variedades de tacos. La Ensalada de nopalitos (página 56) y los Frijoles refritos (página 233), seguidos por un Arroz con leche achocolatado (página 358), serían complementos a la comida. Una rica y obscura cerveza Negra Modelo cae bien con esta comida sustanciosa.

Para la salsa

2 cucharadas de aceite de cártamo o *canola*
4 onzas de chile cascabel seco (unos 20) sin semillas y sin venas
1 cebolla blanca chica
2 dientes de ajo
1 hoja de laurel
sal de mar

Para los tacos

1 libra de chorizo mexicano (página 175), desmoronado
1 taza más 1 cucharada de aceite de cártamo o *canola* para freír
2 papas nuevas medianas, cocidas y en cubitos
4 zanahorias peladas, cocidas y en cubitos
12 tortillas de maíz comerciales
2 tazas de queso *Monterey jack* rallado
2 tazas de lechuga rallada

Caliente el aceite en un sartén mediano y fría los chiles por 2 minutos a fuego mediano, moviendo constantemente para que no se quemen. Escurra y enfríe un poco.

Ponga los chiles en una licuadora o procesador de alimentos con la cebolla, ajo, laurel, sal y 1½ tazas de agua. Licue perfectamente.

En un sartén mediano, saltee el chorizo en 1 cucharada de aceite sobre fuego mediano hasta que esté bien cocido. Añada las papas y zanahorias, removiendo, y fría hasta que comiencen a dorarse. Retire con una espumadera y mantenga tibio. Deseche todo el aceite salvo 1 cucharada. Cuele la salsa al aceite caliente, remueva y deje espesar unos 3–4 minutos. Se puede preparar todo hasta este punto y recalentar antes de continuar haciendo los tacos.

En otro sartén mediano, caliente 1 taza de aceite a fuego mediano. Sumerja y saque las tortillas en la salsa de chile e inmediatamente fríalas en el aceite caliente por unos 10 segundos cada lado. Deben estar suaves aún las tortillas. Al freír cada tortilla, colóquela en un plato, agregue algo de queso en el centro y enrolle para formar un taco.

Acomode una cama de lechuga sobre un platón. Ponga los tacos encima de la lechuga y cubra con la verdura y el chorizo. Sirva de inmediato.

NOTA: Si no usa su propio chorizo casero (véase la página 170), asegúrese de comprarlo de su carnicero recién hecho: la mayoría de las marcas comerciales envueltas en plástico están he-

chas principalmente con grasa de puerco picada y chile molido de sabor acre. Si se elimina el chorizo por completo, esto se vuelve un platillo vegetariano excepcionalmente delicioso.

Tacos dorados de pollo

PHOENIX, ARIZONA

4 A 6 PORCIONES COMO PLATILLO PRINCIPAL *"Es como comer ensalada de pollo crujiente"—así describe Miguel los tacos tradicionales de Arizona de su tía Linda Mendivil. Encontré unos similares cerca de San Diego, y en Texas normalmente estaban llenos de varias versiones de picadillo, una mezcla de carne molida o deshebrada con nueces, pasas o papas. Todos usan tortillas de maíz, que primero se ablandan en aceite caliente, luego se doblan y rellenan antes de freír rápido al último. No es mucho más difícil que usar las bases de tortilla (*taco shells*) envueltas—y el resultado es mucho mejor.*

Sirva tazones de diferentes salsas. La Salsa fresca (página 269) es la tradicional favorita, pero la Salsa de chipotle (página 275) da un sabor distinto. Salsa de aguacate (página 280) y crema espesa (página 21) o crema ácida siempre son bienvenidas. Unos Frijoles refritos (página 233) o quizás un tazón de Crema de elote y calabacita (página 90) es todo lo que se necesita para completar esta ligera pero sustanciosa cena.

Para el relleno

1–2 cucharadas de aceite de cártamo o *canola*
1 cebolla blanca mediana, cortada verticalmente a la mitad en rebanadas delgadas
4 chiles serranos o jalapeños frescos, sin semillas y finamente picados
3½ libras de pollo entero ó 1½ libras de pechuga de pollo, sancochado y desmenuzado (véase la Nota)
sal de mar y pimienta negra recién molida
1 taza de trozos de jitomate enlatado con algo de jugo

Para los tacos

aceite para freír
12 tortillas de maíz comerciales
2 tazas de lechuga o col rallada
1 taza de queso *Monterey jack* rallado
1 taza de queso *longhorn* rallado
1 jitomate maduro, bien picado

Caliente el aceite en un sartén grande sobre fuego medio-alto. Añada la cebolla y chiles y cocine, removiendo con frecuencia, unos 2 minutos. Agregue el pollo, la sal y pimienta al gusto y revuelva. Añada los jitomates y cueza a hervor lento hasta que se reduzca el líquido, unos 10 minutos. Ajuste la sal y pimienta si lo requiere. Aparte y mantenga tibio.

Caliente al menos ½ pulgada de aceite en otro sartén grueso a fuego medio-bajo. Usando tenacillas, rápidamente pase 1 tortilla a la vez por el aceite, sólo lo suficiente para que se ablande. Escurra sobre papel absorbente. Rellene cada tortilla con unas 3 cucharadas de la mezcla de pollo, doble como una media luna y asegure con un palillo.

Agregue más aceite al sartén, si lo necesita, y suba la llama a medio-alta (el aceite debe estar a 350 grados F.). Fría cada taco unos 30 segundos cada lado y escurra sobre papel absorbente.

Retire los palillos y rellene con el jitomate picado, queso y lechuga o permita que cada quien los rellene.

NOTA: Las sobras de un pavo del Día de Acción de Gracias se pueden usar deshebradas en vez de las pechugas de pollo sancochadas.

Flautas de picadillo

MCMINNVILLE, OREGON • MORELOS, MÉXICO

RINDE 12 TACOS PARA 2–3 POR PERSONA *Estas "flautas" crujientes hechas de tortillas rellenas, bien enrolladas y luego doradas, son una favorita regional de los restaurancitos cerca de ambos lados de la frontera. Son de las favoritas del joven hijo de Martha Gonzalez y sus amigos. Aunque Martha nunca probó flautas cuando crecía en el centro de México, aprendió a prepararlas después al vivir en Arizona. Como relleno usa el picadillo multiuso de Morelos, una mezcla de carne deshebrada y nueces bien sazonada. Frijoles refritos (página 233) son un acompañamiento natural al igual que un vaso de cerveza fría.*

2 cucharadas de aceite de cártamo o *canola* más extra para freír
1 cebolla blanca chica, bien picada
2 chiles jalapeños frescos, sin semillas y bien picados
½ libra de carne de puerco sin grasa, molido grueso
4 jitomates maduros medianos, picados
½ cucharadita de orégano seco, mexicano de preferencia
¼ de taza de nuez pacana bien picada
como ½ cucharadita de sal de mar
8 tortillas de maíz (véase la Nota)

Para los acompañantes

Guacamole (página 278)
Salsa verde (página 270)

Caliente 2 cucharadas de aceite en un sartén de fondo grueso a fuego mediano. Añada la cebolla y los chiles y saltee unos minutos hasta que se ablanden. Agregue la carne y fría hasta que comience a ponerse crujiente. Añada los jitomates, orégano, pacanas y sal al gusto, removiendo con cuchara. Continúe cocinando a hervor lento otros 5 minutos, hasta que se consuma casi todo el líquido.

Ponga una tortilla sobre un sartén caliente de fondo grueso y caliente un lado, luego otro hasta que se ablande apenas.

Rellene cada tortilla con unas 3 cucharadas de picadillo y enrolle apretada. Asegure con un palillo. Repita el proceso para preparar el resto de las flautas. Se puede rellenar hasta 1 hora antes de freír.

Caliente al menos ¾ de pulgada de aceite en un sartén de fondo grueso y hondo a fuego medio-alto. Fría los tacos en tandas, volteando una vez hasta que estén casi crujientes. Retire los tacos con tenacillas y recárguelos para que se escurran sobre papel absorbente.

Sirva de inmediato con Guacamole y una salsa como Salsa verde (página 270). Queso fresco (página 118) desmoronado y cilantro picado también están ricos encima. Es su opción si los come con las manos, metiéndolos en el guacamole y la salsa, o los cubre con las guarniciones y los presenta formalmente sobre una cama de lechuga y los come con un tenedor.

NOTA: Con frecuencia las tortillas comerciales están muy secas y se agrietan si los suaviza en un sartén seco. Es mejor pasarlas por aceite caliente sólo para que se ablanden. Escurra sobre papel absorbente y siga preparando las flautas.

Para preparar las flautas más grandes, tan populares en los Estados Unidos, use la tortilla de maíz más grande que encuentre o tome dos chicas y solápelas con la orilla de una al centro de la otra. Rellene y enrolle como si fueran una sola tortilla.

Sopes con pollo

NAMPA, IDAHO • JALISCO, MÉXICO

RINDE UNOS 15, PARA 4 A 6 PORCIONES *Lupe Quezada y su esposo, Ausencio, se criaron en un pueblito al norte de Guadalajara, cerca del estado de Zacatecas, el cual tiene un clima y terreno no tan diferentes a donde radican ahora en Idaho. Aunque ambos trabajan durante la semana, Ausencio siempre encuentra tiempo para hacer lo que más le gusta, cantar. Es muy solicitado para bodas y quinceañeras. Además, ambos comparten la cocina, pero Lupe es quien normalmente guisa a diario. Un*

plato con sopes—tortillas de masa chicas y gruesas como una lancha con las orillas pellizcadas—con frecuencia se halla en la mesa junto con muchas cosas ricas, incluyendo sobras del día anterior.

Hay cientos de versiones de estas lanchitas hechas de masa y freídas y adornadas con varios ingredientes encima. Cocineras de cada región de México las hacen en distintos tamaños y figuras y con nombres diferentes, pero básicamente son iguales todas.

Sopes calientes y crujientes son la manera perfecta de comenzar una comida mexicana pequeña y festiva. U ofrezca una variedad durante una fiesta grande, junto a Tostadas de cangrejo (página 120). Para una cena ligera, sirva los sopes con una sopa suculenta como Sopa de elote y rajas (página 85).

Para el relleno

1 cucharada de aceite de cártamo o canola
½ taza de cebolla blanca picada
1 diente de ajo picado
1 jitomate grande maduro, asado (página 20) y picado, ó ½ taza de jitomate picado enlatado, escurrido
2 pechugas de pollo enteras, sancochadas y desmenuzadas (véase la Nota)
sal de mar y pimienta negra recién molida

Para los sopes

2 tazas de masa harina (página 114)
2 cucharadas de harina
1 cucharadita de polvo de hornear
¾ de cucharadita de sal de mar
1 taza más 2 cucharadas de agua caliente
aceite de cacahuate o cártamo para freír

Para los ingredientes de encima

2 tazas de Salsa fresca (página 269) o Salsa de chile de árbol con tomatillo (página 272)
1 taza de queso fresco mexicano o queso feta, desmoronado
1 taza de crema (página 21) o crema ácida rebajada con leche (opcional)
1 taza de lechuga o col rallada (opcional)

Entibie el aceite en un sartén mediano y acitrone la cebolla y ajo hasta que se ablanden. Añada el jitomate y continúe cociendo varios minutos. Retire del fuego y agregue el pollo desmenuzado, removiendo. Sazone al gusto con sal y pimienta. Aparte hasta que haga los sopes. Esta receta se puede preparar con mucha anticipación hasta este punto.

Mezcle la masa harina en un tazón con la harina, polvo de hornear y sal. Agregue, removiendo, el agua poco a poco. Quizás no requiera todo el agua para hacer una masa suave. Amase con sus dedos hasta que todo se incorpore bien.

En las palmas de sus manos haga bolas de masa de 1¼ pulgadas, como el tamaño de pelota de Ping-Pong. Haga 14–16 bolitas. Tape con plástico.

Coloque una de las bolas de masa sobre un pedazo de papel encerado o sobre una bolsa de plástico para almacenar. Aplane con su mano para hacer una tortita ¼ de pulgada de grueso y 2½ pulgadas de diámetro. Tape con plástico mientras hace los demás sopes.

Cubra una plancha o sartén grande y grueso con unas gotas de aceite y entibie a fuego mediano.

Cuando esté bastante caliente la plancha, voltee un sope sobre una mano. Retire el papel o plástico y coloque el sope directamente sobre la plancha. Puede cocer 3 ó 4 a la vez. Permita dorar un poco, como 1 minuto, luego voltee y dore el otro lado. Sólo debe voltearlas una vez. Se hincharán un poco los sopes; la masa interior quedará suave. Retírelos del calor.

Mientras estén calientes aún los sopes, pellizque las orillas con sus dedos para formar un borde de ¼ de pulgada. Ya enfriados, tape con plástico hasta que esté listo para proceder y freír y rellenar al final. Los sopes se pueden hacer antes hasta este punto y conservar tapados en una charola plana en el refrigerador hasta 1 día.

Unos 50 minutos antes de servir, recaliente y acomode los ingredientes que irán encima.

Caliente ½ pulgada de aceite sobre fuego medio-alto. Debe estar muy caliente mas no ahumando el aceite. Añada varios sopes al aceite y fría unos 30 segundos por cada lado hasta que estén dorados. Deben estar crujientes, pero aún humedos por dentro. Escurra sobre papel absorbente y mantenga tibios en el horno mientras termina con los demás.

Ponga con cuchara un poco de salsa y agregue la mezcla de pollo desmenuzado o cualquier otro tipo de relleno encima y ponga más salsa, queso desmoronado o crema como toque final. A algunos también les gusta agregar un poco de lechuga o col rallada. Se deben servir los sopes de inmediato ya que no mantienen su textura crujiente mucho rato.

NOTA: No se limite a sólo el relleno de pollo. Combine cualquier cosa que se le antoje o que tenga a la mano. A Lupe le gusta poner una capa de Frijoles refritos (página 233) y Chorizo (página 175) y, para una de mis cenas favoritas, Huevos revueltos a la mexicana (página 336) por encima. Cualquier relleno para tacos y quesadillas sirve y cualesquier salsas o ingredientes para encima.

Tortillas de harina

SANTA FÉ, NUEVO MÉXICO

8 TORTILLAS DE 11–12 PULGADAS DE DIÁMETRO Ó 12 TORTILLAS DE 7–9 PULGADAS DE DIÁMETRO *Hace cuarenta y ocho años que el marido de Dora Chavez le hizo una tabla y un rodillo corto especial sin mangos para hacer sus tortillas de harina, grandes y maleables. Durante casi todo el medio siglo en que ellos y su familia grande han vivido en esta casa, Dora ha echado* *alteros de tortillas dos veces al día. No podría encontrar mejor practicante para enseñarme los secretos detrás de las más ligeras y sabrosas tortillas posibles. Para tener una idea de la cantidad que produce, compare los tres puños de manteca que utiliza Dora cada vez que mezcla la masa con las cuatro cucharadas que nosotros usamos.*

Definitivamente son mejores las tortillas de harina recién hechas, en especial al usarlas como pan. Sólo arranque un pedazo y recoja cualquier cosa sabrosa en su plato que necesite transporte a su boca. Es especial, son muy útiles las tortillas de harina al comer Carne con chile colorado (página 180). También son un placer con mantequilla, y mucha gente con quien platiqué en los estados fronterizos tenían recuerdos vivientes de regresar de la escuela y comer tortillas de harina calientes con crema de cacahuate y jalea. Quizás no sea tradicional, pero sabe rico, así que, qué importa.

2 tazas de harina sin blanquear
1 cucharadita de polvo de hornear de doble activo
1 cucharadita de sal de mar
4 cucharadas de manteca (página 295) o manteca vegetal

Mezcle la harina, polvo de hornear y sal juntos en un tazón grande. Agregue la manteca en pedacitos y frote la harina entre sus dedos hasta que esté como harina basta.

Vierta ½ taza de agua caliente encima y rápidamente incorpore a la harina y manteca, añadiendo más agua, 1 cucharadita a la vez, lo necesario para humedecer toda la harina.

Vierta la masa sobre una superficie ligeramente enharinada y amase al menos 5 minutos. (Dora me lo explicó: "Amase hasta que la masa eche pedos".)

Dependiendo del tamaño de tortilla deseada, haga de 8 a 12 bolas, cubra con plástico y deje reposar por 30 minutos.

Caliente una plancha o sartén grande y grueso, sin grasa, sobre fuego mediano.

Coloque una bola en una tabla ligeramente enharinada y oprima con palmaditas. La masa estará elástica. Estire el rodillo para atrás y para adelante desde el centro hacia afuera, girando la masa de vez en cuando entre estirones. Si está demasiada pegajosa, espolvoree un poco más de harina en la superficie. Continúe estirando hasta que logre el tamaño de tortilla deseado. Debe estar muy delgada.

Cueza la tortilla por 30 segundos a 1 minuto por cada lado, hasta que se infle y apenas se salpique de dorado. (Dora dice: "No estás haciendo galletas; las quieres lacias"). Si la tortilla no se infla al voltearla, oprímala con una toalla y deberá inflarse como globo.

Mientras se cuecen las tortillas, envuélvalas en una toalla gruesa para mantenerlas "calientes y flojas". Si no se comerán de inmediato, envuelva la toalla y las tortillas en papel aluminio y mantenga calientes en un horno a 200 grados F.

Si hace tortillas más temprano en el día, déjelas enfriar, selle en una bolsa de plástico y refrigere. Recaliente por altos de a 6, más o menos, envueltas en aluminio en un horno a 300 grados F. por 20 minutos.

Tostada grande con queso

TUCSON, ARIZONA

4 o MÁS PORCIONES *A las niñas y niños les encanta esta divertida, rápida creación tipo pizza que parece haberse desarrollado en Arizona durante los últimos treinta años o más, pero ya se encuentra más lejos. Las tostadas se hacen normalmente con tortillas de harina muy delgadas y muy grandes, estilo Sonora, pero fácilmente se adaptan a unas más chicas. Haga estas sustanciosas botanas para reuniones espontáneas, ofreciéndolas sencillas o con ingredientes variados encima.*

Tostadas grandes con queso toman sólo un poco de tiempo para preparar, pero pierden su atractivo si no se comen de inmediato, así que cocine sólo una ó dos a la vez.

Aunque muchos encuentran que entre más, mejor, me gusta servir mis Tostadas con una bola de Guacamole (página 278) en el centro y tener un salero con chile triturado cerca para que yo pueda agregar un toque flamante entre mordidas. Para una comida casual, siga con un tazón de Pozole (página 103).

2 tortillas de harina delgadas de 12 pulgadas o más, ó 4 tortillas de harina delgadas de 7–8 pulgadas, comerciales
1 taza de queso rallado tipo *cheddar longhorn*
1 taza de queso rallado tipo *Monterey jack*

Ingredientes opcionales para poner encima (1 ó más)

4 jitomates pera chicos, picados
½ taza de cebollitas verdes picadas
¼ de taza de cilantro fresco finamente picado
2 chiles verdes largos, frescos, asados (página 19), pelados, sin semillas y picados, ó 1 chile jalapeño en escabeche, picado
¼ de libra de chorizo (página 175) cocido
4 rebanadas de tocino sin grasa, freído y desmoronado
1 aguacate firme pero maduro, pelado, sin hueso y en cubos
20 aceitunas negras, rebanadas o picadas
1 taza de crema (página 21) o crema ácida rebajada con leche
sal al gusto

Caliente el horno a 375 grados F.

Coloque las tortillas directamente en la parrilla del horno y hornee 3–4 minutos, hasta que comiencen a inflarse y ponerse crujientes. Retire del horno, esparza con los quesos, y regrese al horno hasta que se fundan los quesos, otros 4–5 minutos. Retire del horno y coloque sobre un plato grande o una charola redonda. Un platón con pedestal para pastel es una manera cómoda de servir una gran tostada y crea una presentación dramática.

Sirva los ingredientes seleccionados sobre el queso derretido o coloque en tazones separados y cada quien puede crear su pizza estilo mexicano individual. Sirva de inmediato, con todos rompiendo pedacitos para morder. Esto quizás sea más fácil si primero se hacen cortes en la tostada, en triángulos en forma de pay, antes de agregar los ingredientes encima.

Burritos de carne

CHICAGO, ILLINOIS • CHIHUAHUA, MÉXICO

RELLENA 8 BURRITOS Ó 10 TACOS *Cuando Maria Antonia Garcia Tasson estaba en la clerecía en Texas, una amiga le dio esta receta. El sabor suculento y robusto de la carne de res lleva tres días para desarrollarse, mas el resultado es este relleno favorito para burrito o taco de Toni y su esposo.*

Una Ensalada de col y chiles (página 55) es una compañera natural para los burritos, junto con Frijoles refritos (página 233). Y a Toni le gusta la Salsa de chile japonés (página 273) como un sabor que complementa. El Pastel de piña (página 372) y el Café de olla (página 389) son un buen seguimiento para esta comida tan casera.

El primer día

¼ de taza de chile en polvo
6 dientes de ajo, picados
5 cucharadas de jugo de limón agrio, colado
3 cucharadas de aceite de oliva
1 cucharadita de sal de mar
¼ de cucharadita de comino molido
2½ libras de sirloin o *round steak,* sin grasa y cortado en cubos de 1 pulgada

El segundo día

1 lata de 28 onzas de jitomate machacado
2 tazas de Caldo de res (página 76) o consomé de res enlatado
1 botella de 12 onzas de cerveza obscura
1 cucharadita de orégano seco, mexicano de preferencia

El tercer día

3 cucharadas de aceite de cártamo o canola
¾ de taza de cebolla blanca picada
3–6 chiles jalapeños frescos, picados
10 onzas de granos de elote congelados
1 taza de aceitunas verdes rellenas y rebanadas
sal de mar y pimienta negra recién molida

Para los burritos

Guacamole (página 278) (opcional)
salsa al gusto (opcional)
1 jitomate, picado
¼ de una lechuga, en rebanadas delgadas
1 taza de crema (véase la página 21) o crema ácida rebajada con leche (opcional)
8 Tortillas de harina (página 131), o tortillas comerciales, de 7–8 pulgadas de diámetro

El primer día, mezcle el chile en polvo, ajo, jugo de limón agrio, aceite, sal y comino juntos en un tazoncito. Coloque los cubos de res en un refractario no hondo y tape con la mezcla del chile. Selle muy bien y refrigere toda la noche, removiendo de vez en cuando, si puede.

El segundo día, precaliente el horno a 350 grados F. Combine los cubos de carne en una olla de hierro grande, junto con los jitomates, caldo y cerveza. Añada, revolviendo, el orégano y ajuste la sazón. Lleve a un hervor sobre fuego alto, luego tape, coloque en el horno y hornee por 45 minutos. Destape y hornee otros 45 minutos. Enfríe. Retire la carne del caldo y deshebre. Póngala en un tazón grande, vierta el líquido encima y refrigere toda la noche.

El tercer día, como una hora antes de servir, vierta el aceite en un sartén grande y caliente a fuego medio-alto. Añada la cebolla y chiles y cueza unos 5 minutos, hasta que las cebollas estén transparentes.

Vierta la mezcla de carne cocida en el sartén, baje la llama para que el líquido mantenga un hervor lento y cueza unos 20 minutos, hasta que espese la salsa.

Añada el elote congelado y sal y pimienta al gusto y continúe cocinando por varios minutos hasta que esté tierno el elote.

Coloque todos los condimentos en la mesa: guacamole, salsa, jitomate, lechuga y crema—y muchas tortillas de harina calientes. Con una cuchara sirva el relleno en las tortillas con algo de lechuga y jitomate. Añada al gusto guacamole, salsa o crema—o una capa de cada uno—enrolle la tortilla, doblando cada extremo hacia adentro para que se puedan comer en la mano. Se pueden servir también sólo enrollados, sin doblar los extremos, sobre un plato con los condimentos encima. Cualesquier sobras se pueden refrigerar y estarán igual de buenas 1 ó 2 días después.

Chivichangas

TUMACACORI, ARIZONA

6 PORCIONES *Como ha de saber cualquier persona que come en restaurantes de comida rápida mexicana, una chivichanga es un burrito dorado. Lo que no se sabe es por qué a una chivichanga se le llama chivichanga, o chimichanga, en inglés. Muchas teorías, pero nada de datos concretos.*

Nunca he sido aficionada a las chivichangas, pero en Arizona, donde son un fenómeno culinario, por fin las comencé a disfrutar, en especial las caseras. Las tortillas de harina extra delgadas, normalmente rellenas de machaca estilo Sonora, o carne deshebrada, resultan doradas; y todo el paquete se cubre con una deliciosamente espesa salsa de chile rojo.

Yendo al sur, a través del vacío solitario, desde Tucson hasta el pueblo fronterizo de Nogales, pasa uno cerca de la misión abandonada de San José de Tumacacori, alguna vez un pueblo de los indígenas pima.

Al otro lado de la carretera vieja, hay un pequeño museo representando los viejos tiempos ganaderos y un negocio de una familia muy trabajadora, Santa Cruz Chile and Spice Company. Produce algunos de los mejores productos de chile que he encontrado, incluyendo los chiles en polvo puros y robustos que me gusta usar en la suculenta salsa de estas chivichangas.

Este platillo es muy sustancioso en sí, pero para gente con un gran apetito, un tazón de Caldo de res (página 76) hace un buen comienzo, o sírvalos juntos.

Para el relleno de carne

2 libras de pulpa de res en trozo
2 cucharadas de aceite de cártamo o *canola*
1½ tazas de Caldo de res (página 76) o consomé de res enlatado o agua con consomé en cubos
2 dientes de ajo, finamente picados
1 cebolla blanca mediana, en rebanadas
1 hoja de laurel
⅛ de cucharadita de pimienta negra recién molida
¼ de cucharadita de ajo en polvo
sal de mar

Para la salsa

2 cucharadas de aceite de cártamo o *canola*
4 dientes de ajo, finamente picados
2 cucharadas de harina
⅓ de taza de chile rojo molido, ligeramente picoso o medianamente picoso, nuevomexicano de preferencia
2 tazas de jugo de tomate diluido con 2 tazas de agua
1 cucharadita de hojas de orégano seco, mexicano de preferencia
sal de mar

Para las chivichangas

6 tortillas de harina delgadas de 10 a 12 pulgadas a temperatura ambiente
½ taza de chile verde largo fresco, asado (página 19), pelado y picado o enlatado
½ lechuga de bola, rallada

Para los ingredientes de encima

2 tazas de Guacamole (página 278) o aguacate rebanado
1 taza de crema (página 21) o crema ácida diluida con leche
2 jitomates maduros, picados
8 cebollitas verdes, bien picadas, ó 1 cebolla blanca chica, rebanada
1 taza de queso rallado tipo *Monterey jack* o *long-horn* (opcional)

Recorte casi toda la grasa de la carne. Caliente una olla de hierro sobre fuego mediano, añada aceite y dore la carne por todos lados. Retire cualquier aceite sobrante y agregue el caldo de res, ajo, cebolla, hoja de laurel y pimienta. Lleve el líquido a un hervor lento, baje la llama y retire cualquier espuma que se forme en la superficie. Tape la olla y cueza a hervor lento hasta que esté muy suave la carne, unas 2 horas. Destape, suba la llama y continúe cocinando por 5–10 minutos, hasta que se reduzca el líquido, pero cuidando que no se queme la carne.

Mientras se cuece la carne, prepare la salsa. Caliente el aceite en un sartén grueso y grande a fuego mediano. Agregue el ajo y saltee unos segundos. Esparza la harina y cocine, removiendo, hasta que comience a dorarse. Retire el sartén del calor y añada el chile a la harina, revolviendo. Lentamente agregue el jugo de jitomate con agua, poco a poco, mezclando bien con un tenedor para eliminar grumas. Añada el orégano y sal al gusto, luego regrese el sartén al quemador. Baje la llama a que apenas hierva la salsa. Cueza, removiendo con frecuencia, 15–20 minutos, hasta que espese bastante la salsa. Sirva caliente. O la salsa de chile se puede conservar en el refrigerador por hasta 5 días y recalentar antes de usar.

Retire la carne cocida, conservando el caldo. Cuando se enfríe lo suficiente, deshebre la carne con sus dedos y aparte. Espolvoree con pimienta, ajo en polvo y sal y mezcle bien. Se puede cocer la carne antes hasta este punto y refrigerarla por varios días. Añada un poco de caldo y caliente antes de usar.

Caliente las tortillas en un sartén grueso o plancha sin aceite hasta que estén suaves. Envuelva en una toalla para mantener calientes; o aún envueltas, se pueden calentar en un horno de microondas, volteando una vez.

Ponga cantidades iguales de carne deshebrada en el centro de cada tortilla con los chiles encima. Doble encima cada lado, luego enrolle como un paquete grueso. Asegure con palillos.

Caliente al menos 2 pulgadas de aceite en un sartén grande y grueso o en una olla de hierro o use una freidora. Cuando el aceite alcance 350–375 grados F., fría cada chivichanga unos 2

minutos cada lado, hasta que esté crujiente y dorada. Con una espumadera, retírela del aceite y escurra sobre papel absorbente. Mantenga calientes, aunque se deben comer tan pronto posible. Coloque sobre platos individuales y permita a cada persona poner encima la salsa y otros ingredientes. O también se pueden acomodar sobre una cama de lechuga rallada con una cucharada de crema y guarniciones de jitomate, cebollita verde, guacamole o rebanadas de aguacate y queso rallado. Sirva la salsa caliente aparte.

VARIACIÓN: CHIVICHANGA EN ROLLO Para una chivichanga más fácil de comer, mezcle 1 taza de la salsa ó ¼ de taza de jalapeños en vinagre picados junto con la carne, luego embarre sobre la tortilla. Pique 2 aguacates y ponga una capa sobre la carne. Esparza queso rallado, luego envuelva y fría las chivichangas. Entre mordidas, esta creación crujiente se puede sopear en una mezcla de aguacate machacado con crema ácida.

Tortas con filete de ternera milanesa

CIUDAD DE NUEVA YORK, NUEVA YORK • PUEBLA, MÉXICO

2 PORCIONES *En casi todas las calles de las áreas hispanas de los Estados Unidos, al igual que en todo México, se venden tortas. Rebanadas delgadas de ternera son uno de muchos rellenos que Mario Ramirez le gusta preparar, pero cerdo, jamón o pollo asado son iguales de compatibles. Casi todo va, pero usualmente las tortas comienzan con una capa de frijoles refritos e incluyen chiles y aguacate. El resto de los ingredientes puede variar, mas siempre hay algo suave y algo crujiente.*

Un refrescante licuado (página 382) hecho de melón, fresas y jugo de naranja es una bebida ideal para esta torta sustanciosa.

1 filete de ternera (como 8 onzas), ½ pulgada de grueso
1 taza de leche
harina
sal de mar y pimienta negra recién molida
1 huevo ligeramente batido
1 taza de pan o galleta molido fino
¼ de taza de aceite de cacahuate u oliva
el jugo de 1 limón agrio
1 taza de Frijoles refritos (página 233)
2 bolillos, teleras o panes franceses (véase la Nota), partidos a lo ancho
½ taza de Mantequilla de los pobres (página 280) o Guacamole (página 278)
1–2 chiles chipotles en adobo enlatados, finamente picados, ó jalapeños en escabeche, rebanados
½ taza de col o lechuga rallada
2 rebanadas de queso *Monterey jack* ó 2 onzas de queso fresco o feta, desmoronado (opcional)
½ jitomate maduro, rebanado (opcional)
¼ de taza de crema ácida o mayonesa
¼ de taza de rábanos rebanados (opcional)

Antes de cocer la ternera, recorte cualquier grasa de las orillas y coloque el filete entre 2 hojas de papel encerado o plástico. Con un objeto ancho y pesado tal como un rodillo, aplane bien la carne hasta que esté delgada. Remoje en la leche por 30 minutos a 1 hora. Parta a la mitad.

En 3 tazones planos, coloque la harina bien salpimentada en el primero; el huevo en el segundo; el pan molido en el tercero. Rápidamente sumerja la carne por ambos lados primero en la harina, luego en el huevo batido y, finalmente, en el pan molido.

Caliente el aceite en un sartén grande y grueso. Cuando esté burbujeando mas no humeando, saltee las milanesas sobre fuego medio-alto por 3–4 minutos cada lado. Baje la llama si la carne se está dorando demasiado rápido. Voltee las milanesas con cuidado para no separar el empanizado.

Retire las milanesas del calor y salpique con un poco de jugo de limón agrio. Mantenga calientes.

Embarre frijoles refritos en una mitad de pan. En la otra embarre el guacamole. Construya el emparedado en capas sobre los frijoles agregando los chiles, col o lechuga, queso, jitomate, crema ácida o mayonesa y rábanos. Coloque la mitad con aguacate encima y oprima.

Normalmente se sirven las tortas a temperatura ambiente, o se pueden envolver en papel de aluminio y calentar en un horno a 325 grados F. por 10–15 minutos. Con un cuchillo filoso, parta la torta por la mitad para hacerla de tamaño más cómodo y tenga muchas servilletas a la mano.

NOTA: La versión mexicana usualmente se hace de una versión más plana del Bolillo (página 314), llamada telera, pero cualquier pan francés con capa crujiente sirve. Sin embargo, he encontrado la telera en panaderías mexicanas en tanto Chicago como Los Ángeles. Para fiestas un baguette largo se puede partir, rellenar y rebanar en porciones individuales.

Impresiones de Illinois

El Chicago que recordaba de las décadas de 1940 y 1950 era una de las ciudades americanas más étnica- y culturalmente diversas. De niñita, había ido a barrios polacos, griegos y alemanes. Recuerdo como mi papá me llevaba a un desfile de *Lucia Day* y luego a su restaurante italiano favorito en la calle Taylor. Siendo él mismo de ascendencia irlandesa, mi padre tenía muchos amigos irlandeses en el "South Side" de Chicago. Cuando íbamos temprano cada mañana a las grandes zonas de carga de productos alimenticios donde el socio de mi padre tenía su oficina, mis jóvenes orejas quedaban embelesadas por la cacofonía confusa de lo que parecía cien idiomas distintos. Cuando regresé a Chicago para juntar recetas para este libro, los únicos cambios que noté fueron del tamaño y ubicación de los barrios étnicos.

Me quedé sorprendida al saber que más méxico-americanos viven en Illinois que en cualquier otro estado con excepción de California y Texas, y que Chicago es la tercera ciudad más grande mexicana de los Estados Unidos. Los primeros inmigrantes mexicanos en llegar a Illinois se parecían a Lázaro Alvarado, quien dejó su casa en Guanajuato en busca de una vida mejor. Encontró trabajo en el ferrocarril en Illinois en 1897 y, cinco generaciones y cien años después, sus muchos descendientes dicen que esta región es su tierra. El padre de Bennie Rosas llegó a Illinois alrededor de 1917. En ese tiempo, mexicanos que huían la Revolución podían cruzar la frontera libremente. El Congreso había aprobado leyes que restringían la inmigración europea y el comienzo de la Primera Guerra Mundial había provocado una baja en la mano de obra especializada y semiespecializada. Los trabajadores mexicanos eran muy solicitados, especialmente en el centro de la zona industrial de la región central de los Estados Unidos. Por primera vez, méxico-americanos llegaron en grandes números a partes de los Estados Unidos que nunca habían sido parte de México. Acudieron a las fábricas automotrices de Detroit, a las plantas siderúrgicas de Gary, Indiana, y sobre todo a Chicago.

Estos hombres construyeron los ferrocarriles y trabajaron en las plantas siderúrgicas, en las empacadoras de carne y en los ranchos alrededor. El papá de Bennie fue reclutado para trabajar en el ferrocarril y lo mandaron por tren a Illinois. Bennie nació en el furgón donde la compañía ferrocarrilera los hospedaba (y vivió ahí hasta que se alistó en el ejército y lo mandaron a pelear a Korea). Durante la Depresión, todo esto cambió. Forzaron a por lo menos una tercera parte de la población mexicana de Chicago a regresar a México—aun aquellos que nacieron en Illinois y eran ahora ciudadanos norteamericanos. Aquellos que se quedaron perdieron su empleo y se les negó servicios sociales. A pesar de que esas familias provenían de diferentes partes de México, se volvieron una sola comunidad en aquellas partes de la ciudad donde vivían y trabajaban, compartiendo lo que tenían el uno con el otro. En los lados sur y este de Chicago se abrieron iglesias católicas que se convirtieron en sus centros espirituales, así como los frijoles y las tortillas nutrían sus cuerpos.

Pero vino otra guerra. De nuevo, se necesitaban trabajadores mexicanos, y muchos de los nuevos trabajadores y sus familias permanecieron en los Estados Unidos después de la guerra.

Aquí tan al norte, algo les ocurrió a los conocidos platillos de México. Tenían que cambiar. Todavía se podían obtener frijoles, maíz y arroz y, cuando les alcanzaba el dinero, se podía comprar carne y pollo. Eran los condimentos especiales—los chiles regionales y las hierbas—los que faltaban y, a través de varias generaciones de cocineros, la comida mexicana preparada en hogares de Chicago empezó a saber y parecer igual, sin importar la procedencia original en México de la familia.

Ahora es fácil encontrar una gran variedad de estos ingredientes. El venerado mercado dominguero de *Maxwell Street*, que se mudó unas cuantas cuadras a la calle *Canal*, es más mexicana que nunca con un gran surtido de chiles frescos y secos, frutas tropicales, incluyendo los pequeños limones agrios y verdolagas, quelites y otra verdura verde cuando es temporada. Para muchos cocineros méxico-americanos, el usarlos ha sido una experiencia de aprendizaje. Como me dijo Mona Garcia: "Nunca había visto un tomatillo y al fin me di cuenta de que era lo que mi madre había llamado un *tomate verde*. Afortunadamente, tenía una vecina que creció en México y me explicó que no debe uno tratar de comerlos crudos sino cocinarlos en salsas. Hasta tuve que comprar libros de cocina mexicana escritos por anglos para aprender cómo hacer un verdadero mole".

El barrio Pilsen en el lado sur de Chicago por mucho tiempo ha sido el "puerto de entrada" para los inmigrantes de México, aunque primero fueron los irlandeses y luego distintos grupos de las partes central y este de Europa los que se establecieron aquí y le dieron su nombre al barrio. Los edificios ornamentados que todavía quedan son testimonio de los arquitectos checos, polacos y lituanos del siglo pasado, pero hoy día los letreros de los negocios están en español y durante el verano los vendedores de helado en las esquinas gritan: "¡Ah, qué calor hace! Pero aquí 'stá la nieve tan dulce para refrescarse. Muy rica".

El papá de Olivia Dominguez se fue de Guanajuato hace cincuenta años, yendo primero a Texas a trabajar en los sembradíos de cebolla. "Estábamos solos ahí, no había nadie en las calles, así que venimos a Pilsen. Aquí tenemos nuestra iglesia y podemos platicar con todos nuestros amigos en la banqueta cuando vamos de compras. Más de noventa familias de México viven aquí mero en nuestra calle, la mayoría de Michoacán, Guerrero y unos cuantos de Jalisco. Todos trabajamos juntos para animar al comité escolar a que construyera la Benito Juárez High School aquí en nuestro barrio para que nuestros niños y niñas pudieran ir juntos a la escuela y no ser mandados a otros distritos por camión". Hasta el amor de los mexicanos para con colores brillantes asombrosos estaba aparente entre los edificios impasibles de la Europa central. Figuras geométricas pintadas de amarillo, morado, naranja y verde decoran la reja de cinco pies de altura que rodea su jardín y una banca pintada de un alegre morado está en la entrada de su casa. Aunque Pilsen todavía tiene la mayor densidad de mexicanos en Chicago, un gran número de las familias se han mudado al cercano Little Village o, más lejos, a los prósperos suburbios.

Bebimos vino a sorbos y comimos pan y queso a morditas con Josepha Danenberger y su madre María Concannon en Parkridge, un suburbio al noroeste de Chicago. María, quien era de la Ciudad de México, se casó con un irlandés, y Josepha recordó que cuando llegaron aquí en 1963, todas sus amigas de la escuela pensaban que comían "comida bien rara—pozole con media cabeza de puerco en la olla—y cuando asábamos nuestros poblanos, los potentes gases realmente abarcaban el barrio".

En una migración familiar al revés, la madre de Pamela Díaz de León era de Chicago. Cuando estaba en Vassar College, asistió a clases de verano en San Miguel Allende y se enamoró de un joven ranchero de Celaya, Guanajuato. Se casaron en Boston pero regresaron a Guanajuato y compraron un rancho; sin embargo, al poco tiempo, se mató el padre de Pamela cuando se estrelló su auto. Su madre regresó a los Estados Unidos, dejando a Pamela a que se criara con la familia de su padre. El español se convirtió en el primer idioma de Pamela y creció comiendo comida mexicana tradicional, aunque su abuela en ocasiones les preparaba una pizza a ella y a su hermano.

Después de graduarse Pamela del colegio, ella fue una de las doce que fueron seleccionadas para jugar basketbol representando a México en los Juegos Panamericanos en Cuba, pero como esto hubiera significado que renunciaba a su ciudadanía de los Estados Unidos, ella rehusó. A la edad de veintitrés se fue a vivir a Chicago con su otro abuelo en su apartamento de un edificio alto frente al Lago Michigan. Durante varios años, siguió yendo y viniendo entre ambos países, trabajando en ambos y aprendiendo nuevas habilidades. Ya que puede encontrar en Chicago casi todos los mismos ingredientes que usó al cocinar con su tía, Yolanda, y su abuela en México, cuando encuentra tiempo para cocinar, prepara aquellas mismas sopas, enchiladas y postres que aprendió de ellas.

Familias mexicanas han poblado todo Illinois y los estados adyacentes durante el último siglo, algunos permaneciendo en los barrios primordialmente hispanos, otros formando parte de la cultura dominante. Dondequiera que vivan, los méxico-americanos siguen juntándose durante los días festivos. Cada año, el sábado más cercano al 16 de septiembre, la fecha que señala la separación política de México con España, hay un gran desfile en el centro de Chicago y en Little Village. Durante las fiestas religiosas, miles de fieles asisten a misa y regresan a sus hogares para las comidas tradicionales asociadas con cada celebración.

Platillos principales
Pescado, aves, carne y comida más ligera

Y diario un hombre, el mayordomo, colocó su comida ante el rey—dos mil tipos de diferentes comidas; tamales blancos amarrados arriba; tamales de rojo chile; la comida principal de tortillas enrolladas con una gran cantidad de cosas: sus salsas—con pavo, codorniz, venado, conejo, liebre, taltuza, cangrejo de río, pez topotli, pez tlaca; luego todo tipo de frutas dulces.

—FRAY BERNARDINO DE SAHAGÚN
Florentine Codex: *General History of the Things of New Spain, Book 8—Kings and Lords.* School of American Research, Santa Fe, 1954. Retraducido del Azteca por Michael Coe.

A TRAVÉS DE LOS SIGLOS, SIEMPRE han sido las salsas las que han dominado la parte principal de cualquier comida mexicana. La carne cocida, aves y hasta el pescado están envueltos con salsa. Si sobran tortillas, se sumergen y sacan en una salsa llena de especias y se enrollan o doblan alrededor de un poco de algo para enchiladas, o se cortan, se hacen crujientes y se cuecen en una salsa para hacer un platillo casero como chilaquiles. Mole—literalmente, *mezcla*—es un ejemplo por excelencia de una salsa mexicana que une los ingredientes indígenas de México con una salsa de nueces, semillas y especias traídas por los españoles y agregando el sabor y la textura de pollo, carne de res o carne de puerco. Algunas de éstas, especialmente el muy conocido mole poblano, hasta contienen una sombra de chocolate para enriquecer el sabor. Y luego existen los retoños, moles llenos de verdura o incluso fruta y los pipianes con su salsa espesada con semilla de calabaza molida. Todos los platillos todavía están representados en los Estados Unidos, aunque para ahorrar tiempo, los cocineros a menudo toman los moles convenientemente ya preparados que se encuentran en los estantes de muchos supermercados y les agregan sus propios ingredientes especiales.

Mirando atrás, dudo que en ninguna ocasión me sirvieron algo no adornado durante mis viajes. Hasta disfruté comidas de pollo frito Kentucky bañado con una sabrosa salsa casera para enchiladas y hamburguesas con salsa fresca—comida rápida estilo personal. Pastas frescas o secas preparadas son otra comida de conveniencia satisfactoria que muchos cocineros méxico-americanos han adoptado para cenas rápidas. Una comida ligera perfecta está lista añadiendo unos cuantos camarones frescos o un manojo de carne molida—y, claro, una salsa compatible.

Otro dato acerca de los platillos principales en una comida mexicana es que, realmente, todo se vale. Depende principalmente de la hora del día, qué ingredientes están a la mano y cuánta hambre tiene Ud. Es probable que se sirva un tazón grande de menudo o pozole sólo, tanto para el desayuno como para la cena. A veces, un platillo de pasta será el precursor del platillo principal; a veces es el platillo principal. Tacos, tamales o enchiladas pueden ser un tentempié rápido o pueden ser la comida entera, y hasta una calabacita rellena de queso—con una salsa, claro—resulta un foco central satisfactorio.

Pescado

Robalo en salsa roja

SACRAMENTO, CALIFORNIA • MICHOACÁN, MÉXICO

2 A 3 PORCIONES *El esposo de Valerie Hawkins-Hermocillo, José, adora el robalo chileno o "corbinas" cuando Valerie lo hornea bañado en una salsa de jitomate enriquecida con chile. Su carne firme resiste bien la cocción al horno y el sabor tenue y algo dulce de la carne fácilmente se acopla con los sabores de la salsa, creando un platillo delicioso y muy saludable.*

Me gusta acurrucar una cucharada de Arroz a la mexicana (página 240) junto al pescado para que se mezcle con la salsa sabrosa de jitomate, pero Val prefiere frijoles negros refritos y sirve un buen alto de tortillas calientes. Para un menú sencillo, sirva el pescado con Elotes (página 248) o Pico de gallo de Jalisco (página 35) servido como ensalada. Pruebe un Pinot Grigio *italiano con el pescado o una jarra de Sangría (página 384).*

2 filetes gruesos de robalo, 2 pulgadas de grosor (como 1½ libras)
1 cucharadita de aceite de cártamo o *canola*
el jugo de 2 limones agrios o de 1 limón francés
sal de mar
1 cucharadita de pimienta negra recién molida
¼ de cucharadita de comino molido

Para la salsa

4 chiles serranos ó 3 jalapeños, frescos, asados (página 19) y pelados (véase la Nota)
3 jitomates medianos maduros, asados (página 20), ó 1 lata de 28 onzas de jitomate picado
2 dientes de ajo con cáscara delgada, asados (página 20) y pelados
sal de mar

Para la guarnición

ramitos de perejil o cilantro
1 limón agrio, cortado en cuatro
½ aguacate firme pero maduro, rebanado

Precaliente el horno a 375 grados F.

Coloque los filetes de pescado en un refractario ligeramente engrasado. Esparza con jugo de limón agrio, sal, pimienta y comino. Deje reposar mientras prepara la salsa.

Ponga los chiles, jitomate y ajo en un procesador de alimentos y muela brevemente hasta que esté sólo picado. Agregue sal al gusto y mezcle de nuevo. Debe tener la salsa una textura áspera. Pruebe y añada sal si lo requiere.

Vierta la salsa sobre el pescado y hornee, sin tapar, unos 25 minutos hasta que se desmenuce. Acomode el robalo en platos individuales y vierta encima cualquier salsa sobrante. Adorne con perejil y ponga los gajos de limón agrio y rebanadas de aguacate al lado. Sirva de inmediato.

NOTA: En la costa del este, Geraldo Reyes, quien es adicto al fuego feroz del chile habanero, usa un habanero asado, sin semillas y bien picado, en lugar de los serranos. Otros tipos de pescado con carne firme pueden sustituir al robalo. Pero siempre recuerde este dicho vasco al guisar cualquier pescado: "El pescado y la visita, a los dos días apesta".

Huachinango a la veracruzana

SANTA MÓNICA, CALIFORNIA • VERACRUZ, MÉXICO

4 PORCIONES *Esta receta para el estilo clásico veracruzano de preparar pescado ha estado con la familia de Ana Lorena Zermeño por años y años. Es más simple que cualquier otra versión que he hecho antes, aunque aún muestra su influencia española de aceitunas y chile morrón.*

Aunque el jalapeño en vinagre o escabeche, que se encuentra más fácilmente, se usa para este platillo, el chile güero está disponible en muchos supermercados y tiendas de abarrotes hispanos y da un color contrastante. Güero *se refiere a cualquier chile de color claro, así que la intensidad del picante dependerá de la variedad de chile utilizado.*

Aunque en México esto se serviría por lo general con arroz, Ana y su familia lo prefiere con una ración de puré de papas o papitas tiernas al vapor. Con este platillo festivo, comience con Chiles rellenos con atún (página 36) o Camarones rellenos (página 41). Una Gelatina de licor de café (página 350) da un dulce final.

1 cucharada de aceite de oliva
½ cebolla blanca grande, bien picada
3 dientes de ajo, picados
2 cucharadas de perejil picado
1 chile morrón rojo, asado (página 19), sin semilla y cortado en tiras de ¼ por 1 pulgada, ó 1 lata de 2 onzas de rajas de chile morrón rojo, escurridos
3 jitomates maduros, asados (página 20) y picados, ó 1 lata de 28 onzas de pedazos de jitomate con ¼ de taza de su jugo
sal de mar y pimienta negra recién molida
½ taza de aceitunas verdes, deshuesadas y picadas
2 chiles güeros en escabeche o jalapeños en escabeche enlatados, cortados en rodajas
1 cucharada del vinagre de los chiles
4 filetes de huachinango, cada uno de 4–5 onzas y de como ½ pulgada de grosor

Para la guarnición

1 cucharada de alcaparras grandes
ramitos de perejil de hoja plana

Entibie el aceite en un sartén grande y acitrone la cebolla, ajo, perejil y chile morrón a fuego mediano por unos 5 minutos.

Añada el jitomate, baje la llama y cueza a hervor lento por 5 minutos. Sazone al gusto con sal y pimienta. Agregue las aceitunas, chiles güeros y vinagre y continúe cocinando a hervor lento otros 10 minutos.

Ya cocido el jitomate, cuidadosamente acomode los filetes de huachinango en el sartén y cúbralos con la salsa. Permita cocer por 7–10 minutos, bañando con salsa frecuentemente mas con cuidado que no se despedacen. Sirva cubiertos con la salsa y con las alcaparras y perejil encima.

Pescado al mojo de ajo

DETROIT, MICHIGAN • GUERRERO, MÉXICO

4 PORCIONES *Son duros los inviernos en Detroit, así que Florencio Perea, un carnicero jubilado, pasa sus inviernos en Acapulco donde él y su señora se chiquean con sol y pescado tan fresco que aún trae aroma de mar. Una de las formas más simples de prepararlo en casa es, afortunadamente, una de sus favoritas—filetes de huachinango macerados brevemente en jugo de limón agrio y ajo y luego freídos rápidamente con aún más ajo.*

El Arroz a la mexicana (página 240) es un acompañante natural al igual que Salsa de col yucateca (página 281). Una cerveza mexicana como Dos Equis XX cae bien, o si prefiere vino, pruebe un sauvignon blanc *chileno Caliterra.*

4 dientes de ajo muy finamente picados
3 cucharadas de jugo de limón agrio
4 filetes de huachinango o abadejo, de unas 8 onzas cada uno y de ½ pulgada de grosor
sal de mar y pimienta negra recién molida
½ taza de harina
⅛ de cucharadita de pimienta de cayena (opcional)
2 cucharadas de aceite de oliva

Para la salsa

2 cucharadas de mantequilla sin sal
8 dientes de ajo, en rebanadas delgadas
1 cucharadita de jugo de limón agrio
3 cucharadas de perejil de hoja plana picado

Usando un mortero, muela el ajo perfectamente junto con el jugo de limón agrio. Acomode los filetes de pescado en un refractario, unte la pasta de ajo con limón agrio por ambos lados de los filetes y salpimente. Cubra con plástico y refrigere unos 20 minutos.

Mezcle la harina con más sal y pimienta y, si desea un dejo de picante, la pimienta de cayena, en un plato. Ponga el pescado sobre papel absorbente y seque a palmaditas. Reboce los filetes con la harina sazonada, sacudiendo el exceso de harina.

Caliente el aceite en un sartén grande a fuego medio-alto y, ya caliente, fría el pescado, volteando una vez cuando la carne se pone opaca y se torna algo crujiente—como 3 minutos cada lado dependiendo del grosor del filete. Deben estar hojaldrados al romperlos cuidadosamente con tenedor. Si lo requiere, salpimente de nuevo. Con una pala retire el pescado a un platón caliente o platos individuales y mantenga caliente.

Derrita la mantequilla a fuego mediano en un sartén o cacerola chica. Agregue el ajo y deje freír lentamente unos 3 minutos hasta dorado. Añada el jugo de limón agrio y perejil al sartén, revuelva y vierta sobre el pescado y sirva de inmediato.

Tamal de salmón adobado

SEATTLE, WASHINGTON • MICHOACÁN, MÉXICO

6 PAQUETES, SUFICIENTES PARA 4 A 6 PORCIONES *Lupe Ortiz Peach nació en Michoacán; el nombre significa "región de peces". Allá, vendedores de la calle asaban paquetes de pescaditos llamados* charales *que primero se embarraban con adobo, una pasta de chile, y se envolvían en hoja de maíz como tamales. Cuando todavía era una niñita, Lupe y su familia se mudaron a Seattle, Washington, un estado muy similar al donde nació. Varias veces cuando ella me ha visitado en el verano, hemos sustituido pedacitos de salmón fresco en lugar de los charales, creando este platillo magníficamente rústico. Otras especies de peces se pueden usar, pero el dominante sabor del salmón* king *es el complemento ideal para la tremendamente fuerte salsa.*

En lugar de parrilla, estos paquetes de salmón se pueden asar en el horno o cocer sobre una plancha, pero parecen saber más ricos cocidos y comidos al aire libre. Guacamole (página 278) y Salsa de col yucateca (página 281) van bien, y muchas Tortillas de maíz (página 114) son una necesidad. Yo también por lo regular sirvo Elotes (página 248). Para la bebida, pruebe el Agua fresca de pepino (página 384) o sirva una jarra de Sangría (página 384).

18 hojas de maíz grandes, lo ideal sería al menos 5 pulgadas de ancho en el extremo más grande

Para el adobo

3 chiles anchos secos, asados (página 19) y sin semillas ni venas
2 chiles guajillos secos, asados (página 19) y sin semillas ni venas
5 dientes de ajo, sin pelar y asados (página 20)
2 cucharadas de vinagre blanco muy ligero
2 cucharadas de jugo de naranja recién exprimido
2 cucharadas de jugo de toronja recién exprimido
½ cucharadita de orégano seco, mexicano de preferencia
½ cucharadita de tomillo seco
¼ de cucharadita de canela (casia) molida
¼ de cucharadita de pimienta negra recién molida
1 pizca de clavo molido

Para el pescado

1½ libras de salmón *king, Atlantic* o *sockeye* en filete, sin piel, deshuesado y cortado en tiras de 2 por ¾ de pulgada
sal de mar

Para la guarnición

½ taza de cebolla blanca picada
2 limones franceses, cortados en cuatro cada uno
Salsa fresca (página 269)

Varias horas antes de usar, ponga las hojas de maíz a remojar en un tazón grande y sumerja en agua muy caliente a que se ablanden. Ayuda si les pone un sartén pesado encima.

Ponga los chiles en un tazón chico, cubra con agua caliente y deje reposar hasta suaves, unos 15 minutos.

Escurra los chiles, rompa en pedacitos y coloque en una licuadora o procesador de alimentos. Pele el ajo y añada a la licuadora con el vinagre, jugos de naranja y toronja, orégano, tomillo, canela, pimienta y clavo. Muela hasta que esté como una pasta espesa, prendiendo y apagando el aparato, raspando los costados del vaso hacia abajo. Se puede agregar un chorrito de jugo, pero que sea mínimo.

Embarra ½ taza del adobo en las tiras de salmón. Ponga el salmón en una bolsa de plástico u otro recipiente, cierre perfectamente y macere por 2 horas o más en el refrigerador. Aparte el resto del adobo.

Cuando esté lista para hacer los paquetes de salmón, escurra las hojas de maíz y seque a palmaditas. Escoja las 12 más grandes, o si no hay suficientes grandes, solape 2 hojas chicas. De las restantes, arranque 24 tiras de ¼ de pulgada de ancho, amarrando 2 juntas para hacer 12 tiras largas.

Retire el salmón del refrigerador, agregue un poco de sal al gusto y divida el pescado en 6 porciones.

El siguiente paso suena difícil, pero realmente es bastante fácil. Embarra 1 cucharada del adobo restante en el centro del lado ancho de la hoja de maíz. Coloque varios trozos del pescado en una capa sobre el adobo. Doble los lados hacia arriba alrededor del pescado, metiendo uno debajo del otro. Doble el extremo angosto de la hoja sobre la parte rellena y voltee sobre el extremo ancho de otra hoja con el extremo abierto hacia el centro. Envuelva los lados hacia arriba alrededor del paquete, solapándolos, y doble el extremo angosto sobre la parte rellena. Use 2 de las tiras para ceñir las hojas, amarrándolas como 1 pulgada hacia adentro de cada extremo y alrededor de la parte angosta del paquete. Repita con el pescado y las hojas restantes y luego envuelva cada uno de ellos en papel aluminio grueso. Pueden ser preparados los paquetes hasta este punto y luego refrigerados.

Como 15 minutos antes de servir, coloque los paquetes de pescado en una parrilla encima de carbón medio-caliente. Cocine 5–7 minutos por cada lado. Cuidadosamente abra un paquete y pruebe para ver si ya está cocido.

Ya listo, retire el papel aluminio y permita que cada invitado desenvuelva su propio tamal de salmón. Sirva tazoncitos con la cebolla picada, gajos de limón francés y salsa fresca.

Bagre rebozado en salsa

ALLEN PARK, MICHIGAN • QUERÉTARO, MÉXICO

4 PORCIONES *Querétaro, donde Florencio Perea pasó su infancia, es una región alta rica en minerales salpicada de valles. Cuando aún era adolescente, él trabajó como ayudante de joyero creando anillos, aretes y collares de oro, plata y ópalos luminosos de la región. Muy poco marisco fresco llegaba tan tierra adentro como hasta Querétaro, pero los bagres de río de bigotes ralos no eran tan difíciles de pescar. Florencio, un carnicero ya jubilado, encuentra los filetes de bagre de granja con su sabor dulzón en el supermercado y los fríe para una cena de pescado de vez en cuando. El rebozado ligero y crujiente conserva el sabor limpio y natural del pescado y sus sazonadores. Para una presentación menos tradicional, con menos calorías, se puede hornear el bagre.*

Quelites con frijoles (página 145) hacen un acompañamiento contrastante en sabor, textura y apariencia. Cualquier bagre sobrante se puede usar en unos tacos sabrosos.

1½ libras de filete de bagre deshuesado y sin piel
sal de mar
½ cucharadita de pimienta negra recién molida
½ cucharadita de orégano seco, mexicano de preferencia
4 cucharadas de jugo de toronja recién exprimido
3 cucharadas de jugo de limón agrio recién exprimido
2 cucharadas de jugo de naranja recién exprimido
1 cucharadita de ralladura fina de toronja

Para la salsa

1 cucharada de aceite de cártamo o *canola*
½ cebolla blanca, picada
3 dientes de ajo, finamente picados
1 chile jalapeño fresco, picado
2 jitomates maduros grandes, en cubos y picados, ó 1 lata de 14½ onzas de jitomate en trocitos
sal de mar y pimienta negra recién molida

Para el rebozado

1 taza de leche búlgara o *buttermilk*
½ taza de harina
½ taza de masa harina (página 114) o harina de maíz
sal de mar y pimienta negra recién molida
una pizca de cayena
aceite para freír, de cacahuate o cártamo de preferencia

Para la guarnición

3 cucharadas de perejil de hoja plana o cilantro picado

Coloque el pescado en una sola capa en un refractario plano. Espolvoree con sal, pimienta y orégano. Mezcle los jugos de toronja, limón agrio y naranja juntos con la ralladura de toronja y vierta sobre el pescado. Tape y refrigere como 1 hora.

Para hacer la salsa, caliente el aceite en un sartén mediano y grueso. Añada la cebolla, ajo y chile y fría hasta dorar la cebolla. Agregue, revolviendo, el jitomate, salpimente al gusto y cueza unos 10 minutos hasta que espese.

Vierta la leche búlgara o *buttermilk* en una cacerola baja o tazón lo suficientemente grande para caber los filetes.

Mezcle la harina, masa harina, sal, pimienta y cayena juntas en un molde de pay o un plato con bordo. Seque el pescado a palmaditas, luego sumerja cada pieza en la leche búlgara o *buttermilk* y reboce en la mezcla de harina, sacudiéndole cualquier exceso.

Vierta el aceite en un sartén grueso hasta una ½ pulgada de profundidad y caliente a 350 grados F. sobre fuego medio-alto. Debe estar muy caliente pero no ahumeando.

Ponga los filetes de pescado en el aceite caliente y fría hasta que se forme una capa ligeramente dorada, unos 2 minutos cada lado. Debe estar siempre tan caliente el aceite que chisporrotea al tocarlo el pescado. Retire el bagre del sartén y ponga sobre papel absorbente para escurrir cualquier exceso de aceite.

Coloque el pescado en un plato y salpique con la salsa de jitomate. Esparza el perejil encima y sirva.

VARIACIÓN: BAGRE AL HORNO Coloque el pescado macerado en un refractario ligeramente engrasado. Espolvoree con 1 cucharadita de chile en polvo, sal y pimienta negra recién molida y hornee a 425 grados F. por unos 20 minutos. Vierta la salsa de jitomate encima y continúe cocinando otros 5 minutos, hasta que esté firme la carne. Esparza el perejil picado encima y sirva.

Camarones a la diabla

GIG HARBOR, WASHINGTON • OAXACA, MÉXICO

4 PORCIONES *Dulce pero picante como el infierno, este distintivo platillo de camarones viene con magníficos recuerdos para mí. Fue en el aislado pueblo pescador costeño de Puerto Ángel en la parte más al sur de Oaxaca, México, que Gerarda Torres, hace años, me dio mi primera clase de cocina mexicana. Con arena bajo mis pies en su casita y restaurante de dos cuartos y techo de palma, Gerarda me mostró cómo preparar camarones a la diabla en una estufita de dos quemadores, calmando el fuego de los chiles con un chorrito de Coca-Cola. Rápidamente se convirtió en uno de mis platillos favoritos. Durante la* *siguiente década, tres de sus muchachas, Norma, Licha y Susy, vinieron a vivir a nuestra casa en el estado de Washington y ahora soy la "otra madre" de Susy. Nuestra familia regresa con frecuencia a Puerto Ángel, un lugar idílico para descansar: una bahía protegida en forma de media luna con agua cálida para bañarse, arena blanca y suave para recostarse y descansar y todos los mariscos que pueda comer. Hay diminutas almejas rojas con sólo un chorrito de limón, enormes langostas con mantequilla derretida, pescado con menos de una hora fuera del agua y asado con ajo y, claro, mis camarones a la diabla que como todos los días que estoy allí.*

En Oregon, Martha Ruiz Gonzalez prepara sus camarones de forma muy similar, sólo moderando el picante del chile con un poco de salsa de jitomate y usando vino blanco en lugar de Coca-Cola para el líquido.

Es desordenado que comer, mas si no le molesta llenar sus dedos con salsa, deje los camarones en su caparazón, retirando sólo las cabezas. El camarón se mantiene muy húmedo y, más importante, hay un pretexto para chuparse los dedos. Por la costa oeste de México con frecuencia se usa la Pepsi-Cola o Coca-Cola como endulzante porque el azúcar absorbe tanta humedad del aire que se endurece. El sabor del refresco se combina sorprendentemente bien con los chipotles ahumados para crear una suculenta salsa para los camarones. No es éste un platillo para los delicados, así que agregue los chiles uno por uno al gusto.

Sirva con Arroz con plátanos (página 239) al lado o en el centro de un anillo de arroz moldeado. Me gusta tomar una Dos Equis XX con mis camarones.

1 libra de camarones grandes o langostinos crudos
sal de mar y pimienta negra recién molida
3 cucharadas de aceite de oliva
5 dientes de ajo grandes, en rebanadas delgadas
1 taza de salsa de tomate enlatada
2–3 chiles chipotles en adobo enlatados con un poco de la salsa
⅛ de cucharadita de orégano seco, mexicano de preferencia, ó 2 cucharadas de orégano fresco picado
½ taza de vino blanco, Coca-Cola o Pepsi-Cola

A menos que cueza el camarón en su caparazón, retire todo menos la cola y abra como mariposa, partiendo con un cuchillito filoso sólo a la mitad de su grosor. Espolvoree el camarón con sal y pimienta.

Caliente el aceite en un sartén grueso y saltee el ajo a fuego mediano hasta dorado. Retire y coloque en una licuadora o procesador de alimentos. Ponga el camarón en el sartén y cueza brevemente hasta que el exterior se ponga apenas rosado y la carne esté blanca. Retire y aparte. Ponga la salsa de tomate, 1 ó 2 chipotles y el orégano en la licuadora o procesador de alimentos con el ajo y procese brevemente. Pruebe y agregue otro chile si requiere más picante. Vierta en el sartén y cueza a hervor lento por 4–5 minutos. Agregue el vino o refresco, pruebe la sazón y ajuste si lo necesita. Agregue el camarón y cueza 1 minuto más.

Camarones y pasta con tequila

SAN DIEGO, CALIFORNIA

6 PORCIONES COMO BOTANA Ó 4 COMO CENA *Ya que la familia de Steven Ravago ha estado por generaciones en los Estados Unidos, son los viajes frecuentes a México mientras crecía los que lo han inspirado en su cocina. "Recuerdo el comer carnitas de pequeño, bajo un toldo grande en algún lugar de México. Recuerdo el comer el increíble, maravilloso pollo rostizado con bolillos crujientes con mantequilla. Eran momentos como estos que me hicieron ver que México tiene la mejor comida del mundo. Lo quiero cocinar todo". Este platillo festivo de camarones usa pasta para capturar los grandes sabores fuertes de la salsa de chile ancho y tequila.*

La ligera y delicada Sopa de cilantro (página 79) es una buena introducción a este platillo de pasta y camarón, y no tema ampliar el sabor del tequila sirviendo un buen tequila blanco tal como El Tesoro o Herradura blanco durante la comida. Si prefiere vino, un floreado, algo picante gewürztraminer, *en especial el Covey Run, de etiqueta Celilo, del estado de Washington es una opción buena, si lo encuentra.*

Para la pasta de chile

3 chiles anchos secos grandes, sin tallo ni semillas, y en pedacitos
1 cucharada de vinagre de arroz
3 dientes de ajo
½ cucharadita de orégano seco, mexicano de preferencia
¼ de cucharadita de sal de mar

Para el camarón

3 cucharadas de mantequilla o aceite de oliva
½ libra de camarón crudo, pelado, con colas intactas
¼ de taza más 1 cucharadita de tequila
1½ tazas de crema espesa
sal de mar y pimienta negra recién molida

Para la pasta

½ libra de pasta de penne, caracol u otra en forma tubular corta

Para la guarnición

¼ de taza de cilantro fresco finamente picado

Ponga los chiles en un tazoncito, cubra con agua hirviendo y deje remojar 30 minutos. Escurra. Pase los chiles a una licuadora y añada el vinagre, ajo, orégano y sal. Muela perfectamente y aparte. Debe hacer unas 4 cucharadas de pasta.

Ponga a hervir agua en una olla grande.

Derrita la mantequilla en un sartén grande y grueso a fuego mediano. Añada el camarón y saltee unos 3 minutos hasta apenas rosita. Retire el sartén del calor. Agregue el tequila e incienda

con un cerillo de madera. Cuide de apartarse porque será muy espectacular la llama. Regrese al fuego y cueza, revolviendo con cuidado, hasta que se calmen las llamas. Pase el camarón a un tazón usando una espumadera y tape con papel aluminio para mantener caliente. Hierva el tequila restante en el sartén por 1 minuto, hasta reducido. Baje la llama y añada la crema al sartén. Cueza a hervor lento unos 5 minutos, hasta reducirse a una consistencia de salsa.

Agregue la pasta de chile y remueva hasta estar lisa. Salpimente, luego regrese el camarón a la salsa.

Al comenzar a cocinar la salsa, agregue la pasta al agua hirviente y cocine al dente o a su gusto. Ya que la salsa está bien sazonada, no le hará falta sal al agua.

Escurra y pase a un tazón grande calentado. Vierta la salsa sobre la pasta y mezcle hasta que se cubra todo. Esparza con cilantro y sirva.

ACERCA DEL BACALAO

Se piensa que la palabra bacalao *se deriva del nombre de la isla de Bacalieu cerca de Terranova, pero otros expertos dicen que viene de la palabra gaélica* bachall, *que es el palo sobre el cual antes se secaba el bacalao.*

La historia relata que el bacalao se ha comido desde el siglo nueve, pero fueron los vascos navegantes del norte de España en el siglo dieciséis quienes comenzaron a pescar los enormes cardúmenes de bacalao que encontraron mientras perseguían ballenas en las aguas heladas entre Noruega y Terranova, luego preservándolos en sal. Durante los siguientes cuatrocientos años, este bacalao salado fue un importante factor nutritivo y económico por toda Europa, pero para estos vascos intrépidos era mucho más. Los pescadores de la región que circunda el Golfo de Vizcaya son cocineros magníficos, con sociedades exclusivamente masculinas de cocinar y comer. Aún con todo el pescado fresco disponible, es el bacalao seco salado el que les proporciona la base de sus especialidades favoritas—la suprema siendo el bacalao a la vizcaína. Este platillo hizo una transición pronta a la cocina mexicana: como debe esperarse, el bacalao salado era una de las bases alimenticias a bordo de muchos barcos de vela de los conquistadores españoles, y los vascos formaban parte de las tripulaciones. En su nuevo hogar, México, el bacalao se animaba con los chiles y jitomates indígenas que los cocineros creativos rápidamente utilizaron en el platillo que hoy en día forma parte de las comidas navideñas de México, como el pavo lo es en el Día de Acción de Gracias en los Estados Unidos.

El bacalao de hoy proviene más que nada de las aguas entre Islandia y la costa este de Canadá; desafortunadamente, se vende principalmente en cajas de madera cerradas o en cartones de papel encerado lo cual no le permiten ver qué es lo que está comprando. Hasta recientemente, no era difícil encontrarlo pescado con anzuelo y sedal, empacado en salmuera y secado al aire libre; ahora, la mayoría del pescado que uno obtiene ha sido pescado en redes y preparado en fábricas con el uso de calor artificial y sustancias químicas. Podrá ser más uniforme en cuanto a calidad, pero esa calidad es inferior. Buzque el bacalao ligeramente salado, empacado en salmuera, y a veces hasta secado al sol de Nueva Escocia o Noruega, o los trozos tradicionales sin empacar de cortes de en medio, gruesos y blancos como el marfil. Cómprelo cuando lo encuentre; puede conservar esta delicia (hasta tres meses) hasta que esté lista para preparar un festín verdaderamente memorable.

Bacalao con pasas y nueces de macadamia

SAN DIEGO, CALIFORNIA • CIUDAD DE MÉXICO, MÉXICO

6 Ó MÁS PORCIONES *Aunque son excepcionales los platillos de mariscos frescos en México, camarón y pescado seco y salado se comen tradicionalmente durante los días festivos importantes. Docenas de platillos usando camaroncitos secos y camarón molido se sirven durante la Cuaresma y hay pocas familias mexicanas que no sirvan el festivo bacalao a la vizcaína para Navidad o Año Nuevo.*

Esta versión del platillo navideño mexicano más tradicional me lo compartió Ana Rosa Bautista, una muy talentosa mujer de negocios originalmente de la Ciudad de México.

Cuando primero ve el bacalao seco y duro como una tabla con el cual se hace este platillo, es imposible imaginar el milagro gastronómico que puede ser creado. El proceso de salar convierte un insípido trozo de pescado en algo mucho mejor.

El bacalao usualmente se sirve solo con crujiente pan Bolillo (página 314) u otro pan tipo francés, mas una ensalada verde con espinacas u hojas amargas es una buena adición. Las sobras son excelente relleno para tortas (página 138), usando el mismo pan, rebanadas de aguacate, jitomate y, si su paladar aguanta, unas rebanadas de chile jalapeño. Como es tan festivo este platillo, me gusta servirlo con una

burbujeante champaña semiseca o, para algo más tranquilo, un Reisling seco y luego concluir con un Flan de chiles anchos (página 368).

El secreto de transformar un trozo duro y seco de pescado en una obra maestra está en el proceso de remojo para quitar la sal. En los "buenos tiempos pasados", hubiera envuelto el pescado simplemente en una red, lo hubiera puesto en un arroyo con buena corriente como a las 6 de la tarde, lo hubiera sacado a mediodía al día siguiente y comenzado a guisarlo. Ana Rosa pone su bacalao en una olla con agua muy fría y lo refrigera de dieciséis a veinticuatro horas, cambiando el agua como cada seis horas. Realmente la única forma de saber que los cristales de sal han sido reemplazados por líquido es probándolo. Si se remoja demasiado, pierde su sabor y textura especiales, pero si es demasiado pronto, estará salado aún. Para el último período yo siempre uso leche fría en lugar del agua. No sé si haga una diferencia, pero fue como primero me enseñaron cuando viví en España, así que así lo hago. Cierre sus ojos totalmente ante las instrucciones en el paquete que sugieren hervir lentamente el pescado en vez de remojarlo para quitar la sal y siempre comience este platillo tres o cuatro días antes.

2 libras de bacalao, remojado al menos 12 horas
3 cucharadas de aceite de oliva, uno español de buena calidad de preferencia
½ cebolla blanca, bien picada
6 dientes de ajo, finamente picados
6 cucharadas de perejil de hoja plana bien picado
12 jitomates medianos maduros, pelados y en cubos, ó 6 tazas de jitomate pelado y picado enlatado
3 hojas de laurel
½ taza de uvas pasas
¾ de taza de nuez de macadamia picada
36 aceitunas chicas rellenas de pimientos
3 cucharadas de alcaparras (opcional)

Coloque el bacalao remojado y sin sal en una olla de agua fría y *muy* lentamente lleve el agua a punto de hervor lento, unos 30 minutos. Escurra y rompa el pescado en trozos de 1½ pulgadas y aparte.

Caliente el aceite en un sartén grande u olla de hierro y saltee la cebolla hasta apenas suave. Añada el ajo y perejil y continúe cocinando unos minutos más. Suba la llama, agregue los jitomates y laurel, y cocine unos 5 minutos, removiendo con frecuencia para que no se pegue la salsa al sartén. La mezcla deberá reducir en volumen y espesarse algo.

Deshebre el bacalao y mezcle con el jitomate. Añada las pasas y nueces y continúe cociendo a fuego bajo otros 15–20 minutos, hasta que casi se seque. Agregue las aceitunas y alcaparras si las ocupa y cueza hasta sazonar bien.

El último paso es el más sencillo y el que hace que el bacalao sea perfecto para una comida de día festivo. Tape el platillo y aparte en el refrigerador por 6–12 horas. Será dramáticamente mejor cuando sea recalentado (agregando un poco de agua, si lo requiere) y servido más tarde; los distintos sabores del pescado y la salsa se intensificarán.

Aves

Pollo borracho

LOS ÁNGELES, CALIFORNIA • OAXACA, MÉXICO

4 PORCIONES *Una noche al cenar en un restaurante oaxaqueño en Los Ángeles con Aurelia Lopez Momo y su hija quinceañera Josephine, comenzaron a explicar cómo embriagar el pollo para este platillo. Fue tan maravilloso observar sus caras al revivir el inhalar la fragancia de cebolla y ajo dorando, y el olor embriagante de la cerveza y chiles, que me volvió a dar hambre de nuevo. Los Lopez usualmente compran un pollo entero y lo parten en piezas, conservando el cuello, espalda y puntas de alas para hacer un caldo sustancioso. Sin embargo, sólo una mezcla de muslos y pechugas funciona bien y si le preocupan las calorías, retire la piel después de cocer el pollo.*

Acompañe el pollo con Arroz blanco (página 239) o Arroz verde (página 241) y un buen pan macizo para sopear toda la salsa. ¿Y qué sería más natural que continuar bebiendo la misma cerveza?

2 cucharadas de aceite de cártamo o *canola*
2½–3 libras de muslo y pechuga de pollo
1 cebolla blanca, en rebanadas delgadas
3 dientes de ajo, picados
4 jitomates pera maduros ó 1 lata de 14½ onzas de jitomate picado
1 taza de cerveza, de preferencia Dos Equis XX o una cerveza ámbar
2 ramitos de orégano fresco, picado ó 1 cucharada de orégano seco, mexicano de preferencia
2–3 chiles jalapeños en vinagre, rebanados
2 cucharadas del vinagre de los chiles
como ½ cucharadita de sal de mar
½ cucharadita de pimienta negra recién molida

Para la guarnición

3 cucharadas de cilantro picado
1 aguacate firme pero maduro, pelado y rebanado

Escoja un sartén de buen tamaño con tapadera o una olla de hierro lo suficientemente grande para acomodar el pollo. Entibie el aceite sobre fuego medio-alto y saltee las piezas de pollo unos 20 minutos, hasta dorados. Quizás se tenga que hacer en varias tandas. Al dorarse las piezas, retire del sartén y aparte.

Añada la cebolla al aceite aún caliente y cueza hasta bastante blanda y café. Agregue el ajo y jitomates, y cueza 10 minutos, raspando el fondo de la cazuela y revolviendo de vez en vez.

Regrese el pollo al sartén, baje el calor a mediano, y agregue la cerveza, orégano, jalapeños, su vinagre, sal y pimienta. (Este platillo parece beneficiarse de una abundancia de pimienta negra). Revuelva una vez y tape. Cueza a hervor lento por 20–30 minutos, hasta que el pollo esté tierno y completamenta cocido. Este platillo se puede cocer antes y recalentar, tapado, en un horno a 300 grados F. hasta calentarse por completo, unos 20 minutos.

Sirva en un platón ancho o en platos individuales, de preferencia con un borde para contener la salsa. Esparza cilantro encima y agregue rebanadas de aguacate por los costados.

Pollo en salsa chichimeca

SANTA MÓNICA, CALIFORNIA • HIDALGO, MÉXICO

4 A 5 PORCIONES *Cómo logró su nombre este original guisado de pollo, un favorito de Ricardo Villareal, en honor a una antigua tribu indígena nómada no está claro. Sólo puedo conjeturar que es así porque la salsa incluye sabores derivados de distintas regiones de México, ingredientes que comúnmente no se cocinarían juntos, tales como las aceitunas y alcaparras de Veracruz y el chocolate de Oaxaca y Tabasco. Ricardo nació en Hidalgo, un estado escabroso directamente al norte de la Ciudad de México, un área donde se piensa que los indígenas chichimecas anduvieron de vez en cuando. En una forma aparentemente caótica, chiles tanto secos como en vinagre son utilizados para intensificar el sabor del pollo y luego se usan leche y vino para suavizar el sabor. Miguel ha modificado el método de cocimiento un poco, pero los ingredientes siguen iguales.*

Sirva este plato con Arroz blanco (página 239) y Tortillas de maíz (página 114) calientes o Bolillos (página 314) u otros panes franceses. Para el postre me gusta servir Gelatina de rompope (página 353).

Para la salsa

¾ de libra de jitomate maduro, picado, ó 1 taza de jitomate picado enlatado, escurrido
1 diente de ajo, picado
½ cebolla blanca mediana, picada
1 chile grande ancho, California o nuevomexicano rojo y seco, sin semillas, desvenado y en pedacitos
como 2 rebanadas de pan, tostado y en pedazos para hacer 1 taza
½ onza de chocolate mexicano, picado
¾ de taza de vino blanco

Para el pollo

2 cucharaditas de aceite de cártamo o *canola*
3–3½ libras de pollo en piezas
1 taza de leche
1 cebolla blanca mediana, en rebanadas delgadas
como 2 jitomates medianos maduros ó 4 jitomates pera, picados, ó 1 taza de jitomate enlatado picado, escurrido
18 aceitunas verdes sin hueso
4 chiles serranos o jalapeños enteros en vinagre
2 cucharadas del vinagre de los chiles
2 cucharaditas de alcaparras
sal de mar y pimienta negra recién molida

Ponga el jitomate para la salsa en una licuadora o procesador de alimentos con el ajo, cebolla, chile ancho, pan, chocolate y vino blanco y licue perfectamente.

Entibie el aceite en un sartén grande a fuego medio-alto y fría el pollo unos 20 minutos, hasta dorarse. Retire el pollo del sartén a un plato y baje la llama. Agregue los ingredientes licuados y cueza a fuego mediano por 3–4 minutos, removiendo con frecuencia.

Mientras tanto, entibie la leche a fuego lento y añada, revolviendo, a la salsa. Si está muy alta la temperatura, la leche se puede cuajar. Agregue las rebanadas de cebolla y jitomate picado, luego, removiendo, las aceitunas, chiles, vinagre y alcaparras. Salpimente al gusto. Regrese el pollo al sartén, tape y cueza unos 45 minutos, hasta quedar tierno.

Pollo al ajillo

VICTORIA, COLUMBIA BRITÁNICA • CIUDAD DE MÉXICO, MÉXICO

4 PORCIONES *Pollo al ajillo es un platillo que existe en el repertorio de casi cualquier cocinera con una herencia española. Esta versión fácil de una receta de Maria Elena C. Lorens se cocina de maravilla en una cazuela de barro de que se puede servir directamente. Es mejor dejar la piel intacta al cocer, tanto para apariencia como para mantener jugoso al pollo. Casi toda la grasa se derrite en la primera horneada. Si tiene prisa y no le preocupan las calorías, se puede dorar el pollo primero en un sartén grueso, luego colocarlo en un recipiente para hornear con la salsa de ajo para el horneo final.*

Sirva con Arroz a la mexicana (página 240) o papitas nuevas para sopear la salsa de ajo. Chayotes y elotes gratinados (página 249) van bien con este platillo. Fácilmente se puede doblar o triplicar la receta y servir como parte de un buffet.

1 pollo entero (2½–3 libras), partido en piezas chicas (muslos a la mitad, pechugas en 4 partes) o piezas seleccionadas
sal de mar y pimienta negra recién molida
⅓ de taza de aceite de oliva
⅓ de taza de jugo de limón agrio
12 dientes de ajo, en pedacitos o rebanadas
3 cucharadas de brandy (opcional)

Precaliente el horno a 375 grados F. Enjuague y seque a palmaditas el pollo. Retire los glóbulos grandes de grasa y salpimente bien. Acomode, con la piel hacia arriba, en un recipiente para hornear no hondo, en una sola capa. Ponga en el horno y dore ambos lados unos 25 minutos cada uno, bañando de vez en cuando con la grasa derretida.

En una licuadora, mezcle el aceite, jugo de limón agrio y ajo. Licue hasta que la mezcla se ponga blanca y esté perfectamente licuada. Aparte.

Cuando esté dorado el pollo, retire el recipiente del horno y escurra toda la grasa posible. Voltee el pollo con la piel hacia arriba, y vierta la salsa de ajo sobre el pollo, cubriendo todo bien.

Si usa el brandy, salpíquelo sobre el pollo, aléjese, e incienda el líquido con un cerillo de palo. Revuelva hasta que las llamas se calmen. Hornee el pollo unos 20 minutos, hasta que esté completamente cocido, bañándolo ocasionalmente con la salsa.

Pollo en salsa de ciruela pasa

LOS ÁNGELES, CALIFORNIA • OAXACA, MÉXICO

4 PORCIONES *Una impresionante sinergia ocurre en los sabores para este platillo de pollo: ciruelas pasas, uvas pasas, Coca-Cola y chile chipotle. La receta de Aurelia Lopez Momo data desde 1943, cuando la Coca-Cola primero apareció en Oaxaca. Lo que me sorprendió fue lo extraordinariamente sabrosa que es esta combinación al licuarse con la fruta seca. La dulzura del refresco de cola ayuda mucho en disminuir lo picoso de los chiles. Aurelia fríe el pollo en un cuarto de libra de mantequilla más aceite; hemos reducido la cantidad de grasa considerablemente. Para una salsa más sustanciosa, quizás desee sustituir algo de mantequilla por parte del aceite.*

¼ de taza de aceite de cártamo o *canola*
2 libras de muslos de pollo
como 1 cucharadita de sal de mar
1 cebolla blanca grande, en rebanadas delgadas
1 taza de ciruelas pasas sin hueso, picadas
1 taza de uvas pasas
3 chiles chipotles en adobo enlatados, picados
2 latas de Coca-Cola o Pepsi-Cola

Caliente el aceite en un sartén grande y grueso con tapadera. Agregue las piezas de pollo y dore por todos lados, unos 10 minutos. Sazone al gusto con sal. Retire el pollo, añada la cebolla y saltee hasta que se ablanden las rebanadas. Escurra el aceite en exceso. Regrese el pollo al sartén, baje el calor y cocine suavemente otros 5 minutos.

Mientras se cuece el pollo, ponga las ciruelas pasas, uvas pasas y chiles chipotles en una licuadora con algo de refresco. Licue perfectamente. Continúe licuando mientras agregue el resto del refresco.

Vierta la salsa de ciruela sobre el pollo, revuelva y hierva lentamente a fuego medio-bajo, tapado, unos 30 minutos, hasta que esté bien cocido el pollo y espesa la salsa. Pruebe y ajuste la sazón si lo requiere.

Retire el pollo a un platón caliente y vierta la salsa sobre el pollo.

Pechugas de pollo en salsa verde

BROOKLYN, NUEVA YORK • OAXACA, MÉXICO

4 PORCIONES *El agradable sabor ácido del tomatillo combina con el calor del chile para crear una sencilla y agradable salsa para el pollo, una combinación de sabores que con frecuencia se unen en cocinas donde las cocineras son oriundas del centro o sur de México. Geraldo Reyes normalmente saltea las piezas de pollo hasta doradas, pero a mí me gusta sustituir pechugas de pollo sancochadas. Si usa pollo sancochado, reduzca el aceite a la mitad para cocer la salsa de tomatillo y agregue el pollo cinco minutos antes de servir.*

Se debe servir esto con Arroz blanco (página 239) y quizás una ensalada de aguacates y jitomates rebanados. Es una buena opción el Salpicón de rábano (página 284), servido como una pequeña ensalada. En México yo tomaría cerveza con este platillo ácido, pero en casa sería una copa de sauvignon blanc.

Para la salsa

8 tomatillos frescos, sin cáscara y enjuagados
¼ de una cebolla blanca mediana
2 dientes de ajo sin pelar
3 chiles serranos frescos, sin tallo, cortados en cuatro y sin semillas
1 chile de árbol seco, tostado (página 19), sin semillas y triturado (opcional)
⅓ de taza más extra de caldo de pollo

Para el pollo

2 cucharadas de aceite de cártamo o *canola*
4 piezas de pechuga de pollo deshuesadas
sal de mar y pimienta negra recién molida

Caliente un sartén chico y grueso sobre fuego medio-alto, sin usar aceite. Tueste los tomatillos, cebolla y ajo y saltéelos un poco para que comiencen a reventar y ponerse negros en partes. No se preocupe si el sartén humea un poco.

Cuando los tomatillos comiencen a ablandarse, colóquelos en una licuadora o en un procesador de alimentos. Pele los ajos y agréguelos junto con los chiles serranos, chile de árbol, cebolla y caldo de pollo. Licue perfectamente.

En un sartén grande, caliente el aceite a fuego medio-alto y saltee el pollo hasta que esté dorado por ambos lados. Reduzca el calor a bajo y agregue la salsa de tomatillo. Añada la sal y pimienta al gusto. Deje hervir a fuego lento, tapado, por unos 30 minutos, agregando más caldo si lo requiere.

Pollo con chiles jalapeños en escabeche y legumbres

MCMINVILLE, OREGON • SAN LUIS POTOSÍ, MÉXICO

4 PORCIONES *Esta receta que combina muslos de pollo con jalapeños en escabeche, zanahorias y papas es muy parecido al fiambre clásico de San Luis Potosí, México—un conjunto extravagante de carnes frías y verduras en una vinagreta. En la versión que Martha González aprendió de su suegra, quien también es de San Luis Potosí, el platillo está muy simplificado y se sirve caliente. Sirva caliente con Bolillos (página 314) o pan francés. Me gusta servir Arroz con leche achocolatado (página 358) como postre.*

4 dientes de ajo, finamente picados
1 cucharadita de pimienta negra recién molida
sal de mar
3 libras de muslos de pollo
3 cucharadas de aceite de cártamo o *canola*
2 libras de papas nuevas, rebanadas, o enteras si son muy pequeñas
como 16 zanahorias chicas, ó 4 zanahorias medianas, peladas y cortadas en pedazos de 1½ pulgadas
¼ de taza de cebolla blanca, picada
1 cucharada de harina
5 chiles jalapeños o güeros en escabeche, cortados en rajas
4 cucharadas del vinagre de los chiles
½ taza de aceitunas verdes rebanadas (opcional)
½ cucharadita de orégano seco, mexicano de preferencia
pimienta negra recién molida

Mezcle el ajo, pimienta y ½ cucharadita de sal juntos con justo el agua para hacer una pasta espesa. Embarre la mezcla por todos lados de cada pieza de pollo y coloque en un refractario bajo. Permita macerar como 1 hora.

Caliente el aceite en una olla de hierro a fuego medio-alto. Seque a palmaditas el pollo con toallas de papel y agregue al aceite caliente. Dore por todos lados. Retire el pollo y aparte.

Mientras tanto, coloque las papas y zanahorias en una cacerola con agua hirviendo. Añada 1 cucharadita de sal y cueza por unos 10 minutos. Deben cocerse por completo y estar tiernas mas no suaves. Escurra la verdura y aparte.

Retire todo menos 1 cucharada del aceite restante. Agregue la cebolla y acitrone hasta suavizada. Añada, revolviendo, la harina y cueza unos segundos hasta que se espese. Poco a poco agregue, revolviendo, 1 taza de agua, los chiles y el vinagre. Regrese el pollo a la olla. Añada las papas y zanahorias cocidas y la cebolla. Si usa las aceitunas, agréguelas con el orégano. Añada pimienta al gusto y ajuste la sal.

Pollo en pipián rojo

TOPPENISH, WASHINGTON • CHIHUAHUA, MÉXICO

6 PORCIONES *En* New Mexico Tasty Recipes *por Cleofas M. Jaramillo (publicado por Seton Press de Santa Fe en 1942), Jaramillo nos da la instrucción de "moler juntos un puño de maíz blanco tostado y dos chiles rojos los cuales han sido limpiados de semillas y venas. Muela a un polvo fino, disuelva en una taza de agua y cueza hasta que espese. Fría codornices o pollo tierno y agregue a esta salsa. Tape y hierva lentamente hasta que la carne esté suave. Añada sal".*

Ester Diaz se crió en Kansas y Nuevo México, pero cuando me describió su pipián familiar, era casi idéntico a la receta de Jaramillo de hace cincuenta años. Sólo puedo suponer que como los padres de Ester vinieron de Chihuahua, un estado colindando con Nuevo México, este pipián comparte una herencia común. Es un platillo ligero, los chiles anchos confiriendo una honda resonancia rica al sabor a nuez de las pepitas de calabaza, mientras que el maíz le presta un distintivo sabor rústico. Pipián es un platillo excelente para invitados, pues tanto el pollo como la salsa se pueden preparar antes y combinar y recalentar justo antes de servir.

Sirva con Arroz blanco (página 239) y muchas Tortillas de maíz (página 114) calientes. Un pequeño tazón de Sopa de cilantro (página 79) es una buena opción para comenzar y las Frutas en almíbar

(página 349) para terminar. Un zinfandel, quizás un Napa Ridge o un Souverain, se llevarían bien con la dulzura campechana de este platillo.

2½–3 libras de pollo, partido en piezas (muslos y pechugas)
1 cebolla blanca, cortada en cuatro
2 dientes de ajo grandes
4 tazas de Caldo de pollo (página 75) o consomé enlatado
sal de mar

Para la salsa

1½ tazas de pepita cruda, sin sal
½ taza de maíz seco
2 chiles anchos secos o California o nuevomexicanos colorados secos, asados (página 19), sin venas ni semillas
1 diente de ajo grande, pelado y picado
1 cucharada de aceite de cártamo o *canola*
sal de mar y pimienta negra recién molida
½ cucharadita de comino (opcional)

Coloque el pollo, cebolla y ajo en una olla con suficiente agua para cubrirlos, como 1 taza. Sale al gusto. Lleve a hervor, retire la espuma y baje el calor. Hierva el pollo lentamente unos 15 minutos hasta que esté tierno. Retire las piezas de pollo y aparte. Cuele el caldo y, si lo prepara antes, refrigere para cuajar la grasa y más fácilmente poder retirarla.

Tueste las semillas y maíz en un sartén grueso a fuego mediano, volteando constantemente hasta que estén ligeramente dorados. Aparte para enfriar.

Remoje los chiles en agua hirviendo unos 10 minutos, hasta que el agua se enfríe y los chiles se ablanden. Escurra y rompa los chiles en pedazos y coloque en una licuadora. Añada el ajo y 1½ tazas de caldo de pollo y muela perfectamente.

En un molino de especias, muela finamente las semillas y el maíz. Mezcle con 3 tazas de caldo de pollo. O, si tiene una licuadora poderosa, muela perfectamente las semillas y maíz con 1 taza del caldo de pollo hasta hacer una pasta, luego agregue las tazas de caldo restantes.

Caliente el aceite en una olla de hierro a fuego medio-alto. Vierta la mezcla de chile y deje reducirse como 1 minuto. Añada la mezcla de pepita y maíz, revuelva bien, y lleve a un hervor lento. Continúe cociendo a fuego lento unos 10–15 minutos hasta que comience a espesar el pipián. La salsa debe tener la consistencia de una crema espesa, así que agregue caldo si se espesa demasiado.

Sazone al gusto con sal, pimienta y comino. Agregue las piezas de pollo y cueza hasta calentar por completo el pollo.

Acomode las piezas de pollo sobre un platón o platos individuales y vierta la salsa encima y alrededor del pollo.

NOTA: Puede utilizar la pepita verde pelada que se encuentra en las tiendas naturistas o especiales. El maíz seco también se puede comprar en casi todas las tiendas naturistas o, si vive en o cerca de Nuevo México, los granos secos y tostados llamados *chicos* se pueden usar.

Sopa seca de fideos y pollo

SACRAMENTO, CALIFORNIA • TAMAULIPAS, MÉXICO

4 PORCIONES *Los rollos entrelazados de delicados fideos, una pasta que ya se encuentra en casi todos los supermercados, son los tallarines preferidos de los mexicanos, al igual que lo son en España. En México, un platillo como éste o arroz se serviría por lo general como un tiempo aparte—una sopa seca—antes del platillo principal. Con el énfasis de hoy en el comer más ligero, cocineras tales como Bettie Lee Taylor a veces sirven este platillo como el principal cuando quieren un alimento informal que se pueda lograr en menos de una hora, acompañado de una ensalada, pan crujiente o Bolillos (página 314) y un vino ligero rojo. Caldo de ajo (página 81) es un sabroso y ligero anticipo a esta comida.*

La madre de Bettie Lee era del pueblo mexicano fronterizo de Reynosa, su padre de Alabama. Ella creció con ambos preparando las comidas que mejor conocían, así que no era raro tener frijoles y arroz junto a pan de maíz estilo sureño. Bettie Lee recuerda haber vivido en una casa de una sola habitación en Sullivan City, Texas, que tenían a cambio de arar dos acres de tierra y sembrar maíz para el dueño. Allí manejaban una planta de hielo y la oficina de correo, y en la tiendita vendían los pollos y huevos que criaban. Los tamales de su mamá eran los preferidos de los trabajadores de los pozos petroleros cercanos. Ésta no era una vida fácil. Para conseguir leche había que ordeñar la vaca, y para poner carne en la mesa había que cazar conejo, faisán o huilotas. Hoy, hacer de comer es más sencillo. Una pista: ya listo el pollo, tenga todos los ingredientes medidos y a la mano. Los necesitará agregar uno tras otro rápidamente.

una pechuga de pollo entera de 1 libra
4 tazas de Caldo de pollo (página 74) o consomé de pollo enlatado
2 cucharadas de aceite de cártamo o *canola*
1 cebolla blanca chica, picada
½ libra de fideos (como 5 rollos)
2 dientes de ajo, finamente picados
1 jitomate maduro grande, ó 1 taza de jitomate enlatado, picado
1 taza de chícharos tiernos, frescos o congelados
½ cucharadita de comino
como ½ cucharadita de sal de mar
pimienta negra recién molida

Para la guarnición

2 cucharadas de hojas de cilantro fresco picadas
½ taza de queso fresco desmoronado (página 118), o tipo ranchero o queso feta

Cueza a hervor lento el pollo en el caldo por unos 10–15 minutos, hasta que esté apenas cocido por dentro. Retire de la cacerola, reservando el caldo. Ya frío, retire la piel y deshuese, desmenuce y aparte.

Caliente el aceite en una olla de hierro u otra olla grande tapada a fuego mediano. Añada la cebolla y cueza hasta ablandarse, luego agregue los rollos de tallarines, rompiendo cada uno en 3 partes. Remueva el enredo de tallarines constantemente hasta que se doren. (Un palillo chino funciona bien para esto). No permita que se quemen los fideos. Agregue revolviendo el ajo. Después de un minuto, añada el pollo, jitomates, chícharos, comino, sal y pimienta al gusto. Vierta encima el caldo. Mezcle bien y lleve a un hervor. Baje la llama y hierva lentamente por 8–10 minutos, hasta que se consuma casi todo el caldo.

Esparza cilantro y queso desmoronado encima y sirva de inmediato.

Arroz con pollo

BROOKLYN, NUEVA YORK • OAXACA, MÉXICO

6 A 8 PORCIONES *El pollo estofado se combina con arroz, suave y húmedo por un caldillo rico de jitomate, para dar a aquellos de herencia española una de sus comidas más populares en una sola olla. Lo encontré, de una forma u otra, en casi toda la comunidad méxico-americana que visité—desde la versión básica de Nuevo México sazonado con tan sólo algo de cebolla y ajo y coloreado de amarillo con cártamo silvestre, hasta una presentación elaborada con pimentón rojo y verde. Es muy similar al arroz con pollo tipo paella que adoraba en España, excepto que allá se usaría un arroz de grano corto.*

Los platillos de arroz con pollo son comidas de chiqueo—llenadores mas ligeros, y normalmente algo simples pero sabrosos. Comida que niños disfrutan al igual que los demás. En la versión de Geraldo Reyes, se agregan cubitos de papa, pero algunos cocineros agregan garbanzos también, creando un alimento aún más sustancioso. En vez de hervir todas las verduras lentamente en el puré de tomate, se agregan al último los chícharos y trozos de jitomate rojos brillantes para dar un sabor más fresco. Para reducir calorías, Minerva Diaz sancocha y deshebra pechugas y muslos antes de agregarlos al arroz con jitomate.

Esto es una cena de una sola olla sustanciosa, sólo requeriendo una ensalada simple y quizás algo de fruta para postre. Podría servirlo con Ceviche (página 381) como una entrada ligera. Una copa de zinfandel *de California o* chardonnay *hará la cena más festiva.*

Para el pollo

4 cucharadas de aceite de oliva
2½–3 libras de pollo, partido en piezas chicas (véase la Nota)
4 dientes de ajo, finamente picados
el jugo de 1 limón agrio grande
sal de mar
¼ de cucharadita de pimienta negra recién molida

Para el arroz

una lata de 14½ onzas de jitomate en trozos, escurridos
1 cebolla blanca chica, picada
6 dientes de ajo
1½ tazas de arroz de grano largo
2 cucharadas de aceite de cártamo o *canola*
½ cucharadita de orégano seco, mexicano de preferencia
sal de mar
pimienta negra recién molida
2 tazas de Caldo de pollo (página 74) o consomé enlatado
½ libra de papa roja, pelada y en cubitos
1 taza de chícharo congelado
1 jitomate grande y maduro, picado

Para la guarnición

¼ de taza de perejil de hoja plana picado

Salpique el pollo con un poco de aceite y embarra bien cada pieza. Machaque el ajo con el jugo de limón agrio y 1 cucharadita de sal. Vierta con cuchara sobre el pollo. Espolvoree ligeramente cada lado con pimienta. Tape y refrigere en un recipiente de vidrio o plástico por varias horas o más, volteando al menos una vez. Cuando esté lista para cocinar, seque el pollo a palmaditas y déjelo a temperatura ambiente por otros 30 minutos.

Caliente el resto del aceite en una olla de hierro o en un sartén grueso, o en una cacerola grande con tapadera. Saltee el pollo a fuego medio-alto unos 20 minutos, hasta dorado por todos lados. Salpimente al gusto. Si no está lo suficientemente grande la olla, se tendrá que cocer el pollo en tandas. Pase las piezas a un recipiente tibio con papel absorbente. Cualesquier pedacitos de piel o carne que se peguen al fondo de la olla se deberán raspar mas dejar allí para dar sabor al arroz. El pollo se puede dorar mucho antes de terminar de preparar el guiso.

Mientras se dora el pollo, coloque los jitomates, cebolla y ajo en una licuadora o procesador de alimentos y licue bien.

Agregue el aceite a la olla de hierro. Vierta el arroz, revolviendo y cubriendo bien con aceite, y cueza a fuego medio hasta dorarse los granos. Añada, removiendo, el puré de jitomate y orégano, salpimente al gusto y permita que chisporrotee varios minutos. Vierta el caldo de pollo y ajuste la sazón. (Este platillo se beneficia de una abundancia de pimienta negra). Agregue las papas y piezas de pollo, sumergiéndolas en el arroz. Cuando comience a hervir el caldo, baje el fuego, tape la olla muy bien, y hierva lentamente unos 20 minutos, hasta que se absorba el caldo.

Mientras se cuece el arroz, descongele un poco los chícharos. Retire el arroz de la estufa, añada los chícharos y jitomate picado, y saltee junto con el arroz, utilizando un tenedor. Tape y deje reposar otros 4–5 minutos.

Esparza el perejil picado encima y sirva de la cazuela, o se puede pasar el arroz a un platón y poner el pollo y perejil encima.

NOTA: Se debe marinar el pollo al menos 2 horas antes de cocinar.

VARIACIÓN: POLLO SAZONADO ESTOFADO CON ARROZ Varias cocineras que conocí en Florida agregaron 1 cucharadita de comino al puré de jitomate y vertieron al arroz una lata de 4 onzas de chile verde no picoso, picado y escurrido, y 2 onzas de pimentón picado y escurrido en vez de los chícharos y las papas.

Guisado de conejo con lentejas y hongos

BERKELEY, CALIFORNIA

4 A 6 PORCIONES *En el suroeste de los Estados Unidos, Idaho y Colorado encontré mucha gente aún cazando conejo, casi siempre para que pudieran tener conejo frito en cazuela con salsa de chile, o hacían chorizo de la liebre más dura. Guisado de conejo, en especial con lentejas y una variedad desordenada de vegetales, fue otro favorito, con el alimento completo servido en una sola cazuela. Ésta es una variación sobre una receta que me dio Irma Aguilar. Yo agregué los hongos después de que varios cocineros de Colorado me dijeron que usaban los silvestres que ellos mismos recolectaban. Es un guiso que más se aprecia durante los meses duros de invierno: sus sabores macizos sirven para fortalecer el cuerpo.*

Esto es un platillo magnífico para buffet informal. Ensalada de berros *(página 54)* *es una buena compañera, en especial con un vino halagador tipo* Riesling. *Use el mismo vino en el guisado.*

Para el conejo

3–4 libras de conejo (pierna y muslo)
3 dientes de ajo, finamente picados
1 taza de vino blanco seco
sal de mar y pimienta negra recién molida

Para los vegetales

3 rebanadas gruesas de tocino, picados en trozos de ½ pulgada
½ libra de hongos frescos, rebanados
2 cebollas blancas medianas, finamente picadas
2 tazas de apio picado
4 dientes de ajo, finamente picados
4 jitomates medianos, maduros, picados, ó 2 latas de 14½ onzas de jitomate picado
1 cucharadita de orégano seco, mexicano de preferencia
1 hoja de laurel
½ cucharadita de pimienta gorda molida
1 cucharada de chile seco triturado
1½ tazas de lentejas de rápida cocción
4 tazas de Caldo de pollo (página 74) o consomé enlatado
sal de mar
2 papas medianas, peladas y en cubos de ½ pulgada

Para la guarnición

3 cucharadas de perejil de hoja plana picado

Limpie el conejo con un trapo húmedo y retire cualquier grasa. Embarra las piezas con la mitad del ajo, luego macere en el vino y el ajo restante al menos 1 hora; toda la noche es aún mejor. Cuando esté listo para cocinar, retire el conejo, seque a palmaditas y salpimente. Conserve la marinada de vino.

Fría el tocino en una olla de hierro grande a fuego medio-bajo hasta crujiente. Aparte para escurrir sobre papel absorbente, conservando 2 cucharadas de manteca derretida para dorar el conejo.

Agregue el conejo a la olla y dore por todos lados. Retire las piezas de conejo y aparte. Saltee los hongos brevemente y aparte con el conejo. Añada la cebolla y el apio a la olla, agregue el ajo revolviendo, y cueza varios minutos más. Añada la marinada de vino y cueza otro minuto. Agregue el tocino, jitomate, orégano, laurel, pimienta gorda y chile triturado, y revuelva bien todo. Siga cocinando hasta que se ablanden e incorporen bien los jitomates.

Enjuague la lenteja, escurra y agregue a la mezcla de jitomate junto con el caldo. Sazone bien. Acomode las piezas de conejo encima de las lentejas y vierta cualquier jugo del conejo también. Tape, baje la llama y cueza unos 15 minutos.

Agregue las papas y hongos revolviendo y ajuste de nuevo la sazón. Cueza otros 20 minutos hasta suavizarse las papas. Voltee el conejo y remueva para que no se pegue ni se queme nada.

Sirva en la olla con el perejil encima. O retire las piezas de conejo, ponga las lentejas en una cazuela de barro u otro platón para servir, acomode el conejo encima, y esparza el perejil.

¿CANELA O CASIA?

No sólo condimento para postre, la canela se usa en muchas de las preciadas comidas de fiesta de México—especialmente en los moles. Encontrar la delicadamente fragante, ligeramente dulce, verdadera corteza de canela que se vende en los mercados de México es mucho más difícil en los Estados Unidos, y los méxico-americanos usualmente se acostumbran a usar casia, la corteza similar pero mucho más agresivamente aromática que se vende en las tiendas de abarrotes en los Estados Unidos como canela molida o canela en raja, la corteza enrollada. No lo es. La casia es una especia maravillosa, pero tiene un sabor más fuerte que la verdadera canela. Para las recetas en este libro, si sustituye casia por canela, use una cantidad menor. A pesar de que ambas están hechas de la corteza de un laurel de hoja perenne, lo verdadero es de Sri Lanka (Ceilán). La casia proviene del sur de la China, Indonesia y Burma. La corteza de canela es bastante frágil, se hace astillas y se muele fácilmente, mientras que la corteza de la casia es leñosa. Lo que me parece irónico es que la verdadera canela, que se usa en la mayor parte del mundo, evidentemente se envía primero a los Estados Unidos y luego se revende en los mercados mexicanos. Afortunadamente, muchas tiendas especializadas de comida y mercados étnicos también la tienen a la mano, o se puede traer de vuelta de un viaje de vacaciones a México.

Mole rojo de guajolote

HOMESTEAD, FLORIDA • MICHOACÁN, MÉXICO

6 A 8 PORCIONES *El más voluptuoso de los platillos de fiesta mexicanos, el mole rojo tradicional es un tapete de sabores intrincadamente entretejidos. Cada estado tiene su propia versión, pero puede asegurarse que incluirá varios tipos de chile seco, una amplia gama de hierbas de olor, especias, nueces y semillas y con frecuencia, hasta fruta y un dejo de chocolate. Mole (de la palabra náhuatl que significa "salsa") con mucha seguridad se servirá cubriendo una pieza de guajolote, pollo o carne, pero como el elegante cubierto que es, el mole en sí es la estrella.*

Me reuní con Candelaria Resendez mientras tomaba su descanso de trabajo en Brooks Tropical Fruit Company, afuera de Homestead, Florida. Ella es de Morelia, Michoacán, una ciudad que conozco y quiero, y encontramos que teníamos mucho en común, incluyendo que ambas tenemos siete hijos y ambas adoramos cocinar. Éste es su mole muy especial que ella prepara para bodas y otras fiestas, aunque redujimos la cantidad por la mitad.

Sirva con Arroz blanco (página 239) y Tortillas de maíz (página 141) calientes. El dejo de chocolate en Negra Modelo, una cremosa cerveza obscura, la hace justo la bebida de este rico mole. Pruebe el Helado blanco y negro (página 362) como postre. Si prefiere vino, tome un shiraz *australiano o un* merlot. *Ojalá y haya sobras, pues una torta (página 132) hecha con un mole de pavo o pollo se asemeja al emparedado de pavo tan anhelado después del Día de Acción de Gracias. Sólo parta el pan por la mitad, ponga guajolote desmenuzado encima y salsa espesa, luego rebanadas de aguacate, aplaste el bolillo junto, y ¡éntrele!*

Para el guajolote

3–4 libras de pechuga de guajolote o pollo, partidas en piezas chicas
1 cebolla blanca, cortada en pedazos o cuatro partes
4 dientes de ajo
5 ramitos de perejil de hoja plana
como 1 cucharadita de sal de mar

Para el mole

4 chiles mulatos secos, tostados (página 19), sin semillas ni venas
4 chiles anchos secos, tostados (página 19), sin semillas ni venas
4 chiles guajillos secos, tostados (página 19), sin semillas ni venas
¼–⅓ de taza de aceite de cártamo o *canola*
1 taza de pepita de calabaza cruda, pelada
¼ de taza de cacahuate sin cáscara, sin pelar, sin sal
8 almendras sin pelar
¼ de taza de uvas pasas
1 rebanada gruesa de pan baguette o bolillo seco, ó 6–8 galletas saladas
3 dientes de ajo
½ plátano macho maduro, pelado y cortado en cubos de ½ pulgada
2 cucharaditas de orégano seco, mexicano de preferencia
¼ de cucharadita de pimienta negra recién molida
¾ de cucharadita de canela molida (casia)
1 hoja de laurel
1 onza de chocolate mexicano, picado
sal de mar

Coloque las piezas de guajolote en una cazuela grande con la cebolla, ajo y perejil. Añada agua fría a cubrir y sal al gusto. Lleve a hervor sobre fuego medio-alto, luego baje la llama para mantenerlo a un hervor lento. Cueza unos 15 minutos, hasta que el pavo esté apenas tierno. No debe quedar del todo cocido. Retire la espuma de la superficie al surgir. Saque el guajolote y cuele el caldo. Debe haber al menos 6 tazas de caldo. Se puede hacer hasta este punto por adelantado y guardar, tapado, en el refrigerador. Antes de usar el caldo, retire la grasa cuajada.

Ponga los chiles en un tazón, cubra con agua muy caliente, y permítalos remojar por 30 minutos.

Caliente 1 cucharada del aceite en un sartencito y fría las pepitas. Revuélvalas a fuego mediano hasta que comiencen a reventar y tronar. Tenga una tapadera a la mano por si saltan demasiado; sacuda el sartén para que no se pasen de tostadas ni se quemen. Vacíelas con una cuchara a la licuadora.

Si lo requiere, agregue más aceite al sartén. Añada los cacahuates y almendras y dore. Ponga las nueces en la licuadora, agregue 1 taza de caldo, y licue perfectamente. Añada más aceite al sartén, si lo necesita, y dore las pasas, pan, ajo y plátano macho por separado. (El plátano macho puede tomar hasta 5 minutos para dorarse). Añada cada uno a la licuadora con un poco más de caldo y licue hasta obtener la consistencia de una pasta tosca.

Caliente 2 cucharadas de aceite en una olla de hierro o una cazuela grande y gruesa a fuego medio-alto y agregue la mezcla molida. Baje el fuego y espolvoree con el orégano, pimienta y canela. Añada el laurel y revuelva con frecuencia mientras burbujea la mezcla. Cocine unos 5 minutos.

Mientras la mezcla de nueces y pepitas se cuece, escurra los chiles y reserve el agua. Rompa los chiles en pedazos unos cuantos a la vez y póngalos en la licuadora (no la tiene que enjuagar) con 1 taza o más del agua reservado. Licue perfectamente. Agréguelos a la mezcla en cocción y revuelva bien unos minutos. Continúe hasta haber agregado todos los chiles.

Añada el chocolate y revuelva hasta que se haya derretido en el mole. Raspe el fondo de la cazuela al remover. Agregue el resto del caldo y cueza unos 2 minutos más. (Este platillo mejora en sabor si se prepara hasta este punto por adelantado y luego se deja reposar por varios días). Añada el guajolote y continúe cociendo por unos 15 minutos. Ponga sal al gusto. La salsa estará de color rojo ladrillo y de una consistencia de crema espesa.

Retire el guajolote a un platón o a platos individuales y sirva el mole a cucharadas por encima, dejando que se encharque alrededor del guajolote.

Pavo relleno para días de fiesta

CHICAGO, ILLINOIS • CIUDAD DE MÉXICO, MÉXICO

10 A 12 PORCIONES CON SOBRAS PARA TACOS Y ENCHILADAS *Las familias mexicanas adoran reunirse para fiestas, y agregando el Día de Acción de Gracias a su calendario como una fiesta es sólo otra excusa para celebrar. En este día, Silvia de Santiago sirve este magnífico pavo glaseado y*

salsa vigorosa con puré de papas, finalizando la cena con capirotada y, como tributo a su nuevo hogar, pay de manzana. Silvia trabaja a diario como mesera en un restaurante mexicano y aún cocina principalmente comida mexicana en casa, haciendo los platillos que su madre le enseñó. Su padre, un guitarrero bien conocido de Paracho, un pueblito en Michoacán, viajó a menudo a los Estados Unidos. Cuando Silvia estaba en la prepa, se fue con él para quedarse un año con una tía en Chicago y decidió que era la ciudad donde quería radicar de grande. Ocho años después volvió, y Chicago es su hogar desde entonces.

Aunque no sea Navidad, Ponche de Navidad (página 386) dará el tono festivo para la cena, servido con una variedad de empanaditas pequeñas (páginas 43–44, y 366) para picar. Después de la bendición, se corta el pavo y la mesa o trinchador se repleta de platillos traídos por otros miembros de la familia e invitados. Siempre forma parte de la cena el puré de papas, pero por lo común alguién lleva Camotes rellenos (página 256). Una colorida ensalada tal como Ensalada de Corpus Christi (página 63) o Ensalada de Noche Buena (página 60) se sirve y con frecuencia (sorprendentemente para mí) Pasta Mexicana (página 196). En caso de no ser suficiente, en algunas casas se sirve un jamón rebanado y un postre como Pastel de piña (página 372) sigue, al igual que la tradicional Capirotada (página 356). Para continuar con el sabor a frutas del ponche, yo sugiero un Gamay beaujolais *durante la cena.*

Para el relleno

2–3 cucharadas de aceite de cártamo o *canola*
½ cebolla blanca chica, picada
1 diente de ajo, finamente picado
6 onzas de *prosciutto* u otro jamón en rebanada delgada, picado en trozos de ½ pulgada
4 onzas de carne molida sin grasa
4 onzas de lomo de puerco molido
4 onzas de hongos frescos, rebanados
2 jitomates grandes y maduros, picados, ó 1 lata de 14½ onzas de jitomates pelados y picados en cubos
8 onzas de aceitunas verdes rellenas, rebanadas
8 onzas de ciruelas pasas secas, sin hueso y picadas
½ taza de piñones
½ taza de vino tinto
¼ de taza de perejil bien picado
½ cucharadita de orégano seco, mexicano de preferencia
como 1 cucharada de sal de mar
1½ cucharaditas de pimienta negra recién molida

Para el pavo

un pavo de 10–12 libras, de preferencia de granja libre (véase la Nota)
½ limón francés
1 cucharadita de canela molida (casia) (véase el artículo suplementario, página 170)
mantequilla sin sal o aceite de cártamo
sal y pimienta negra recién molida
2 tazas de vino tinto
1 cucharadita de orégano seco, mexicano de preferencia

(ingredientes continuar)

Para la salsa de menudencias

corazón, molleja, hígado y pescuezo de pavo (o quizás prefiera descartar el hígado)
3 tazas de Caldo de pollo (página 74) o consomé enlatado o agua suficiente para cubrir las menudencias
⅓ de taza de vino tinto
como 1 cucharadita de sal de mar
1 cebolla blanca tachonada con 3 clavos
1 zanahoria, pelada
4 pimientas negras enteras
2 ramitos de perejil de hoja plana
1 hoja de laurel

Prepare el relleno primero. Caliente unas 2 cucharadas de aceite en un sartén grande de hierro a fuego medio-alto. Añada la cebolla y el ajo y cueza a que la cebolla apenas se ablande. Agregue el jamón, carnes de res y puerco y hongos, y dore ligeramente. Agregue más aceite sólo si se requiere.

Añada, revolviendo, los jitomates, aceitunas, ciruelas pasas y piñones. Agregue el vino tinto, perejil y orégano y siga cociendo unos 5 minutos, hasta que se sazone bien y que se consuma el líquido. Si aún está aguado, suba la llama unos minutos, luego retire el sartén del calor y vacíe cualquier aceite que quede. Salpimente al gusto. Aparte y deje enfriar antes de rellenar el pavo. El relleno se puede preparar antes y refrigerar, pero se debe llevar a temperatura ambiente antes de usar.

Precaliente el horno a 350 grados F. Retire el pescuezo y las menudencias del ave y reserve para la salsa. Enjuague el pavo por dentro y por fuera y seque perfectamente. Embarre el interior con el lado cortado de un limón francés y espolvoree ligeramente con canela.

Rellene la cavidad del pescuezo y cuerpo ligeramente con el relleno al tiempo. Ate el pavo, cerrando las dos aperturas y sujetando con el hilo las alas y piernas. Déle masaje a la piel con mantequilla o aceite y salpimente al gusto. Coloque el pavo, la pechuga hacia arriba, sobre una parrilla enaceitada puesta dentro de una charola grande y poco profunda para hornear.

Ase el pavo por 2½–3 horas, unos 15–20 minutos por libra, dependiendo del horno. La guía más confiable respecto a cuándo está cocido el pavo es un termómetro para carnes insertado en la parte más gruesa del muslo. El ave está listo para retirarse del horno al alcanzar 165–170 grados F. Bañe frecuentemente con los jugos de la charola, y cuando la pechuga se dore bonito, vierta el vino tinto mezclado con 1 taza de agua tibia y el orégano. Continúe bañándolo. Si el pavo se está dorando demasiado, tape, sin sellar, con un trozo de papel aluminio. No sobrecueza.

Pase el pavo a una tabla o un plato, cubra con papel aluminio y una toalla, y permita reposar 15 minutos antes de cortar.

Mientras se asa el pavo, coloque todos los ingredientes para la salsa de menudencias en una cacerola grande y lleve a un hervor lento. Retire de vez en vez cualquier espuma que suba a la

superficie. Tape la cacerola y cueza a fuego bajo por 1 hora, agregando más líquido si lo requiere. Cuando el caldo se haya reducido a como 2 tazas, cuele, conservando el pescuezo y las menudencias. (Si gusta, desmenuce la carne del pescuezo y pique finamente las menudencias y regréselos al caldo). La salsa se puede preparar antes y refrigerarse por hasta 3 días.

Retire cualquier exceso de grasa de la charola de hornear. Vierta en ella 1 taza del caldo y desglasee a fuego lento, raspando para aflojar pedacitos de los jugos de pavo caramelizados. Vierta el líquido café en una cacerola, agregue el resto del caldo y las menudencias de pavo, y reduzca a fuego lento por varios minutos. Pruebe y ajuste la sazón y mantenga caliente hasta listo para servir.

Retire el relleno del pavo y coloque en el centro de un platón grande y caliente. Corte el pavo y acomode alrededor del relleno. La salsa de menudencias se puede verter sobre ambos, o servir al lado para agregar al gusto.

NOTA: Para grupos más chicos, se puede usar una pechuga de pavo, poniendo el relleno en el zurco entre los dos lados y amarrándolo con un hilo. Reduzca el tiempo de cocción según el peso.

Carne

Chorizo

PUEBLO, COLORADO • GUANAJUATO, MÉXICO

RINDE 2 LIBRAS *A los mexicanos les encanta el chorizo. Aunque tradicionalmente, el embutido lleno de especias se cura, se mete en un embutido y se cuelga para añejar los sabores, encontré que la mayoría de cocineros méxico-americanos, incluyendo a Rose Aguilera, ahora lo hacen y almacenan en grandes cantidades. Es mucho menos trabajo y sabe casi igual de rico. Con una tanda de su chorizo siempre en el congelador, Rosa fácilmente puede transformar frijoles o huevos en un platillo para una fiesta. Añada a Chilaquiles en salsa verde (página 221), Papas fritas con rajas y cebollas (página 259) e incluso Pasta mexicana (página 196).*

Jesse Berain me enseñó una manera excelente de preparar chorizo. Él fríe el chorizo hasta que esté bien dorado y casi seco. Luego le agrega dos tazas de frijoles refritos, lo muele todo con un pasapurés y lo continúa cocinando por otros cinco minutos.

1½ libras de lomo de cerdo, molido grueso
½ libra de grasa de puerco, molido grueso
3 dientes de ajo grandes, finamente picados
3–4 cucharadas de chile rojo en polvo puro, ancho o nuevomexicano de preferencia (véase la Nota)
1 cucharada de orégano seco, mexicano de preferencia
1½ cucharaditas de sal de mar
½ cucharadita de pimienta negra recién molida
½ cucharadita de comino molido
⅛ de cucharadita de clavo molido
4–5 cucharadas de vinagre de vino tinto o cidra

Ponga la carne de puerco, grasa y ajo en un tazón grande de vidrio o esmalte y mezcle con los dedos o un tenedor hasta que esté desmoronado y bien revuelto.

Espolvoree el chile, orégano, sal, pimienta, comino y clavo sobre la carne y mézclelos bien con sus manos. Salpique el vinagre poco a poco y mezcle de nuevo, pero no deje que la mezcla se torne pegajosa. Saltee una cucharada en un pequeño sartén y pruebe para la sazón. Agregue más condimentos, si es necesario.

Tape bien con envoltura de plástico y guarde en el refrigerador para que se cure por lo menos 1 día, varios más de preferencia. El chorizo se conservará hasta una semana en el refrigerador, pero fácilmente se puede dividir en tandas más pequeñas y congelar por 2–3 meses.

Antes de cocinar, exprímalo para sacar cualquier exceso de vinagre, luego fría sobre fuego muy bajo.

NOTA: Es importante usar chiles secos molidos puros tales como Nuevo México o ancho en el chorizo. Si no lo halla en un mercado hispano o en su supermercado, muélelo Ud. (página 19). La receta de Rosa requiere partes iguales de carne molida de puerco y de res; yo he usado puro puerco. Si desea más picante, simplemente pique y agregue un chile serrano fresco cuando fríe el chorizo.

Lomo de cerdo en crema de chile poblano

NORTHBROOK, ILLINOIS • CIUDAD DE MÉXICO, MÉXICO

8 PORCIONES *A todos les encanta una fiesta y éste definitivamente es un platillo para una fiesta. Elaine González envuelve rebanadas de carne de puerco tiernos en una salsa suculenta que tiene el verde obscuro de los chiles poblanos mezclados, luego lo decora con crema y le espolvorea queso.*

Como postre, pruebe algo especial como Gelatina con licor de café (página 350) y pequeños Polvorones con canela (página 363) al lado. Me gusta juntar este platillo especial con un shiraz *australiano lleno de sabor—un vino de maravillosa textura y condimento, o con un* Cecchi Sangiovese *de Italia.*

4–6 cucharadas de aceite de cártamo o *canola*
3 libras de lomo de cerdo sin hueso
sal de mar y pimienta negra recién molida
1 cebolla blanca pequeña, cortada en cuatro
2 dientes de ajo
4 chiles poblanos frescos, asados (página 19) y sin semillas
2–3 cucharadas de cilantro picado
2 cucharadas de mantequilla sin sal
2 tazas de crema (página 21) o crema ácida rebajada con leche
3 onzas de queso Cotija o feta, desmoronado, o queso parmesano, rallado

Caliente 2–3 cucharadas del aceite en una olla de hierro o en una cazuela grande y gruesa. Añada la carne de puerco y espolvoree con sal y pimienta al gusto. Dore todos los lados sobre fuego medio-alto. Agregue la cebolla y ajo después de varios minutos. Cuando esté dorada la carne, agregue 2 tazas de agua y cocine, tapado, como 1½ horas, hasta que esté tierna la carne. Esto se puede preparar por adelantado y poner en el refrigerador.

Quite la grasa del caldo de puerco lo más posible. Precaliente el horno a 350 grados F. Ponga el caldo en una licuadora con los chiles. Agregue el cilantro, junto con la cebolla y ajo del caldo, y licue hasta que esté terso.

Derrita la mantequilla y el resto del aceite en un sartén grande sobre fuego medio-bajo. Agregue la mezcla de chile y saltee, removiendo constantemente, por unos 3 minutos después de que comiencen a chisporrotear la mantequilla y aceite. Añada 1 taza de la crema y sal y pimienta al gusto y cocine por unos cuantos minutos más.

Vierta varias cucharadas de la salsa en el fondo de un refractario enaceitado, como de 15 por 10 pulgadas. Corte el lomo de puerco en rebanadas de ¼ de pulgada de grueso y colóquelas encima de la salsa. Vierta la salsa restante sobre la carne y espolvoree con el queso.

Salpique con el resto de la crema y hornee, sin tapar, hasta que esté ligeramente dorado por encima. Se puede servir directamente de la fuente para el horno o sobre platillos individuales acompañados con Arroz blanco (página 239).

VARIACIÓN: PECHUGA DE POLLO EN CREMA DE CHILE POBLANO Se pueden sustituir pechugas de pollo deshuesadas por la carne de puerco. Saltee el pollo hasta que esté ligeramente dorado y acorte el tiempo de cocción lenta a unos 15 minutos.

Verdolagas a la mexicana con puerco

ALLEN PARK, MICHIGAN • QUERÉTARO, MÉXICO

3 A 4 PORCIONES *Es Ud. realmente afortunada si tiene verdolaga suculenta creciendo en su jardín. No la considere mala hierba sino como una verdura de hoja verde muy especial. Cuando se cuece ligeramente al vapor, tiene un sabor maravillosamente fresco que es apreciado por cocineros mexicanos. De vez en cuando, durante abril y mayo, he encontrado verdolagas en los mercados. Hay que estar al pendiente. Dígales a las personas que venden otras verduras de hoja verde que desea un poco y eventualmente aparecerá. Florencio Perea, carnicero jubilado, usa costillas de puerco llenas de carne en esta receta.*

Sirva este guiso con una pila de tortillas calientes, Arroz blanco (página 239), Frijoles refritos (página 233) y quizás Ensalada de col y chiles (página 55) al lado. Capirotada (página 356) es un final compatible.

- 2 cucharadas de aceite de cártamo o *canola*
- 2 libras de costilla larga de cerdo, cortadas en trozos de 2 pulgadas
- ½ cebolla blanca, bien picada
- 2 chiles jalapeños frescos, sin semillas y picados
- 2 dientes de ajo, bien picados
- sal de mar
- 3 jitomates medianos muy maduros, picados, ó 1 lata de 14½ onzas de jitomate picado
- ½ cucharadita de orégano seco, mexicano de preferencia
- 1 libra de hojas y retoños de verdolaga o espinaca

Caliente el aceite en una cazuela de fondo grueso. Agregue la carne de puerco y fría sobre fuego medio-alto por 8–10 minutos, volteándola para asegurar que se dore por todos lados. Añada la cebolla, chiles y ajo y continúe cocinando hasta que la cebolla esté un dorado claro. Espolvoree con sal al gusto. Añada los jitomates y orégano. Baje la llama, tape y cueza como 35 minutos, hasta que esté muy tierno. Añada agua, si es necesario, raspando los lados y el fondo de la cazuela.

Lave bien la verdolaga y pique, usando todo menos los tallos más grandes. Cueza la verdura al vapor en una cazuela mediana con unas cuantas gotas de agua por 5–10 minutos, hasta que se ponga verde obscuro y muy tierna. Escurra y agregue a la carne de puerco, remueva y pruebe para la sazón.

VARIACIÓN: FRITO RÁPIDO DE TOCINO Y VERDOLAGA Josie Freyte, en una receta de *Real Comida!* (Colorado Springs: The League of United Latin American Citizens, 1991), sustituye tocino por las costillas y semillas de chile seco o caribe (página 267) por el jalapeño y elimina el tiempo de cocción de 35 minutos para la carne y jitomates.

Chile verde con puerco y papas

PALO ALTO, CALIFORNIA • MICHOACÁN, MÉXICO

6 A 8 PORCIONES *Pilar Barnard Baca combina pedacitos de carne de puerco con papitas pequeñas y los cocina en una salsa agria de chiles y tomatillos en una manera tradicional de Michoacán, el hogar de su familia. Pilar, quien ha vivido en Palo Alto por muchos años, es la hermana mayor de Carmen, mi compañera de trabajo en todos mis viajes a México.*

Aunque ya tiene papas este platillo, sigue siendo tradicional servirlo con morisqueta—una combinación que es realmente muy sabrosa. Agregue una ensalada verde sencilla y una botella de chianti *italiano. Pequeños vasos de Helado de rompope (página 359) le dan un final especial a esta comida casera.*

20 tomatillos medianos, sin cáscara y enjuagados
3–4 chiles serranos frescos, sin tallo
2 dientes de ajo
2 cucharadas de aceite de cártamo o *canola*
2 libras de lomo o espadilla de cerdo, incluyendo un poco de grasa, cortado en cubos de ½–1½ pulgadas
sal de mar
12–15 papas rojas pequeñas
⅓ de taza de cilantro picado

Ponga los tomatillos, chiles y ajo en una olla mediana. Cubra con alrededor de 3 tazas de agua y lleve a hervor sobre calor mediano. Hierva a fuego lento por 10–15 minutos, hasta que estén suaves los tomatillos. Escurra pero reserve el líquido.

Ponga los tomatillos, ajo y chiles en una licuadora o procesador de alimentos y mezcle bien con ¼ de taza del líquido de los tomatillos.

Entibie el aceite en una olla grande de fondo grueso o un sartén grueso y dore la carne sobre fuego mediano hasta que esté dorada y crujiente. Vierta los ingredientes molidos sobre la carne. Añada sal al gusto y 2 tazas del líquido de los tomatillos sobrante. Tape y cueza a hervor lento como 30–45 minutos, hasta que esté algo tierna la carne. Agregue las papas y continúe cociendo por otros 20 minutos. Esto puede ser preparado hasta este punto, tapado y refrigerado durante la noche.

Como 15 minutos antes de servir, añada el cilantro a la carne hirviendo, pruebe y ajuste la sazón.

Carne con chile colorado

NUEVO MÉXICO

6 A 8 PORCIONES *Este robusto guiso de carne es el precursor del popular chile con carne de hoy día. En 1939, Cleofas M. Jaramillo escribió: "Hierva carne de puerco hasta que esté tierno, escurra y corte en trozos pequeños y ponga en una olla. Añada el caldo de res colado y 1 cucharada de chile rojo en polvo disuelto en un poco de agua, o mejor, una taza de chile caribe. Sazone con ajo, orégano y sal, cueza a hervor lento hasta que espese". Sencillo, sí. Sabroso, muy. Mi interpretación es un poco más detallada y muy parecida a los muchos platos que consumí mientras estuve en la parte superior del valle del Río Grande en Nuevo México y Colorado. El desacuerdo principal que encontré entre los cocineros fue si hay que cocer la carne a hervor lento, luego dorarla, o como prefiero yo, dorarla rápido a fuego alto primero, luego agregar el líquido. Algunos cocineros intensifican el nivel de picor al incluir la mordida picosa del comino, el chile caribe robusto o el aún más picoso piquín.*

Ya que no se cocinan frijoles con la carne, por costumbre se sirven al lado o añadidos al final. Papas, arroz o incluso pasta proporcionan un platillo acompañante alternativo. Tortillas de harina (página 131) calientitas, una ensalada y el refrescante sabor de una cerveza amarga completan la comida.

12 chiles colorados secos manzos, nuevomexicanos de preferencia, ó ½ taza de chile colorado manzo en polvo
2 cucharadas de aceite de cártamo o *canola*
2 libras de *sirloin* o lomo de puerco, cortado en cubos de ¼ de pulgada
1 cucharada de harina
4 dientes de ajo, finamente picados
como 1 cucharadita de sal de mar
1 cucharadita de pimienta negra recién molida
1 cucharada de orégano seco, mexicano de preferencia
1 cucharadita de chile caribe (página 267) o chile colorado seco triturado (opcional)
1 cucharadita de comino molido (opcional)
2–3 tazas de Caldo de res (página 76), caldo de res enlatado o agua

Para la guarnición

1 cebolla blanca mediana, bien picada

Abra los chiles secos y retire los tallos, semillas y venas. Ponga los chiles en un sartén pesado sin engrasar a fuego bajo y ase por unos 4 minutos, volteándolos frecuentemente y presionándolos con una pala. Deben cambiar de color, formar unas cuantas ampollas y despedir un maravilloso aroma. No permita que se quemen. Retire del fuego y, cuando se enfríen, muélalos completamente en un molino de especias o café. El chile molido se puede almacenar en un frasquito bien sellado o bolsa de plástico por un buen tiempo.

En una olla de hierro pesada o un sartén grande de hierro fundido con tapadera, entibie el aceite sobre fuego medio-alto. Añada la carne, espolvoree con la harina y dore la carne por todos lados. Agregue el ajo, sal y pimienta y cueza brevemente. Añada y remueva parte de los chiles molidos, orégano y chiles adicionales o comino si lo ocupa. Pruebe al añadir para determinar la robustez y profundidad de sabor. Añada más si es necesario.

Vierta el líquido a la olla, reduzca el calor a bajo, tape y cueza a hervor lento por 1½–2 horas, removiendo ocasionalmente, hasta que esté tierna la carne. Debe quedar algo del caldillo. El platillo se puede hacer por adelantado y refrigerar, luego recalentar. Sirva en un tazón ancho con cebolla picada encima.

BARBACOA

En el pasado, cuando pensaba en asar a la parrilla, siempre tenía la imagen de una parrilla en el jardín trasero asando bistec, pollo o hamburguesas—ingredientes cocinados rápidamente sobre una llama. La barbacoa mexicana es un proceso lento, lento: la carne se envuelve, se entierra y se cocina bajo tierra durante horas. Una barbacoa rara vez se prepara para una sola familia. Igual que un luau *hawaiano, es una manera eficiente de servir a un gran número de comensales hambrientos. Cocinar porciones más pequeñas de carne lentamente en un horno o una parrilla exterior tapada es una manera mucho más práctica de preparación para cocineros caseros y, aunque no es tan dramático como sacar su comida de un hoyo humeante, los resultados son realmente extraordinarios.*

Si pide barbacoa en la frontera entre Texas y México, probablemente será la muy especial cabeza de vaca en barbacoa—carne tomada de una cabeza entera de vaca rostizada en un hoyo. Será una especialidad de Texas, pero fue en Idaho donde primero aprendí las complejidades del proceso. Conocí a Joe Torres y su esposa, Olivia, cuando me senté junto a él durante un desayuno organizado por una iglesia en Nampa, Idaho. En la mayoría de las comunidades de México hay unos cuantos escogidos maestros del estilo regional de barbacoa, los que preparan la carne para las fiestas del lugar. Joe era un tal maestro. Acababa de cavar un hoyo profundo en su jardín trasero y lo forró de tabique. La cabeza (o cabezas) se pela. Se puede untar la cabeza con ajo y aceite; la que hace Joe normalmente va sin condimento. Envuelve la cabeza completamente con papel higiénico blanco, luego la pone dentro de varios costales de papa mojados. En México o Texas pondría grandes pencas de maguey o hasta nopal encima de las brazas por su humedad y sabor extras.

La cabeza, en una cazuela de metal, se pone sobre las brasas. Se amontonan más brasas alrededor, se tapa el hoyo herméticamente con una tapadera de triplay o metal, y se le pone tierra encima. Algunas personas (mas no Joe) hacen otra fogata encima del hoyo para mayor calor. Después de 7 a 10 horas se saca la cabeza del hoyo y se le cortan todas las partes comestibles; una cabeza rinde como 10 libras de carne. La carne tierna con sabor a humo se come en tacos con tortillas de harina y salsa picante. Realmente una comida especial.

A los cocineros nuevomexicanos les gusta preparar el cabrito o cordero para ocasiones especiales. El chivo es el favorito de Nolia Martínez. Su secreto para atenuar el sabor fuerte del chivo es untarlo con ajo y gengibre molido. Incluye los condimentos en los jugos de la carne para obtener una salsa de sabor intrigante.

La muy estimada cochinita o pollo pibil, el puerco o pollo de Yucatán rostizado en hoyo, todavía se prepara en ocasiones especiales por los cocineros yucatecos que conocí en los Estados Unidos. Ahora se cocina en el horno, no en un hoyo, y los condimentos únicos para el recado vienen de un paquete, pero sigue teniendo los sabores esenciales del país que dejaron atrás.

Achiote

Bixa orellana

RINDE COMO 1/4 DE TAZA *La primera vez que vi un árbol de anato, punteado con grandes flores color de rosa, solamente sabía que era uno de los árboles más impactantemente hermosos que jamás había visto. Después identifiqué el árbol en un jardín botánico en Hawai; las flores fueron reemplazadas por vainas rojas espinudas que protegen las muchas semillas duras que hacen que sea tan importante este árbol. A pesar de que las semillas molidas imparten un sabor suavemente floreado a la comida, es su habilidad para imbuir a cualquier cosa que tocan con un matiz profundamente anaranjado lo que le da su valor comercial. Los guerreros indígenas maya y caribe lo usaban para pintar sus cuerpos; fue el ingrediente secreto durante la 2ª Guerra Mundial que convirtió la margarina en un sustituto casi acep-*

table para la mantequilla; y todavía se usa para dar color a algunos quesos. En muchos países tropicales, especialmente las Filipinas, Jamaica, Centro- y Sudamérica y los tres estados que componen la península de Yucatán, se usa como ingrediente esencial en muchos platillos.

Como las semillas son tan duras, es más fácil usar un molino de especias para hacer una pasta.

Pasta de achiote para condimentar

2 cucharadas de semillas de achiote
1 cucharadita de pimienta negra entera
1 cucharadita de orégano seco, mexicano de preferencia
1 cucharadita de comino
12 pimientas gordas enteras

Mezcle las especias juntas y muela, poco a poco, en un molino de especias de alta velocidad hasta que esté totalmente en polvo. Quizás tendrá que molerlas varias veces. Mezcle hasta obtener una pasta con varias cucharadas de agua. Si no lo ocupa inmediatamente, envuélvala bien y guarde en el refrigerador.

Cochinita pibil

LYNNWOOD, WASHINGTON Y MIAMI, FLORIDA • YUCATÁN, MÉXICO

RELLENO PARA SUFICIENTES TACOS PARA 8 A 10 COMENSALES HAMBRIENTOS

Por alguna razón, no pensé encontrar muchos cocineros yucatecos en los Estados Unidos. Fue una muy grata sorpresa cuando conocí a varios porque la comida yucateca es distintiva, dinámica y rara vez se encuentra afuera de la península aislada que se proyecta en las aguas entre el Caribe y el Golfo de México.

Hoy en día, la mayoría de los yucatecos preparan el tradicional puerco rostizado, cochinita pibil, en un horno de estufa en vez de en hoyos revestidos de piedra. La primera vez que fui a Yucatán, estaba decidida a encontrar la versión verdadera. Mi búsqueda me llevó al pueblo de Tixkokob, donde conocí a Silvio Campos. Igual que su padre, Silvio sigue preparando la carne de puerco de la misma manera que sus antepasados. Rápidamente y con reverencia mata al puerquito. Después de limpiarlo, unta la carne con su propio recado, una mezcla de naranja agria, hierbas de olor y pasta de achiote. Luego envuelve la carne en hojas de plátano recién cortadas, la pone en un hoyo profundo lleno de brasas bien calientes, lo tapa con tierra, y deja que se cueza al vapor durante la noche. Al día siguiente cuando se destapa el hoyo y se saca la carne, los aromas y sabores se combinan en una de las comidas más memorables que jamás haya probado una persona.

Esta receta, que combina las técnicas de Martha Garcia de Kaye de Miami y Ernesto Pino, quien vive al norte de Seattle, es casi igual al platillo que he comido varias veces en Tixkokob. Frijoles negros van de manera natural y son casi esenciales cualquier vez que se sirva cochinita pibil. Se pueden untar frijoles negros refritos muy tersos en las tortillas, luego capas de carne de cerdo deshebrada y Encurtido de cebolla roja (página 288), para un taco tradicional yucateco. Si desea, agregue Salsa fresca (página 269) o, para mantener concordancia con los platillos regionales, Salsa de col yucateca (página 281). Igual de sabroso, pienso, es servir un plato de Frijoles de la olla negros (página 230) al lado.

5–6 libras de lomo de puerco
½ taza de jugo de naranja agria (véase la Nota) ó 2 cucharadas de jugo de naranja recién exprimido
2 cucharadas de jugo de toronja y 4 cucharadas de jugo de limón agrio recién exprimidos
2 cucharadas de pasta de achiote (véase la Nota)
5 dientes de ajo, finamente picados
sal de mar
8 hojas de plátano (véase la Nota; si están congeladas, descongele antes de usar)
3 cucharadas de aceite de cártamo o *canola*
1 cebolla blanca mediana, en rebanadas

Para la guarnición

4 chiles güeros frescos, tales como banano u otros chiles amarillos, asados (página 19), sin semillas y en rajas (opcional)
1 taza de Encurtido de cebolla roja (página 288)

Agujere la carne por todos lados con la punta de un cuchillo filoso y ponga en un tazón grande de vidrio u otro recipiente no corrosivo.

Mezcle todo junto los jugos, la pasta de achiote, el ajo y 1½ cucharaditas de sal. Vierta todo menos 2 cucharadas de la mezcla sobre la carne de puerco, untándolo bien para que esté saturada la superficie. Para mejor resultado, tape y refrigere por lo menos 1 día antes. La carne debe macerar no menos de 6 horas. Tape el jugo restante y guarde en el refrigerador.

Cuando esté lista para cocinar la carne, precaliente el horno a 350 grados F.

Divida las hojas de plátano en 2 partes, quitando el tallo grueso de en medio. Corte en pedazos fáciles de manejar, como de 18 pulgadas de largo. Corte como una docena de tiras de ½ por 18 pulgadas para amarrar. Extienda mitad de las hojas de plátano, el lado brilloso para arriba, y unte con aceite. Ponga la carne de puerco en medio de las hojas (quizás tenga que cortar la carne en trozos más pequeños para que quepa en la cazuela). Ponga una capa de rebanadas de cebolla y salpique con los jugos restantes. Tape con más hojas de plátano, doblando las orillas para sellarlo. Amarre el paquete de carne de puerco con las tiras de hoja de plátano.

Ponga la carne en una olla grande de hierro, vierta 1 taza de agua alrededor de la carne, y tape bien. O, ponga en un refractario forrado de papel aluminio, añada el agua, y selle con otra capa de papel aluminio encima. Hornee por 3–4 horas, hasta que la carne esté tan tierna que

casi se desbarata o se corta fácilmente con un tenedor. (La carne que se corte en pedazos más pequeños tardará menos tiempo en cocinarse).

Con cuidado saque la carne de puerco envuelta en hojas o papel aluminio de la olla y coloque en una cacerola o fuente para hornear. Desenvuelva y deseche la cebolla y las hojas de plátano o papel aluminio. Vierta cualesquier jugos sobrantes de la olla a un tazón chico y retire la grasa lo más posible.

Rebane o deshebre la carne cuando se haya enfriado hasta poder tocar y ponga en un platón mediano. Espolvoree con una pizca de sal y humedezca con un chorrito de los jugos de la carne. Adorne el platón con los chiles rebanados y la guarnición de cebolla roja (página 288).

NOTA: La naranja agria crece en el suroeste de los Estados Unidos. La pasta de achiote se consigue en muchos mercados hispanos, pero si sólo consigue las semillas, es muy fácil hacer su propia pasta (página 18).

Las hojas de plátano están en los aparadores de productos congelados de supermercados tanto asiáticos como hispanos y en ocasiones se encuentran frescas. La carne de puerco se usa como un relleno suculento para envolver con Tortillas de maíz calientes y suaves (página 114).

Mole verde oaxaqueño

WAPATO, WASHINGTON • OAXACA, MÉXICO

6 PORCIONES *Conocí a Alejandra Jimenez y su esposo, Raymundo, en el este del estado de Washington, donde Raymundo estaba sembrando y cultivando varios sembradíos grandes de chile. Les gusta cocinar a ambos, recreando los sabores que disfrutaron cuando vivían cerca de Pinotepa Nacional, cerca de la costa bochornosa de Oaxaca. Hasta trajeron semillas para sembrar hierbas especiales, tales como hierba santa y epazote.*

Cada región de México tiene su propia versión de mole verde—algunos hechos con pollo, algunos espesados con semilla de calabaza molida y algunos con bolitas de masa en medio de una salsa verde brillante. Me alegró encontrar este mole fragante con hierbas de olor al que Alejandra agrega textura con frijoles blancos y ejotes así como con trozos de chayote. Es comida mexicana para el alma.

Este mole es un platillo sustancioso y requiere sólo arroz y Tortillas de maíz (página 114) calientes para acompañarlo. Comience la comida con Quesadillas (página 115) o Sopes con pollo (página 129) y quizás Calamares en vinagreta de naranja (página 39). Como los vegetales de hoja verde pierden su sabor fresco muy rápido, el sabor de este platillo no mejora al día siguiente, en comparación con otros moles.

Para la carne de puerco

3 libras de lomo de puerco cortado en trozos de 1½ pulgadas
1 cebolla blanca mediana, cortada a la mitad
2 dientes de ajo grandes
2 cucharadas de sal de mar

Para el mole

1 chayote chico, pelado y cortado en tiras largas de ½ pulgada de grueso
1 taza de ejotes picados frescos o congelados
½ libra de tomatillo fresco, cocinado (página 271) y escurrido, ó 1 lata de 13 onzas de tomatillos, escurridos
3 hojas grandes de lechuga romanita, cortadas en pedazos
1 taza de perejil de hoja plana picado
1 taza de cilantro picado
1 cebolla blanca mediana, picada
4 chiles serranos o jalapeños, picados
2 dientes de ajo, picados
1 cucharada de orégano seco, mexicano de preferencia
2 ramitos de epazote fresco ó 1 cucharadita de hojas secas, sin ramitos (página 228) (opcional)
sal de mar y pimienta negra recién molida
una pizca de clavo molido
½ cucharadita de azúcar morena (opcional)
2 cucharadas de aceite de cártamo o *canola*
2 cucharadas de masa harina (página 114)
2 tazas de frijol blanco o *navy* cocidos (página 230) o frijoles enlatados, escurridos

Para la guarnición

ramitos de cilantro

Coloque la carne en una olla y agregue la cebolla, ajo y sal. Cubra con agua y lleve a hervor sobre fuego medio-alto. Baje la llama y cueza a hervor lento unos 45 minutos, hasta que esté tierna. No la cueza demasiado. Permita enfriar en el caldillo, luego aparte ambos. La carne se puede cocinar por adelantado y refrigerar; se debe retirar la grasa cuajada.

Ponga el chayote y los ejotes en una vaporera sobre agua hirviendo. Tape y cocine 10–15 minutos, hasta que apenas estén tiernos. Espolvoree con sal al gusto y ponga a un lado. Los vegetales se pueden cocinar por adelantado y refrigerar.

Ponga los tomatillos, lechuga, perejil, cilantro, cebolla, chiles, ajo, orégano y epazote en una licuadora o procesador de alimentos con 1 taza del caldo y muela perfectamente. Si es necesario, agregue 1 taza más de caldo. Añada sal y pimienta al gusto y el clavo molido. Pruebe y si está muy ácida la salsa, añada una pizca o más de azúcar morena.

Caliente el aceite en una olla grande pesada o una olla de hierro, y con cuidado añada la mezcla de tomatillo. Va a chisporrotear y brincar en el aceite caliente. Añada y remueva la masa harina y cocine sobre fuego medio-alto por unos 5 minutos, meneando de vez en cuando. Baje la llama, añada la carne de puerco y cocine otros 10 minutos. Agregue más caldo si es necesario. Durante los últimos 5 minutos, agregue los frijoles, chayote y ejotes y revuelva bien. Pruebe para la sazón y añada más sal o pimienta si es necesario. Sirva en platos hondos, con cilantro como guarnición.

Mole colimeño

MIAMI, FLORIDA • COLIMA, MÉXICO

4 A 6 PORCIONES *Platillos que combinan carne y fruta son comunes en México, y este mole rojo recibe su profundidad de sabor del chile pasilla combinado con canela y piña. No recomiendo la sustitución con otro chile.*

Maria Guadalupe Lugo y su madre, Julia Moran, también preparan este platillo con carne de puerco o pollo y omiten la piña para obtener un mole aún más básico.

Igual que con la mayoría de los moles, es mejor servirlo en platos hondos con un borde. Acompañe esto con Arroz blanco (página 239) y muchas Tortillas de maíz (página 114). Un tequila reposado fino como Cuervo Tradicional o Herradura es una bebida acompañante ideal con el mole.

2½–3 libras de pulpa de res sin hueso, en trozos de 2 pulgadas
1 cebolla blanca chica, picada
3 dientes de ajo
como 2 cucharaditas de sal de mar

Para el mole

6 chiles pasillas secos, asados (página 21) y sin semillas
1 pan tipo bolillo, cortado en 3 pedazos, ó 3 rebanadas de pan francés, de ½ pulgada de grosor
un pedazo de 1 pulgada de canela verdadera ó 1 cucharadita de canela (casia) molida
2 cucharadas de aceite de cártamo o *canola*
1 cucharada de harina
2 dientes de ajo, picados
⅛ de cucharadita de azúcar
½ libra de piña fresca, pelada, sin el corazón y en cubos
¼ de cucharadita de pimienta negra recién molida
como 1 cucharadita de sal de mar

Ponga la carne de res en una cazuela grande con la cebolla y ajo. Tape con agua y añada sal al gusto. Lleve a hervor lento sobre calor medio y cueza como 1½ horas, hasta que la carne esté tierna. Retire la carne y reserve el caldo. La carne se puede cocinar por adelantado y luego agregar al mole.

Remoje los chiles en un tazón con agua muy caliente por unos 15 minutos. Después de 10 minutos, añada el pan para que se pueda remojar también.

Ponga los chiles, pan y canela en una licuadora o procesador de alimentos con ½–1 taza del agua de remojo y muela hasta que esté terso.

Caliente el aceite en una cazuela grande u olla grande de hierro. Cuando esté caliente mas no humeante, añada la harina y ajo y revuelva y cueza por 1 minuto. Agregue la mezcla de chile y azúcar y deje borbotar por 1–2 minutos. Vierta 1 taza del caldo de res y añada la carne

y piña. Agregue la pimienta y sal. Cueza a hervor lento sobre calor medio-bajo por unos 15 minutos. El mole debe estar lo suficientemente espeso para cubrir ligeramente el dorso de una cuchara.

Albóndigas en chipotle

PENBROKE PINES, FLORIDA

12–15 ALBÓNDIGAS TAMAÑO COMIDA O COMO 30 ALBÓNDIGAS MÁS PEQUEÑAS, PARA SERVIR DE 8 A 10 COMO BOTANA *Albóndigas en una forma u otra—pequeñas bolitas de carne en caldo, del tamaño de un bocado para botana y, para mi delicia, bolas gordas gloriosas de carne molida en algún tipo de salsa suculenta—me fueron servidas más seguido que cualquier otro platillo de carne o pollo.*

La noche que cené con Veronica Litton, me sirvió estas albóndigas grandes empapadas en una suculenta salsa roja con olor a ajo y el dejo ahumado del chile chipotle. Fueron la decisión perfecta para una anfitriona ocupada como Veronica, quien también es una comerciante de vinos en Coral Gables, porque se pueden preparar por adelantado y recalentar a la hora de comer.

Sirva junto con pequeñas papas rojas o Arroz a la mexicana (página 240). La Sopa de zanahoria (página 77) es un ligero comienzo colorido a la comida, y pruebe el Bombe de frambuesas (página 360) para postre. Veronica serviría un vino lleno de sabor como Torres Gran Coronas, etiqueta negra, con las albóndigas.

Para la salsa

1 libra de jitomates maduros, picados, ó 1 lata de 14½ onzas de jitomate en trozos
2 dientes de ajo, finamente picados
½ cucharadita de orégano seco, mexicano de preferencia
1–2 chiles chipotles en adobo enlatados
1 taza de Caldo de res (página 76) o caldo de res enlatado
como ½ cucharadita de sal de mar
1 cucharada de aceite de oliva

Para las albóndigas

1 libra de carne molida de res con poca grasa
¼ de libra de carne molida de puerco con poca grasa
1 diente de ajo, finamente picado
1 cucharada de perejil picado, de hoja plana de preferencia
como 1 cucharadita de sal de mar
pimienta negra recién molida
½ taza de migas de pan
1 huevo
2 cucharadas de leche, o lo que necesite
2 huevos duros, bien picados

Coloque los jitomates, ajo, orégano, 1 chile, caldo y sal en una licuadora o procesador de alimentos y muela hasta que esté terso. Pruebe y agregue el otro chile o más sal, si es necesario.

Caliente el aceite en un refractario grande u olla grande de hierro sobre fuego medio-alto. Cuando el aceite esté muy caliente mas no humeante, vierta la salsa de jitomate y cueza unos 5 minutos. Baje la llama y permita cocer a hervor lento por otros 5 minutos. El color cambiará de un rojo crudo a un suntuoso naranja tabique profundo. Esta salsa se puede preparar por adelantado y recalentar.

Coloque la carne molida de res y de puerco en un tazón y añada el ajo, perejil, sal y pimienta al gusto. Revuelva bien con un tenedor o sus manos. Removiendo, agregue las migas de pan y el huevo crudo y revuelva bien hasta que esten bien incorporados. Si es necesario, añada un poco de leche para humedecer las migas de pan.

Ponga como 1 cucharada copeteada de carne en la palma de una mano y aplánela. Coloque una pizca grande de huevo picado en medio, envuelva con el resto de la carne y apachurre con firmeza para que no se asome nada del huevo. Las albóndigas usualmente se hacen de 2 pulgadas de diámetro para la comida, pero hágalas tamaño bocado si se van a usar como tentempié.

Lleve la salsa a hervor lento sobre calor medio. Pruebe de nuevo para la sazón. Eche cada albóndiga al caldo al estar lista, tape la olla y deje que hiervan las albóndigas sobre fuego bajo por 20–30 minutos según su tamaño. Remueva de vez en vez para asegurar que se cuezan al parejo porque la salsa apenas cubrirá las albóndigas. Si comienzan a pegarse, añada un poco más de caldo o agua. Deben estar completamente cocidas pero aún esponjosas.

VARIACIÓN: BOLAS DE POLLO MOLIDO PICOSAS EN SALSA DE TOMATILLO En Texas, Aurora Dawson prepara su salsa usando tomatillos frescos o enlatados en vez de jitomates, añadiendo ½ taza de cebolla blanca picada y eliminando el orégano y chile chipotle. Para las albóndigas, utiliza 1½ libras de pollo o pechuga de pavo molido; 2 cucharadas de arroz crudo tamaño mediano o avena; 3 ramitos de yerbabuena fresca, picada; 1 huevo; ½ chile chipotle enlatado, picado; sal y pimienta. El procedimiento es casi igual que con las albóndigas en salsa de chipotle, pero la salsa quizás necesitará un poco más de líquido.

Pastel de carne

DENTON, TEXAS • OAXACA, MÉXICO

8 PORCIONES *Quizás no sea un platillo tradicional mexicano el pastel de carne, pero éste, abundantemente intercalado con vegetales coloridos, es favorito de Aurora Cabrera Dawson y su familia. Yo prefiero usar carne molida de puerco y de res juntos; sin embargo, éste se puede preparar con sólo carne de res. Con todo y que es tejano, a su esposo le encanta ahogar las rebanadas de carne con una salsa habanera aún más picosa.*

Para tener una comida familiar muy especial, comience con Sopa de jitomate (página 87), y con Pastel de carne sirva puré de papas o Camotes rellenos (página 256) y Ensalada de col y chiles (página 55).

1 cucharada de aceite de cártamo o *canola*
1 cebolla blanca mediana, bien picada
½ pimentón, sin corazón, sin semillas y bien picado
2 dientes de ajo, finamente picados
2 libras de carne molida de res de primera con algo de grasa
½ libra de carne molida de puerco
1 manojo de hojas de espinaca bien lavadas, picadas
1 zanahoria mediana, rallado grueso
1 taza de frijoles negros enlatados, escurridos
1 jitomate mediano maduro ó 3 jitomates pera, picado
1 calabacita pequeña, rallado grueso (opcional)
½ taza de avena
2 huevos
½ taza de leche evaporada o crema ligera
1 lata de chile chipotle, finamente picado, ó 1 cucharada de salsa de chile chipotle enlatado o embotellado
1 cucharadita de sal de mar
½ cucharadita de pimienta negra recién molida
½ cucharadita de orégano seco, mexicano de preferencia

Precaliente el horno a 350 grados F.

Entibie el aceite en un sartén tamaño mediano. Añada la cebolla, pimentón y ajo. Cueza sobre calor medio-bajo unos 5 minutos, hasta que toda la verdura esté suave. Transfiera la mezcla a un tazón grande y deje enfriar.

Desmorone la carne molida de res y de puerco y mezcle juntos con un tenedor o sus dedos. Añada la espinaca, zanahoria, frijoles negros, jitomate, calabacita (si la ocupa), avena, huevos y leche. Mezcle bien con las manos. Sazone con el chipotle, sal, pimienta y orégano y mezcle de nuevo hasta que todo esté bien incorporado.

Ponga la mezcla en un molde para pan de 9 por 5 por 3 pulgadas. Hornee por 1 hora, o hasta que el pastel esté todo cocido.

Saque el molde del horno y vierta la mayor parte de la grasa. Deje reposar el pastel por 10 minutos, luego rebane y sirva.

Morisqueta con carne y verduras

TOPPENISH, WASHINGTON

4 A 6 PORCIONES *Ester Diaz fue una de las primeras personas que entrevisté cuando comencé mi investigación para este libro. Ella vive en Toppenish, un pequeño pueblo agrícola en el este del estado de Washington. La calle donde vive está protegida con un dosel de enormes árboles, rejas blancas circundan las casas, y el aire está lleno de olor a rosas después de una lluvia. La historia de Ester estaba en marcado contraste con sus alrededores serenos:*

> *Tenía sólo dos [años] cuando se mudó mi familia de Texas a Kansas, donde mi papá se fue a trabajar en las minas de sal. Todo mundo tenía que trabajar, así que cuando tuve suficiente edad, traté de coser costales para la sal, pero estaba tan nerviosa que me pusieron a trabajar ayudando a formar los bloques de sal para el ganado. Me casé muy joven y tuve mi primer hijo a los quince. Luego mi esposo trabajó colocando la pólvora en las minas, pero cuando se lastimó su hermano Tony en una explosión, nos fuimos y trajimos a nuestros tres muchachos aquí a Toppenish. Ya llevo cincuenta años viviendo aquí.*

Ester aprendió este platillo de su madre y ahora es la comida favorita de sus hijos y nietos.

No se necesita nada para acompañar este platillo porque ya tiene casi todo—menos una salsa. Pruebe la Salsa de seis chiles (página 276) o la Salsa de chile de árbol con tomatillo (página 272).

Para el arroz

1 taza de arroz blanco de grano largo
¼ de cucharadita de sal de mar

Para la carne de encima

1½ libras de carne de res corte sirloin *(London Broil)*, rebanado diagonalmente en tiras de ⅛ de pulgada de angosto
2–3 cucharadas de aceite de cártamo o canola
sal de mar y pimienta negra recién molida
2 dientes de ajo, bien picados
3 chiles jalapeños frescos, en rebanadas redondas

Para los vegetales de encima

½ cabeza de col verde, cortado en gajos de ¾ de pulgada
1 cebolla blanca, cortada a la mitad verticalmente, luego picada delgado
2 cucharadas de aceite de cártamo o *canola*
3 jitomates pera maduros, cortados a la mitad verticalmente, luego en rebanadas gruesas
sal de mar y pimienta negra recién molida

Para los huevos de encima

4 huevos
3 cebollitas verdes con 2 pulgadas de los rabos, rebanadas
sal de mar y pimienta negra recién molida
2 cucharadas de mantequilla sin sal

Lleve a hervor 2 tazas de agua salada en una olla de tamaño mediano, agregue el arroz y remueva, manteniendo el hervor del agua. Baje la llama a muy bajo, tape y cueza a hervor lento por 15 minutos. Sin abrir la olla, retire del calor y permita reposar otros 10–15 minutos. Esponje el arroz con un tenedor y tape hasta que esté listo para usar.

Seque la carne a palmaditas. Caliente 2 cucharadas del aceite en un sartén grande y pesado o un *wok* sobre calor medio-alto. Dore los pedazos de bistec, añadiendo sal y pimienta al gusto ya que esté un dorado. Esto se tardará sólo 1-2 minutos. Baje la llama, tape y cueza por unos 10 minutos, removiendo con frecuencia. Añada el ajo y chiles y saltee otros 5 minutos. Agregue más aceite si es necesario.

En un sartén mediano o *wok*, saltee la col y cebolla en el aceite sobre fuego medio-alto por unos 5 minutos, hasta que se pongan café dorado pero estén todavía crujientes. Añada las rebanadas de jitomate y sal y pimienta al gusto y cueza por unos cuantos minutos más.

Bata un poco los huevos en un tazón con 2 cucharadas de agua y la cebollita verde, sal y pimienta al gusto.

Cuando esté tierna la carne, la verdura cocida y Ud. listo para comer, derrita la mantequilla en un sartén mediano sobre fuego bajo y añada los huevos, removiendo con cuidado hasta que estén firmes.

Para servir, ponga una cucharada grande de arroz en un plato, luego la col, carne y huevos encima y en los lados.

Chambarete de cordero con fideos y menta

SANTA FÉ, NUEVO MÉXICO

4 PORCIONES *Maria Ysabel Mondragón ha estado en el negocio restaurantero desde hace mucho. Cuando su esposo, Robert, fue lugarteniente del gobernador de Nuevo México, Bell viajaba con él, pero desde que murió, ella se ha mantenido ocupada manejando LaBell's Carry-Out, especializado en todo tipo de burrito. El padre de Bell era de España, así que parece natural que un platillo que combine fideos y cordero sea uno de sus favoritos que prepara en casa. Hace muchas generaciones, pastores de España, en especial los vascos, vinieron a los Estados Unidos a través de México, estableciéndose en Idaho, Nevada y Nuevo México. Eran hombres fuertes, callados y pacientes con un fuerte arraigo a la religión y a la tradición—todas cualidades que se necesitan para sobrevivir en las tierras remotas y duras cubiertas de artemisa donde cuidaban sus borregos—aunque sí les encantaba comer y sabían cómo celebrar.*

Se terminan de cocinar los chambaretes de cordero con los fideos, que absorben el sabor concentrado de las hierbas aromáticas y la naranja en el líquido donde se cuece.

Para continuar con el tema del origen español de este platillo de cordero, comience la comida con la Caldo de ajo sabroso (página 81) o, cuando hace calor, Gazpacho (página 88). Añada una Ensalada de berros (página 54) y, como sorpresa final, Flan de chiles anchos (página 368).

Para la carne

⅛–¼ de cucharadita de comino molido
¼ de cucharadita de sal de mar
¼ de cucharadita de pimienta negra recién molida
4 chambaretes enteros carnosos de cordero, cortados por su carnicero en pedazos de 2 pulgadas de grueso (como 3½–4 libras) (véase la Nota)
3 cucharadas de aceite de oliva
2 tazas de Caldo de pollo sustancioso (página 75), caldo de pollo enlatado o agua
½ taza de vino seco tinto o blanco
2 dientes de ajo, finamente picados
1 ramito de romero fresco ó 1 cucharadita de romero seco
2 hojas de laurel
ralladura o cáscara de 1 naranja grande, sólo la parte con color, muy finamente picada
3 ramitos de menta fresca

Para la pasta

2 cucharadas de aceite de cártamo o *canola*
¾ de taza de cebolla blanca picada
8 onzas de fideos (*vermicelli*), como 5 ruedas
sal de mar y pimienta negra recién molida

Para la guarnición

hojas de 1 ramito de menta

Combine el comino, sal y pimienta juntos en un plato pequeño y embarre toda la superficie de los chambaretes de cordero.

Entibie el aceite en un sartén profundo y pesado u olla de hierro sobre calor medio-alto y dore el cordero por todos lados por 10–12 minutos. Agregue el caldo, vino, ajo, romero, laurel y cáscara de naranja. Lleve a hervor lento, baje la llama, tape y cueza a hervor lento por 1½–2 horas hasta que los chambaretes estén muy tiernos. Saque el cordero del líquido y aparte. El cordero se puede cocinar por adelantado hasta este punto y refrigerar, junto con el caldo.

Cuando se cuaje la grasa encima del caldo, se debe retirar y descartar. De otra forma, quite la grasa del caldo lo más posible. Deben haber 2½ tazas de caldo, así que añada más líquido si es necesario.

Precaliente el horno a 400 grados F. Recaliente el caldo sin grasa y añada la menta fresca. Deje cocer a hervor lento por 5 minutos, luego retire la menta y hojas de laurel.

Para preparar la pasta: En un sartén pesado o paellera, caliente el aceite sobre calor mediano, agregue la cebolla y remueva. Rompa cada rueda de fideo en 3 partes y agregue a la cebolla, removiendo constantemente hasta que se cubra con aceite la pasta y comience a dorarse parejo. No permita que se queme. Un palillo chino funciona bien para esto. Vierta el caldo caliente sobre el fideo y cueza por 3 minutos, sin tapar, removiendo de vez en vez. Baje la llama y continúe cociendo a hervor lento hasta que el fideo no esté caldoso y sólo quede un poco de caldo. Salpimente al gusto.

Meta los chambaretes entre el fideo, transfiera al horno y hornee por 10 minutos, o hasta que se haya consumido todo el caldo y el fideo esté crujiente por las orillas de la cazuela.

Sirva directamente de la cazuela o ponga en un platón grande y adorne con hojas de menta.

NOTA: Como tiende a tener mucha grasa el chambarete de cordero, le recomendamos con énfasis que prepare este platillo un día antes; así, la carne y el caldo se podrán refrigerar y la grasa cuajada se podrá retirar.

Si se prefiere un platillo con fideos más tiernos y más húmedo, omita la horneada final y ponga los chambaretes de cordero calientes encima del fideo cociendo a hervor lento.

Lengua en jitomate

SANTA MÓNICA, CALIFORNIA • CIUDAD DE MÉXICO, MÉXICO

4 A 6 PORCIONES CON SOBRAS *La lengua de res cocida en su jugo de Ana Lorena Zermeño hace una comida espléndida y es muy fácil de preparar. No sienta renuencia de servir este platillo durante la cena en una fiesta, aunque piense que nadie querrá probarlo. Lengua fresca se echa a perder rápido, así que debe cocinarla tan pronto sea posible después de comprarla.*

Acompañe con Arroz blanco (página 239), Quelites con frijoles (página 245) y Bolillos (página 314) o bollos de pan francés. Las Verduras en escabeche (página 284) ofrecen un contraste crujiente. En Tucson, Carmen Villa Prezelski corta cualquier lengua sobrante y chiles en vinagre en rebanadas delgadas y los pone en capas entre pedazos de pan de centeno en un sándwich suculento.

una lengua de res fresca de 3 a 4 libras
2 cebollas blancas
4 dientes de ajo
4 hojas de laurel
6 pimientas negras enteras
sal de mar

Para la salsa

2 cucharadas de aceite de oliva
1 cebolla blanca, en rebanadas finas
1 chile morrón chico, sin semillas y cortado en cuadritos de ½ pulgada
5 jitomates firmes maduros medianos, en rebanadas finas, ó 2 latas de 14½ onzas de jitomates en trozo, escurridos
3 chiles güeros o amarillos enlatados enteros
½ taza de aceitunas verdes rebanadas
½ cucharadita de orégano seco, mexicano de preferencia
3 cucharadas de perejil de hoja plana picada
sal de mar y pimienta blanca

Para la guarnición

2 cucharadas de perejil de hoja plana picada

Coloque la lengua en una olla grande con la suficiente agua para cubrir. Lleve a hervor y retire cualquier espuma que se forme en la superficie. Añada la cebolla, ajo, hoja de laurel, pimientas y sal. Baje la llama, tape y cueza a hervor lento por 2½ horas sobre fuego mediano, o hasta que esté muy tierna la lengua. Saque del caldo y meta en agua fría para ayudar a aflojar la piel. Corte la punta con la raíz, pele y corte en rebanadas de ¼ de pulgada de grueso. Reserve el caldo, filtrando las especias.

Para preparar la salsa: Caliente el aceite en un sartén grande u olla de hierro. Añada la cebolla y pimentón y dore ligeramente. Agregue una capa de lengua, luego los jitomates, chiles y aceitunas. Espolvoree con el orégano, perejil y sal y pimienta al gusto. Añada ½ taza del caldo. La lengua se puede preparar por adelantado hasta este punto. Cuando se enfríe, tape con envoltura de plástico y refrigere hasta que esté lista para seguir guisando.

Tape el sartén y cocine la lengua sobre fuego lento por unos 45 minutos, moviéndolo de vez en cuando. Pruebe el caldo para la sazón y añada más sal y pimienta si es necesario. Para servir, coloque las rebanadas de lengua en un platón y espolvoree con perejil picado.

Comida más ligera

Guiso veraniego con puerco

AUSTIN, TEXAS

4 PORCIONES GRANDES *Este sencillo platillo de una sola olla, una mezcolanza deliciosa de lo que más haya, sabe mejor si está hecho con vegetales recién cosechados del jardín o del mercado. Las cantidades no tienen que ser exactas y pueden variar las hierbas y verduras. Simplemente procure tener una variedad de colores y texturas. Mercedes Ramos utiliza maíz amarillo y calabacita, pero zanahorias chiquitas y ejotes funcionan igual de sabroso. Tradicionalmente, los vegetales se cuecen hasta estar muy, muy tiernos. Ahora, se dejan un poco crujientes pero todavía tiernos. Se puede eliminar por completo la carne, o se pueden agregar pedazos sobrantes de carne de puerco para el sabor.*

Con Tortillas de harina (página 131) calientes para recoger la carne y verdura y un plato de Frijoles charros (página 232) caldosos, esto sería una buena cena. Un chardonnay *de California brillante y lleno de fruta o una cerveza Dos Equis XX ofrece una bebida refrescante.*

2 cucharadas de aceite de cártamo o *canola*
2 libras de lomo de puerco sin hueso, cortada en trozos de ½ pulgada, o chuletas de puerco, sin grasa y cortadas en cubos pequeños
sal de mar
½ cucharadita de pimienta negra recién molida
1 cebolla blanca chica, bien picada
2 dientes de ajo, finamente picados
1–2 chiles serranos o jalapeños frescos, sin semillas y picados (opcional)
3 jitomates medianos maduros, picados, ó 1 lata de14 ½ onzas de jitomate picado
1 cucharadita de orégano fresco picado, ó ½ cucharadita de orégano seco, mexicano de preferencia
1 taza de granos de maíz frescos o congelados
2 calabacitas medianas u otra calabaza de verano, picada en pedazos de ½ pulgada

Para la guarnición

¼ de taza de crema (página 21) o crema ácida rebajada con leche (opcional)
4 ramitos de menta o cilantro, picados

Caliente el aceite en una cazuela pesada o una olla de hierro sobre fuego medio-alto. Agregue la carne de puerco y dore por todos lados, volteando frecuentemente, unos 15 minutos. Espolvoree la sal y pimienta sobre la carne al gusto.

Añada la cebolla, ajo y chile a la olla. Revuelva por unos 5 minutos, hasta que estén cubiertos y suaves. Agregue el jitomate y orégano y revuelva, baje la llama, tape y cueza a hervor lento por 30 minutos, hasta que esté tierna la carne de puerco. El platillo se puede preparar por adelantado hasta este punto y recalentar antes de añadir la verdura.

Agregue el maíz y calabacita y continúe cocinando por otros 10–15 minutos. Pruebe para la sazón y añada más sal o pimienta si es necesario; la verdura parece requerir una buena cantidad de sal para que resalte su sabor.

Cuando esté lista para servir, añada un chorro de crema y espolvoree con menta o cilantro picado.

Pasta mexicana

OXNARD, CALIFORNIA • MICHOACÁN, MÉXICO

4 PORCIONES *Uno creería que estaba en el lugar equivocado si entrara en un restaurante mexicano en los Estados Unidos y le ofrecieran pasta. Sin embargo, es un platillo muy mexicano. Durante esos años inquietos después de la conquista, todo lo que se considerara bueno con respecto a la comida provenía de España, Francia o Italia, incluyendo la tradición de servir arroz o pasta aparte como primer*

tiempo o sopa seca. Siendo una madre que trabaja fuera de la casa, Maria Romero a menudo produce un platillo principal que llena al combinar carne, chiles y jitomates con espaguetis.

La Pasta mexicana se puede acompañar con una ensalada verde o Ensalada César con chile chipotle (página 52). Sirva Bolillos (página 314) o pan francés al lado. Un vino zinfandel *aguanta los sabores fuertes de esta comida.*

2 latas de 14½ onzas de jitomate, picado
⅓ parte de una cebolla, picada
2 dientes de ajo, picados
2 chiles serranos o jalapeños frescos, picados
1½ cucharaditas de orégano seco, mexicano de preferencia
⅛ de cucharadita de comino molido
sal de mar
2 cucharadas de aceite de cártamo o *canola*
½ libra de carne molida de res o puerco con poca grasa
12 onzas de espaguetis u otra pasta seca

Para la guarnición

queso añejo o romano rallado
¼ de taza de cilantro picado

Ponga los jitomates, cebolla, ajo y chiles en un procesador de alimentos o licuadora. Muela hasta que esté terso, luego añada revolviendo el orégano, comino y sal al gusto.

En un sartén o cazuela mediano caliente 1 cucharada de aceite, y cuando esté muy caliente mas no humeante, añada la mezcla procesada y cueza 10–15 minutos sobre fuego mediano.

Entibie la cucharada restante de aceite en un sartén mediano y cueza la carne molida de res como 10 minutos sobre fuego medio. Escurra cualquier aceite en exceso, añada la carne de res a la salsa, cueza a hervor lento 2–3 minutos, y mantenga caliente.

Cueza la pasta en una olla grande con agua salada hirviente por unos 8 minutos, hasta que esté apenas tierna. Escurra y vierta la salsa de carne cocida sobre la pasta caliente. Sirva en un tazón grande o en platos individuales, con queso y cilantro encima.

Sopa seca de fideos

TOPPENISH, WASHINGTON

4 PORCIONES *La pasta más popular en México y en la comunidad méxico-americana por todos los Estados Unidos es el fideo, o rollos de* vermicelli *delgados. En Texas, se agregaron papas y carne de res molida sazonada con comino; en Oregon, ajo, aceite de oliva y almejas. Este platillo de pasta, enriquecido con chile, parecido a uno hecho por Ester Diaz, fue el más típico. He sustituido el dejo ahumado del chile chipotle por el jalapeño fresco en su receta, pero cualquiera de las versiones hace una cena sabrosa.*

Esto se convierte en una comida fácil y barata con sólo una ensalada verde y, quizás, un vaso de vino sauvignon blanc *o, si prefiere, un vino tinto español con sabor a roble.*

3 cucharadas de aceite de cártamo o *canola*
1 cebolla blanca mediana, bien picada
2 dientes de ajo, finamente picados
8 onzas de fideos (*vermicelli*) o pasta cabello de ángel (*capellini*)
4 jitomates pera maduros, picados, ó 1 taza de jitomate enlatado en trozo con puré
1 chile chipotle en adobo enlatado, picado
2 tazas Caldo de pollo (página 74) o consomé de pollo enlatado
sal de mar
1½ tazas de queso *Monterey jack* en cubos

Para la guarnición

¼ de taza cilantro picado

Precaliente el horno a 325 grados F.

En una cazuela mediana, de barro de preferencia, caliente el aceite sobre fuego medio-alto. Agregue la cebolla y ajo, removiendo, y cueza hasta que estén suaves. Añada los fideos, rompiendo cada rollo en 3 partes. Remueva y voltee constantemente hasta que la pasta se cubra con aceite y comience a dorarse parejo. Un palillo chino funciona bien para esto. Removiendo, agregue los jitomates y chile chipotle y revuelva bien. Permita que se cuezan los jitomates varios minutos antes de añadir el caldo. Agregue sal al gusto. Revuelva una vez y cuando comience a hervir el caldo, baje la llama y cueza a hervor lento hasta que casi se consuma y el fideo apenas esté.

Retire el platillo del calor y añada el queso. Recaliente en el horno por 4–5 minutos para que se derrita el queso. Remueva con cuidado. Sirva caliente, espolvoreado con cilantro.

Chiles rellenos

CHICAGO, ILLINOIS • MICHOACÁN, MÉXICO

4 A 6 PORCIONES, SEGÚN EL TAMAÑO DE LOS CHILES *De niña, creciendo en Michoacán, Sylvia de Santiago usualmente comía estos chiles rellenos gorditos el Miércoles de Ceniza, el día que comienza los cuarenta días de ayuno en preparación para la Pascua. Ahora, es más seguro que los coma cuando se le antojen.*

Arroz blanco (página 239) o Arroz a la mexicana (página 240) y una Ensalada de berros (página 54) complementan los chiles, acompañado todo por una copa de un merlot afrutado. Me gusta terminar esta comida con Gelatina de tres leches con salsa dulce de naranja y ciruela pasa (página 351).

Para la salsa

1 lata de 28 onzas de jitomate en trozos con jugo
½ cebolla blanca mediana, picada
2 dientes de ajo, picados
1 taza de jugo de tomate
1 cucharadita de aceite de cártamo o canola
una pizca de canela molida (cassia)
una pizca de clavo molido
½ cucharadita de orégano seco, mexicano de preferencia
⅛ de cucharadita de pimienta negra recién molida
sal de mar

Para los chiles

6 chiles poblanos u 8 chiles Anaheim frescos, asados (página 19), pelados, sin semillas, con el tallo intacto
12 onzas de queso tipo *Monterey jack* u otro queso suave para derretir, rallado
½ taza de harina, bien sazonada con sal de mar y pimienta negra recién molida

Para el rebozado

4 huevos, yema y clara separada, a temperatura ambiente
½ cucharadita de sal de mar
aceite de cacahuate o cártamo para freír

Para la guarnición

6–8 pequeños ramitos de perejil de hoja plana
½ taza de queso Cotija o feta desmoronado

En una licuadora o procesador de alimentos, muela los jitomates, cebolla y ajo con un poco del jugo de tomate.

En una cazuela o sartén pesado, caliente el aceite sobre fuego medio-alto. Vierta la mezcla de jitomate y remueva constantemente mientras chisporrotea. Reduzca la llama a medio y agregue y remueva el resto del jugo de tomate, canela, clavo, orégano, pimienta y sal al gusto. Cueza a hervor lento por unos 5 minutos, hasta que el caldillo esté bien sazonado y algo espesado. Esto se puede hacer un día por adelantado y recalentar.

Haga una ranura a lo largo del costado de cada chile, sólo lo suficientemente largo para extraer las semillas y venas. Mantenga intacta la punta con el tallo. Esto se hace más fácilmente bajo agua tibia corriente, pero se pierde algo del sabor. Escurra los chiles sobre papel absorbente hasta que estén completamente secos. Tape y aparte. Esto se puede hacer un día por adelantado.

Exprima ligeramente el queso hasta formar palitos angostos, un poco más cortos que los chiles, y métalos adentro. Después de asegurar que el exterior del chile está completamente seco, revuélquelos en la harina sazonada. Los chiles se pueden rellenar y cubrir de harina hasta 2 horas antes de cocinar.

Ligeramente bata las yemas de huevo en un tazón chico. Bata las claras de huevo y la sal en un tazón mediano hasta que estén firmes. Doble las yemas suavemente en las claras hasta que estén bien incorporadas.

Vierta ½ pulgada del aceite en un sartén grande y caliente sobre fuego mediano hasta que el aceite esté caliente mas no humeante. Agarrando los chiles por el tallo, sumerja y saque del rebozado de huevo y acuéstelos con cuidado en el sartén, 1 ó 2 a la vez. Fría hasta que estén dorados por abajo, luego voltéelos y fría del otro lado. Escurra sobre papel absorbente y continúe hasta que todos los chiles estén cocidos.

Recaliente el caldillo en un refractario atractivo y añada los chiles, o ponga los chiles sobre platos individuales y a cucharadas vierta el caldillo de jitomate encima. Adorne con el perejil y queso rallado y sirva de inmediato.

NOTA: Lo más seguro es que se utilicen chiles Anaheim para rellenar en los estados fronterizos, pero los chiles poblanos son preferidos por aquellos méxico-americanos con lazos al México central. Los chiles se pueden rellenar también con el picadillo usado para Chiles en nogada (página 200), cocinar rebozados o no, como prefiera, pero siempre nadando en el caldillo rojo de jitomate lleno de especias. También se pueden rellenar con frijoles refritos bien sazonados y, después de freír, servir con crema (página 21) encima.

Chiles en nogada

EL PASO, TEXAS • PUEBLA, MÉXICO

6 PORCIONES *Los Chiles en nogada son un estudio de contrastes: rojo, verde y blanco; caliente y frío; picante y dulce; crujiente y suave. Dada la naturaleza de temporada de los ingredientes, este platillo sólo se puede preparar bien en el verano tardío y el otoño. Y, sin duda, requiere de mucho tiempo de preparación, pero es tan hermoso de ver como lo es maravilloso para comer. Este platillo festivo, resplandeciente con los colores de la bandera mexicana, todavía se sirve tradicionalmente el 16 de septiembre, en honor al Día de la Independencia de México, aunque es muy popular en cualquier momento del otoño cuando las nueces están frescas y las granadas en abundancia. En jardines del suroeste, la fruta de rojo bruñido se puede pizcar directamente de los pequeños árboles. Nuestra salsa de nuez es similar a una de Aída Gabilondo, quien, junto con otros varios cocineros tejanos, nos dio la idea de usar queso crema.*

Éste es un platillo perfecto para una fiesta, porque se prepara fácilmente en etapas uno o dos días por adelantado. Los chiles se rellenan y calientan al último momento.

Chiles en nogada es un platillo tan espectacular que debe ser el foco de una comida especial. Comience con Sopa de cilantro (página 79) y termine con un flan. Normalmente no tomaría un chardo-

nnay *con la comida mexicana suntuosamente compleja. Sin embargo, una amistad, en cuyo juicio sobre vinos confío, recomendó un chardonnay Kendall-Jackson Grand Reserve y sí intensifica el suculento sazón del chile y la dulzura de la salsa de nuez y crema.*

Para la carne

2 libras de pulpa de res u otra carne para guiso ó 1 libra de carne de res y 1 libra de lomo de puerco
1 cebolla blanca pequeña, cortada en cuatro
2 dientes de ajo
como 1 cucharada de sal de mar

Para el picadillo

4 cucharadas de aceite de cártamo o canola
⅓ de taza de cebolla blanca picada
3 dientes de ajo, finamente picados
½ cucharadita de canela molida (casia) (véase el artículo suplementario, página 170)
¼ de cucharadita de pimienta negra recién molida
⅛ de cucharadita de clavo molido
3 cucharadas copeteadas de uva pasa
2 cucharadas de nueces o pacanas picadas
2 cucharadas de acitrón o piña cristalizada picado (véase la Nota)
1 pera fresca, pelada y picada
1 manzana, pelada y picada
3 jitomates grandes y maduros asados, pelados (página 20) y picados, ó 1 lata de 28 onzas de jitomate picado, con el jugo
sal de mar

Para los chiles

6 chiles poblanos frescos, asados (página 19), pelados y sin semillas, dejando intacto el tallo

Para la nogada

1 taza de nueces frescas
6 onzas de queso crema a temperatura ambiente (no sin grasa)
1½ tazas de crema (página 21) ó 1¼ tazas de crema ácida rebajada con leche
como ½ cucharadita de sal de mar
1 cucharada de azúcar (opcional)
⅛ de cucharadita de canela molida (casia) (véase el artículo suplementario, página 170) (opcional)
¼ de taza de jerez seco (opcional)

Para la guarnición

1 cucharada de hojas picadas de perejil de hoja plana o cilantro
½ taza de granos de granada

Corte la carne en trozos grandes, quitando cualquier grasa en exceso. Coloque la carne en una olla grande de hierro con la cebolla, ajo y sal. Cubra con agua fría y lleve a hervor sobre fuego medio-alto. Quite cualquier espuma que se forme en la superficie. Baje la llama y permita que hierva a fuego lento por unos 45 minutos, hasta que apenas esté tierna la carne. Retire la olla de la estufa y permita que se enfría la carne dentro del caldo. Retire los pedazos de carne y desmenuce finamente. (Si está preparando chiles rellenos con una salsa de jitomate en vez de nuez, reserve el caldo).

Entibie el aceite en un sartén grande y pesado y saltee la cebolla y ajo sobre fuego medio hasta que se tornen un pálido dorado. Agregue y remueva la carne deshebrada y cocine por 5 minutos. Añada la canela, pimienta y clavos, luego agregue y revuelva las uvas pasas, las 2 cucharadas de nuez picadas y el acitrón. Agregue la pera y manzana picadas y revuelva bien. Añada los jitomates y sal al gusto y continúe cociendo sobre fuego medio-alto hasta que la mayoría del líquido se haya evaporado. Remueva seguido para que no se pegue. Permita enfriar, tape y aparte. El picadillo se puede preparar 1 día por adelantado.

Haga una ranura vertical en el costado de cada chile, lo suficientemente largo para sacar las semillas y venas. Mantenga intacta la punta con el tallo. Esto se hace más fácil bajo agua tibia corriente. Escurra los chiles sobre papel absorbente hasta que estén completamente secos. Tape y aparte. Los chiles se pueden preparar 1 día por adelantado.

Por lo menos 3 horas antes, ponga 1 taza de nueces en una cacerola pequeña con agua hirviendo. Retire del calor y deje reposar por 5 minutos. Escurra las nueces y, cuando se enfríen, quite la cáscara obscura lo más que pueda, tallando. Pique en trozos pequeños.

Ponga las nueces, queso crema, crema y sal en una licuadora y muela perfectamente. Añada el azúcar opcional, canela y jerez, si lo ocupa, y remueva hasta que esté bien incorporado. Enfríe por varias horas.

Precaliente el horno a 250 grados F. Cuando esté listo para servir, recaliente el relleno de carne y rellene los chiles hasta que estén gorditos y apenas se cierren. Ponga los chiles rellenos, tapados, a calentar en el horno. Después de que estén bien calientitos, colóquelos en un platón para servir o en platos individuales, cubra con la nogada enfriada, y espolvoree con el perejil y los granos de granada.

NOTA: El acitrón es biznaga cristalizada y viene en barras un poco más pequeñas que un cubo de mantequilla. Lo he encontrado en los Estados Unidos sólo en áreas altamente pobladas por mexicanos, tales como Chicago y Los Ángeles, pero cuando vaya a México, lo puede comprar en una dulcería de cualquier ciudad grande, incluso en el aeropuerto de la Ciudad de México. Si no lo encuentra, la piña cristalizada es un sustituto aceptable, pero *no* use *citron*, una fruta cítrica cristalizada que tiene un sabor y textura muy distintos y es mejor usado en su pastel de fruta de temporada.

Chiles rellenos de fiesta

ESPAÑOLA, NUEVO MÉXICO

COMO 3 DOCENAS, SUFICIENTE PARA 2 Ó 3 BOTANAS por persona PARA 12 A 20 INVITADOS *Por todo el norte de Nuevo México, tanto en casas como en restaurantes, si nos servían chiles rellenos, sin variar nos daban chiles verdes fritos en vez de los chiles rellenos que esperábamos. Según Sally Borrego y otros con quienes hablamos, la razón por esto es que el chile regional—el famoso chile chimayó—es demasiado pequeño para rellenar, así que mezclan el chile con el relleno en vez de rellenar los chiles. Decididamente diferente—pero aún muy rico. Las frituras de pimiento usualmente se sirven con una salsa de jitomate o incluso hasta con una salsa dulce de uva pasa encima.*

Sally a menudo prepara el doble de la receta y congela los chiles fritos para usar en buffets durante la Navidad y Año Nuevo, recalentándolos en un horno de microondas.

Ensalada de Corpus Christi (página 63) y Pico de gallo de Jalisco (página 35) son platillos acompañantes coloridos, y me gusta servir un plato con Empanaditas de calabaza (página 366).

Para el relleno

1 libra de lomo de puerco, cortado en trozos grandes
1 libra de diezmillo, cortado en trozos grandes
sal de mar
10 chiles largos verdes nuevomexicanos o Anaheim frescos, asados (página 19), pelados y picados
¾ de libra de queso tipo *longhorn,* picado
2 jitomates grandes maduros, picados
1 cucharada de aceite de cártamo o *canola*
1 cebolla blanca mediana, bien picada
3 dientes de ajo, finamente picados, ó ½ cucharadita de ajo en polvo
1 cucharadita de orégano seco, mexicano de preferencia
¼ de taza de harina

Para la salsa (opcional)

1½ libras de jitomates, asados (página 20), ó 1 lata de 28 onzas de jitomate en trozo, escurrida
½ cebolla blanca, picada
2 dientes de ajo, picados
1 cucharadita de aceite de cártamo o *canola*
una pizca de orégano, mexicano de preferencia
sal de mar

Para el rebozado

4 huevos, yema y clara separadas, a temperatura ambiente
½ cucharadita de sal de mar

Para freír

aceite de cacahuate o cártamo

Coloque la carne en una cazuela grande pesada con agua fría salada para cubrirla. Lleve a hervor, baje la llama y cueza a hervor lento como 1½ horas, hasta que esté tierna. Permita enfriar la carne dentro del caldo.

Cuando ya no esté caliente la carne, deshébrela y mezcle todo junto en un tazón grande con los chiles, queso y jitomates.

Mientras se enfría la carne, entibie el aceite en un sartén y saltee la cebolla y ajo sobre fuego medio-alto hasta que tengan un poco de color. Escurra el aceite y añada la cebolla y ajo a la mezcla de carne. Agregue orégano y más sal al gusto y remueva todo bien con sus manos.

Mientras se enfría la carne, prepare la salsa de jitomate, si la ocupa. En una licuadora o procesador de alimentos, muela los jitomates, cebolla y ajo. En un sartén mediano, fría la salsa en el aceite por 2–3 minutos. Baje la llama, añada el orégano y sal al gusto y cueza suavemente por 10 minutos. Esto se puede preparar por adelantado, y luego recalentar.

Cubra sus manos con harina y forme la mezcla de carne y chile en rollos oblongos de 1 por 2 pulgadas, en forma de un dedo pulgar gordo. Enharine o espolvoree ligeramente con harina, sacudiendo cualquier exceso.

Separe los huevos, poniendo las claras en un tazón con la sal. Bata con una batidora manual o eléctrica hasta que estén firmes. Rompa las yemas con cuidado poco a poco e incorpore con movimiento suave a las claras hasta que estén bien mezcladas.

Vierta ½ pulgada de aceite en un sartén grande y pesado y caliente a fuego medio-alto a 375 grados F.—hasta que un pedazo de pan que meta comience a crujir, no a quemarse.

Sumerja con cuidado y saque los rollos de carne y chile en los huevos batidos, volteando hasta que se cubran por todos lados. Con una espumadera, colóquelos en el aceite caliente y fría rápidamente. Deben estar esponjados y algo crujientes. Fría sólo unos cuantos a la vez para que no se enfría el aceite. Escurra sobre papel absorbente y mantenga calientes hasta que todos estén listos. Coloque las frituras de carne y chile sobre un platón tibio y sirva con la salsa de jitomate.

Crepas de hongos silvestres

VICTORIA, COLUMBIA BRITÁNICA, CANADÁ • CIUDAD DE MÉXICO, MÉXICO

COMO 12 CREPAS, DE 6 PULGADAS DE ANCHO *Desde 1864, cuando Napoleón Tercero de Francia instaló al príncipe Maximiliano como emperador de México, los cocineros mexicanos más sofisticados han incorporado en sus estilos culinarios técnicas francesas y europeas. Las crepas son una*

favorita, rellenas con ingredientes tan distintivamente mexicanos como flores de calabaza y el hongo exótico del maíz, cuitlacoche. Estas crepas, punteadas de cilantro, son bastante inusuales, y nuestro relleno, basado en una receta del libro de Maria Elena C. Lorens, Mexican Cuisine, *usa hongos silvestres o cualesquiera otros parecidos cultivados que se encuentran en muchos mercados hoy en día. El hongo* shiitake, *colmenilla u "ostión" son todos excelentes y se pueden mezclar varios tipos juntos.*

Esto es una cena ligera elegante con sólo una copa de chardonnay *y una ensalada verde. Como postre, sirva Gelatina de licor de café (página 350).*

Para las crepas

1¼ tazas de harina de trigo
3 huevos grandes, ligeramente batidos
⅔ de taza de leche
⅔ de taza de cerveza o agua
2 cucharadas de mantequilla sin sal, derretida y enfriada
2 cucharadas de cilantro bien picado (opcional)
½ cucharadita de sal de mar
mantequilla sin sal derretida o aceite de cártamo o *canola* para cocinar

Para el relleno

4 cucharadas de mantequilla sin sal
1 taza de cebolla blanca muy bien picada
5 dientes de ajo, finamente picados
2 chiles serranos frescos, finamente picados
2 libras de hongos *shiitake* frescos u otros hongos, limpiados y rebanados en tiras de 1 pulgada de largo
1 taza decilantro finamente picado
sal de mar y pimienta negra recién molida

Para la salsa

2 cucharaditas de mantequilla sin sal
1 diente de ajo, finamente picado
2 cucharadas de harina
2 tazas de leche (3 cucharadas de jerez seco pueden sustituir 3 cucharadas de la leche)
1 taza de crema ácida (crema ácida de baja grasa se puede usar mas no la sin grasa)
sal de mar y pimienta negra recién molida
1 taza de queso tipo *Monterey jack* rallado

Para la guarnición

½ taza de cilantro picado

Ponga la harina, huevos, leche, cerveza o agua, mantequilla derretida, cilantro y sal en un procesador de alimentos o licuadora y muela hasta que esté terso. O, ponga en un tazón y use una batidora eléctrica de mano. Añada líquido adicional si es necesario; la masa debe estar muy aguada. Tape el tazón con envoltura de plástico y deje reposar a temperatura ambiente por 30 minutos a 1 hora para que la masa se ponga flexible; la textura de las crepas será ligera cuando estén cocidas.

Sobre fuego medio-alto, entibie un sartén para omelette o crepas de 8 ó 9 pulgadas que tenga lados inclinados, de preferencia antiadherente. Cuando tenga una temperatura algo caliente, unte con un poco de mantequilla derretida o aceite. Debe apenas chisporrotear, no quemar. (Si está humeante, limpie el sartén y comience de nuevo.)

Destape la masa, bata de nuevo, y si está demasiado espesa añada un poco más de líquido. Con una cuchara sopera o una grande que contenga como 3 cucharadas de masa, recoja la masa y vierta rápidamente en medio del sartén. Retire el sartén del fuego y rápidamente inclínela para que la masa se escurra por los lados formando una crepa redonda y delgada. Regrese el sartén al calor y cueza como 1 minuto, hasta que el fondo de la crepa esté ligeramente dorada. Pequeñas burbujas vendrán a la superficie y la crepa se resbalará en el sartén al sacudirlo de manera brusca. Para voltear la crepa, primero suelte los lados sacudiendo el sartén y luego déle un tirón para que se voltee la crepa. Esto requiere práctica, así que quizás tendrá que ayudarla con una pala.

Dore ligeramente el segundo lado por menos de 1 minuto, luego invierta el sartén sobre un plato grande. Éste será el lado interior de la crepa. Continúe la rutina, amontonando las crepas, hasta que toda la masa se acabe. Ahora están listas para rellenar, o se pueden hacer por adelantado y apilar con papel encerado o de aluminio entre cada una. O se pueden congelar. Para descongelar, caliéntelas, tapadas, en un horno a 300 grados F.

No deseche cualquier crepa sobrante o imperfecta. Se pueden recalentar y untar con mantequilla o pueden envolver un trozo pequeño de queso y comerse como botana.

Precaliente el horno a 350 grados F.

Para preparar el relleno, derrita la mantequilla en una cacerola pesada mediana a fuego medio-bajo. Añada la cebolla, ajo y chiles y saltee hasta que esté acitronada la cebolla. Agregue los hongos y remueva, suba la llama y continúe cocinando hasta que cualquier líquido de los hongos se haya absorbido. Retire del calor, añada el cilantro y sal y pimienta al gusto, y ponga aparte. Este relleno se puede hacer varias horas por delante.

Para preparar la salsa, derrita la mantequilla en una cacerola aparte, agregue el ajo, y saltee ligeramente. Mézclele la harina y añada la leche y crema ácida. Sazone bien con sal y pimienta. Lleve a un hervor, baje la llama, y cueza suavemente por 3–4 minutos, meneando constantemente, hasta que la salsa espese. Revuelva ½ taza de la salsa en la mezcla de hongos.

Vierta a cucharadas la mezcla de hongos en cada crepa y enrolle en forma de taco. Coloque las crepas rellenas en una sóla capa en un refractario enmantecado apenas suficientemente grande para sostener todas las crepas. A cucharadas ponga la salsa encima.

Espolvoree con el queso y hornee por 8–10 minutos, o hasta que se derrita el queso. Retire del horno y adorne con el cilantro. Sirva de inmediato.

Remoje los chiles en agua caliente unos 10 minutos, hasta que estén suaves, y escurra. Coloque los chiles, tomatillos, ajo, clavo, comino, sal y 1 taza de agua en una licuadora o procesador de alimentos y muela perfectamente.

Caliente el aceite en un sartén grande a calor medio-alto hasta que esté muy caliente mas no humeante. Añada la mezcla de chile molido y cueza unos 10 minutos, hasta que esté espesa. Remueva frecuentemente. La salsa se puede hacer por adelantado hasta este punto y tapar y refrigerar por hasta 2 días.

Recaliente la salsa en el sartén grande, agregue las ciruelas, y cueza otros 5 minutos a fuego bajo. Ponga a un lado y mantenga tibio. Añada más líquido si es necesario.

Mezcle bien las yemas en un tazón pequeño. Bata las claras en un tazón más grande hasta que formen picos suaves. Con cuidado incorpore las yemas y el queso.

En una cazuela eléctrica para freír o un sartén grande, caliente como ¾ de pulgada de aceite comenzando con fuego medio-algo, 380 grados F. El aceite debe estar lo suficientemente caliente como para chisporrotear cuando se le introduzca un pequeño pedazo de pan, mas no humeante.

Fría las tortitas en pequeñas tandas, asegurando que no se enfríe el aceite entre cada tanda. Usando una cuchara grande para servir, recoja una cucharada de la mezcla de huevo y cuidadosamente deslícela dentro del aceite caliente. Las tortitas deben tener unas 3 pulgadas de diámetro. Después que empiecen a dorarse, se les puede dar forma apretando los costados con 2 cucharas o espátulas. Cueza 1–2 minutos por cada lado. Cuando estén de un café dorado por cada lado, retire con una espumadera y escurra sobre papel absorbente.

Añada las tortitas a la salsa y permita reposar por varios minutos. Levante las tortitas con una espumadera con ranuras y colóquelas sobre platos planos. Justo antes de llevarlos a la mesa, con una cuchara sirva más de la salsa de chile tibia con la fruta encima. Espolvoree con la cebollita verde y queso desmoronado.

NOTA: De alguna manera nuestro anfitrión había conseguido pequeñas ciruelas amarillas mexicanas. Nosotros nos las arreglamos con las ciruelas japonesas más grandes, que con su agradable combinación de ácido y azúcar, parecen acercarse bastante en cuanto a sabor. Creo que el sabor de la venerable ciruela *greengage* sería bastante similar.

Enchiladas coloradas de pollo de Gloria

CHULA VISTA, CALIFORNIA • BAJA CALIFORNIA NORTE, MÉXICO

RINDE 12, Ó 2 Ó 3 POR PERSONA *Hace tiempo, cuando apenas comenzaba a pensar en escribir este libro, había oído de las Enchiladas coloradas de pollo de Gloria por un amigo en la Ciudad de México quien había ido a la escuela en San Diego. Obviamente tuve que buscarlas, una búsqueda que culminó en la casa de la hija de Gloria Anaya Lopez en Chula Vista. Esa noche observé mientras que Gloria pasó por el tardado proceso de doble sumersión, rellenar y enrollar que dejan la cocina hecha un desastre al preparar estas enchiladas callejeras tradicionales—y que son tan especiales para comer. Tan especiales que Miguel y yo y todos los que las hemos probado siempre nos referimos a ellas simplemente como las enchiladas de Gloria.*

Tanto a Miguel como a mí nos gusta éste como platillo para despertar y nos gusta servirlo para el almuerzo los domingos.

Las enchiladas de Gloria pueden ser una colorida comida en un solo plato, pero los frijoles refritos son un acompañante clásico. Una ensalada verde grande o la Ensalada de jícama y melón con naranja (página 59) dará un contraste crujiente. Si es un día caluroso, sirva botellas de una cerveza mexicana, tal como la obscura Negra Modelo, o una jarra de té helado. Otras veces me gusta la leche fría.

Para el pollo

Caldo de pollo (página 74), consomé de pollo enlatado o agua para tapar (como 6 tazas)
3 libras de muslo y pechuga de pollo
6 dientes de ajo, pelados y ligeramente mallugados con el lado plano de un cuchillo
½ cebolla blanca mediana, rebanada
como 1 cucharadita de sal de mar

Para la salsa de chile

12 chiles colorados secos, nuevomexicanos o California
6 chiles pasillas secos
½ cebolla blanca
3 dientes de ajo
2 cucharadas planas de harina
2 cucharaditas de aceite de cártamo o *canola*
1 lata de 8 onzas de salsa de tomate
1 cucharadita de orégano seco, mexicano de preferencia
sal de mar y pimienta negra recién molida

Para la salsa de tomate

2 cucharadas de aceite de cártamo o *canola*
¼ de taza de cebolla blanca picada
2 dientes de ajo, finamente picados
2 latas de 8 onzas de salsa de tomate

Para las enchiladas

12 tortillas de maíz comerciales (véase la Nota)
½ taza de aceite de cártamo para freír

Para los ingredientes de encima

¼ de taza de queso añejo o queso feta desmoronado
12 rábanos, en rebanadas delgadas
1 taza de crema espesa (página 21) o crema ácida rebajada con leche (opcional)

Lleve el caldo o agua a hervor en una olla grande (de 6 cuartos de galón). Agregue los muslos de pollo, ajo, cebolla y sal. Lleve a hervor lento hasta que apenas burbujee el líquido. Retire cualquier espuma gris que se forme. Cueza a fuego lento por unos 10 minutos, añada las pechugas y, de nuevo, retire la espuma. Continúe cociendo a hervor lento por otros 10 minutos. Retire la olla del calor y permita que el pollo se enfríe dentro del caldo. Retire el pollo y desmenuce, desechando la piel y los huesos. (Éstos se pueden regresar al caldo y hervir a fuego lento un poco más—como 45 minutos—y el caldo se puede colar y congelar para uso en el futuro). Reserve una taza del caldo para la salsa. El pollo se puede cocer por adelantado, tapar y refrigerar hasta que esté listo para armar las enchiladas.

Para preparar la salsa de chile: Retire el tallo, semillas y venas de los chiles. Ponga los chiles, cebolla y ajo en una cazuela mediana con agua hirviendo. Meta una cuchara u otra cosa algo pesada en el agua para mantener sumergidos los chiles. Apague la lumbre y deje remojar los chiles hasta que estén tiernos, unos 15 minutos, dependiendo de la edad de los chiles.

Cuando estén suaves, ponga una tercera parte de los chiles en una licuadora junto con la cebolla y el ajo. Agregue un poco del caldo de pollo restante para que la mezcla no atasque la licuadora. Muela hasta que esté terso como satín. Si lo requiere, cuela por un colador mediano. Repita hasta que todos los chiles, cebolla y ajo estén molidos.

En un sartén grueso u olla de hierro, espolvoree una capa ligera de harina y dórela ligeramente a fuego mediano. Vierta el aceite y remueva bien.

Agregue el puré de chile colado todo a la vez. Remueva y raspe el fondo del sartén constantemente a fuego bajo hasta que se ponga espeso y manso. No permita que la mezcla se pegue y se queme. Añada la salsa de tomate enlatada revolviendo, y agregue el orégano, sal y pimienta al gusto. Ponga aparte. La salsa se puede preparar por adelantado y guardar en el refrigerador con el pollo.

Para preparar la salsa de tomate: En otro sartén, caliente el aceite a fuego medio y cueza la cebolla y ajo hasta suaves. Añada la salsa de tomate y cueza 8–10 minutos, hasta que estén completamente incorporados. La salsa se puede preparar varias horas por adelantado y apartar. Agregue el pollo desmenuzado, remueva y continúe cocinando por 3–5 minutos. Sazone al gusto.

Para armar las enchiladas: Precaliente el horno a 325 grados F. Tenga listo un platón para servir calentado, de aproximadamente 13 por 9 por 2 pulgadas, donde apenas quepa 1 capa de tortillas rellenas y enrolladas.

Caliente el aceite en un sartén a fuego medio-alto y recaliente la salsa de chile a fuego bajo en otro sartén. Sumerja cada tortilla en el aceite caliente por unos 30 segundos, luego, usando pinzas ó 2 espátulas, voltéela y caliente el otro lado. Las tortillas deben estar suaves, no crujientes. Escurra cualquier exceso de aceite usando papel absorbente y continúe con las tortillas restantes. Sumerja las tortillas suavizadas en la salsa de chile colorado entibiada y extiéndalas sobre un plato. Esparza 1 cucharada copeteada de pollo en el centro de cada tortilla y enrolle. Con una cuchara, ponga una capa delgada de la salsa de chile en el fondo del platón para servir y acomode las enchiladas, con la orilla hacia abajo y pegaditas en una sola capa. Cuando todas las tortillas estén rellenas y enrolladas, con una cuchara ponga un poco más de salsa encima y hornéelas por 5 minutos. Retire el plato de enchiladas del horno y vierta a cucharadas el resto de la salsa de chile encima. Adorne con el queso, los rábanos y crema espesa.

NOTA: Para que las tortillas no absorben mucho aceite y se pongan aguadas, es importante que no estén recién hechas.

Enchiladas de jaiba en chiles chipotles

AUSTIN, TEXAS

4 PORCIONES CON 2 ENCHILADAS CADA UNO *De niña durante la Depresión, viví por toda la costa del Golfo de México entre Corpus Christi y Brownsville, Texas, que está justo en la frontera con México donde el Río Bravo del Norte (el Río Grande) desemboca en el Golfo de México. Tengo recuerdos de mi padre cargando una cubeta de cangrejos verdosos escurridizos de vuelta a algún motel donde nos quedábamos y cociéndolos en una tina de acero galvanizado para lavar ropa en agua hirviendo. Yo sé que debo haber comido enchiladas de jaiba, pero nunca fueron preparadas en una cremosa salsa de chipotle como éstas de Miguel Ravago. Para una comida alegre, me gusta adornar este platillo con flores coloridas hechas de cebollita verde y unos cuantos chiles jalapeños, verdes y rojos, si los puedo encontrar.*

Las enchiladas de jaiba van especialmente bien con un comienzo de Pico de gallo de Jalisco (página 35) o una ensalada de lechuga crujiente y jitomates de hortaliza rebanados. Es un platillo particular

mente bueno para servir en un almuerzo festivo y en el verano agregue la Ensalada de Corpus Christi (página 63) con sus cerezas frescas de un rojo profundo. Para seguir con los sabores frescos de fruta, termine la comida con Bombe de frambuesas (página 360).

Para el relleno

2 tazas de crema espesa (página 21) o crema ácida rebajada con leche
¼ de taza de leche
sal de mar
4 cucharadas de mantequilla sin sal
2 cucharadas de aceite de cártamo o *canola*
1 diente grande de ajo, finamente picado
½ taza de la parte superior de cebollitas verdes (guarde las partes blancas para la guarnición)
1 libra de jaiba, en trozos grandes
2 chiles chipotles en adobo enlatados, cortados en tiras delgadas
pimienta negra recién molida

Para las enchiladas

¼–½ taza de aceite de cártamo o *canola* para freír
8 tortillas comerciales, de unas 6 pulgadas de diámetro
½ taza de queso *Monterey jack* rallado

Para la guarnición

3 cucharadas de cilantro finamente picado
12 cebollitas verdes gorditas
8 chiles jalapeños verdes y rojos frescos para hacer "flores" de chile (opcional) (véase la Nota)

Caliente el horno a 350 grados F.

Mezcle juntos la crema y la leche en un pequeño tazón. Añada un poco de sal y aparte.

En una olla mediana o sartén hondo, derrita la mantequilla con el aceite a fuego mediano. Agregue el ajo y las partes superiores de las cebollitas verdes y cueza por unos 2 minutos, hasta que estén suaves las cebollas.

Añada la jaiba, tiras de chile y 1 taza de la crema diluida, conservando el resto para usar encima. Baje la llama y continúe cocinando por 5–8 minutos, removiendo de vez en cuando. Agregue pimienta al gusto. Esto se puede preparar hasta este punto por adelantado y recalentar antes de proceder.

Cerca de la estufa, tenga listos una capa de papel absorbente y un refractario enaceitado. Todas las tortillas enrolladas deben caber apretaditas en una sola capa. Es útil tener tanto pinzas como una espumadera mientras fríe las tortillas.

Entibie como 2 cucharadas del aceite en un sartén mediano a fuego medio y meta cada tortilla en el aceite caliente, empujando con la espumadera para que se cubra, hasta que apenas se suavice—sólo unos cuantos segundos. Voltéela y fría el otro lado por aún menos tiempo. Retire la tortilla y escurra sobre papel absorbente. Continúe friendo las tortillas restantes, agregando más aceite si es necesario.

Coloque una misma porción del relleno en el centro de cada tortilla. Enróllelas y colóquelas lado a lado en el refractario. Vierta la crema rebajada restante encima y espolvoree con el queso rallado.

Cubra con papel aluminio y hornee por 15 minutos, o hasta que estén completamente calentadas. Sirva de inmediato, espolvoreadas con cilantro y con cebollita verde o flores hechas con cebollitas verdes y chiles como guarnición.

NOTA: Si va a preparar la guarnición de flores de vegetales, comience varias horas antes. Use tijeras pequeñas y filosas para cortar a través de la punta de un chile y luego corte a lo largo de los cuatro lados hasta como ½ pulgada de la punta del tallo. Quite las semillas raspando y continúe cortando cada una de las secciones más grandes de chile para formar pétalos delgados y puntiagudos. Haga cuantas garniciones sean necesarias y póngalas en un pequeño tazón con agua fría. Guarde en el refrigerador hasta que se abran.

Las flores de cebolla se preparan de manera similar. Corte y retire todas las raíces y todo menos ½ pulgada de la parte superior verde, conservándolas para uso en la salsa de cangrejo. Quite una capa de la cebolla y, usando un pequeño cuchillo filoso, haga cortes en forma de V alrededor del centro de la cebolla. Asegúrese que el cuchillo corte hasta el centro. Separe los "pétalos" jalando suavemente los dos lados de la cebolla y coloque en agua fría para que se abran.

Enchiladas mineras

MIAMI, FLORIDA • GUANAJUATO, MÉXICO

4 A 6 PORCIONES *La madre de Virginia Ariemma le dio esta receta para enchiladas mineras. El estado de Guanajuato, de donde proviene, en una época produjo la mayoría de la plata del mundo. Muchos españoles y criollos se hicieron fabulosamente ricos pero a costa de los indios forzados a trabajar bajo las peores condiciones imaginables.*

La comida principal de estos mineros y sus familias eran enchiladas. Las tortillas se volvían sabrosas al sumergirlas en una salsa cruda de chile antes de freírlas. Zanahorias y papas eran un complemento nutritivo y barato. Enchiladas casi idénticas todavía se cocinan sobre pequeñas estufas de metal usando carbón alrededor del famoso Mercado Hidalgo abovedado de Guanajuato. A menudo piezas de pollo también son sumergidas en la salsa, fritas y servidas al lado con los vegetales.

Yo pienso que enchiladas como éstas son la mejor comida callejera en México. Si se hacen con pollo, no se necesita otra cosa más que una ensalada verde o, si está sirviendo un grupo de personas hambrientas, agregue Frijoles refritos (página 233). Salsa fresca (página 269) le dará un contraste brillante. Ésta es una delicia para bebedores de cerveza, aunque Sangría (página 384) también es una buena opción como bebida.

Para la salsa

6 chiles guajillos secos, tostados (página 21) y sin semillas
¼ de taza de vinagre muy ligero
½ cebolla blanca, asada (página 20)
3 dientes de ajo, asados (página 20)
como ½ cucharadita de sal de mar
⅛ de cucharadita de comino molido

Para las enchiladas

1 libra de zanahorias, peladas y cortadas en pedazos de ½ pulgada
1 libra de papas rojas, peladas y cortadas en pedazos de ½ pulgada
sal de mar
½ taza de aceite de cártamo o *canola*
12 Tortillas de maíz (página 114) o comerciales
1 pechuga entera de pollo, cocida a fuego lento (página 74) y desmenuzada

Para la guarnición

2 tazas de lechuga o col rallada
1 taza de crema (página 21) o crema ácida rebajada con leche
½ taza de queso fresco (página 118) o queso feta desmoronado

Coloque los chiles en un tazón y vierta 3 tazas de agua hirviendo encima. Agregue el vinagre y permita que se suavizen los chiles por 20 minutos. Coloque la cebolla, ajo, sal, comino y 1 taza del líquido donde se ablandaron los chiles en una licuadora o procesador de alimentos. Muela hasta que esté tersa y coloque en una cazuela o tazón poco profundo.

Cueza las zanahorias y papas a hervor lento en suficiente agua para taparlas. Cuando estén tiernas, como 10 minutos, escurra y aparte.

Caliente el aceite en un sartén sobre calor mediano. Sumerja una tortilla en la salsa de chile, cubriendo ambos lados, luego deslícela en el aceite caliente. Cocine por 10–15 segundos, luego use una espumadera para voltearla por unos segundos. Rápidamente saque del aceite, escurriendo cuanto aceite sea posible. Doble las tortillas a la mitad con soltura, haciendo dobladas. Rellene con el pollo desmenuzado y mantenga calientes en un horno a 200 grados F.

Vierta un poco más de aceite en el sartén si es necesario y añada las papas y zanahorias junto con 2 cucharadas de la salsa. Fría por varios minutos.

Divida la lechuga rallada entre los platos individuales. Coloque 2 ó 3 enchiladas dobladas en cada cama de lechuga y esparza las verduras en cubos encima. Chorree la crema encima y termine con el queso desmoronado. Sirva de inmediato.

VARIACIÓN: ENCHILADAS MINERAS CON POLLO EMPAPADO CON CHILE COLORADO Cocine a fuego lento 3 a 3½ libras de sus piezas favoritas de pollo (página 74). Sumerja las tortillas en la salsa roja. Doble, pero no las rellene. Antes de freír las zanahorias y papas, unte la salsa en todo el pollo y dore las piezas en el aceite. Después de 5 minutos, agregue los vegetales y 2 cucharadas de salsa y continúe cocinando otros 5 minutos o hasta que todo esté bien doradito.

Enchiladas verdes a la "Pingüi"

DETROIT, MICHIGAN

4 A 6 PORCIONES *En estas enchiladas bastante atípicas, Maria Elena Rodriguez sustituye queso fresco de soya y espinacas por los rellenos usuales de pollo o carne. "Pingüi", como le dice su padre (de pingüica, una baya pequeña que crece en la altiplanicie del centro de México; el nombre se usa para describir a una persona muy pequeña), creció en una familia de buenos cocineros y le encanta comer los platillos a menudo llenos de calorías de México. Por necesidad, está creando un enfoque más saludable pero uno que aún mantiene los intensos sabores que tanto ama.*

Como no se suavizan las tortillas en aceite caliente antes de ser sumergidas en la salsa, a veces se rompen en vez de doblarse. Para prevenir esto, nosotros las calentamos al vapor y, después de rellenarlas, las doblamos en vez de enrollarlas.

Esto es muy bueno servido con pequeñas tazas de Sopa de frijol negro (página 98) o con Frijoles negros con puerco (página 236) servidos a un lado. Pruebe Salpicón de rábano (página 284) como platillo colorido acompañante.

3 tazas de Salsa verde para enchiladas (página 217)
2 chiles poblanos frescos o chiles verdes largos, asados (página 19) y sin semillas
¼–½ taza de consomé de pollo enlatado sin grasa, si es necesario
1 libra de tofu estilo chino, bien escurrido y cortado en rebanadas de ⅛ de pulgada
1 cebolla roja mediana, cortada en rodajas delgadas como papel
16 tortillas comerciales, de 7 pulgadas de diámetro
2 libras de espinaca fresca
sal de mar
1 libra de hongos frescos, rebanados (como 2 tazas)
12 onzas de queso *Monterey jack* bajo en grasa, rallado
1 taza de yogur, rebajado con 2 cucharadas de leche descremada
¼ de taza de hojas de cilantro

Prepare la Salsa verde, añadiendo los chiles poblanos para molerlos con la salsa. Quizás sea necesario algo de caldo de pollo si la salsa está muy espesa. Vierta en una cazuela y entibie sobre calor bajo mientras prepara el resto de los ingredientes. Esto puede ser preparado por adelantado y recalentado.

Coloque el tofu en una sola capa en un sartén y embarre o salpique 1 taza de la salsa de tomatillo encima para que los sabores penetren el tofu. Si es posible, permita reposar por lo menos 30 minutos antes de usar.

Ponga las rodajas de cebolla en un tazón, cubra con agua tibia y permita remojar.

Llene el fondo de una vaporera con ½ pulgada de agua. (Si no tiene una rejilla perforada como las que se usan para tamales o comida china, puede usar el anillo para sellar de un frasco *Mason* en el fondo de una olla y balancear un pequeño plato refractario encima). Lleve a hervor. Envuelva las tortillas en una toalla gruesa y colóquelas sobre la rejilla en la vaporera. Tape y cocine a vapor por 1 minuto. Retire la olla del calor y deje reposar las tortillas por 10 minutos, aún tapadas.

Lave bien las espinacas frescas y póngalas en una cazuela con sólo el agua adherida a las hojas. Espolvoree con sal y cueza a fuego bajo hasta que apenas estén marchitas las hojas. Escurra, pique y mezcle con los hongos.

Precaliente el horno a 350 grados F. Saque un refractario grande y plano y cubra ligeramente con aceite o un espray sin grasa. Cubra el fondo del refractario con como ½ taza de la salsa de tomatillo. Si es necesario, rebaje la salsa con más caldo de pollo para poder verterlo.

Destape las tortillas, sumerja cada una en la salsa caliente de tomatillo, y deslice en un plato.

Rápidamente rellene cada tortilla con la mezcla de espinacas y hongos, el tofu y una espolvoreada de queso. Doble a la mitad y coloque dentro del refractario, solapando un poco. Cuando estén rellenas todas las tortillas, cubra con el queso restante y hornee por unos 15–20 minutos.

Ponga 3 ó 4 enchiladas en cada plato. Salpique con el yogur diluido y adorne con las rodajas escurridas de cebolla roja y cilantro.

Salsa verde para enchiladas

SAN DIEGO, CALIFORNIA

SUFICIENTE PARA 12 ENCHILADAS *Las cantidades de los ingredientes usados en esta receta de Steven Ravago se pueden cortar a la mitad o doblar, según cuánta salsa se requiera. Esta salsa ver-*

sátil también se puede usar con tacos, pescado, carne de puerco y platillos con pollo así como con enchiladas, y se congela bien, aunque quizás tenga que volver a molerla con 1 taza de caldo o agua más o menos.

2 libras de tomatillos, sin cáscara y enjuagados
2 cebollas blancas grandes, picadas
5 dientes de ajo, pelados
5–6 chiles serranos o jalapeños frescos, sin tallo ni semillas
3 cucharadas de aceite de cártamo o *canola*
1¼ cucharaditas de sal de mar
¾ de taza de cilantro fresco picado

Precaliente el horno a 450 grados F.

Coloque los tomatillos, cebolla, ajo, chiles y aceite en una fuente de horno. Espolvoree con sal y revuelva para cubrir todos los ingredientes con el aceite. Ase en el horno por unos 45 minutos. Cuando estén suaves los tomatillos y las cebollas y ajo estén doradas, retire la fuente del horno y permita enfriar.

Transfiera todo a una licuadora y muela hasta áspera. Añada ⅓ de taza de agua y el cilantro, muela, y pruebe. Agregue más sal si desea. Vierta en una cazuela y mantenga tibia mientras prepara las enchiladas.

Enchiladas chatas sonorenses

TUCSON, ARIZONA • SONORA, MÉXICO

SUFICIENTE PARA 12 ENCHILADAS *Nos sirvieron estas enchiladas gordas y planas, típicas de Sonora, México, por todo el sur de Arizona, un evidente recordatorio de que nos encontrábamos en una parte de ese paisaje calcinado que es el Desierto de Sonora y que se extiende por cientas de millas al sur dentro de México. Éstas no son enchiladas típicas, sino pastelitos gordos de masa—cubiertos en una salsa de chile mansa pero sabrosa. Todas las guarniciones se apilan en pirámide. Esta versión es de Carmen Villà Prezelski. Carmen tuvo que aprender a cocinar a distancia porque su madre, Matilde, nunca permitió a ninguno de sus ocho hijos dentro de la cocina. A los noventa años de edad, Matilde todavía prepara tres comidas al día para dos de sus hijos crecidos y los demás viven lo suficientemente cerca como para venir a comer con ella una o dos veces por semana.*

Sírvalas con Arroz a la mexicana (página 240), quizás con frijoles al lado y una bebida refrescante como Agua fresca de pepino (página 384). Para un gusto especial para desayuno o almuerzo, ponga un

huevo escalfado o frito encima de cada enchilada después de añadir la salsa y ponga encima más salsa a cucharadas.

Carmen y su madre sólo preparan estas enchiladas con masa de maíz fresca, no con masa harina, la cual "siempre se siente áspera en el fondo de mi garganta", dice Carmen.

La Pasta de chile colorado que se necesita para hacer la salsa debe ser preparada por adelantado, o se puede pedir una salsa de la Santa Cruz Chile and Spice Company (véase las Fuentes de los Productos, página 395). Una familia de ganaderos al sur de Tucson, Arizona, en Tumacacori, ha estado preparando esta pasta de chile desde 1943, usando chiles nuevomexicanos maduros recién pizcados. Ahora tiene amplio uso por cocineros méxico-americanos en toda Arizona.

Para la salsa

2 cucharadas de aceite de cártamo o *canola*
3 dientes de ajo, muy finamente picados
2 cucharadas de harina de trigo
2 tazas de Pasta de chile colorado casero (página 220) o salsa de chile colorado mansa sin jitomates
2–3 tazas de Caldo de res (página 76) caliente, consomé de res enlatado o agua
1 cucharadita de orégano, mexicano de preferencia
sal de mar

Para las enchiladas

1 libra de masa fresca o preparada de masa harina (página 114)
2 huevos, batidos
½ taza de queso *Colby* o *longhorn* rallado
1 cucharadita de polvo de hornear
1 cucharadita de sal de mar
aceite de cacahuate o cártamo para freír

Para la guarnición

1 manojo de cebollita verde, picada
1 taza de queso *Colby* o *longhorn* rallado o una combinación con *Monterey jack*
½ taza de aceitunas verdes o negras rebanadas (opcional)
½ cabeza de lechuga de bola, rallada
1 onza de vinagre muy ligero
1 cucharadita de orégano seco, mexicano de preferencia

Entibie el aceite en una cazuela pesada o sartén a fuego mediano, añada el ajo y cocine hasta suave pero no café. Espolvoree la harina y revuelva hasta hacer un roux espeso. De manera gradual, agregue la pasta de chile o salsa y 1 taza del caldo, poco a poco. Lleve a hervor lento por 15–20 minutos. Si está usando la pasta casera, añada otra taza más o menos de líquido porque esta salsa estilo Arizona debe estar poco espesa para enchiladas. Agregue el orégano y sal al gusto. Mantenga tibio. O, prepare por adelantado y recaliente. Se mantiene por 4–5 días cuando se refrigera y retiene su textura y sabor al congelar y descongelar.

Precaliente el horno a 200 grados F. o menos para calentar los platos y mantener tibias las enchiladas.

En un tazón grande, afloje la masa con sus dedos e incorpore los huevos, queso, polvo de hornear y sal. Forme en bolas de unas 2 pulgadas de diámetro. A palmaditas, aplánelas hasta que tengan ¼ de pulgada de grosor y 3–4 pulgadas de diámetro. Si la masa está demasiado pegajosa, ponga las bolas entre hojas de papel encerado y luego aplánelas.

Caliente 1–2 pulgadas de aceite en un sartén mediano y cuando esté bastante caliente mas no humeante, cuidadosamente sumerja la "croqueta" de masa dentro del aceite, usando una espumadera. Fría cada "croqueta" hasta un café dorado y ligeramente crujiente de cada lado. Retire, escurra sobre papel absorbente, y mantenga tibia en el horno. (Las "croquetas" se pueden cocinar en un sartén sólo ligeramente engrasado, pero la textura estará un poco más seca).

Cuando esté lista para servir, pase las "croquetas" de masa por la salsa calentada por sólo unos segundos. Coloque 2 "croquetas" en platos calentados y ponga la salsa adicional a cucharadas. Termine con la cebollita verde, queso y aceitunas encima. Mezcle la lechuga, vinagre y orégano juntos en un tazón y sirva al lado de las enchiladas.

Pasta de chile colorado

TUMACACORI, ARIZONA

RINDE 1 CUARTO DE GALÓN

10 chiles colorados secos, nuevomexicanos de preferencia o chiles anchos
1 cuarto de galón de agua
2 dientes de ajo
1 cucharada de aceite de cártamo o *canola*
½ cucharadita de orégano seco, mexicano de preferencia
1 cucharadita de sal de mar

Retire las semillas y membranas de los chiles y rompa en pedazos. Tueste los pedazos de chile ligeramente sobre una plancha o un sartén de hierro fundido seco. Los chiles deben apenas empezar a cambiar de color y ampollarse.

Lleve el agua a hervor en una olla grande. Agregue los chiles y ajo. Retire la olla del calor y deje reposar por 20–30 minutos. Cuando estén suaves los chiles, retírelos con una espumadera junto con el ajo, reservando el agua.

Haga un puré con los chiles y el ajo en una licuadora o procesador de alimentos. Gradualmente agregue todo el agua de chile. La mezcla debe estar muy tersa y quizás tendrá que ser molida en varias tandas.

Caliente el aceite sobre calor mediano en una cazuela mediana. Agregue la mezcla de chile, orégano y sal y cueza a hervor lento por 15 minutos. Enfríe y guarde en un refrigerador o congelador hasta ocuparlo.

Chilaquiles en salsa verde

SAN DIEGO, CALIFORNIA • CIUDAD DE MÉXICO, MÉXICO

4 PORCIONES COMO PLATO PRINCIPAL, 6 COMO ACOMPAÑANTE PARA OTROS PLATILLOS *Irma Aguilar, como la mayoría de cocineros mexicanos que conozco, reutiliza tortillas sobrantes, sin importar cuán tiesas estén, en este sencillo platillo casero. Es una comida tan típica que quedé totalmente anonadada al encontrar que son casi desconocidos los chilaquiles en Nuevo México y el sur de Colorado. Allí preparan un platillo similar con huevos revueltos llamado "migas", el cual es popular en todos los estados fronterizos del suroeste.*

Un vaso de jugo y un plato de chilaquiles hacen una cena o desayuno agradable. Pruebe un huevo frito encima de cada porción y una cucharada más de salsa; como platillo para el almuerzo, es especialmente satisfactorio al ser combinado con chorizo. Para la cena, Irma agregaría trozos de pollo cocido. Para acompañar los chilaquiles, sirva una jarra de Licuados (página 382) y agregue Huevos "rabo de mestiza" (página 335). Ester Diaz en Toppenish, Washington, envuelve sus chilaquiles en tortillas—como "dos nubes juntándose".

1 libra de tomatillos frescos, sin cáscara y enjuagados, ó 1 lata de 13 onzas, escurrida
1–2 tazas de Caldo de pollo (página 74) o consomé de pollo enlatado
2–3 chiles serranos o jalapeños frescos, picados
½ cebolla blanca, picada
2 dientes de ajo, picados
sal de mar
aceite de cacahuate o cártamo para freír
12 tortillas comerciales (página 114), de preferencia de 1 día al menos, rotas o cortadas en pedazos de unas ¾ por 2 pulgadas
4 cucharadas de hojas de cilantro fresco picado

Para la guarnición

1 taza de crema (página 21) o crema ácida rebajada con leche
½–1 taza de queso fresco o feta desmoronado
2 rebanadas delgadas de cebolla blanca, desbaratadas en anillos
1 aguacate firme pero maduro, sin hueso, pelado y cortado en gajos delgados
6–10 rábanos en rebanadas delgadas

Si utiliza tomatillo fresco, cueza a hervor lento por unos 10 minutos en una pequeña cazuela de agua salada hirviendo. Escurra y ponga los tomatillos en una licuadora o procesador de alimentos.

Agregue ½ taza de caldo, 2 chiles, cebolla, ajo y sal y muela bien, dejando algo de textura. Añada otra ½ taza de caldo. Pruebe para picor y agregue otro chile si lo requiere.

Caliente el aceite en un sartén a fuego medio-alto y, cuando esté bastante caliente mas no humeante, vierta toda la salsa a la vez y remueva vigorosamente. Pruebe para sal y continúe cocinando a fuego más bajo hasta espesa y obscurecida de color. Agregue más caldo si lo requiere y cueza a hervor lento por unos 10–15 minutos. La salsa se puede preparar por adelantado y recalentar antes de ocupar.

Mientras se está cociendo la salsa, vierta ¼ de pulgada de aceite en un sartén grande. Cuando esté muy caliente, añada un puño más o menos de tiras de tortilla y fría rápidamente hasta crujientes y doradas. Tendrá que vigilar cuidadosamente que no se quemen. Remueva constantemente por unos 2 minutos. Escurra sobre papel absorbente y repita hasta que todas las tortillas estén fritas. Las tiras de tortilla se pueden cocinar por adelantado.

Justo antes de servir, añada el cilantro a la salsa, cuidadosamente agregue y revuelva las tiras de tortilla, y cueza a hervor lento por varios minutos. Se puede añadir más caldo de pollo si lo requiere. Pruebe para la sal.

Para servir, sirva a cucharadas en un plato tibio, póngale crema a cucharadas, y espolvoree el queso encima. Sirva con anillos de cebolla, rebanadas de aguacate y rábanos.

VARIACIÓN: PASTEL AZTEDO Los chilaquiles de Rose María Trevino se convierten en un guisado popular. Para reducir algo el contenido de grasa, ella corta tortillas de maíz gruesas en pequeñas cuñas y las hornea en una sóla capa por unos 12 minutos a 350 grados F., y sustituye 1½ tazas de crema ácida de baja grasa y 1½ tazas de queso rallado *Monterey jack* de baja grasa. Sanoche y desmenuce 2 libras de pechuga de pollo. Coloque en una capa la mitad de las tortillas en el fondo de una fuente de horno. Cubra con la mitad del pollo, y sazone con sal y pimienta. Salpique con la mitad de la salsa y crema, y espolvoree con la mitad del queso. Repita con los ingredientes restantes, luego hornee, sin tapar, unos 20 minutos a 350 grados F. hasta que la superficie esté ligeramente dorada y burbujeante. Adorne y sirva.

Impresiones de Colorado

Colorado es el estado donde nací, pero sólo vivía ahí durante los dos o tres meses al año que pasaba con mi abuela en Colorado Springs.

Era el primer día de la primavera cuando regresé esta última vez, y el campo estaba cansado de invierno. Las urracas se aferraban a los restos de la cosecha de maíz del año anterior, mientras que las tormentas de viento llegaban con la primavera. Hacía frío y era demasiado temprano en la temporada para no ver más que un ligero verdor del despertar de los brotes de los álamos.

Algunos cuantos exploradores españoles habían hecho incursiones ocasionales en lo que ahora es Colorado, pero el miedo a los indígenas, principalmente los ute, mantuvo a los pobladores más hacia el sur cerca de Santa Fe por más de 200 años. Tardaron dos siglos en ir cien millas.

Conforme más y más franceses y norteamericanos se aventuraban hacia el oeste, los españoles comenzaron a preservar a Santa Fe y los poblados vecinos concediendo grandes extensiones de tierra a aquellas personas dispuestas a fomentar el asentamiento en la frontera más norteña del territorio—una práctica que continuó aún después de que México había ganado su independencia. Por ejemplo, la Concesión de Sangre de Cristo encompasó más de un millón de acres e incluyó la mayor parte del valle más grande en los Estados Unidos. Aquí es donde se fundó San Luis, quizás la comunidad más antigua de Colorado.

A pesar de que ahora sólo un 30 por ciento de la población de San Luis es española, forman una parte íntegra de la comunidad. En 1863 el dueño de la Concesión de Sangre de Cristo les dio a los pobladores de cada uno de los pueblos aislados en el valle los derechos exclusivos al agua y los árboles en los cerros circundantes para proveer leña y madera así como tierra para apacentar sus ovejas y ganado. La vega, o potrero comunal, de San Luis que todavía se usa por las familias de estos pobladores, es más grande que el Boston Common.

Éstas son familias que han vivido durante generaciones en casi la misma manera que sus padres. Alguna gente mayor todavía combinan las palabras comunes arcaicas de los siglos dieciséis y diecisiete de la España rural con un popurrí de palabras francesas, indígenas e inglesas. Siempre que sea posible, las diferentes generaciones de los alrededores se juntan para la comida del domingo. Las mujeres de San Luis obedecen alguna ley antigua que dice que a cualquier persona que entre, a cualquier hora del día o de la noche, se le da de comer. A mí me pasó.

Uno de tales domingos en la casa de Daisy Ortega en la calle Main, la observé mientras cocinaba en la misma estufa de leña que ha usado durante casi sesenta años, aunque hay una estufa eléctrica en la cocina para uso durante la época de calor. Platicamos mientras comíamos y me enteré de los chicos, granos secos de maíz dulce que se cuecen como los frijoles ("Nunca le ponga jamón a sus chicos; los echará a perder"); cómo combinar chicos con las maravillosas bolitas redondas, un frijol cultivado en la zona; y cómo hacer galletas crujientes servidas con mucha mantequilla y una taza de café. Me enteré del budín de brotes de trigo llamado *panocha* que se prepara solamente para Semana Santa y cómo preparar un chile verde especialmente bueno.

Todo mundo sabía dónde encontrar a Ernesto Valdez, el hombre que uno tiene que ver si desea bolitas: "No más siga el viento hasta ver los sauces. Ahí es donde está su entrada para coches". Conocimos a Ernesto y compramos varias libras del frijol redondo. Nos mandó con su cuñado, Prudencio Chacon, quien cría ovejas y tiene un perro pastor con tres patas. También cultiva maíz para los chicos que cuece al vapor en su horno tradicional de adobe que está al aire libre, y que cuelga para secar antes de desgranarlos y almacenarlos para cocer durante el invierno. A Prudencio le gusta tener una olla de chicos y bolitas cociendo a hervor lento sobre la estufa de leña para que siempre haya algo listo que comer.

Mary Ann Tafoya es una maestra que vive en la parte más norteña del valle en Del Norte. Ésta es tierra de papas: chile verde con papas, pastel de papas, papas fritas solas o con nabo. Aunque Mary Ann es una mujer joven, todavía vive y cocina guiada por los valores tradicionales que aprendió de su abuela: "Usa sentido común y no desperdicies nada de la buena comida que Dios nos da". Cuando mataban un animal, se usaban todas las partes del animal. Un platillo especial favorito que mencionó, que yo recuerdo haber comido de niña, de los arrieros vascos en Jordan Valley, Oregon, eran los buñates, la pancita lechera delgada de cordero que se envuelve en un velo de grasa, se sala y se fríe. Y, para Mary Ann, como para las otras familias en el valle, el alce y venado proporcionan igual cantidad de carne como ovejas y ganado, siendo la carne de venado especialmente preciada para uso en las empanadas.

Viajar fuera del Valle de San Luis y al resto de Colorado que ni siquiera había formado parte de México, fue una experiencia curiosa porque al fin aquí probé comida muy mexicana. Como me dijo Ray Aguilera en Pueblo: "No somos como el Valle. Nuestras raíces están en México, no en Nuevo México o España". El abuelo de Ray salió de Chihuahua a principios del siglo diecinueve, trayéndose a su hijo mayor, Ted.

"Mi tío Ted hacía whisky para la Mafia de la localidad", dijo Aguilera. "Añejó su whisky dándole dos voltios de electricidad y le añadió una cucharada de caramelo para darle color. Mi tío Pancho fue a la Universidad de Colorado y se hizo maestro. El tío Tim abrió una farmacia, y mi papá se hizo un farmacéutico y se unió a él. Les fue bien vendiendo principalmente a los mexicanos del barrio. En ese entonces, casi todo el resto del mundo aquí era italiano o esloveno. Me sentía avergonzado de la comida que traíamos a la escuela, así que me comía mi

burrito aún envuelto en aluminio, con la esperanza de que los otros niños pensarían que era un emparedado". Su madre, Rose, interrumpió: "Ahora, todos los demás ganan dinero vendiendo la comida que siempre hemos comido".

Casi al mismo tiempo que el abuelo de Ray se mudó a Colorado, muchos otros mexicanos vinieron, pero viajaron más al norte cerca de Denver, para trabajar en los campos de betabel blanco. Al poco tiempo se convirtieron en la fuente principal de trabajadores, y en vez de regresar al sur cada año, los dueños de los ranchos los alentaron a establecerse en el área. Hoy día, existe una comunidad méxico-americana grande en esta parte de Colorado.

La Gran Depresión trajo miseria económica y nuevos problemas a los méxico-americanos viviendo en las comunidades rurales del sur de Colorado y en los barrios de Denver, y muchos de los trabajadores del campo perdieron sus empleos de años a los anglos, ahora dispuestos a aceptar trabajos de menor remuneración. En especial, recuerdo el relato que escuché de Maria Martinez, quien falleció recientemente a los setenta y pico años de edad:

Crecí en un pueblo de polvo y desamparo. El olor empalagoso de la pulpa de remolacha permeaba nuestras vidas así como el camino de tierra afuera de la casa con color a mal tiempo donde vivíamos. En el camino de enfrente, pasaban los camiones de ida y vuelta de los campos a la refinería, siempre chorreando ese espeso olor líquido.

Durante esos días de la Depresión en Colorado, casi no había comida para nadie, especialmente los mexicanos. Tuvimos suerte, ya que teníamos nuestra familia, un lugar donde vivir y la creencia de que si confiábamos en Dios y trabajábamos duro, podríamos resolver nuestros propios problemas. Recuerdo haberle dado las gracias al Presidente Roosevelt por el costal de frijol seco que a veces traía mi tío a casa, así que supongo que no lo hicimos todo nosotros.

Mi abuela siempre me contaba historias cuando estábamos cocinando—de como hacía tacos para su esposo para llevar a las minas cerca de donde vivían en Guanajuato. Platicaba de cómo Papá, cuando aún estaba muy joven y guapo, había peleado en la Revolución y cómo Mamá iba junto con él y, cuando dejaban de disparar, ella hacía una fogata y echaba tortillas en el mismo comal que todavía usabamos.

Comidas adicionales
Frijoles, lentejas, arroz, y legumbres

Una comida no es una comida en México a menos que se sirvan frijoles de alguna forma u otra. Generalmente se sirven justo antes del postre, y la forma favorita son refritos.

—ELENA ZELAYETA,
Elena's Famous Mexican and Spanish Recipes, San Francisco, Calif., autopublicado, 1944

SIMPLEMENTE NO EXISTE OTRO INGREDIENTE TAN esencial en la dieta del pueblo mexicano como el humilde frijol. Los chiles añaden la diversión, pero los frijoles proporcionan la nutrición fundamental necesaria para la sobrevivencia. Eva Celaya de Garcia, de noventa y tres años de edad, no recuerda un día donde no haya comido frijoles o arroz, una dieta que obviamente le cae bien. Quizás no comprenda la bioquímica que hace de los frijoles combinados con arroz o un poco de carne o queso una proteína tan completa, pero ella y millones de otros mexicanos saben que son una manera económica de alimentar a una familia grande e, igual de importante, saben rico.

Daisy Ortega, en San Luis, Colorado, me explicó claramente que "los frijoles deben saber a frijoles" y que su sabor no tiene porqué estar dominado por condimentos o carne. Éste era un sentimiento común, especialmente en lugares tales como Colorado y Nuevo México donde frijoles de alta calidad son cultivados localmente, incluyendo las variedades inusuales morado jaspeado, Anasazi blanco, y los más redondos bolitas color crema. Éstos y otros frijoles de reliquia se pueden pedir de Elizabeth Berry en Nuevo México (véase las Fuentes de los Productos, página 395).

Comparado con los frijoles, el arroz es una novedad en la cocina mexicana, habiendo llegado hace como 400 años. Los mexicanos utilizan la variedad de grano más largo de Asia y África y cocinan su arroz al estilo español: como un *pilaf,* salteando el arroz antes de añadir un caldo robusto

como líquido para cocerlo. Con el cambio de patria vino un cambio en la manera en que los méxico-americanos lo servían. En México, rara vez hay una comida normal que no incluya una sopa seca entre la sopa aguada y el platillo principal. A veces es un budín de vegetales o un plato de pasta, pero más a menudo es el clásico arroz a la mexicana—rojo jitomate moteado con pedacitos de cebolla y chiles. Esta tradición parece haber desaparecido rumbo al norte, porque encontré arroz siempre servido al lado de un platillo principal. También apareció mucho más seguido en el mismo plato con frijoles refritos, algo con lo que rara vez se topa uno en México salvo junto a la frontera.

El arroz en México usualmente se vende a granel y se tiene que lavar bien. Por costumbre, la mayoría de los cocineros méxico-americanos con quienes cociné todavía usan este proceso, que también parece producir un arroz cocido más suave. La mayoría del arroz de los Estados Unidos está enriquecido con hierro, niacina y tiamina, lo cual se perderá si se lava antes de usar, así que hemos adaptado las recetas de arroz tomando esto en cuenta, usando arroz blanco de grano mediano a largo, no el prehervido que requiere tanto más líquido así como un período más largo de cocimiento.

La cocina mexicana usa una abundancia de verduras, servidas no en un grupo aislado sobre el plato sino como parte integral de otro platillo. Hasta es, a menudo, el platillo principal mismo. Existen excepciones: calabaza y ejotes se saltean con cebolla y ajo, luego se cuecen suavemente con un poco de jitomate. Las espinacas y verduras de hoja verde especialmente sabrosas como verdolagas y quelites son favorecidos en casi todas las partes de los Estados Unidos donde crecen—que es casi en todas partes.

Coleccionamos numerosas recetas para rellenar verdura, evidencia de que cocineras habían decidido que el gusto de probar una profusión de sabores en cada bocado valía el esfuerzo extra requerido para preparar el platillo. En particular, en el Suroeste las papas y hasta nabos fritas en cazuela son un pilar, pero son combinados con una salsa hecha con el jugo de carne asada, salsa de chile o queso. Incluso el maíz hervido o asado se adorna gloriosamente con crema y chile molido.

EPAZOTE, LA HIERBA DEL HOMBRE POBRE DE MÉXICO

Será sólo un hierbajo tenaz, pero para cocineros mexicanos es un tesoro que buscar con diligencia. Un pariente cercano a las espinacas, betabeles, aselgas o quelites, el epazote tiene el melódico nombre científico de Chenopodium ambrosioides. *También tiene un sabor y aroma tan potentes, tan robustos que se dice que un brebaje cargado de epazote impedirá las*

hormigas, limpiará el cuerpo de parásitos intestinales, y reducirá la flatulencia. Si merece esta reputación o no, el sabor único del epazote no se puede sustituir ni olvidar en los frijoles negros o metido encima del queso derretido rezumando en las quesadillas. Lo fuerte de la hierba es bienvenido en sopas o platillos salteados con calabaza, maíz y jitomates, y a mí en lo particular me gusta su sabor en moles de carne de puerco y guisos. Se debe de añadir el epazote al final del proceso de cocimiento y usar con moderación porque su sabor es intenso.

Aunque el epazote no crece en las zonas más áridas del norte de México ni en el suroeste de los Estados Unidos, se da bien en tierra húmeda y tibia, y se ha aclimatado en un número sorprendente de lugares en los Estados Unidos. Yo lo hallé en jardines traseros en Detroit y junto al camino del río en San Antonio, y usualmente tengo plantas vigorosas creciendo en mi jardín en el estado de Washington.

Es mucho, mucho mejor el epazote fresco, pero para frijoles se puede comprar seco en pequeñas bolsas de celofán en la mayoría de los mercados latinos, pero desafortunadamente tienen usualmente más ramitas y tallos que hojas. Es mucho mejor sembrar su propia planta, y las semillas se consiguen de muchos catálogos por correo y tiendas de plantas. Yo pido las mías de J. L. Hudson, Seedsman (véase las Fuentes de los Productos, página 395), una compañía de semillas dedicada a muchas plantas inusuales creciendo en regiones tropicales o montañosas de México. Plantas frescas se pueden conseguir con cada vez mayor facilidad por todas partes en los mejores viveros o se pueden mandar pedir con It's About Thyme (véase las Fuentes de los Productos, página 395).

Durante toda la época de crecimiento, yo pizco las hojas para usar en mi cocina. Al final del verano, trasfiero varias de las plantas saludables más pequeñas a macetas, les corto la rama central para mantener la planta tupida, y las meto dentro de la casa donde sobreviven el resto del año en mi ventana más soleada. Dejo unas cuantas plantas creciendo en mi jardín porque ocasionalmente vuelven a crecer de la semilla o, si no está muy frío el tiempo, sobreviven el invierno. El resto de las plantas las corto en la base y las cuelgo boca abajo en manojos en un lugar obscuro y fresco hasta que se sequen. Conservo las pequeñas semillas para sembrar en la primavera, y guardo las hojas en frascos de una pinta bien sellados en un armario obscuro.

Frijoles de la olla

MIAMI, FLORIDA • CIUDAD DE MÉXICO, MÉXICO

8 A 10 PORCIONES *Casi ni una familia que visité no cocía una olla de frijoles al menos una vez por semana, aunque sólo algunas mujeres usan sus ollas de barro clásicas para preparar sus frijoles. Mientras que muchas sólo usan ollas para sopa grandes, Patricia Varley, como muchas otras mujeres méxico-americanas jóvenes que conocí por el país, normalmente cuece sus frijoles en una olla de presión. Cuando tenía diecinueve años de edad, su hermano, enfadado con su ignorancia culinaria, la inscribió en unas clases de cocina en la Ciudad de México. Inventaba pretextos para no ir, pero al fin él se sobrepuso y Patricia adquirió los conocimientos básicos que hoy le sirven tan bien. El día que tomamos* lunch *Patricia y yo, se tuvo que ir a casa a preparar sesenta tortas rellenas de frijoles para una fiesta.*

A pesar del consejo en la mayoría de libros de cocina, pocas cocineras méxico-americanas remojan sus frijoles. No los hace tiernos; eso se logra mejor al usar frijoles lo más nuevos posibles. Sin embargo, me dicen que el remojarlos reduce, *quizás, los azúcares que producen gases. Si esto es una preocupación, después de llevar el agua y los frijoles a un hervor, retire la olla del calor, tape, y deje reposar por 2–3 horas. Escurra el agua que contiene estos azúcares y reponga la misma cantidad de agua fría. Continúe el proceso de cocción, reduciendo el tiempo que los frijoles se hierven lentamente por 10–20 minutos.*

Puede parecer que son muchos frijoles, mas recuerde que estos frijoles de cocimiento lento se utilizarán como la base de cualquier platillo que pida frijoles incluyendo Frijoles refritos (página 233), y son magníficos servidos tal cual antes de Chivichangas (página 136) u otra comida rústica.

Se comen estos frijoles por lo general sin adornos, pero se puede agregar queso añejo desmoronado o un queso blanco seco como feta. Patricia pone chiles de árbol o guajillos enteros fritos en un plato al lado para comer con los frijoles, y otros usan jalapeños frescos o en vinagre picados, o una salsa. Añada Tortillas de maíz o Tortillas de harina (páginas 114 y 131) calientes y una ensalada verde para una sencilla mas satisfaciente cena.

Hace años, cuando primero comencé a visitar México de manera regular, Fredric y yo fuimos a una comida en la casa de viejos amigos de él—un juez jubilado de la Suprema Corte y su esposa que vivían en el centro de la ciudad colonial de Morelia. Fue una comida muy formal, muy elegante. El juez Alfredo Gálvez Bravo hablaba poco inglés. Yo hablaba poco español. La comida, que Amelia misma había preparado, era excepcional tiempo tras tiempo. Justo cuando ya realmente no podía comer más, se sirvieron pequeños tazones de barro repletos de frijoles de la olla y unos trocitos de queso blanco. Fue en-

tonces cuando aprendí que para que ningún invitado se vaya de una mesa mexicana con hambre, este tazón sustancioso de frijoles se ofrece al final de la comida.

1 libra de frijol seco, pinto, rosado, negro (apenas unas 3 tazas)
1 cebolla blanca, ½ en un trozo, el resto bien picado
1–2 cucharadas de aceite de cártamo o *canola*, manteca, o manteca de tocino
como 1½ cucharaditas de sal de mar
2 ramitos de epazote si cuece frijol negro (página 230) (opcional)
3 dientes de ajo, finamente picado

Para la guarnición

½ taza de queso fresco (véase la página 118), queso ranchero, o feta, desmoronado

Lave bien los frijoles, retirando piedritas u otra basura. Póngalos en una olla grande y gruesa (una olla de barro, si es posible) y tape con 2 cuartos de galón de agua fría, lo cual debe permitir "2 nudillos" de agua arriba del nivel de los frijoles.

Lleve el agua a un hervor, luego baje a un hervor lento. Añada el pedazo de cebolla y unas gotas de aceite, y continúe hirviendo hasta que los frijoles comiencen a ponerse tiernos, usualmente en 1 hora. Agregue sal al gusto, y si está cociendo frijoles negros, añade el epazote. Cueza 30–45 minutos más. El tiempo total dependerá en qué tan nuevos estén los frijoles. Se deben revolver los frijoles de vez en cuando, y añadir agua hirviendo cuando baje a menos de "un nudillo" sobre el nivel de los frijoles. Deben estar algo caldosos.

Entibie el resto del aceite a fuego mediano en un sartén y dore bien, sin quemar, el ajo y la cebolla picada. Agregue la cebolla y ajo a los frijoles y siga cocinando hasta que los frijoles estén muy suaves y regorditos.

Estos se pueden comer de inmediato, junto con el caldo, o ser enfriados completamente y luego tapados y alzados en el refrigerador. El sabor campechano parece acentuarse al recalentarlos al día siguiente, y los frijoles se conservan, tapados y refrigerados, al menos 4 días.

Sirva el caldo y los frijoles en tazones. Adorne con el queso desmoronado.

VARIACIÓN: FRIJOLES RÁPIDOS EN OLLA DE PRESIÓN Ponga 2 tazas de frijoles, una mitad de la cebolla cortada en trozos, y unas gotas de aceite en una olla de presión de 4 cuartos de galón con 4 tazas de agua. Selle y cueza por 30 minutos. Después de bajar la presión, retire la tapa, agregue ½–1 taza más de agua, el ajo y cebolla dorados, sal y epazote opcional. Siga cocinando hasta tiernos, otros 15–20 minutos.

Frijoles charros

MIAMI, FLORIDA • JALISCO, MÉXICO

4 A 6 PORCIONES EN TAZONES GRANDES *Adornados con hebillas y espuelas de plata, ropa elegante y el sombrero clásico a la plana, los charros, renombrados jinetes de Jalisco, son una versión extravagante del vaquero trabajador. Para hacer su platillo tocayo, la tía de Patricia Varley toma una simple olla de frijoles y los viste como los charros con muchos adornos. Estos frijoles son el complemento ideal para carnes asadas.*

Utilice tocino en vez de chorizo, al menos que tenga un carnicero cercano que prepare su chorizo propio o que lo haga Ud. misma (página 175). Si compra esas marcas comerciales empaquetadas, les hará una injusticia a sus frijoles.

1 cucharada de aceite de cártamo o *canola*
6 onzas de chorizo mexicano, sin el embutido, u 8 rebanadas gruesas de tocino, cortados en trozos de ½ pulgada
½ cebolla blanca, bien picada
2 jitomates maduros medianos, picados, ó 1 lata de 14½ onzas de jitomate picado, escurrido
6 tazas de Frijoles de la olla, con caldo (página 230)
5 chiles de árbol enteros, secos, ó 2 chiles serranos o jalapeños frescos, sin semillas y rebanados
sal de mar

Para la guarnición

½ taza de cilantro picado

Caliente el aceite en un sartén grueso y fría el chorizo a fuego medio-bajo hasta que se cueza por completo, rompiendo en pedacitos con un tenedor. Si utiliza tocino, omita el aceite y, después de que se dore, retire toda menos 1 cucharada de la manteca derretida. Retire el chorizo o tocino y escurra sobre papel absorbente. Añada la cebolla y si utiliza chiles frescos, agréguelos al aceite caliente y dore hasta que estén suaves y amarillo bajo. Añada los jitomates, revuelva, y cueza unos 3 minutos hasta que se sazonen bien.

Ponga los frijoles en una cazuela de barro o de peltre. Agregue la carne guisada y los chiles secos. Ponga la sal al gusto. Cueza, sin tapar, por 20–30 minutos, agregando más agua si lo requiere.

Sirva en tazones precalentados y esparza el cilantro encima.

VARIACIÓN: FRIJOLES BORRACHOS Alrededor de McAllen y otros pueblos tejanos sureños, a menudo las cocineras agregan 1 taza de cerveza mexicana a la olla—un método perfeccionado en el cercano Monterrey, la capital cervecera de México. El alcohol desaparece dejando el sabor de la cerveza.

Frijoles refritos

SEATTLE, WASHINGTON • MICHOACÁN, MÉXICO

> *A veces pienso que soy buena cocinera debido a mi nariz [dijo Lupe Ortiz Peach, de Uruapan, México]. Si alguna vez Ud. ha permitido que se consuma el agua de una olla de frijoles, y se hayan quemado, recordará ese olor obscuro para siempre en su mente. Pero también oigo a mi abuela, Heracia, diciéndome que no desperdicie nada de la tierra, así que sigo haciendo exactamente lo que me decía y parto una cebolla en cuatro, lo hiervo un poco en agua, y luego lo agrego todo a los frijoles quemados, y casi todo el mal sabor se va. Por fin he aprendido que es mejor ser atenta en primer lugar y simplemente no dejar que se quemen los frijoles.*

4 A 6 PORCIONES *Mi amiga era sólo una niña pequeña cuando dejó su hogar en la verdeante tierra caliente de Michoacán y se fue con su familia al noroeste de los Estados Unidos. Su relato es típico de muchos méxico-americanos regados ya por todos los Estados Unidos.*

> *Mi esposo es de origen escandinavo, y nuestros tres hijos se han criado por lo general con comida rápida típica. Hamburguesas y pizzas son lo que quieren y casi siempre reciben. Ni siquiera les gusta la comida picosa.*

Sin embargo, sí les gustan los frijoles refritos de Lupe, que cuando está con tiempo corto, se pueden hacer con frijoles de lata bien enjuagados, con agua en vez del caldo de frijoles. En español, re *significa "bastante", no "de nuevo", así que planee freírlos una sola vez, no dos.*

Estos frijoles son un complemento sabroso con Bagre rebozado en salsa (página 150) o Carne con chile colorado (página 180). O cómalos con Totopos (página 33).

3 cucharadas de manteca de tocino, manteca con mucho sabor, o aceite de cártamo o *canola*
½ cebolla blanca, bien picada
3 dientes de ajo, finamente picados
3–4 tazas de frijoles cocidos con caldo, de cualquier variedad; se puede usar frijol enlatado
sal de mar si se requiere
1 cucharadita de chile rojo molido (opcional)

Para la guarnición

3 onzas de queso fresco, añejo o feta, desmoronado
18 Totopos (página 33)

En un sartén grande y grueso, derrita la manteca a fuego mediano. Agregue la cebolla, y dore unos 5 minutos, hasta suave, revolviendo con frecuencia. Añada el ajo y cueza varios minutos más.

Suba el fuego bajo el sartén y agregue los frijoles y caldo, 1 taza a la vez, machacándolos con un machacador de papas o el dorso de una cuchara de palo. (En México, se utiliza un machacador de frijoles de palo especial. Son fáciles de encontrar en cualesquier vacaciones a México.) Se llevará unos 10 minutos para lograr una consistencia tersa pero aún húmeda de los frijoles. Pruebe y añada sal o chile si lo requiere.

Se pueden servir los frijoles de inmediato con queso rallado o desmoronado encima, o aparte y mantenga calientes en un baño María. Quizás requieran algo más de líquido. Se pueden meter los totopos en los frijoles tanto como adorno como para comerlos.

VARIACIÓN: ROLLO DE FRIJOLES A Victor Nelson-Cisneros, el director adjunto del Colorado College, le gustan sus frijoles bien machacados. Cuando comiencen a despegarse de las orillas del sartén, sacúdalo y voltee la masa de frijoles sobre sí misma, algo como un omelette. Deslice el rollo de frijoles sobre un platón para servirlos. Adorne con queso desmoronado y totopos, y rodee con hojas de lechuga o repollo y, para un contraste de color, rábanos aún con algunas hojitas verdes.

Frijoles maneados

AUSTIN, TEXAS • SONORA, MÉXICO

8 A 10 PORCIONES *En este platillo, popular en el estado lechero de Sonora donde nació la abuela de Miguel, el humilde frijol se convierte en un voluptuoso puré aterciopelado, con un dejo sutil de chiles anchos para agregar un cosquilleo provocativo al paladar. Frijoles maneados son la comida reconfortante favorita de mi esposo, pero es tan sustanciosa que la guardamos para ocasiones muy especiales. Manteca hecha en casa o comprada recién hecha de su carnicero agrega un sabor maravilloso, aunque aceite de buena calidad se puede usar.*

Los Frijoles maneados son un agregado ideal a cualquier alimento donde figuren los tacos o burritos, pero en especial van bien junto con Burritos de carne (página 134).

1 libra de frijoles pintos (como 2 tazas)
6 cebollitas verdes, picadas
1 taza más 1 cucharada de manteca de puerco sabrosa o aceite de cártamo o *canola*
como 2 cucharaditas de sal de mar
1 cebolla blanca mediana, cortada en cuatro
2 tazas de leche entera
sal de mar
2 chiles anchos secos, asados (página 19), sin semillas, y cortados en tiras delgadas
6 onzas de queso mozzarella o *Monterey jack*, deshebrado

Para la guarnición

2 cucharadas de perejil de hoja plana picado

Enjuague bien los frijoles, póngalos en una olla grande, y tape con suficiente agua para cubrir 1 pulgada encima de los frijoles. Agregue las cebollitas verdes y 1 cucharada de manteca. Lleve a un hervor lento, y cueza así, tapados, por 45 minutos hasta que empiecen a suavizarse. Añada la sal y siga cociendo hasta que los frijoles estén bastante recocidos. Agregue más agua si lo requiere para mantener un caldo. Aparte para enfriar.

Caliente la manteca restante (1 taza) en un sartén grande, de preferencia de hierro fundido, a fuego medio-alto y dore la cebolla para más sabor. Ya muy dorada, retire y deseche.

En un procesador de alimentos o en una licuadora, muela los frijoles enfriados con algo de caldo en tandas. Añada una porción de la leche a cada tanda. Aparte el caldo restante.

Agregue los frijoles cuidadosamente a la manteca encebollada, ya que salpicarán. Pruebe y ajuste la sal. Cueza a hervor lento sobre fuego medio-alto por unos 10 minutos, removiendo ocasionalmente para que la mezcla no se pegue ni se queme.

Precaliente el horno a 260 grados F. Vacíe los frijoles en una cacerola atractiva—de barro es ideal—y suavemente incorpore las tiras de chile y la mitad del queso a los frijoles. Si la mezcla se ve muy seca, agregue algo de caldo. Los frijoles deberán tener cuerpo mas estar húmedos. Hornee, sin tapar, por 15 minutos. Esparza el resto del queso encima y hornee otros 5-10 minutos, hasta que se derrita el queso y se comience a dorar. Sirva de inmediato, adornado con el perejil.

Frijoles quebrados con rajas y nopales

BROOKLYN, NUEVA YORK • OAXACA, MÉXICO

6 A 8 PORCIONES *Esta combinación inusual de sabores de Huajuapan de León, un pueblito en los altos de Oaxaca, hizo la transición a Brooklyn, Nueva York, con Geraldo Reyes en una versión simplifi-*

cada. Los mixtecos que habitan la parte de Oaxaca donde creció Geraldo usan un tipo de frijol local como la base de este platillo sustancial, y, claro, los nopales frescos se cultivan en toda la región. Geraldo, quien vino a los Estados Unidos como jornalero a Oregon en 1986, estaba trabajando de lavaplatos en un restaurante neoyorquino cuando conoció a Peter Kump, quien dirigía una de las más importantes escuelas de cocina del país. El entusiasmo de Geraldo impresionó a Kump, y pronto se encontró a sí mismo en el James Beard House preparando ingredientes para chefs visitantes. Hoy, Geraldo es sous-chef en un restaurante italiano en Staten Island, pero en casa sigue cocinando la comida que comió de niño.

Estos frijoles con sus pedacitos de nopal son un platillo acompañante versátil. A Miguel le gusta servirlos junto con Carnitas (página 122), y van bien además con carne asada. Sírvalos como platillo principal vegetariano con una ensalada verde o Ensalada de col y chiles (página 55).

1 cucharada de aceite de cártamo o *canola*
½ cebolla blanca, picada
2 chiles jalapeños frescos, sin semillas y cortados en rajas
5 tazas de frijoles pintos cocidos con 1 taza de caldo de frijol o agua
1½ tazas de nopales picados enlatados, escurridos y enjuagados
1 cabeza entera de ajo, la cáscara exterior retirada
2 cucharaditas de epazote fresco picado (página 228) ó 1 cucharadita de orégano seco, mexicano de preferencia
sal de mar y pimienta negra recién molida

En una cacerola mediana o cazuela, caliente el aceite y fría los jalapeños y cebolla a fuego mediano. Ya suaves, agregue los frijoles y caldo junto con los nopales, ajo, epazote, y sal y pimienta al gusto. Cueza por 30 minutos a fuego mediano. Se puede preparar este platillo por adelantado y recalentar. Retire el ajo antes de servir.

Frijoles negros con puerco

LOS ÁNGELES, CALIFORNIA • YUCATÁN, MÉXICO

8 A 10 PORCIONES *He comido este platillo tradicional yucateco con más frecuencia en la casa de un amigo en un pueblito afuera de Mérida con el encantador nombre de Tixkokob. Aunque es famoso por las hamacas más finas, regreso a Tixkokob año tras año por su comida. Cuando mi amigo Silvio sirve este platillo en una fiesta, cuece 7 libras de frijoles negros en un hoyo junto con mucha carne de puerco, incluyendo la cabeza. Cuando comemos, la cabeza se parte y coloca sobre una charola gigante en medio*

de la mesa junto con las otras piezas de carne. Todos se sirven su parte preferida. Sobre otro platón hay costillas de puerco asados que han sido cubiertos con una pasta de Achiote (página 183), especias, ajo y jugo de limón agrio, y cada quien tiene un tazón de frijoles caldosos para ponerles encima una magnífica selección de guarniciones y condimentos, todos puestos sobre un mantel bordado por su hermana Concepción. Hay música de guitarra, canto y baile—una celebración alegre de las cosas buenas y simples de la vida.

La versión de Rosario Chávez está modificada para menos comensales, y le gusta tener una salsa de chiles habaneros y jitomates asados cerca para poner sobre los frijoles con puerco y tener un golpe extra de sabor.

Si sirve unas Tortillas de maíz (página 114) calientes con platos de Salpicón de rábano (página 284), repollo rallado, jitomate picado y aguacates para esparcir sobre los frijoles, tendrá una comida yucateca muy típica. O puede tener una verdadera fiesta y servirlo con Cochinita pibil (página 183) y acabar con Frutas en almíbar (página 349).

Para los frijoles y la carne

1 libra de frijol negro seco (como 2 tazas)
2 libras de lomo de puerco o costilla larga de puerco sin hueso, cortado en trozos de 2 pulgadas
½ taza de cebolla blanca picada
2 dientes de ajo, picados
2 cucharaditas de sal de mar
1 ramito de epazote fresco ó 1 cucharadita de seco, sin tallitos (página 228) (opcional)

Para la salsa de jitomate

4 jitomates maduros, asados (página 20)
4 cucharadas de cebolla blanca picada
1 chile habanero fresco, sin semillas, ó 3–4 serranos, asados (página 19) y sin semillas
1 cucharada de cilantro picado
sal de mar
2 cucharadas de aceite de cártamo o *canola*

Para las guarniciones

Salpicón de rábano (página 284)
2 tazas de col rallada sin apretar
2 jitomates maduros grandes, cortados en cubitos de ¼ de pulgada
2 aguacates firmes pero maduros, pelados, sin hueso, y cortados en cubitos de ¼ de pulgada

Enjuague perfectamente los frijoles, retirando basuritas o frijoles rotos. Coloque en una olla grande (de barro de preferencia) con la carne, cebolla y ajo. Agregue al menos 2 cuartos de galón de agua. El agua debe cubrir los frijoles con 1 buena pulgada. Lleve a un hervor y baje el calor inmediatamente a que las burbujas apenas rompan la superficie. Hierva a fuego lento por 1–2 horas, hasta apenas tiernos los frijoles. Agregue la sal y epazote, y cueza otros 30 minutos. Deben estar muy tiernos los frijoles. Agregue más agua si lo requiere para mantener un líquido caldoso.

Coloque los jitomates, cebolla, parte de los chiles y cilantro en una licuadora o procesador de alimentos y licue, dejando algo de textura. Añada sal al gusto.

Caliente el aceite en una cazuelita o sartencito, y ya muy caliente, vierta la mezcla de jitomate y cueza a fuego medio-alto unos 5 minutos hasta que se espese la salsa y se sazone. Ajuste la sal y picor. Muela y agregue un poco más de chile si lo desea.

Se debe servir los frijoles con puerco en tazones, con la salsa en otro tazón a un lado. Use precaución agregando la salsa porque es sabido que ha reducido a lágrimas a más de algunos cuantos "machos." Sirva con las guarniciones en tazones separados.

LA AMERICANIZACIÓN DEL ARROZ

Después de la fundación de Manila en las Filipinas por oficiales de los barcos españoles de Acapulco, los galeones cruzaron el Oceano Pacífico para traer de vuelta a México las especias de Malasia y las islas, y sedas, y el arroz de grano mediano de la China. Pero eso es sólo parte del cuento. Según la historiadora Judith A. Carney, durante el mismo período se estaban importando miles de africanos desde el otro lado del Atlántico como esclavos para trabajar en los cañaverales de Veracruz y Cuernavaca—muchos, sin duda, trayendo consigo bolsillos de arroz de sus tierras natales. Cuando se escaparon y establecieron comunidades fugitivas afuera de las áreas de los cañaverales en los pantanos del interior de la parte oriental de México, mantuvieron sus familias cultivando el arroz que habían traído consigo desde África. La mayoría del arroz usado en México hoy en día es de la variedad de grano tamaño mediano más lleno de fécula, no el arroz de grano tamaño corto de España e Italia.

No existen datos acerca del arroz formando parte del cargamento de las recuas en los años durante la colonización por parte de España de Nuevo México, pero por el siglo dieciocho el arroz de grano largo de Georgia y Carolina fue bienvenido por los hombres de la frontera españoles y mexicanos. Al poco tiempo, los pobladores de las anchas llanuras del sureste de Texas comenzaron a cultivar y vender sus propias cosechas de arroz, y desde entonces el arroz ha formado una parte importante de la cocina méxico-americana, calmando el sabor agresivo de los chiles.

Arroz blanco

CIUDAD JUÁREZ, CHIHUAHUA

6 PORCIONES *Este platillo sencillo es un buen balance para comidas de más espíritu alrededor de El Paso y otras comunidades fronterizas. Como bien saben Luis Helio Estavillo y su familia, es el tipo de platillo que se puede variar fácilmente. Incluya un puño de acelga o espinaca escaldada, incorpore algo de queso desmoronado, o como alguna vez me sirvieron en el sur de California, mezcle el arroz con chile rojo triturado y menta fresca para un sabor que despertará sus sentidos.*

Pienso que este delicado arroz es mejor junto a otro platillo de sabor ligero que no opacará su sabor, tal como Pollo al ajillo (página 159). Puede mantenerse, sin embargo, ante muchos moles y pipianes, esos platillos tradicionales con salsas espesadas con pepitas o nueces molidas. Pruébelo con Pollo en pipián rojo (página 163).

2 cucharadas de aceite de cártamo o *canola*
1½ tazas de arroz blanco de grano largo
¼ de cebolla blanca mediana, rebanada o picada
2 dientes de ajo, finamente picados
3 tazas de Caldo de pollo (página 74) o consomé de pollo enlatado
1 hoja de laurel
apenas 1 cucharadita de sal de mar
2 chiles serranos o jalapeños frescos (opcional)

Entibie el aceite en una cacerola gruesa a fuego mediano. Ya caliente, añada el arroz y revuelva con una cuchara de palo unos 10 minutos hasta que se ponga blanco-gis salpicado con dorado. Escuchará el sonido al cuartearse en seco el arroz al cocerse. Agregue la cebolla y ajo, remueva, y cueza como 1 minuto antes de agregar el caldo, hoja de laurel, sal y chiles enteros. Lleve a un hervor, baje el fuego, y permita que el arroz se cueza 5 minutos, revolviendo ocasionalmente. Tape y hierva a fuego lento por unos 15 minutos para que el arroz absorba el líquido restante. Retire la cacerola del quemador y manténgala tapada otros 10 minutos. Antes de servir, retire la hoja de laurel y los chiles y afloje el arroz con un tenedor.

VARIACIÓN: ARROZ CON PLÁTANOS En este platillo estilo Veracruz, rajas de 3 chiles poblanos o Anaheim asados se saltean con cebolla y ajo. Añada 1 taza de granos de elote frescos o congelados al arroz a la vez que el caldo. Mientras se cuece el arroz, fría cubos de 1 plátano macho ó 2 plátanos muy firmes y grandes en mantequilla y aceite a fuego medio-alto hasta que logren un dorado obscuro. Ya listo para servir el arroz, agregue, revolviendo, los plátanos y ¾ de taza de queso fresco (véase la página 118) o feta desmoronado.

VARIACIÓN: ARROZ BLANCO ELEGANTE CON GRANADA Val Hermocillo aprendió esta receta de su tío quien fue un sacerdote en un pueblito en Michoacán con el nombre melodioso de Tzintzuntzan. Cueza el arroz con los jalapeños enteros, y cuando se consuma todo el líquido, retire los chiles y añada, revolviendo, ½ taza de crema espesa (véase la página 21) o crema ácida diluida, a temperatura ambiente o apenas entibiada; ¾ de taza de queso *Monterey jack* o mozzarella rallado; y ¼ de taza de granos de granada. Oprima el arroz en moldes individuales ligeramente enaceitados y recaliente, tapados, en el horno por 5 minutos. Sirva en platos grandes, agregue más crema ácida, y adorne con un chile jalapeño bien picado y más granada.

Arroz a la mexicana

EL PASO, TEXAS • DURANGO, MÉXICO

4 A 6 PORCIONES *"¡Nada de chile por un mes!" Para Estella Ríos-Lopez, el remedio del médico para su mal estomacal fue terrible. Sentadas almorzando juntas, fue obvio que Estella había sobrevivido su mes de privación ya que aumentó de forma drástica el nivel picante de su tazón de menudo (caldo de maíz y pancita) con una dósis fuerte de chile de árbol triturado. El platillo tradicional de arroz de Estella es leve en comparación, mas aún lleva el sabor brillante de chile verde. En esta versión he combinado las técnicas compartidas por Olivia Dominguez, añadiendo puré de tomate y, para incrementar color y sabor, aún más trozos de jitomate fresco.*

Con frecuencia el arroz mexicano con base de jitomate se sazona con otros vegetales, también, dando aún más color. Olivia sugiere agregar como ½ taza de chícharos o elote congelados, revolviendo con el caldo, o una zanahoria chica en cubitos.

Ya que este platillo campechano está repleto de chile, contrastará su sabor con un bistec asado sencillo o Pollo al ajillo (página 159), y el agregar un Elote (página 248) amarillo dará aún más brillo a la mesa.

1 jitomate maduro mediano, cortado en trozos de ½ pulgada, ó ¾ de taza de jitomates enlatados, escurridos
2 cucharadas de aceite de cártamo o *canola*, o una combinación de aceite y mantequilla sin sal
1 taza de arroz de grano largo
½ cebolla blanca, cortada en cuatro y en rebanadas de ½ pulgada
2–3 dientes de ajo, bien picados
3 chiles verdes largos frescos, tipo Anaheim o nuevomexicanos, asados (página 19), sin semilla, y picados
1¾ tazas de Caldo de Pollo (página 74) o consomé de pollo enlatado
como ½ cucharadita de sal de mar
1 jitomate pera maduro, picado en trozos de ½ pulgada

Para la guarnición

cilantro o perejil de hoja plana picado
½ aguacate maduro pero firme, pelado y rebanado (opcional)

Haga puré el jitomate en un procesador de alimentos o en una licuadora y aparte.

En una cazuela gruesa mediana o en una olla de hierro con tapadera, caliente el aceite a fuego mediano. Añada el arroz y la cebolla, y saltee hasta que se dore el arroz y tenga un olor a nuez. Tardará 5–10 minutos, según la olla.

Agregue, revolviendo, el ajo y siga cociendo 1 minuto. Añada los jitomates, chiles y caldo de pollo, revolviendo todo, y lleve a un hervor lento. Pruebe y ajuste la sal si lo requiere. Tape la olla, baje el calor, y cueza *sin echar ojo* por 15 minutos, hasta que se consuma el caldo. Retire la olla del fuego y deje que siga cociendo al vapor, tapado, al menos 5 minutos más.

Cuando esté listo para servir, agregue los pedazos de jitomate pera y mezcle en la olla. Para aún más color, adorne con cilantro picado o rebanadas de aguacate.

Arroz poblano

CHICAGO, ILLINOIS • MICHOACÁN, MÉXICO

6 PORCIONES *Priscilla Gomez Satkoff aprendió a preparar este bello platillo de arroz, salpicado de tenues tonos de verdes hierbas y chiles, con su madre en Zitácuaro, Michoacán. Este área tiene dos razones por destacar: las cercanas montañas cubiertas de abetos son el escondite anual para más de 100 millones de mariposas monarcas, y es donde Diana Kennedy, una de las defensoras más firmes de la cocina mexicana, ha vivido por cerca de veinte años. De las primeras palabras del inglés que Priscilla aprendió cuando llegó recién casada a Chicago fueron los nombres de las hierbas para que pudiera comprar los ingredientes necesarios para platillos como este arroz poblano.*

Este arroz es un acompañante colorido para un plato sencillo de pescado o Pollo al ajillo (página 159).

2 chiles poblanos o Anaheim frescos, asados (página 19), pelados, sin semillas, y picados (véase la Nota)
3 dientes de ajo, pelados y picados
1 taza de cebolla blanca picada
4 hojas grandes de espinaca ó 2 hojas exteriores de lechuga romanita, picadas
1 taza de perejil de hoja plana
20 ramitos de cilantro más extra como guarnición
2½ tazas de Caldo de pollo (página 74) o consomé de pollo enlatado
2 cucharadas de aceite de oliva virgen
1½ tazas de arroz de grano largo
sal de mar

Coloque los chiles, ajo, cebolla, espinaca, perejil, cilantro y ½ taza del caldo en una licuadora y licue perfectamente. Aparte.

Caliente el aceite en una cacerola mediana a fuego medio-alto hasta que casi comience a humear. Agregue el arroz y cueza, revolviendo, por 3–5 minutos, hasta que se dore bien. Añada los ingredientes licuados al arroz y siga cocinando sobre fuego mediano, removiendo suavemente para incorporar bien el puré al arroz. Agregue el resto del caldo y sal al gusto, y lleve a un hervor, sacudiendo la cacerola para mezclar los ingredientes. Reduzca el fuego a bajo, tape, y cueza unos 15 minutos, hasta que el arroz absorba todo el líquido.

Está listo cuando cada grano de arroz está tierno pero firme y no hay líquido en el fondo de la cacerola. Retire la cacerola del fuego, mantenga tapada, y deje reposar por 5–10 minutos más. Afloje el arroz con un tenedor, pase a un platón, y adorne con cilantro.

NOTA: He enriquecido el color del arroz con un manojo de espinaca y he asado el chile poblano para un sabor más dulce. Se puede sustituir con chiles Anaheim, pero, aunque sabrosos, no tienen el sabor rico y completo del poblano. Otras cocineras quizás decidan picar el chile en vez de licuarlo con el caldo.

Lentejas y chorizo

SAN LUIS, COLORADO

4 A 6 PORCIONES *Las lentejas y el chorizo hacen una combinación muy española, y considerando que las raíces de la familia de Teresa Vigil son desde los primeros españoles que habitaron el Valle de San*

Luis del sur de Colorado y que Teresa ha viajado mucho en España, no es raro que éste sea un platillo familiar preferido. Hasta el enriquecimiento de aceite de oliva es un toque español. Algunas de las personas mayores del Valle con quienes platiqué recuerdan cuando se sembraban lentejas allí, pero ahora sólo se encuentran en R&R Market, el supermercado local, propiedad de la misma familia desde 1857.

Esta sabrosa mezcla es un buen acompañante con costillas asadas en una cena informal. La Ensalada de berros (página 54) es un contraste agradable de sabor y textura, con un vino tinto de cuerpo robusto para beber. Un Pan de elote (página 324) es lo natural para esta cena.

2 tazas de lentejas de cocción rápida, enjuagadas
4 tazas de Caldo de pollo (página 74) o consomé de pollo enlatado o agua
2 dientes de ajo, pelados
2 hojas de laurel
sal de mar
pimienta negra molido grueso
1 cucharada de aceite de oliva
½ libra de chorizo, desmoronado (véase la Nota)
½ taza de cebolla blanca bien picada en cubitos
½ taza de zanahoria bien picada en cubitos
½ taza de apio bien picado en cubitos
3 jitomates pera frescos maduros, picados

Para la guarnición

2 cucharadas de perejil de hoja plana picado

Lleve las lentejas a un hervor en el caldo de pollo junto con el ajo y las hojas de laurel. Hierva lentamente hasta que las lentejas comiencen a ablandarse, unos 20 minutos. No sobrecueza. Salpimente al gusto.

Mientras tanto, caliente el aceite de oliva en un sartén mediano y dore ligeramente el chorizo, cebolla, zanahorias y apio a fuego mediano. Añada los jitomates y hierva lentamente hasta que el líquido se consuma en parte y los sabores se mezclen.

Incorpore la mezcla de jitomate a las lentejas, sazone, si lo requiere, con más sal y pimienta, y hierva lentamente otros 10–15 minutos, hasta que las zanahorias estén tiernas. Retire el ajo y las hojas de laurel antes de servir.

Adorne con el perejil.

NOTA: Es muy importante usar chorizo de buena calidad, ya sea el que Ud. ha preparado (página 175) o recién hecho por un carnicero. Ni siquiera esté tentada a utilizar ese menjurje que se vende bajo el nombre de chorizo. Su platillo estará grasoso y de un sabor irreconocible. Sería mejor sustituír chorizo picoso italiano.

VARIACIÓN: LENTEJAS CON TOCINO Y PAPAS En Albuquerque, Irma Aguilar usa tocino en vez de chorizo, sustituye cubos de papa por las zanahorias y jitomates, y agrega 1 cucharada de chile seco nuevomexicano molido para sabor.

ALIMENTÁNDOSE DE LA NATURALEZA: LAS VERDURAS DE HOJA VERDE

Verdolagas y quelites

Sí, a menudo las mejores cosas de la vida son gratis. Como vivo en el noroeste de los Estados Unidos, en mi experiencia la búsqueda de comida es fácil. Siendo una partidaria confirmada de la idea de alimentarse de la tierra y el mar, naturalmente siento una afinidad con la comida mexicana. A través de los siglos, los indígenas de México a menudo sobrevivían sólo por su habilidad de hurgar. Ahora, tales cosas como pequeños saltamontes salteados y huevos de hormiga pueden ser tan preciados como caracoles y caviar en los restaurantes más finos de la ciudad, pero sólo requiere un paseo por un mercado mexicano para ver su importancia diaria. Así es con las verduras silvestres de hoja verde: su paso a través de la tierra entrando en calor tiene un ritmo paralelo a la época de Cuaresma con su abstinencia de carne.

*La verdura de hoja verde más tradicional en la Cuaresma es la verdolaga (*Portulaca oleracea*), una planta suculenta que crece pegada a la tierra y crece como hierbajo en jardines por todo el mundo. Aunque toda la planta es buena para comer, son las puntas nuevas de hojas, con su sabor ligeramente ácido, las que son preciadas. Se pizcan frescas para ensaladas o se cuecen ligeramente al vapor y mezclan con carnes u otras verduras. Aunque quiera sacar de raíz la mayoría de estas plantas que se extienden rápidamente, aisle varias para que pueda pizcar las puntas tiernas para disfrutar por toda su época de crecimiento.*

*Los quelites (*Chenopodium album*), en inglés llamado* pigweed, goosefoot *o* lamb's-quarters, *son favorecidos por muchas familias mexicanas en los Estados Unidos, ya que parecen ser aún más abundantes que las verdolagas. Sus hojas parecidas a la espinacas se pizcan en los jardines traseros desde la ciudad fronteriza norteña de Detroit hasta el sur en El Paso, y desde Florida hasta el jardín de mi hija Amy en el estado de Washington. Los quelites se deben comer cuando estén tiernos, y como las espinacas, sólo se tienen que cocer al vapor y marchitar, aunque en mi opinión pueden beneficiarse de un minuto o más de cocimiento que las espinacas cultivadas.*

Quelites con frijoles

FAIRVIEW, NUEVO MÉXICO

4 PORCIONES *La combinación campechana de verduras de hoja verde y frijoles es común en México, pero su austeridad me recuerda más a la comida y tierra en la parte alta del Río Grande en el sur de Colorado y el norte de Nuevo México. Cada primavera en dondequiera que las familias mexicanas observan las tradiciones católicas, habrá quelites servidos en la mesa durante la Cuaresma.*

Mi esposo y yo conocimos a Sally Borrego un día mientras ella trabajaba en una farmacia cerca de donde nos hospedamos en el norte de Nuevo México. Durante la siguiente semana me introdujo a muchos de los platillos locales, incluyendo maneras de preparar el quelite.

En una comida típica de Nuevo México o el sur de Colorado, me han servido la verdura con un platón de conejo o pollo frito en sartén con jitomates madurados en la mata rebanados, sin adorno, por un lado. También es un buen platillo acompañante para Carne con chile colorado (página 180).

- 9 tazas poco apretadas de quelites bien lavados ó 7 tazas poco apretadas de acelgas o espinacas (véase la Nota)
- 2 rebanadas de tocino (véase la Nota)
- 1 cucharada de manteca de tocino o aceite de cártamo
- ½ cebolla blanca chica, cortada a la mitad verticalmente y luego rebanada en medias lunas delgadas
- 3 dientes de ajo, en rebanadas delgadas
- ⅓ de taza de piñones (opcional)
- ½ taza de frijoles pintos cocidos (página 230) o enlatados
- 1 cucharada de semillas de chile o chile caribe (página 267)
- como ½ cucharadita de sal de mar
- ½ cucharadita de pimienta negra recién molida

Retire los tallos de los quelites u otra verdura de hoja verde. Si usa acelgas o espinacas, corte las hojas en tiras de 1 pulgada de ancho.

Lleve una olla de agua a hervor. Coloque los quelites en un colador y vierta el agua hirviendo encima. Enfríe con agua fría corriente. Exprima en pequeños manojos para extraer el agua. Pique los quelites en pedazos grandes y ahueque para aflojar las hojas. Este platillo se puede preparar hasta este punto por adelantado.

Fría el tocino en un sartén grande y grueso sobre fuego mediano. Cuando esté crujiente, retire el tocino y escurra sobre papel absorbente. Retire todo menos 1 cucharada de la manteca del sartén; si no está usando manteca de tocino, retire y limpie todo y agregue aceite.

Recaliente el sartén, añada la cebolla, y remueva rápidamente en el sartén unos 5 minutos hasta que esté casi crujiente. Agregue el ajo y los piñones y remueva de nuevo hasta que empiecen a tomar color. Añada los quelites, frijoles pintos, chile, sal y pimienta. Remueva rápidamente, retirando la mezcla antes de que la espinaca suelte su jugo.

Sirva de inmediato como platillo acompañante con Tortillas de harina (página 131), aunque los quelites son un sabroso relleno para enchiladas con Salsa verde para enchiladas (página 217).

NOTA: Claro, no todos tienen quelites silvestres creciendo a la mano, así que es lógico sustituir espinaca, col rizada o acelga tiernas. Cualquier verdura de hoja verde funciona, aunque la cualidad campechana de las acelgas parece asemejarse más en sabor.

Para un platillo vegetariano cuaresmeño, elimine el tocino y utilice aceite de oliva para saltear los vegetales.

Ejotes con tocino

HOMESTEAD, FLORIDA • TAMAULIPAS, MÉXICO

4 A 6 PORCIONES COMO PLATILLO ACOMPAÑANTE *Nacido y criado en Arkansas, Elroy Garza ha vivido muchos años en Homestead, Florida. Él y su esposa, Maria, trabajan en una planta grande de frutas tropicales donde Elroy supervisa el empacado de limones agrios y aguacates. En casa, Maria usualmente guisa las comidas más sencillas de Tamaulipas, las comidas que comió Elroy al crecer. Hacer tortillas de harina es parte de su rutina diaria, y los almuerzos que ella y Elroy llevan al trabajo típicamente podrían ser un burrito lleno de frijoles refritos y huevo duro picado o solamente un enorme montón de ejotes como éstos envueltos en una tortilla de harina.*

Los ejotes y tocino frito hasta crujiente proporcionan un contraste colorido al lado de Pollo al ajillo (página 159). A mí me gusta acompañarlo con Pan de elote (página 324).

1 libra de ejotes frescos o congelados, descongelados
4 rebanadas de tocino con poca grasa
½ cebolla blanca, bien picada
1 jitomate maduro, picado, ó 1 taza de jitomate enlatado picado
una pizca de comino
sal de mar y pimienta negra recién molida

Corte las puntas de los ejotes frescos y, si es necesario, retire las fibras. Corte en pedazos de 1 pulgada y aparte.

En un sartén grande y grueso, fría el tocino a fuego lento. Retire cuando crujientes y escurra sobre papel absorbente. Retire toda la manteca menos 1 cucharada.

Saltee la cebolla en la manteca de tocino a fuego mediano, y cuando esté bastante dorada, añada el jitomate y permita reducir la mezcla, agregando agua poquito a poco, si lo requiere. Añada los ejotes y tape, removiendo ocasionalmente, por unos 20 minutos, hasta que estén tiernos los ejotes. Desmorone el tocino y agregue casi todo a los ejotes. Reserve un poco para la guarnición. Salpimente al gusto. Coloque los ejotes en un platón para servir y esparza el tocino desmoronado restante por encima.

Ejotes guisados

TOPPENISH, WASHINGTON

4 PORCIONES *Al combinar huevo con ejotes tiernos de su hortaliza, Toni Tabayoyan crea un platillo acompañante sustancioso que también se puede servir solo como cena rápida.*

La costumbre de mezclar jitomate, cebolla y ajo con otra verdura es muy común en tanto la cocina mexicana como la filipina.

Ya que el marido de Toni es filipino, no tuvo que hacer muchos cambios en sus modos de cocinar cuando se casó—¡excepto reducir la cantidad de chile! Ambas cocinas añaden pequeños pedazos de carne por rutina o, como en este platillo, huevo a guisos con vegetales para proporcionar más proteína en el alimento. Convierta esta mezcolanza abundante en tacos vegetarianos y reálcelos con Salsa de seis chiles (página 276). Éste es un platillo que a mí me gusta servir con Crema de chayote (página 88).

2 cucharadas de aceite de cártamo o *canola*
1 cebolla blanca grande, cortada en cuatro y en rebanadas delgadas
2 dientes de ajo, en rebanadas delgadas
1 libra de ejotes frescos, sin puntas y cortados en trozos de 1 pulgada, ó 9 onzas de ejotes congelados, descongelados
2 jitomates grandes maduros, pelados y picados, ó 1 lata de 14 onzas de jitomate picado
1 cucharada de orégano fresco picado ó 1 cucharadita de seco, mexicano de preferencia
¼ de cucharadita de comino molido
sal de mar y pimienta negra recién molida
2 huevos grandes

Para la guarnición

1 cucharada de cilantro fresco picado

Caliente el aceite en un sartén mediano y añada la cebolla y ajo. Cueza a fuego medio-bajo hasta que apenas comiencen a relajarse. Suba el calor, agregue los frijoles, y remueva varios minutos para mezclar perfectamente. Añada los jitomates, orégano, comino y sal y pimienta al gusto. Cueza a fuego mediano como 10 minutos, hasta que los ejotes estén apenas tiernos, meneando una vez; no lo cueza más de 5 minutos si utiliza ejotes congelados. Agregue una rociada de agua si la mezcla de jitomate comienza a resecar.

Mientras tanto, bata los huevos suavemente en un pequeño tazón. Cuando los ejotes adquieran la textura deseada, añada los huevos al sartén de una sola vez, removiendo y meneando hasta apenas cuajado, apenas 1 minuto. Salpimente de nuevo, adorne con cilantro, y sirva de inmediato.

Elotes

CORAL GABLES, FLORIDA • CIUDAD DE MÉXICO, MÉXICO

4 PORCIONES *Aunque Veronica Litton viaja de manera extensa y gusta de la comida y vino finos, todavía se le antojan las comidas sencillas callejeras de México. Una de sus favoritas son los elotes cubiertos de crema espesa en lugar de mantequilla, el sabor acentuado con queso rallado y chile.*

Aunque ésta es tradicionalmente una botana servida por vendedores ambulantes, Veronica lo usa para acompañar a pescado o carne asado o en barbacoa. Sirva con una abundancia de servilletas. Pruébelo con el Tamal de salmón adobado (página 148).

1 taza de crema (página 21) o crema ácida rebajada con leche
1 taza de queso parmesano o queso añejo finamente rallado (véase la página 118)
2 limones agrios, cortados en cuatro
¼ de taza de chile piquín molido u otro chile de buena calidad
¼ de taza de sal de mar
6 elotes muy frescos
2 cucharaditas de sal de mar

Coloque la crema, queso y limones agrios en tazones poco profundos. Coloque el chile y la sal en tazones más chicos o en saleros.

Retire y deseche las hojas exteriores de maíz. Con cuidado, jale hacia atrás las hojas restantes, retire el pelo de elote, y voltee las hojas de nuevo alrededor del elote.

Lleve a hervor una olla grande de agua salada. Con cuidado eche el elote al agua y cueza 5–10 minutos, hasta apenas tierno. Escurra y sirva de inmediato, dejando que cada quien desenvuelva su propio elote. Unte el elote con la crema, esparza o ruede en el queso, polvoree con el chile, échele un chorrito de limón agrio y ¡a comer!

VARIACIÓN: ELOTE ASADO La misma técnica general se puede utilizar al asar el elote, salvo después de retirar el pelo de elote, remoje los elotes en agua fría por 1 hora. Amarre la parte superior de cada elote con tiras delgadas de las hojas exteriores. Ase sobre brasas, volteando con frecuencia, por unos 20–25 minutos. Si no están listos pero están muy quemadas las hojas exteriores, envuelva en papel aluminio para continuar la cocción. Sirva con los mismos condimentos usados con el elote hervido.

Chayotes y elotes gratinados

SACRAMENTO, CALIFORNIA • MICHOACÁN, MÉXICO

4 PORCIONES COMO PLATILLO ACOMPAÑANTE *El chayote es como una mujer "idealizada" del siglo diecinueve: algo exótico, siempre modesto, muy versátil y capaz de tomar cualquier papel que sea necesario. Aunque es originario de México, su carne, semillas, flores y hasta las raíces del chayote son disfrutados por todo el mundo tropical. El chayote es conservado en vinagre, cocido rápido estilo chino, cocido al vapor, mezclado con crema o besamel, hecho en sopas, o endulzado y usado como budín o relleno para pay. En una receta que encontré en Belice, se mezcla con fruta seca y azúcar morena y se envuelve en masa y se fríe en mucho aceite. En Louisiana asume el alias de* mirliton *y se cubre con sustanciosas salsas de camarones y ostiones.*

A Val Hermocillo le gusta servir este pariente humilde de las calabazas, el chayote, como un platillo de verdura elegante. La superficie dorada crujiente es acentuada con motes de cilantro verde y granos de maíz dorado, y la verdura de sabor suave es avivada con pedacitos de chile serrano bravos.

Para Val, éste, el más pálido de las verduras verdes, es justo el platillo para servir al lado de Pavo relleno para días de fiesta (página 172), pero también se apareja confortablemente con Pescado al mojo de ajo (página 147).

Para la verdura

2 chayotes grandes, como 1½ libras
1 cucharadita de mantequilla sin sal
sal de mar y pimienta negra recién molida
8–9 onzas de granos de elote congelados
½ taza de queso mozzarella sin grasa o queso *Monterey jack* rallado

Para la salsa

2 cucharadas de mantequilla sin sal
1 cucharadita de aceite de cártamo o *canola*
½ cebolla blanca, bien picada
2 (ó al gusto) chiles serranos o jalapeños frescos, sin semillas y bien picados
2 dientes de ajo, finamente picados
2 cucharadas de harina
1 taza de leche, y más si se requiere
2 cucharadas de cilantro picado
¼ de cucharadita de orégano seco, mexicano de preferencia
como 1 cucharadita de sal de mar

Para los ingredientes de encima

1 taza de migajas de pan seco
½ taza de queso parmesano rallado
2 cucharadas de mantequilla sin sal derretida

Precaliente el horno a 375 grados F. Pele los chayotes y corte en rebanadas delgadas.

Ponga una capa de rebanadas en el fondo de una cacerola de 8 pulgadas bien enmantequillada y salpimente abundantemente. Agregue una capa de granos de elote, esparza con queso, y continúe poniendo capas de chayote y elote.

Para preparar la salsa, derrita la mantequilla mezclada con el aceite en una cacerola chica. Acitrone la cebolla, chiles y ajo a fuego mediano y agregue y mezcle la harina. Retire la cacerola del fuego y lentamente añada la leche, mezclándola con un tenedor hasta terso. Regrese al fuego y cueza lentamente hasta que la salsa se espese y esté tersa. Sazone con el cilantro, orégano y sal, y vierta sobre el chayote. Agregue suficiente leche para llenar la cacerola parejo con la capa superior. El platillo se puede preparar hasta este punto, tapar, y apartar por unas horas.

Remueva las migajas y queso rallado en la mantequilla derretida y esparza la mezcla sobre el chayote y elote.

Hornee por 30–40 minutos, o hasta que el chayote esté tierno al introducir un tenedor y la superficie esté crujiente y ligeramente dorada. Sirva de inmediato porque el platillo pierde su textura si se deja reposar mucho.

Chayotes rellenos

MIAMI, FLORIDA • CIUDAD DE MÉXICO, MÉXICO

6 PORCIONES *Más o menos en forma de pera, el chayote es ideal para rellenar—la manera que más les gusta a Virginia Ariemma y a muchos otros cocineros méxico-americanos. Virginia nació en Nueva*

York, pero su familia regresó a México cuando tenía cinco años. Desde entonces ha vivido tanto en Italia como Alemania, es pintora, tiene una maestría en filosofía, y, sobre todo, tiene un entusiasmo exuberante por la vida. Esta receta es de su madre, Virginia Dominguez, quien, aparte de ser una ginecóloga muy ocupada, es una buena cocinera.

Los Chayotes rellenos son un acompañante ideal para Pescado al mojo de ajo (página 147) o Pastel de carne (página 190).

3 chayotes grandes, como ¾ de libra cada uno
como 2 cucharadas de sal de mar

Para el Relleno

1–2 cucharadas de aceite de cártamo o *canola*
8 onzas de chorizo mexicano, comercial o casero (página 000) (opcional)
⅓ de taza de cebolla blanca picada
2 dientes de ajo, picados
1 jitomate grande maduro, picado
2 cucharadas de perejil de hoja plana picado
sal de mar y pimienta negra recién molida

Para los ingredientes de encima

1 taza de migajas secas de pan
6 onzas de queso fresco (véase la página 118) o queso ranchero, desmoronado
2 cucharadas de mantequilla sin sal derretida

Hierva los chayotes enteros en suficiente agua salada para mantenerlos tapados hasta que estén tiernos, como 30–40 minutos. Corte cada uno a la mitad a lo largo y retire la semilla grande. Con cuidado, retire con una cuchara la pulpa, dejando un caparazón de ¼ de pulgada. Pique la pulpa (y también la semilla, si lo desea) y reserve para el relleno.

Precaliente el horno a 400 grados F.

Caliente el aceite en un sartén mediano. Remueva el chorizo, despedazándolo, y fría hasta que la carne esté bien cocida mas no dorada. Añada la cebolla y ajo y cueza a fuego medio-alto unos 10 minutos, hasta suave y dorado. Agregue y revuelva el jitomate y cueza otros 2 minutos.

Añada la pulpa de chayote y el perejil al sartén, meneando ocasionalmente, hasta que esté seca la mezcla. Salpimente al gusto.

Divida la mezcla en partes iguales entre los caparazones, amontonando y presionando hacia abajo para lograr un montón en cada caparazón. Coloque pegaditos en un refractario ligeramente engrasado.

Remueva las migajas, queso y mantequilla derretida juntos en un tazón pequeño y esparza encima de cada caparazón de chayote. Hornee como 15 minutos hasta que el relleno esté dorado y crujiente.

NOTA: La semilla grande y tierna del chayote tiene un delicioso gusto a nuez. Se puede sacar y disfrutar crudo por la cocinera, o si se siente generosa, se puede picar y añadir al relleno.

Calabacitas rellenas de queso

ALLEN PARK, MICHIGAN • ZACATECAS, MÉXICO

3 PORCIONES COMO PLATILLO PRINCIPAL, CON 2 CALABACITAS EN CADA PLATO, Ó 6 PORCIONES COMO PLATILLO ACOMPAÑANTE *Maíz, jitomate y calabacita—tres vegetales coloridos de México que se combinan en muchas distintas maneras. En Nuevo México, los comí fritos en un casi-guisado; en California eran un platillo parecido al* succotash *llamado* colache*; en Texas estaban mezclados juntos y horneados en una cacerola con queso. Florencio Perea rellena sus calabacitas de hortaliza con queso, los fríe en un rebozado de huevo ligero, y les pone encima una salsa de jitomate decorada con brillantes granos de elote amarillos. Todos los sabores se fusionan tan bien que normalmente no hay problema con sobras, las que no me parecen tan atractivas al recalentar. Si cree que tendrá sobras, no reboce las calabacitas sino hornéelas, tapadas, en un horno a 350 grados F. por unos 45 minutos.*

Éste es un platillo hermoso como platillo principal. Lo único que necesita para estar completa la comida es un Arroz a la mexicana (página 240) y quizás una ensalada de verduras de hoja verde. La calabacita rellena también es un buen platillo acompañante para Pastel de carne (página 190).

6 calabacitas medianas de 7 u 8 pulgadas de largo, de forma recta
½ libra de queso *Monterey jack* o *cheddar*, rallado

Para la salsa

1 libra de jitomates maduros (como 3 jitomates medianos) ó 1 lata de 28 onzas de jitomates, pelados y escurridos
½ cebolla chica, picada
2 dientes de ajo, picados
1 cucharada de aceite de cártamo o *canola*
1 cuchararada de perejil de hoja plana picada
1 hoja de laurel
½ cucharadita de canela molida (casia)
½ cucharadita de tomillo seco
2 tazas de Caldo de pollo (página 74)
como ½ cucharadita de sal de mar
pimienta negra recién molida

Para el rebozado

4 huevos, clara y yema separadas
una pizca de sal de mar
aceite de cacahuate o cártamo para freír
½ taza de harina

Para la guarnición

½ taza de granos de elote congelados, descongelados
½ taza de queso Cotija o feta, desmoronado
¼ de taza de cilantro picado

Lave cada calabacita bien y corte a la mitad a lo largo. Corte alrededor del centro lleno de semillas y saque a cucharadas, dejando un caparazón grueso. En un sartén lo suficientemente

ancho como para acomodar las calabacitas, lleve agua salada a un hervor y cueza las calabacitas por unos 3 minutos. Retire y enfríe bajo agua fría. Seque las calabacitas, rellene con el queso, luego vuelva a ponerlas en su forma completa y deténgalas con palillos insertados en ángulo. Aparte.

En una licuadora o procesador de alimentos, licue los jitomates, cebolla y ajo hasta tersos. En una cacerola, caliente el aceite a fuego medio-alto. Añada la salsa y cueza, meneando hasta que se espese, como 5 minutos. Agregue el perejil, laurel, canela y tomillo, y permita que la salsa se cueza otros 5 minutos. Añada el caldo de pollo, revuelva bien, y salpimente. Permita que hierva lentamente la mezcla a fuego medio-alto por unos 20 minutos. Pruebe de nuevo para la sazón. Aparte y mantenga tibia.

En un tazón, bata las claras de huevo con sal hasta firmes. Ligeramente bata las yemas, luego doble las yemas suavemente en las claras. Vierta ½ pulgada de aceite en un sartén grande y caliente a fuego medio-alto. Enharine las calabacitas, luego sumerja y saque del rebozado de huevo. Coloque con cuidado en el aceite caliente y voltee cuando comiencen a tomar color, hasta que estén doradas por todos lados. Con cuidado retire del aceite con 2 espumaderas grandes y escurra sobre papel absorbente.

Retire los palillos. Coloque las calabacitas sobre un platón para servir profundo o sobre platos individuales y a cucharadas vierta la salsa encima. Adorne con el maíz, queso desmoronado y cilantro picado.

Colache

4 PORCIONES *Colache (¡qué palabra tan maravillosa!) es una versión mexicana de* succotash *del indígena del suroeste de los Estados Unidos. Esencialmente no más que una mezcolanza de cualesquier verduras de hortaliza que haya a la mano, colache siempre incluye las calabacitas, calabaza* pattypan, *o calabaza* crookneck *pequeñas veraniegas. Mi papá aprendió a hacer colache con sus amistades mexicanas en California, y era una de las maneras favoritas mías de comer verdura cuando niña. He usado algunos trucos de la receta de Jacqueline Higuera McMahan en su* Healthy Mexican Cookbook*; ella la había adaptado de una vieja receta de su abuela. Jacqueline, una vivaz cocinera méxico-americana de una familia californiana de muchas generaciones a quien España le confirió una de las últimas concesiones de tierra en esa región, ha sido muy influyente en correr la voz de que "el verdadero corazón y alma de la comida mexicana es saludable. Simplemente ha sido envilecido en la traducción".*

El colache es un platillo acompañante sabroso con platillos sencillos de puerco y pollo asados, así como al lado de Pastel de carne (página 190). Ponga el platillo de vegetales en una mesa de buffet donde figuren las enchiladas.

3 cucharaditas de aceite de oliva
1 cebolla blanca mediana, picada
1 pimentón, sin semillas y picado
1½ libras de calabacitas u otra calabaza veraniega, en rebanadas gruesas
2 dientes de ajo, en rebanadas delgadas
3 chiles frescos no muy picantes, Anaheim o nuevomexicanos, asados (página 19), pelados, sin semillas y picados
1 lata de 14½ onzas de jitomate en pedazos con su jugo
1 ramito grande fresco de epazote (página 228), picado, ó 1 cucharadita de orégano seco picado, mexicano de preferencia
como ½ cucharadita de sal de mar
4 pequeños elotes frescos, como 2 onzas cada uno, cortados en ruedas de 1½ pulgadas

Para el ingrediente de encima

2 cucharadas de queso añejo (página 118) o queso parmesano rallado

Entibie el aceite en un sartén grande a fuego mediano, y acitrone la cebolla y pimentón como 5 minutos, hasta un poco suavizados. Empuje a un lado la cebolla y pimentón. Añada la calabacita y ajo y saltee hasta dorado, volteando frecuentemente.

Agregue, revolviendo, los chiles, jitomate, epazote y sal, y entierre el elote bajo la verdura. Cuando esté burbujeando la mezcla de verdura, tape y cueza a hervor lento a fuego lento por unos 15 minutos, agregando más agua hirviendo si la mezcla comienza a secarse.

Con una cuchara, ponga los vegetales en un tazón para servir y espolvoree encima el queso. Estará listo para servir en cuanto comience a derretirse el queso.

Hongos al chile guajillo

AUSTIN, TEXAS • TAMAULIPAS, MÉXICO

6 PORCIONES COMO PLATILLO ACOMPAÑANTE O SUFICIENTE RELLENO PARA 12 TACOS *Los sabores campechanos de los hongos silvestres y chiles son de los que a menudo se combinan durante el final del verano en la época de lluvias de México cuando abundan los hongos. Aquí en los Estados Unidos, tanto los hongos silvestres autóctonos como otras variedades inusuales, tales como los* shiitake, *son caros pero ahora son artículos normales en los supermercados. Tomas, el hijo de la recién fallecida Guadalupe Garcia, nos pasó su receta de ella, llena de ajo.*

Sirva como platillo acompañante al Tamal de salmón adobado (página 148) o cualquier platillo sencillo de carne o pollo. Los hongos son igual de sabrosos como relleno para tacos y como para un omelette.

¾ de libra de hongos silvestres o cultivados
¼ de taza de aceite de oliva
10 dientes de ajo, finamente picados
4 chiles guajillos secos, cortados en anillos de ¼ de pulgada y sin semilla
1 cucharada de epazote fresco picado (página 228) (opcional)
como ½ cucharadita de sal de mar

Limpie los hongos con un trapo suave, y, si usa los champiñones pequeños comunes, retire el tallo y déjelos enteros o en trozos grandes. Pique los hongos más grandes en pedazos de forma irregular, de aproximadamente 11 pulgadas de diámetro.

Entibie el aceite en un sartén grande a fuego mediano. Añada el ajo y cueza 1–2 minutos, hasta suave. Agregue y revuelva los anillos de chiles, cueza otro minuto, y luego añada los hongos. Agregue y revuelva el epazote si lo usa y sal al gusto.

Cueza hasta que los hongos estén apenas tiernos. El tiempo variará dependiendo del tipo de hongo; usualmente son como 5–10 minutos. Si usa la mezcla para tacos, quizás tendrá que subir el fuego hasta que el líquido de los hongos se absorba.

Nabos amarillos en chile rojo

SAN LUIS, COLORADO

4 PORCIONES COMO PLATILLO ACOMPAÑANTE *Los hombres de la frontera ingleses del este de los Estados Unidos trajeron sus "suecos" o nabos suecos muy queridos consigo cuando se establecieron alrededor de los fuertes militares en Colorado. Fue sólo una cuestión de tiempo antes de que estos nabos amarillos fueran bañados en una salsa de chile rojo y puestos en la mesa de cocineros hispanos por todo el Valle de San Luis. El sabor fuerte del tubérculo comestible es un buen complemento para la salsa fogosa. Nabos suecos y papas mezcladas son igualmente buenos.*

Mary Ann Tafoya se crió en un área aislada del sur de Colorado con los fuertes valores tradicionales del pueblo. Siempre fueron pobres, pero eran ricos en la comida, que era sana y cocinada con amor. Vientos helados llegan temprano al valle, y la mayoría de los hogares tienen sótanos para proteger la comida que les durará durante el invierno. El que la mandaran al sótano por nabos suecos no era ningún que-

hacer para Mary Ann, porque sabía que pronto su abuela pondría un plato de nabos fritos con salsa de chile espesa en la mesa para el desayuno.

Los nabos suecos amarillos y la salsa de chile rojo van bien con cualquier platillo sencillo de carne de puerco, tocino o salchicha para el desayuno, o chuletas de puerco o un asado para la comida.

2 libras de pequeños nabos amarillos (nabos suecos), pelados y cortados en cubitos de ½ pulgada
como ½ cucharadita de sal de mar
2 cucharadas de aceite de cártamo o *canola*
1 cebolla blanca chica, bien picada
1 diente de ajo, finamente picado
1 cucharada de harina
2–3 cucharaditas de chile colorado puro en polvo, nuevomexicano de preferencia
¼ de cucharadita de pimienta negra recién molida
1 taza de Caldo de pollo (página 74) caliente, o consomé de pollo enlatado, o agua
¼ de taza de perejil de hoja plana fresco picado

Hierva los nabos suecos amarillos en suficiente agua salada para taparlos a fuego mediano por unos 15 minutos, o hasta apenas tiernos.

Mientras se están cociendo los nabos, caliente el aceite en un sartén pesado tamaño mediano u olla grande sobre fuego mediano. Añada la cebolla y cueza como 4 minutos, removiendo ocasionalmente. Agregue el ajo y cueza otro minuto.

Añada la harina al aceite restante en el sartén y cueza hasta ligeramente dorado. Si lo requiere, agregue un poco más de aceite. Añada, removiendo, el chile en polvo y la pimienta, y lentamente agregue removiendo el caldo caliente. Agregue los nabos a la salsa y cueza a hervor lento, tapados, por 10–15 minutos a fuego lento, raspando el fondo del sartén lo más limpio posible. Añada más caldo o agua caliente si lo requiere. Espolvoree el perejil antes de servir.

VARIACIÓN: NABOS Y CHULETAS DE PUERCO Dore chuletas de puerco en el sartén antes de cocinar los nabos. Retire y mantenga tibias. Después de añadir los nabos a la salsa de chiles, regrese las chuletas de puerco al sartén para cocer junto con los nabos.

Camotes rellenos

SANTA MÓNICA, CALIFORNIA • CIUDAD DE MÉXICO, MÉXICO

6 PORCIONES *El camote, planta autóctona del América tropical, ha sido un alimento básico en la dieta mexicana desde que hubiera gente con hambre. En uno de mis primeros viajes a la Ciudad de Mé-*

xico, todavía recuerdo el sobresalto que sentí una tarde por el aullido estremecedor melancólico que dominaba a todos los otros sonidos callejeros. Al hacer una investigación, encontré que era el camotero empujando su carreta pequeña llena de tubérculos de piel obscura, cociendo al vapor dentro de un tambor de metal. El lamento era el vapor escapando, avisando al barrio de la visita nocturna del camotero. Fue este camote que Ricardo Villareal conoció criándose en la Ciudad de México, pero en lugar de ser usado al lado de carne o aves, era más bien como postre o mezclado en un vaso de leche para desayuno o cena.

Aunque los méxico-americanos a menudo usan el camote más grande, más dulce y de carne anaranjada que se vende en los Estados Unidos como un ñame (el verdadero ñame, introducido en el Caribe por africanos esclavizados, viene de una familia completamente distinta y rara vez se vende en las tiendas), Ricardo prefiere el camote ordinario algo seco, de carne más ligera, porque su cáscara es algo más dura y aguanta mejor al ser horneado.

Ricardo usa este platillo reconfortante para completar una comida festiva, destacando el Pavo relleno para días de fiesta (página 172), pero igualmente va bien con las carnes asadas sencillas.

6 camotes medianos
4 cucharadas de mantequilla sin sal, derretida
½ taza de azúcar morena bien apretada
1 huevo, ligeramente batido
3 cucharadas de coñac o buen brandy
½ cucharadita de canela molida (casia)
sal de mar y pimienta negra recién molida

Para el ingrediente de encima

4 cucharadas de mantequilla sin sal
¼ de taza de azúcar morena bien apretada
½ taza de nuez pacana picada, o coco rallado sin endulzar
una pizca de pimienta gorda recién molida

Precaliente el horno a 350 grados F.

Talle bien los camotes al lavarlos, pero no los pele. Pique unos cuantos agujeros con un tenedor en la parte superior para dejar escapar el vapor mientras se hornean. Hornee los camotes en una rejilla en el horno por unos 40 minutos, o hasta que respondan a la presión al presionarlos con dedos cubiertos con una toalla.

Cuando estén cocidos los camotes y algo enfriados, haga un corte vertical a través de la parte superior de la piel. Saque la carne, dejando un caparazón. Ponga la carne en un tazón y mezcle con la mantequilla derretida, azúcar morena, huevo, coñac, canela, sal y pimienta. Con una cuchara regrese la mezcla a los caparazones y coloque encima de una bandeja de horno grande.

Para preparar los ingredientes de encima, derrita la mantequilla con el azúcar morena y añada las nueces o coco y la pimienta gorda. Ponga la mezcla con una cuchara sobre los camotes. Regrese los camotes al horno y hornee como 15 minutos, hasta glaseados de un color café dorado profundo.

Cebollitas asadas con chiles

AUSTIN, TEXAS • SONORA, MÉXICO

6 A 8 PORCIONES *Uno de los acompañantes de los tacos más sencillos y más satisfactorios, especialmente aquellos hechos con carne asada, son las cebollas pequeñas, gordas, llamadas de bulbo pequeño o cebollanas, que se fríen encima de la estufa o se asan. La primera vez que las preparé fue en el jardín del lado de nuestra casa en Cataluña, España. Estaba siguiendo las instrucciones de un libro de cocina bastante rudimentario que empezaba con: "Ponga 3–4 docenas de cebollitas para cada uno encima de una cama de sarmiento seco y préndale fuego al último". Los resultados fueron de un dulce humeado y deliciosos, y desde entonces han sido una debilidad mía. Hay un puestito de tacos a un par de cuadras del hotel donde nos hospedamos en la Ciudad de México, y es el primer lugar a donde me dirijo al llegar—para pedir tacos de bistec con queso pero, más importante, una orden doble de cebollitas.*

Pruebe esta receta de Miguel como botana junto a Tacos al carbón (página 121) u otros tacos, quizás rodeado de gruesas rebanadas de jitomate fresco con albahaca encima.

16–24 cebollas de bulbo pequeño o cebolletas (dependiendo del tamaño)(véase la Nota)
¼ de taza de aceite de oliva
8 chiles güeros enteros frescos u otro chile amarillo pequeño, o chiles jalapeños
3–4 cucharadas de jugo de limón agrio
sal de mar y pimienta negra recién molida

Corte el lado de la raíz de cada cebolla y varias pulgadas de la parte superior verde, y jale retirando la primera capa de la piel de la cebolla.

Caliente el aceite en un sartén grande y pesado y saltee las cebollas y chiles sobre fuego medio-alto por 6–8 minutos, hasta dorados por todos lados. Si usa cebollas más chicas, quizás se cuezan más rápidamente y se podrán retirar.

Coloque las cebollas y chiles en un plato poco profundo y salpique con el jugo de limón agrio, sal y pimienta. Remueva hasta que estén bien cubiertos.

NOTA: Las cebollas de bulbo pequeño o cebollanas usualmente se pueden encontrar en los mercados con bulbos de 1–1½ pulgadas de diámetro a principios de verano, pero si no los encuentra, sustituya con las cebollitas verdes más gordas posibles.

VARIACIÓN: CEBOLLAS Y CHILES A LA PARRILLA Coloque una capa doble de papel aluminio grueso sobre la parte más caliente de un brasero con brasas que se hayan consumido hasta estar blancas mas todavía bastante calientes. Ligeramente unte las cebollas y chiles con aceite y coloque sobre el papel aluminio con los bulbos extendidos directamente sobre las brasas. Ase hasta dorados, unos 10 minutos, dependiendo del tamaño de las cebollas y los chiles. Voltee frecuentemente y retírelos en cuanto estén. Coloque en un plato poco profundo, añada unas gotas más de aceite, y revuelva con el jugo de limón agrio, sal y pimienta.

Papas fritas con rajas y cebollas

EL PASO, TEXAS

4 PORCIONES *Cuando les dije a mis amigos de El Paso que Fredric y yo íbamos a pasar un tiempo allí, me dijeron en una sola voz: "Vayan a H&H Car Wash and Coffee Shop para desayunar". H&H es un localito pegado a un negocio grande y eficiente de lavado de autos a mano. Mientras le lavan el auto, Ud. puede comer un desayuno en una de las tres mesas o en el mostrador pequeño. Es como estar en casa de alguien. Todo mundo conoce a todo mundo, o si es Ud. de fuera, rápidamente lo hacen parte de la familia. Hay mucha plática y mucha comida buena, tal como estos óvalos crujientes de papas y chile verde fritos que sirvieron al lado de nuestros huevos rancheros.*

Estas papas son ideales servidas con huevos a cualquier estilo, o las papas se pueden cortar en cubitos y agregar a un burrito para el desayuno.

2 libras de papas rojas nuevas (como 6–8 tamaño mediano ó 14 pequeñas)
2–3 cucharadas de aceite de cártamo o *canola*
½ cebolla blanca, en rebanadas delgadas
2 chiles verdes largos frescos (nuevomexicanos o Anaheim), asados (página 19), sin semillas, y cortados en tiras, ó 2 chiles verdes enlatados, cortados en tiras
una pizca de comino (opcional)
sal de mar y pimienta negra recién molida
4 onzas de queso *cheddar longhorn* o *Monterey jack*, en cubos (opcional)

Ponga las papas en una olla, cubra con agua fría, y lleve a hervor. Baje la llama y cueza unos 5 minutos, hasta apenas tiernas. Escurra, enjuague en agua fría, y seque a palmaditas.

Mientras tanto, caliente 1 cucharada del aceite en un sartén grande. Saltee las cebollas y chiles hasta suaves y ligeramente cafés. Retire del sartén y ponga a un lado.

Corte las papas enfriadas a lo largo en rebanadas de ¼ de pulgada.

Si es necesario, añada más aceite al sartén, suba el calor y agregue las papas. Fría hasta que se comiencen a poner cafés y crujientes, como 10 minutos, sacudiendo el sartén de vez en cuando para que no se peguen. Añada, removiendo, la cebolla y chiles. Agregue comino, sal y pimienta y mezcle perfectamente. Pruebe para la sazón. Esparza los cubos de queso y mezcle con las papas usando un tenedor. Sirva muy caliente.

VARIACIÓN: PAPAS RANCHERAS CON CHILE COLORADO Y QUESO En lugar de usar chile verde, Geraldo Reyes en Nueva York prepara una salsa roja, mezclando en un procesador de alimentos 1 chile ancho y 2 chiles guajillos que han sido tostados (página 19), sin semillas y remojados en agua caliente; 1 diente de ajo; y 1 cucharadita de epazote seco u orégano. Se añada la salsa a las papas cuando estén bien doradas. Cueza unos minutos más y agregue el queso.

Impresiones del estado de Washington

Tom Cerna, oficialmente jubilado de un trabajo con el gobierno, sigue siendo un cultivador de chiles en el valle Yakima del estado de Washington. La mayoría de las mañanas se levanta antes de que salga el sol, mira como sus plantas de chile—cientos y cientos de jalapeños regordetes verdiobscuros al lado de chiles poblanos, serranos y habaneros—se estiran, florecen y maduran. Aun cuando los campos se cubren de nieve, se para en la ventana durante largos minutos de calma y piensa en el arado y la siembra y como, año tras año, una necia planta de jitomate siempre brota en mero medio de una hilera de chiles. Éstos son los catorce acres de tierra fértil que compró su padre en 1945 después de años de trabajar en los campos de remolacha de Colorado y los ranchos en Wyoming y Montana. Tom está en su tierra para quedarse, y ni siquiera ha ido nunca a donde creció su padre en Chilchota, Michoacán.

Toni Tabayoyan pasó sus primeros años en Wyoming y Nebraska, mudándose al estado de Washington cuando tenía diez años de edad. Todos los días le ayudaba a su mamá, quien era de Guanajuato, a preparar los platillos regionales de esa parte del centro de México. Toni tenía diecisiete años de edad cuando se casó con Paul, un filipino guapo que conoció cuando ambos estaban pizcando jitomate. Al poco, *lumpia* (parecidos a los rollitos de primavera chinos) aparecieron en su mesa también. Afortunadamente para Toni, la técnica de cocimiento no era muy distinta de aquella para las enchiladas. Tenía más de cincuenta años de edad cuando visitó México por primera vez durante unas vacaciones. Ella se refiere a México como "allá" y tenía lágrimas en los ojos cuando habló acerca de las familias pobres y hambrientas que vio.

Los cinco hijos de Toni ahora están crecidos y tienen familias propias. Uno pensaría que después de cincuenta años de preparar comidas después de un día de trabajo estaría enfadada de cocinar. Pero, aunque ahora está jubilada y viviendo en una impecable casa rodante grande con un jardín y una vista cercana de Mount Adams, su mayor satisfacción todavía viene de hacer sus propias tortillas de harina y maíz y poder enlatar frascos y frascos de chiles y jitomates recién pizcados.

Tom y Toni son típicos de los muchos méxico-americanos que conocí en el valle de Yakima del este del estado de Washington. Protegido de las lluvias fuertes del Puget Sound por las montañas Cascade escarpadas, el valle tiene la dicha de tener un promedio de trescientos días al año de sol. Sus cosechas—manzanas, yerbabuena, lúpulo y uvas para vino—todas requieren una gran cantidad de mano de obra, y son los trajadores migrantes mexicanos los que, desde el principio, han llenado esta demanda temporal. Todavía son requeridos cada año, pero cada vez más y más se han vuelto trabajadores de tiempo completo y un gran número se han cambiado a otras profesiones desde hace tiempo, y a otras comunidades en el estado.

Michoacán, "la tierra de peces", es muy parecida al estado de Washington, sin duda una de las razones por las cuales aquellos de Michoacán se han vuelto la mayoría de la población méxico-americana en este estado tan al norte. El estado de Washington tiene sus cordilleras escarpadas Cascade y Olympic; Michoacán tiene las Mil Cumbres. Washington tiene Mount Saint Helens, que hizo erupción en 1980; Michoacán tiene el volcán de Paricutín, que arrojó su lava en 1944, cubriendo 15 millas cuadradas de campo. Ambos tienen zonas costeras hermosas, lagos y ríos. Y Washington ofrece trabajo. La migración al área del estado donde vivo, el condado Pierce en South Puget Sound, se remonta a finales de la década del setenta cuando dos hermanos, Martín y Raúl Andrés, de Tzintzuntzan, un pueblito de tres mil habitantes que conozco muy bien, tenían trabajo pizcando manzanas en el valle de Yakima. Cuando se acabó la temporada, se fueron rumbo a la costa donde habían oído que había trabajo en un rancho cerca de Tacoma. Ahí se quedaron, casándose con dos hermanas estadounidenses. Ahora, dieciséis años después, cerca de quinientos miembros de su familia, amigos y conocidos se han mudado para vivir con ellos en el condado Pierce, trabajando principalmente en los ranchos de árboles de Navidad, en viveros, en la construcción, en fábricas y de músicos. La música es muy importante para las personas de Michoacán y tocan con regularidad en aquellas fiestas que marcan el paso de eventos importantes de la vida: bautismos y cumpleaños, bodas y quinceañeras, la fiesta tradicional de presentación en sociedad para muchachas de quince años. Los invitados bailan al ritmo de una banda de Tzintzuntzan y disfrutan de las carnitas y tamales especiales de su pueblo en México.

Toques finales
Salsas y encurtidos

Cultivan una gran variedad de plantas y productos alimenticios de los cuales gustan mucho, y éstos los comen crudos al igual que en varios platillos cocinados. Tienen uno—como un pimentón—que usan como condimento que llaman chili y nuncan comen nada sin él.

—NARRACIÓN DE ALGUNAS COSAS DE LA NUEVA ESPAÑA Y DE LA GRAN CIUDAD DE TEMPESTITAN, MÉXICO
Conquistador anónimo

Para probar una salsa, eche un poco sobre el mantel.
Si no le hace un agujero a la tela, no es una buena salsa.

—DICHO DE COCINA DEL SUR DE TEXAS

UNA DE LAS CARACTERÍSTICAS MÁS NOTABLES de la comida mexicana es que ningún platillo se sirve sin adorno. Si no está hecho con una salsa, se sirve con una. Si no es colorada, es verde. Aun para el desayuno, cada mesa tendrá un tazón lleno de los colores vibrantes y sabores de las salsas. Van adentro de, o encima de, casi cualquier cosa—menos el postre. Luego hay verduras encurtidas para mordisquear y, claro, el guacamole, esa maravillosa mezcla de chiles, jitomates y aguacates.

El amor a las salsas de mesa y condimentos picantes es tan grande en los Estados Unidos como lo es en México. No hubo casi ninguna comida que compartí mientras hacía la investigación para este libro que no incluía por lo menos una salsa. Algunas veces venían preparadas en frascos—de hecho, varias de las familias embotellaban y vendían sus propias salsas. Sin embargo, en la mayoría de los hogares era una salsa fresca hecha de jitomate maduros picados, chiles verdes y cebolla blanca crujiente, todo mezclado junto con el cilantro de sabor robusto. Algunas otras de mis favoritas eran aquellas hechas con chiles secos—los chiles anchos, guajillos y nuevomexicanos colorados y aquellas con los aromáticos chiles chipotles ahumados.

Los chiles se pueden usar de muchas formas aparte de en salsas, pero no me puedo imaginar una salsa sin chile. El tipo de chile puede variar, pero ese sabor robusto siempre está presente.

De hecho, el picor es tan intenso que, con la mayoría de los chiles, sugiero el uso de guantes de hule o plástico cuando los maneje o lavarse completamente las manos con agua caliente y jabón. Tenga cuidado de no frotarse los ojos, especialmente si usa lentes de contacto.

UNOS CUANTOS DATOS SOBRE LOS CHILES

Desde que Colón y sus compañeros viajeros equivocadamente nombraron las vainas de la planta del chile por la pimienta negra parecidamente picosa—una semilla de un arbusto de las Indias Orientales que viene de una familia botánica completamente distinta—la confusión ha formado parte del aura de misterio alrededor del chile. Todo chile verdadero forma parte de la familia *Solanaceae*, o solano, así como otras plantas comestibles como la papa, berenjena y jitomate. Está separada de esos miembros de la familia en el género *Capsicum*, que generalmente se cree que contiene veinte a treinta especies diferentes. Todas son oriundas del Nuevo Mundo tropical o subtropical, pero sólo se cultivan cinco con regularidad.

Casi todos nuestros chiles comunes vienen del *Capsicum annum*, ciertamente todos aquellos utilizados en los Estados Unidos con la excepción de la variedad incendiaria ampliamente conocida del *C. frutescens*, conocido como tabasco. Todos los demás, desde el pimentón hasta el habanero, son variedades cultivadas—o incluso subdivisiones de variedades cultivadas—del *C. annum*.

Los chiles se polinizan de manera cruzada muy fácilmente, así que, si Ud. tiene dos variedades cultivadas en un área pequeña, al poco podrá haber aún más tipos de chile creciendo allí con características muy distintas. En cada área de México, chiles parecidos serán nombrados en la localidad y se convertirán en sabores distintivos en los platillos regionales. Esta diversidad no es tan evidente en los Estados Unidos, salvo bajo condiciones controladas como con la polinización cruzada extensiva del chile verde largo en el sur de Nuevo México.

Cuando las familias mexicanas emigraron a los Estados Unidos antes de la década del ochenta, muy pocos de los chiles conocidos por ellos se hallaban en los mercados de los EE.UU. Tuvieron que improvisar y adaptar con resultados variables. Sin embargo, en años recientes muchos de los chiles secos comunes se pueden obtener fácilmente, y he visto muchas variedades de chiles frescos que están fuera de temporada en todas partes del país. Con esta abundancia, muchos cocineros méxico-americanos ahora están usando, por primera vez, chiles de los cuales sólo habían oído hablar por parte de sus padres o abuelos, o que habían probado y quizás traído de vuelta de un viaje a México.

LAS VARIEDADES DE CHILES FRESCOS USADAS CON MÁS FRECUENCIA EN LOS ESTADOS UNIDOS

Encontré que, casi sin duda, el chile fresco utilizado más comúnmente por méxico-americanos es el jalapeño versátil. Nombrado por Xalapa, la capital del estado de Veracruz, se pica

y agrega a salsas o se usa para dar sabor a casi cualquier platillo. A veces asado, a veces enlatado o en vinagre, a veces relleno, el jalapeño medianamente picante definitivamente es el chile favorito. La forma roja más madura y dulce se come menos frecuentemente. Sin embargo, en los Estados Unidos más y más encuentro que el sabor es bastante inconsistente, a menudo los grandes insípidos.

Se utilizan casi tan frecuentemente aquellos que yo llamo los *verdes largos,* un término bastante genérico que incluye tanto el chile Anaheim o California como las variedades cultivadas de Nuevo México, tales como Big Jim y Nuevo México #6-4. Aunque se pueden usar de manera intercambiable, tienen diferencias definitivas en sabor e intensidad de picante, siendo algunos de los chiles nuevomexicanos los más picantes. Los aficionados al chile, especialmente en Nuevo México donde el chile verde es lo máximo, pueden distinguir entre los sabores de las variedades cruzadas, igual que un entendido en vinos puede identificar la variedad de la uva específica con sólo un sorbo.

Todos estos chiles se pueden encontrar en su forma verde y en la forma roja más madura y dulce. Se deben asar antes de usar en salsas, guisos, rajas o para rellenar, especialmente cuando estan verdes.

Los grandes chiles poblanos gordos, nombrados por el estado de Puebla donde aún se cultivan de manera extensa, rara vez se comen frescos a menos que primero se asen, un proceso que les imparte un sabor decididamente rico y campechano. No los he visto en salsas, pero rajas de los chiles asados son un condimento tradicional o para usar encima de bistec, tacos, huevos y con queso fundido. Y cuando se rellenan estos chiles poco picantes, se convierten en uno de los platillos más distinguidos de México, los chiles rellenos. Aunque los méxico-americanos se acostumbraron a través de los años a usar los verdes largos más accesibles, ahora que a menudo aparecen en los mercados los poblanos más gordos y fáciles de rellenar, la mayoría prefiere usarlos especialmente para platillos especiales de fiesta como Chiles en nogada (página 200).

Los ferozmente picantes chiles serranos pequeños se pueden sustituir por los jalapeños en salsas, aunque esto se debe hacer a sabiendas. Me da bastante coraje cuando un supermercado los junta a estos dos y les pone un letrero como "pequeños chiles verdes". El sabor del serrano a menudo se describe como a pasto, sin los sobretonos más dulces del jalapeño, y aunque son más pequeños y delgados, son bastante picosos.

El chile güero de amarillo pálido se puede encontrar comúnmente en las tiendas de abarrotes, pero rara vez lo vi utilizado con la excepción cuando ocasionalmente se asa y usa en salsas o ensaladas. Un ranchero en el este del estado de Washington seguido me manda a casa con frascos *Mason* llenos de chiles pequeños en vinagre que tienen un sabor casi a melón, no como los más comunes chiles banana delgados. Como el nombre *güero* se refiere al color y no a una variedad, habrá variación en lo picante.

Yo no sé si es porque está de moda el "comer picante" o porque de alguna manera se trata de algo de masoquismo—o posiblemente un poco de los dos—pero el chile habanero maravilloso tiene mucha demanda ahora en los Estados Unidos. Los departamentos de productos alimenticios parecen estar satisfaciendo la demanda, y desde 1996 los puedo encontrar en casi cualquier época del año por todo el país. Irónicamente, sólo unas cuantas familias méxico-americanas utilizan éste, el más picoso de todos los chiles—sólo aquellas con lazos en la península de Yucatán. Éste es un chile muy regional en México, ya que se cultiva y usa en salsas sólo en este área.

El pimentón verde, rojo, amarillo y anaranjado (enumerados en orden por su precio ascendente) parece ser utilizado con mucha más frecuencia en las cocinas méxico-americanas que en México, probablemente dada su disponibilidad. Aun cuando el pimentón aparece como ingrediente en unos cuantos platillos en México, tal como el queso relleno yucateco, no se debe sustituir por el chile poblano o cualquiera de los chiles largos verdes o rojos.

LAS VARIEDADES DE CHILE SECO USADAS CON MAYOR FRECUENCIA EN LOS ESTADOS UNIDOS

Existen muchas más variedades de chiles secos para elegir en los Estados Unidos que frescos—aunque, desafortunadamente, a menudo tienen etiqueta incorrecta. Todos tienen sabores mucho más complejos y distintivos cuando secos que cuando verdes. Es como hacer una comparación entre jugo de uva y vino. El jugo de uva es esencialmente jugo de uva, pero un vinto tinto puede ser un *chambertin* con los sabores grandes pronunciados de los vinos de Borgoña franceses o un *zinfandel* de California brusco. Es tan importante emparejar el chile con el platillo justo como con un vino. Sin embargo, para aquellos cocineros méxico-americanos que crecieron en el suroeste de los Estados Unidos, especialmente en Arizona y Nuevo México, estas distinciones sutiles son casi desconocidas. Habiendo estado aislados por tantos años de las regiones central y sur de México con sus diversidades de chiles, los primeros pobladores mexicanos y españoles aprendieron a contar con lo que podían encontrar o cultivar en la región: el pequeño chiltepín silvestre y su variedad cultivada, el chile pequín, y los largos secos nuevomexicanos o Anaheim de California.

Los chiltepines o, más corto, tepines—bolitas abrasantes de fuego—aún crecen silvestres especialmente en los altos desérticos de Sonora, Chihuahua y Arizona. Chiquito pero picoso. También vi arbustos esqueléticos creciendo en jardines traseros, tanto en Texas como Arizona, y sus ramas colgando al revés secando dentro de las casas. Las pequeñas vainas usualmente se desmoronan y agregan a salsas, caldos y otros platillos donde el calor intenso les da un toque explosivo extra. Muchos creen que su pariente, pero con forma más como un huevo, el chile pequín tiene un picante aún más penetrante, pero afortunadamente la sensación quemadora en ambos tipos de chile no perdura.

Fue en el norte de Nuevo México, cerca de Española y Chimayó, donde primero conocí el *chile verde largo seco*, y me gustó bastante su sabor ligero y dulce. Cada puesto en la carretera que vende estos chiles verdes largos y ristras de chiles colorados secos también tiene grandes tambores de metal para asar los chiles frescos. Muchos, por una módica suma, hasta le permitirán traer su propia cosecha para chamuscar la piel exterior más dura. Después de asar, los chiles se pelan, se cuelgan a secar, y después se almacenan para uso en el invierno. El mismo chile verde se deja madurar en el campo hasta que esté rojo escarlata. Cuando seco, este *chile colorado nuevomexicano* se utiliza en la preparación de las salsas rojas de chile campechanas que forman una parte integral de las enchiladas, tamales, pozole, y platillos de carne y de huevo de la parte suroeste de los Estados Unidos. Usado en polvo, se puede moler por adelantado usando chiles enteros o comprar en pequeños frascos o bolsas. Asegúrese de revisar la etiqueta para ver si está comprando el chile en polvo puro y no uno ya combinado con orégano, ajo en polvo o incluso comino. También fue en Nuevo México donde conocí un nuevo término chilero—*chile caribe*—que se usaba, parecía casi de manera intercambiable, para describir el chile colorado nuevomexicano desmoronado y una salsa espesa o pasta hecha de los mismos chiles. El chile colorado nuevomexicano se usa en Arizona y Nuevo México en lugar del Anaheim colorado seco usado en otras partes.

El chile ancho, como su forma fresca venerada el chile poblano, es indispensable en la preparación de las comidas de México y son los inmigrantes más recientes los que lo buzcan. Su sabor robusto dulce a tierra es esencial en un mole tradicional y se utiliza también en muchas otras salsas cocidas. Su rasgo físico más característico está bien descrito por su nombre, *ancho*. Este chile es casi igual de ancho que de largo y es de un arrugado color rojo café. Muchas tiendas lo venden bajo el nombre de *pasilla,* que es completamente otro chile. El verdadero pasilla es más largo y delgado, usualmente poco más que una pulgada de ancho, mientras que el ancho tiene hombros usualmente tres pulgadas de ancho. A pesar de que no vi que se usara el pariente cercano del chile ancho, el chile mulato, tan comúnmente en los Estados Unidos como lo es en México, donde es otro de los chiles importantes usados en los moles, lo menciono aquí porque, como el ancho, es un tipo de poblano seco y a menudo los confunden. El mulato usualmente no es tan ancho de hombros y su color es de un café más obscuro. Si pone un ancho a la luz, verá un tono rojizo, pero el mulato es un café negruzco y el sabor es menos profundo y no tan afrutado como el ancho.

El encontrar un verdadero chile pasilla llevará algo de búsqueda, pero su complejo sabor robusto hace que valga la pena. A pesar de que el chile ancho a menudo se presenta como un pasilla, el chile pasilla es la forma seca del chile chilaca, no un poblano más gordo. No importa si en California y en muchos supermercados por todo el país incluso vendan los chiles poblanos frescos como pasillas, si está buscando chile pasilla seco no tendrá ningún problema en identificarlo. Tiene color a uva pasa, de ahí su nombre. Puede tener hasta seis pulgadas de largo, y ser bastante delgado con una piel brillosa más que arrugada. Los chiles pasillas son otro de los tres chiles usados para darle sabor a un mole tradicional.

El chile guajillo brilloso color rojo ladrillo se parece algo al chile seco nuevomexicano, pero es un poco más chico y no tan torcido o arrugado. Es un chile usado de manera muy común en México y utilizado por todos los Estados Unidos por aquellos que crecieron en México. Una noche, estaba manejando de vuelta del pequeño aeropuerto en Santa Fe con uno de los mecánicos de avión que vinieron de Guadalajara hace como diez años. Obviamente estaba todavía enfurecido por la dificultad que encontraba cada vez que quería un nuevo suministro de chile guajillo para sazonar su birria, un platillo de chivo o cordero cocido en su jugo. Definitivamente no iba a sustituir los chiles colorados de la localidad por el sabor distinto fuerte de los guajillos.

Otro chile usado comúnmente es el abrasante de la lengua chile de árbol. Se parece a un pequeñísimo guajillo con su lustrosa piel brillante, rojo anaranjado, y que como el guajillo tiene un parentezco cercano a la cayena. Ambos principalmente se muelen y usan como sazonador o se diluyen en una salsa donde le agrega un sabor a chile no complicado.

Encontré que el pequeño chile cascabel—el nombre refiriéndose a su forma y el sonido que producen las semillas sueltas al agitarlo—se usa ocasionalmente en los Estados Unidos, principalmente asado y combinado en salsas para carne donde su maravilloso sabor rico a nueces es un realce bienvenido.

Cada vez más popular por todos los Estados Unidos es el jalapeño seco y ahumado conocido como *chile chipotle*. La única excepción fue en Nuevo México donde solamente unos cuantos de los cocineros caseros con quienes hablé lo habían usado. Un puñado lo habían probado en los restaurantes de alta categoría, pero no sentían tentación de incluir el sabor ahumado-dulce en sus propios platillos. Los chipotles se encuentran en su forma seca principalmente en los mercados mexicanos y son muy buenos, aunque requieren algo más de esfuerzo en su preparación. Las moras y moritas son variedades más pequeñas. Los chiles chipotles en adobo enlatados son los más convenientes para cocinar y los más fáciles de comprar. También vienen enlatados en vinagre así que fíjese en las etiquetas. Fueron los chipotles en adobo mezclados con su salsa los que me fueron servidos con mayor frecuencia en platillos muy especiales, como una comida memorable de albóndigas en salsa chipotle una noche en Florida.

Salsa fresca

ZILLAH, WASHINGTON

APROXIMADAMENTE 2 TAZAS *Sobre las mesas de casi todos los restaurantes mexicanos en Texas, Arizona y California, esta salsa picada de jitomates frescos, cebolla, chiles y cilantro es el condimento predilecto. Para confundir las cosas, se le llama* pico de gallo *o* salsa mexicana *pero lo que sí se mantiene igual es el sabor limpio de verduras crudas.*

Mike Esquivel, un educador jubilado y ahora agricultor de Zillah en el este del estado de Washington, acentúa su salsa con orégano y comino. Mike hace hincapié de que es importante usar jitomates completamente maduros para un mejor sabor y que se piquen a mano todos los vegetales. La salsa pierde su sabor y textura frescos después de varias horas, pero cualquier sobrante se puede freír en tantito aceite y utilizar como una salsa cocida. Si desea una salsa menos picosa, puede retirar las semillas de todos o algunos de los chiles.

Esta salsa da un sabroso levantón a casi cualquier taco. En especial le queda a los Tacos al carbón (página 121) y los Tacos de pescado estilo Ensenada (página 124), Burritos para el desayuno (página 343) o simplemente con totopos para botanear.

1 libra de jitomates maduros, picados en trocitos de ¼ de pulgada
⅓ de taza de cebollitas verdes con parte del tallo bien picadas
¼ de taza de cilantro picado sin apretarlo en la taza
2–3 chiles serranos o jalapeños frescos, bien picados
½ cucharadita de orégano seco, mexicano de preferencia
una pizca de comino
2 cucharaditas ó más de jugo de limón agrio
sal de mar
agua o cubitos de hielo, si es necesario

Mezcle los jitomates, cebolla y cilantro juntos en un tazón de vidrio. Añada los chiles poco a poco hasta lograr un picante al gusto. Agregue el orégano, comino y jugo de limón agrio. Espolvoree con sal y mezcle de nuevo.

Si está muy seca la salsa, añada tantita agua o un cubito de hielo. Tape y permita reposar hasta 30 minutos—no más—permitiéndolo sazonar. Revuelva, retire cualquier hielo restante y sirva de inmediato en un tazón chico.

Salsa verde

MCMINNVILLE, OREGON • MORELOS, MÉXICO

2½ A 3 TAZAS *Como casi todas las salsas, ésta de Martha Ruiz Gonzales requiere de poco trabajo. Hay un dejo de ajo, y el sabor dulce y a tierra de los chiles equilibra la acidez de los tomatillos.*

Varios cocineros en la costa del oeste de los Estados Unidos, donde es muy popular el sabor ácido de los tomatillos, utilizan una salsa verde parecida como aderezo para la ensalada de papa. Sólo añada ½ taza de crema ácida o yogur y varias cucharadas de la salsa, mezcle con papas cocidas en cubitos o rebanadas, zanahoria rallada, apio o cualesquier vegetales crudos que normalmente pone en una ensalada de papa.

Sirva esta salsa verde junto a unas Flautas de picadillo (página 128) o Huevos rancheros (página 333) o con cualquier otro platillo que pueda beneficiarse de su sabor ácido. Es particularmente sabroso sobre Enchiladas de jaiba en chiles chipotles (página 212).

12 tomatillos frescos, sin cáscara y enjuagados (véase el artículo suplementario, página 27)
¼ de una cebolla blanca
2 dientes de ajo
sal de mar
3 chiles verdes frescos nuevomexicanos ó 2 chiles Anaheim y 2 jalapeños, asados (página 19), pelados y sin semillas (véase la Nota)
¼ taza de cilantro, finamente picado

Cubra los tomatillos, cebolla y ajos con agua en un sartén. Añada sal y lleve a un hervor lento sobre fuego mediano. Cueza, destapado, unos 10 minutos, hasta que estén suaves los tomatillos. Escurra y coloque en un molcajete, licuadora o procesador de alimentos junto con los chiles asados. Muela hasta que esté terso pero con algo de textura áspera. Agregue el cilantro y revuelva bien.

NOTA: Los chiles Nuevo México que prefiere Martha para esta salsa tienen una intensidad de sabor que le falta al Anaheim. Como vive en Oregon, donde se vende con más frecuencia en los supermercados el chile California, ella sustituye varios jalapeños por uno de los Anaheim.

LOS TOMATILLOS

(Physalis philadelphia)

Amy, una de nuestras cinco hijas, cultiva varios acres de flores y vegetales para vender en los mercados alrededor de Puget Sound. Hace varios años sembró una hilera de tomatillos (llamados "tomates verdes" en México, aunque es una planta muy distinta), y todavía tenemos éstos, que se parecen a los tomates verdes envueltos en una cáscara como de papel, en abundancia creciendo en nuestros jardines; los míos son "voluntarios" provenientes de semillas que se trasladaron en la tierra pegada a las plantas que transferimos de su jardín al mío. Aparte de que se crían con facilidad y obviamente se propagan solos cuando uno deja que se caiga la fruta a la tierra, los tomatillos duran mucho en la vaina o en el refrigerador donde se mantendrán durante varias semanas.

El limpio sabor agrio de estas pequeñas frutas—1 de a 1½ pulgadas—se combinan de manera natural con chiles jalapeños y serranos en salsas verdes y resulta fabuloso para aligerar una salsa hecha con los chiles chipotles ahumados. En comparación con los jugosos jitomates rojos, los tomatillos por lo general no se comen crudos con excepción de unas cuantas salsas. A pesar de que tienen un sabor más suculento si se asan y muelen con todo y la cáscara carbonizada, suelen ser preparados a hervor lento por diez a quince minutos en agua. En México, esta agua a veces se le agrega a la masa para tamales ya que trabaja como una levadura para aligerar la masa y, tanto en México como en los Estados Unidos, esta agua puede usarse para cocinar nopales ya que su acidez ayuda a reducir la baba que tienden a producir los nopales.

Se pueden encontrar tomatillos frescos y enlatados en casi todos los supermercados. Antes de usar los frescos, remueva la cáscara como papel y enjuague para quitar la capa pegajosa que tienen. Los enlatados saben casi tan buenos como los frescos, así que querrá tener una o dos latas a mano para emergencias.

Salsa verde, verde

LOS ÁNGELES, CALIFORNIA • OAXACA, MÉXICO

COMO 2 TAZAS *Aurelia Lopez prepara esta salsa de un verde brillante con tomatillos crudos que crecen en su jardín trasero en Los Ángeles. Aunque es mejor prepararla a último momento, esta salsa guardará su color y sabor por varios días. La idea de utilizar azúcar para suavizar la acidez del tomatillo crudo fue consejo de Aída Gabilondo en El Paso, Texas, quien también le dio este nombre tan descriptivo.*

El sabor fresco y brillante de esta salsa es un buen despertador con un desayuno de migas (véanse páginas 341 y 342) o con Burritos para el desayuno (página 343). Le da también chispa al pescado o pollo a la parrilla.

- 2 tazas de tomatillos sin cáscaras, enjuagados y picados (como 1 libra) (véase el artículo suplementario, página 271)
- 1 taza de hojas de cilantro
- 3 chiles jalapeños ó 4 serranos frescos, sin semillas y picados
- 1 cucharadita de azúcar mascabada (opcional)
- sal de mar

Haga un puré con todos los ingredientes en una licuadora o procesador de alimentos junto con 3 cucharadas de agua. Pruebe y ajuste la sal si es necesario y vierta en un tazoncito. Si prepara la salsa por adelantado, remueva un poco antes de servir.

Salsa de chile de árbol con tomatillo

SAN FRANCISCO, CALIFORNIA • JALISCO, MÉXICO

COMO 2 TAZAS *Maria Gallardo dejó su hogar jaliciense hace veinte años pero aún hace muchos platillos conocidos de esa región. Ésta es mi adaptación de una de las salsas favoritas de Maria que incluye el picosísimo chile de árbol. Se usa con moderación ya que Maria, como muchos jalicienses, prefiere un sabor menos agudo.*

Para mí, ésta es la salsa que se creó para perfeccionar las Carnitas (página 122) o Tacos dorados de pollo (página 127). Sírvala sobre huevos revueltos y es magnífica en una hamburguesa.

1 libra de tomatillos, sin cáscara y lavados (véase el artículo suplementario, página 271)
2 dientes de ajo, sin pelar
1–2 chiles de árbol secos
¼ de cucharadita de sal de mar
2 cucharadas de cebolla blanca finamente picada

Caliente un sartén de hierro mediano o un comal. Coloque los tomatillos y ajos en ella y áselos a fuego medio-alto, volteándolos hasta que se asen por todos lados. Baje la llama, ponga los chiles en el sartén, y áselos brevemente hasta que comiencen a ampollarse y cambiar de color. Voltee con frecuencia para que nada se queme.

Retire los tomatillos, ajos y chiles y permita enfriar unos minutos. Pele los ajos. En un molcajete (véase la Nota), procesador de alimentos o licuadora, muela brevemente los tomatillos y ajos dejando con algo de textura. Rompa uno de los chiles en varias partes y agregue con todo y semillas al tomatillo. Muela de nuevo y añada sal al gusto y el otro chile, según su tolerancia de lo picante. Si está muy espesa, quizás sea necesario un poco de agua.

Sirva en el molcajete o en un tazoncito, revolviéndole la cebolla al último momento.

NOTA: En la cocina de Maria, en el "Outer Mission District" de San Francisco, se utiliza un molcajete—un mortero tradicional de piedra volcánica—para moler todos los ingredientes (vea la página 17). Se puede utilizar un procesador de alimentos o una licuadora, mas la salsa no tendrá la textura martajada que la hace tan especial.

Salsa de chile japonés

CHICAGO, ILLINOIS • COAHUILA, MÉXICO

2 TAZAS *Incluso con todos los chiles picosos de México, hay veces cuando otros chiles se buscan para dar una leve variación de sabor y de lo picante. Eduardo Garcia, oriundo de Zaragoza, Coahuila, trabajó muchos años con un ranchero americano cerca de Pandale, Texas. Esta salsa sencilla, con su sabor agudo y fresco de chile japonés y ajo, estaba siempre en la mesa de su hogar. E incluso, ahora viviendo en Chicago, Garcia muele los chiles secos en su molcajete.*

El chile japonés es para mí algo como un chile misterioso. Aunque se encuentra en muchos supermercados en paquetes de celofán, parece ser que poco se sabe de su origen. Un distribuidor me dijo que era un serrano seco y quizás algunos lo sean, pero el que yo examiné reveló poco parecido. La vaina larga, angosta y puntiaguda se asemeja más a un pequeño cayena. Al hojear el bien investigado libro Peppers *de Amal Naj, noté su referencia a dos pequeños chiles angostos del Japón que crecen en China*

y regresan al Japón para ser secados, triturados y vendidos como chiles Tentaka. Miguel recuerda a su abuela preparando una salsa de mesa similar utilizando el pequeño chiltepín seco del Desierto de Sonora. Siempre lo tengo en la mesa para darles acritud a una Calabacitas rellenas de queso (página 352) y Chayotes rellenos (página 250). Para hacer 1 taza de la receta de la abuela de Miguel, use 10 a 15 chiles chitepín, 4 dientes de ajo, 8 onzas de salsa de tomate enlatado, ¼ de cucharadita de orégano seco y sal al gusto.

1 libra de jitomates enlatados ó 3 frescos
4 dientes de ajo, picados
10–15 chiles japonés secos, en pedazos
¼ de cucharadita de sal de mar

Licue los jitomates junto con el ajo, 10 chiles y sal, utilizando un molcajete, licuadora o procesador de alimentos (véase la página 17). Añada más chiles según lo picoso que desea la salsa terminada.

Salsa roja picante

LOS ÁNGELES, CALIFORNIA

4 TAZAS *Fue en el corazón del viejo barrio mexicano de Los Ángeles, en la calle Olvera, que Betty Saenz, la hermana de Miguel, descubrió el secreto de esta salsa muy rápida y muy fácil. Una mujer del mercado, dueña de un concurrido puesto de comida, a menudo se encontraba sin tiempo para utilizar los chiles y jitomates frescos de allí, así que se le ocurrió esta oportuna interpretación. Es una salsa multiuso ideal cuando no hay jitomates maduros frescos y es muchísimo mejor que la mayoría de las versiones tan populares actualmente de supermercado.*

Habrá salsa para varias comidas. Sólo revuelva antes de servir de nuevo. Tapada y refrigerada se conservará como una semana, aunque el sabor se puede poner más fuerte. Esto es un condimento para usar como sal y pimienta. Va sobre o en casi cualquier platillo que necesite acentuado su sabor.

1 lata de 2 onzas de chiles jalapeños en escabeche (en vinagre con zanahorias y cebollas)
6 cebollitas verdes, cortadas en trozos de 1 pulgada
1 cebolla blanca mediana, cortada en cuatro y picada
1 lata de 28 onzas de jitomates enteros, escurridos
1 cucharada de orégano seco, mexicano de preferencia
sal de mar al gusto

Coloque los jalapeños, vinagre y verdura de la lata en el tazón de un procesador de alimentos. Añada los demás ingredientes menos la sal. Muela brevemente para lograr una consistencia con trozos grandes.

Vierta en un tazón de vidrio y añada sal si lo necesita.

Salsa de chipotle

NUEVA YORK, NUEVA YORK • PUEBLA, MÉXICO

2 TAZAS APROXIMADAMENTE *El intrigante sabor de los chiles chipotles no se encuentra comúnmente en una salsa sobre una mesa mexicana salvo en los estados más sureños de México.*

Fue en Nueva York que conocí a Apolonio Mariano Ramírez (conocido como Mario por sus amistades no mexicanas) y fue donde probé de nuevo una salsa con chiles chipotles. Estaba hecha, dijo Mario, exactamente como recordaba a su madre moliendo y mezclándola en su pueblo en el sur de Puebla. La textura crujiente y el sabor de los rábanos le dan una dimensión inusual a esta salsa.

Me gusta esta salsa brava junto con cualquier pescado o carnes a la parrilla y en especial con mi Sopa de frijol negro (página 98).

Esta salsa de rojo intenso es mejor hecha con chiles secos, pero bastante sabrosa con los más accesibles enlatados. Mientras los jitomates chicos se cuecen y mezclan en la salsa, es importante que el jitomate picado se agregue fresco y al último momento.

10 chiles chipotles secos o enlatados en adobo
12 jitomates "cereza" maduros ó 2 jitomates pera maduros
½ cebolla roja grande, bien picada
1 jitomate de hortaliza maduro grande, picado
¼ de taza de hojas de cilantro picadas
2 rábanos grandes, rallados
el jugo de 1 limón agrio
sal de mar

Si utiliza chiles secos, sancoche lentamente en agua salada suficiente para cubrirlos por 10–15 minutos o hasta que se ablanden. Cuele y coloque en una licuadora o procesador de alimentos con aproximadamente ¼ de taza del agua de los chiles. Debe tener aún algo de textura. Si utiliza chipotles enlatados, retire casi todo el adobo de los chiles. No se necesita agua para moler los chipotles enlatados. Aparte y muela después con los jitomates.

En otra cacerola, cubra los jitomates "cereza" con agua, lleve a un hervor, y cocine suavemente por 4–5 minutos. Añada a la licuadora con los chiles y muela brevemente.

Mezcle todo junto en un tazón chico con la cebolla, jitomate, cilantro, rábanos, jugo de limón agrio y sal al gusto.

Tape la salsa y deje reposar al menos 30 minutos antes de servir. Si lo va a conservar más tiempo que eso, refrigere y agregue el jitomate picado a mano justo antes de servir.

Salsa de seis chiles

PARK RIDGE, ILLINOIS • CIUDAD DE MÉXICO, MÉXICO

COMO 4 TAZAS *Desparpajado y fuerte, la salsa de mesa de Maria Josepha Concannon está hecha de seis chiles diferentes, cada uno agregando un sabor diferente. El cocimiento lento ayuda a ablandar los sabores pero luego el jugo fresco de limón agrio los resucita. La salsa se conserva muy muy bien en un frasco con tapa y refrigerado, y se puede añadir a casi cualquier platillo que necesite levantón.*

La Salsa de seis chiles le da un tremendo chispazo al pollo a la parrilla y platillos sencillos con huevo. También me gusta en un tazón de Caldo de res (página 76).

1 lata de 32 onzas de jitomates enteros con su jugo
6 jitomates pera maduros, picados
3 chiles anchos secos, sin tallo
3 chiles mulatos secos, sin tallo
3 chiles pasillas secos, sin tallo
3 chiles morita o chipotle secos, sin tallo, ó 1 chile chipotle adobado enlatado
3 chiles de árbol secos, sin tallo
2 chiles guajillos secos, sin tallo
1 cebolla blanca, cortada en cuatro
1 diente de ajo
sal de mar
el jugo de 1 limón agrio chico

Para la guarnición

1 rebanada de cebolla blanca, bien picada
¼ de taza de hojas de cilantro picadas

Coloque los jitomates en una cacerola mediana con todos los chiles. Añada la cebolla, ajo y agua para cubrirlos. Hierva lentamente a fuego medio-bajo por 10–15 minutos, hasta que se ablanden y despedacen los chiles.

Vierta la mezcla en una licuadora o procesador de alimentos y muela perfectamente. Será una pasta muy espesa. Rebaje con un poco de agua para obtener una consistencia más ligera y agregue sal al gusto. Justo antes de servir exprímale un poquito de jugo de limón agrio.

Sirva esta vivaz salsa de mesa con una guarnición de cebolla picada y cilantro.

Salsa borracha

MCMINNVILLE, OREGON • MORELOS, MÉXICO

COMO 1 TAZA *Martha Ruiz Gonzalez añora la barbacoa de cordero de la parte central de México que está envuelta y cocida en membranas de pencas de maguey (véase la página 379). Normalmente se acompaña con una salsa muy rústica y sencilla hecha con pulque—la savia fermentada mas no destilada del maguey. Ahora ella usa tequila para un sabor similar.*

Esta salsa es magnífica en carne asada y hamburguesas, y hasta con Totopos (página 33) y cocteles está buena.

6 chiles pasillas secos, asados (página 21)
4 dientes de ajo grandes, asados (página 20)
½ taza de jugo de naranja
¼ de taza de tequila
½ cucharadita de sal de mar

Ponga los chiles asados en un tazoncito y remoje en agua muy caliente por 10 minutos. Cuele los chiles y colóquelos en una licuadora o procesador de alimentos con el ajo, jugo de naranja, tequila y sal. Muela perfectamente. Aunque esta salsa se puede usar inmediatamente, mejora con el tiempo.

Chile verde

SANTA FE, NUEVO MÉXICO

DE 1½ A 2 TAZAS *Esta salsa es tan sencilla como su nombre. Es lo que Dora Chavez y casi todos los cocineros caseros tradicionales méxico-americanos que conocí en la parte alta de la región del Río Grande tienen en su mesa para el desayuno, almuerzo y cena. Las únicas excepciones fueron en las familias relativamente nuevas a los Estados Unidos; le añadan jitomate picado.*

Tradicionalmente se sirve con carnes asadas. A cucharadas en Frijoles de la olla (página 230), acompañado con un alto de tortillas de harina, produce un pequeño milagro culinario.

Mi amiga y socia Carmen Barnard Baca, quien ha radicado toda su vida en Morelia, Michoacán, tiene numerosos parientes y amistades en Nuevo México. De ellos aprendí emparedados de chile verde con queso. Mezcle la mitad del chile verde (eliminando la cebolla) con seis onzas de queso Monterey jack *rallado o un buen queso* cheddar *y apile sobre una rebanada de pan integral, de preferencia casera. Coma para el almuerzo o a medianoche con un tazón de sopa. Yo los disfruto como emparedado caliente, pero dice Carmen, "Simplemente no se acostumbra."*

6 chiles verdes nuevomexicanos frescos u otros chiles verdes largos, asados (página 19), pelados y sin semillas
2 dientes de ajo, asados (página 20) y bien picados o machacados
½ cebolla blanca, finamente picada
como ½ cucharadita de sal de mar
unas gotas de aceite de oliva (opcional)

Pique los chiles y mezcle con el ajo, cebolla y sal. Se puede hacer en un procesador de alimentos mas sin moler en exceso. Es una salsa en trocitos, no lisa. Añada el aceite si desea un sabor y textura más suntuosas.

Deje reposar unos 30 minutos. Cada sabor necesita tiempo para mezclarse con los otros. Guarde, bien tapada, en el refrigerador por hasta 2 días. Si la va a conservar más rato, agregue 1 cucharada de vinagre.

Guacamole

ALLEN PARK, MICHIGAN • QUERÉTARO, MÉXICO

Guacamole, o ahuacatl molli, *significa "mezcla de aguacate" en el idioma náhuatl.*

2 TAZAS MÁS O MENOS *"Este guacamole, la primera vez que lo preparé, me proporcionó el costo de un buen traje". Así comenzó su descripción Florencio Perea de su guacamole favorito. Cuando era lavaplatos en un restaurante de Dallas, Florencio ofreció hacer arroz y guacamole. Un cliente adinerado se enamoró tanto de ese primer guacamole, que insistió en conocerlo y le dio un extravagante $20 de*

propina, lo cual en 1950 era más de un día de sueldo o "el costo de un buen traje". Desde entonces, Florencio prepara su guacamole de la misma forma. Varía de la versión tradicional mexicana sólo por incluir unas gotas de un buen aceite de oliva, que él utiliza para recordar el rico sabor a mantequilla de los aguacates de su tierra.

Uno de nuestros voluntarios que probó recetas sugirió que si cubre la superficie con 1 cucharada de mayonesa antes de taparlo con plástico, se conserva aún más tiempo. Entonces ella le revolvió la mayonesa al guacamole antes de servir. Les pregunté a algunas amistades mexicanas y ellas dijeron: "Ah, claro" y "¿Por qué no? Lo mantiene verde y quizás mejore su sabor".

El guacamole es más que un "dip". Para los méxico-americanos, es un acompañamiento esencial a muchos platillos, en especial los de huevo y tacos. Pruébelo con cosas crujientes como Chivichangas (página 136) o Tacos dorados con pollo (página 127), y para una fiesta abra unos jalapeños en escabeche, retire las semillas, y rellénelos de guacamole.

1 jitomate mediano maduro, bien picado (opcional)
2 cucharadas de cebolla blanca finamente picada
1 chile jalapeño fresco, sin semillas y bien picado (opcional)
3 aguacates muy maduros
¼ de taza, sin apretar, de hojas de cilantro, finamente picadas
el jugo de ½ limón agrio; se puede sustituir jugo de limón francés
1 cucharadita de aceite de oliva extravirgen
sal de mar

Para la guarnición

hojas de un ramito de cilantro, picadas

Ponga el jitomate, cebolla y chile en un molcajete o en un tazón y machaque un poco, pero déjelos con trocitos. Parta a lo largo en mitades los aguacates, retire los huesos, y saque la pulpa con cuchara o exprimiéndolo y agregue a la mezcla del jitomate. Revuelva junto con el cilantro, jugo de limón agrio, aceite de oliva y sal al gusto.

Adorne con cilantro picado y sirva, si es posible, de inmediato. El guacamole se puede mantener hasta 1 hora a temperatura ambiente. Primero limpie los costados del tazón con una toalla de papel húmeda, luego tape directamente la superficie con un pedazo de envoltura de plástico. Se puede guardar en el refrigerador hasta 2 ó 3 horas, pero es mejor esperar y mezclarle la sal y cilantro cuando se va a servir.

AGUACATES MACHACADOS—LA MANTEQUILLA DEL HOMBRE PORE

Probablemente, la mejor manera de comer un aguacate es escoger uno perfectamente maduro del árbol en su propio jardín trasero, luego cortarlo a la mitad, chorrear jugo de limón agrio en la carne mantequillosa o espolvorearlo con sal, y comerlo con una cuchara directamente de su propio envase rugoso verdinegro. Despues, la mejor manera es esta maravillosamente sencilla combinación de aguacate machacado y jugo de limón agrio—mantequilla de los pobres. Puede servir como un sustituto económico para la mantequilla donde los aguacates abunden y la mantequilla es un lujo, pero para la mayoría de nosotros, esto no será una sabrosa experiencia cotidiana. Prepare esta Mantequilla de los pobres cuando tenga una cantidad abundante de aguacates o solamente quiera darse un gusto al moler tres aguacates maduros con el jugo de un limón agrio grande y agregando sal y pimienta. Si están duros sus aguacates, póngalos en una bolsa de papel para madurar por varios días a temperatura ambiente.

Un bistec asado profusamente embarrado con Mantequilla de los pobres crea una experiencia de comer espléndida, pero hechizará cualquier carne asada.

Salsa de aguacate

NORTHBROOK, ILLINOIS • CIUDAD DE MÉXICO, MÉXICO

2 TAZAS *En estos días se utilizan los aguacates en una variedad de salsas aparte del guacamole tradicional. En especial, me gusta la refrescante combinación de Elaine González que incluye el sabor ácido del tomatillo.*

Considere esta salsa como una versión tan sólo menos espesa que el guacamole y no tendrá problema decidiendo cómo usarla. Sirva como un "dip" con Totopos (página 33) o trozos crujientes de jícama. Ponga una cucharada de esta salsa vigorosa sobre Papas fritas con rajas y cebollas (página 259), un

omelette o para animar una hamburguesa. Para algo muy especial, entibie la salsa a fuego bajo y vierta sobre carne o pollo a la parrilla.

6 tomatillos frescos, sin cáscara, ó 1 lata de 12 onzas con ¼ de taza del líquido (véase la página 000)
sal de mar
2 chiles serranos o jalapeños frescos, picados
½ cebolla blanca, cortada en trocitos
2 aguacates maduros pero firmes, pelados y deshuesados
½ taza de hojas de cilantro, picadas

Para la guarnición

hojas de un ramito de cilantro, picadas

Si utiliza tomatillos frescos, enjuague y coloque junto con los chiles en una cacerola chica con agua hirviendo con un poco de sal. Cueza lentamente sobre fuego medio-bajo hasta que los chiles estén tiernos y los tomatillos cambien de color, unos 10 minutos. Escurra pero conserve ¼ de taza del líquido. Omita este paso si usa tomatillos enlatados.

Ponga los tomatillos con su líquido, los chiles y cebolla en una licuadora o procesador de alimentos y muela perfectamente bien. Añada la pulpa de aguacate, cilantro y como ½ cucharadita de sal y licue brevemente. La textura debe ser algo áspera. Pruebe y ajuste la sazón.

Sirva de inmediato con unas cuantas hojas de cilantro esparcidas encima ó cubra con envoltura de plástico, oprimiéndolo directamente en la superficie de la salsa, y úselo dentro de una hora, si es posible.

Salsa de col yucateca

CHICAGO, ILLINOIS • YUCATÁN, MÉXICO

4 TAZAS *La Península de Yucatán, el dedo gordo y plano de México que se proyecta separando las aguas del Golfo de México de las del Caribe, está compuesta por los estados de Campeche, Quintana Roo y Yucatán. Ha desarrollado una cocina muy distinta del resto de México. Tiene enchiladas, pero rellenas de huevo duro; tiene tamales, pero envueltos en hoja de chaya; y las salsas son las más picosas jamás probadas. En los Estados Unidos, encontré tan sólo pequeñas y aisladas agrupaciones de familias de la península. Por lo general, la gente es maya y parecen hacer caso omiso del deseo de hacer cambios drásticos en sus vidas. Sin embargo, en Chicago mi esposo, Fredric, se reunió con Carlos Arisque, ahora tra-*

bajando en un hotel conocido, pero oriundo del pequeño pueblo de Tixkokob, cerca de Mérida. Mejor conocido en el mundo exterior por sus hamacas meticulosamente tejidas, Tixkokob es un lugar con algunas de las comidas más memorables que he disfrutado. Esta salsa es típica, utilizando tanto col y rábanos para contrarrestar el picante indescriptible del chile habanero y para agregar una refrescante textura crujiente. Aunque es mejor servirla dentro de pocas horas, me gusta tanto que a menudo preparo una doble ración para picar hasta el día siguiente.

Sirva esta salsa como un condimento con pescado o pollo a la parrilla, o casi cualquier cosa que necesita sazón. Casi una ensalada, su textura crujiente es lo indicado para unos Tacos de pescado estilo Ensenada (página 124), o revuelva con atún enlatado para un emparedado de atún glorificado.

1–2 chiles habaneros frescos, asados, pelados, sin semillas (véase la Nota) y picados
8 dientes de ajo, asados y pelados
½ cabeza de col chica, sin el corazón y cortada en trozos
6–8 rábanos grandes
½ cebolla mediana blanca, cortada en cuatro
3 cucharadas de jugo de limón agrio recién exprimido
½ cucharadita sal de mar

Pique bien y mezcle todos los ingredientes juntos en un procesador de alimentos o a mano. Debe quedar mucha textura. Si pica la verdura a mano, mezcle todo junto en un tazón con el jugo de limón agrio y sal. Deje reposar un rato para sazonar.

NOTA: Los chiles habaneros, seguramente los chiles más bravos, alguna vez se encontraban sólo en y alrededor de Yucatán. Ahora estos chiles con forma de linterna, en tonos de verde, rojo, naranja y amarillo brillantes, han desarrollado casi una secta de seguidores en los Estados Unidos y hasta los supermercados comunes intentan tenerlos, en especial durante los meses de verano. Ningún otro chile—con la excepción quizás de su primo, el casi tan picoso Scotch Bonnet—tiene el mismo sabor a fruta e intensidad en lo picante. Al hacer este condimento, comience con un solo chile y luego agregue otro si lo desea. Si intenta sustituir jalapeños o serranos en esta ensalada, se necesitaran más chiles y simplemente no sabrá igual. Recomiendo esperar y usar el chile indicado.

Utilice guantes de hule o plástico, si es posible, al preparar los chiles habaneros, y lave perfectamente con agua jabonosa y caliente cualquier superficie que entre en contacto con ellos. Son chiles bravos—unas cincuenta veces más picosos que un jalapeño—y hasta pueden causar ampollas en su piel. Esta capacidad de quemar dura un buen rato, así que, tenga cuidado especial en dónde frote sus manos. Los ojos y otras partes sensibles del cuerpo son más vulnerables.

¿AGUANTA EL CALOR? ¿ESTÁ PICADO CON LOS CHILES?

Acaba de comer una probadita de un chile tan punzantemente picoso que no puede respirar. ¿Qué es lo que debe de hacer? El agua fría o cerveza fría realmente no ayuda salvo por un breve segundo porque esa sensación de fuego en su boca viene del contacto con un compuesto químico poderosamente fuerte llamado capsaicina*—y la capsaicina no es soluble en agua. Para mí, comer arroz o un pedazo de pan es el mejor remedio.*

La capsaicina está localizada en la placenta—esa membrana esponjosa en medio del chile—no en las semillas, así que si las semillas o carne le parecen picosos, es sólo por su proximidad cercana a la placenta. De los chiles más picantes, algunos como el pequeñísimo chiltepín tienen un picante residuo muy breve, pero el fuego intenso del habanero fresco parece permanecer en la boca por un tiempo casi intolerablemente largo.

Me inclino a estar de acuerdo con las declaraciones hechas por varios doctores que los chiles pueden causar adicción; yo sé que yo estoy viciada. Lo que me molesta, sin embargo, son las razones. Según algunos expertos, lo que estoy buscando es el pasón, esa punzada de dolor, para alterar mi estado de conciencia. No estoy segura acerca de este componente de emoción en mi participación con los chiles, pero sí tengo ese antojo por "uno poquito más picante". Hasta le pongo pimienta negra o Salsa Tabasco a mi avena y mis crepas.

Evidentemente lo que ocurre es que la capsaicina cierra el paso a una sustancia química natural del cuerpo que transmite los impulsos de dolor entre las células de los nervios hasta que, con el paso del tiempo, las personas que comen mucho chile desarrollan una tolerancia al picante. Este mismo fenómeno está siendo utilizado en la medicina para reducir el dolor como secuela de las cicatrices quirúrjicas.

Salpicón de rábano

LYNNWOOD, WASHINGTON • YUCATÁN, MÉXICO

4 PORCIONES *Aunque no son oriundos de México, los rábanos se acoplan a la perfección con la cocina de este país, igual como esta mezcla alegre de rábano y cilantro picados añada un crujido y color a los tacos. He comido versiones similares en Tabasco y Campeche al oeste de Yucatán donde aún viven algunos familiares de Ernesto Pino.*

Sin embargo, en Oaxaca es donde el rábano toma un papel mucho más importante. Allí tiene una fiesta mayor en su honor—La Noche de Rábanos. Desde principios de 1900 esta Noche ha sido un evento anual cada 23 de diciembre en el zócalo de esta ciudad histórica. Campesinos artísticos de todo el valle oaxaqueño arman escenas religiosas e históricas hechas de rábanos descomunales esculpidos—muchos con más de 30 centímetros de largo. Gente llega de todo el mundo para verlos y disfrutar la noche de festividades. Hay hasta una sección de arte formal donde premian a la mejor escultura "seria" de rábano.

Sirva esta crujiente salsa sobre tacos sin dorar, en donde es especialmente bienvenida con unos Tacos de pescado estilo Ensenada (página 124). Es útil como guarnición comestible con Cochinita pibil (página 183) y otros platillos yucatecos y me gusta acoplarlo como ensaladita con Pescado al mojo de ajo (página 147).

16 rábanos grandes
¼ de taza de hojas de cilantro picadas
sal de mar
el jugo de 3–4 limones agrios

Corte ambos extremos de los rábanos y parta a lo largo en rebanadas de ¼ de pulgada. Mezcle el cilantro junto con los rábanos en un tazón de vidrio, espolvoree bien con sal, y revuelva con el jugo de limón agrio. Tape y enfríe en el refrigerador unos 45 minutos.

Verdura en escabeche

EL PASO, TEXAS • CIUDAD JUÁREZ Y CHIHUAHUA, MÉXICO

APROXIMADAMENTE 2 CUARTOS DE GALÓN, SUFICIENTE PARA 20 COMO BOTANA *Esta mezcla algo ácida de vegetales es una forma ideal de usar verduras crudas que sobran de una fiesta, aunque es bastante fácil de hacer un tanto desde el principio. Como se conservan indefinidamente, deberá tener un tazón lleno de ellos en su mesa cada vez que sirva comida mexicana—o* *cuando sea para picar. Luis Helio Estavillo hace esto con una receta familiar y lo sirve en su hermoso restaurante Casa del Sol en Ciudad Juárez, apenas cruzando la frontera con El Paso. Él aconseja mantener las cabezas de ajo enteras y retirar cada diente al comer.*

- 6–8 chiles jalapeños en vinagre enlatados, rebanados y con suficiente vinagre para ½ taza
- ¾ de taza de aceite de oliva
- 3 cabezas de ajo enteras, sin la capa exterior y cortadas las puntas superiores
- 7 zanahorias medianas, peladas y cortadas en trozos gruesos de ½ pulgada
- 1 jícama chica, pelada y cortada en tiras de 1 por 2 pulgadas
- 2 calabacitas medianas, sin los extremos y cortadas en trozos de 1 pulgada
- 1 cebolla blanca mediana, pelada y cortada verticalmente en gajos de ½ pulgada
- 3 tazas de vinagre de arroz
- 1 taza de vinagre de manzana
- como 2 cucharaditas de sal de mar
- 1 cucharadita de mejorana seca
- 1 cucharadita de orégano seco, mexicano de preferencia
- 3 hojas de laurel
- 2 cucharaditas de pimienta negra entera
- 1 coliflor chica, partida en ramitos

Coloque los chiles en un recipiente de plástico o vidrio de un galón.

Caliente el aceite de oliva en un sartén muy grande y grueso o en una olla de hierro hasta que esté bastante caliente. Añada el ajo y saltee por 4–5 minutos, volteando con frecuencia. Retire las cabezas y mezcle con los chiles. Agregue las zanahorias, jícama, calabacitas y cebolla y continúe friendo otros 5 minutos, aún removiendo para que nada se queme. Retire y añada al recipiente con los ajos y chiles.

Agregue al aceite en el sartén 2 tazas de agua, los vinagres de arroz y manzana y la sal, junto con la mejorana, orégano, hojas de laurel y pimienta. Lleve a un hervor y añada la coliflor apenas sumergiéndola en el agua por no más de 3–5 minutos. Vierta el contenido del sartén sobre la otra verdura y remueva bien en el recipiente.

Enfríe y guarde, tapado, en el refrigerador al menos un día antes de usar. Añada más sal si lo requiere. Esto se conservará a lo menos varios meses en el refrigerador.

Zanahorias en vinagre

SANTA MÓNICA, CALIFORNIA • CIUDAD DE MÉXICO, MÉXICO

1 CUARTO DE GALÓN APROXIMADAMENTE, SUFICIENTE PARA 12 COMO BOTANA *Abundan las recetas para verdura en escabeche que tanto disfrutan los mexicanos. En Santa*

Mónica, Ricardo Villareal prepara una que es muy sencilla y distinta con zanahorias predominando. Utilizamos zanahorias enteras pequeñas y cebollitas "perla" que permiten comerlos fácilmente con los dedos.

Platones de esta mezcla colorida de vegetales se pueden ofrecer en cualquier comida. Las zanahorias individuales, las cebollitas pequeñas y las tiras crujientes de pimentón rojo al igual hacen una guarnición perfecta para platillos como Camarones y pasta con tequila (página 153).

1 pimentón rojo sin semillas y cortado en tiras de ½ por 1½ pulgadas
1 cucharadita de sal de mar, molido grueso
1 libra de zanahorias de 2 pulgadas, preferentemente los que vienen pelados y empaquetados en bolsas de plástico
12 cebollas "perla" pequeñas, peladas
3 chiles jalapeños frescos, sin semillas y picados
4 dientes de ajo
1 cucharada de orégano seco, mexicano de preferencia
3 hojas de laurel
2 tazas de vinagre blanco
como 2 cucharaditas de sal de mar (véase la Nota)

Coloque las tiritas de pimentón rojo en un tazón chico y mezcle con la sal gruesa. Tape y permita reposar por varias horas o toda la noche, revolviendo de vez en cuando.

Cuando esté listo para comenzar el escabeche, escurra las tiras de pimentón y colóquelas en una olla grande. Agregue las zanahorias, cebollas, jalapeños, ajo, orégano, hojas de laurel y vinagre, y mezcle todo cuidadosamente. Vierta suficiente agua para cubrir—como 1½ tazas—y añada la sal. Lleve a punto de ebullición sobre fuego alto, baje la llama, y cueza a hervor lento por 8–10 minutos hasta que estén apenas tiernas las zanahorias.

Apague el fuego y deje todo reposar en la olla hasta que se enfríe por completo.

Transfiera a un recipiente de vidrio o de plástico, tape y refrigere por lo menos 8-10 horas. Las zanahorias en vinagre se conservarán refrigeradas por varios meses.

NOTA: Use sólo sal de mar pura para estas zanahorias en escabeche, una sal sin aditivos de dextrosas que pueden causar decoloración y con el tiempo cambiar el sabor.

Betabeles en escabeche

ALLEN PARK, MICHIGAN • QUERÉTARO, MÉXICO

1 CUARTO DE GALÓN APROXIMADAMENTE *No creo haber pensado mucho sobre betabeles cuando estaba creciendo. Definitivamente no recuerdo haberlos comido. Pero luego fui a México y me*

volví discípula desde entonces. Mi primera introducción fue en una mañana fría de diciembre en Chiapas. Fredric y yo deambulábamos por el mercado en las lomas de San Cristóbal de las Casas e intentábamos identificar todas las hierbas, frutas y vegetales raros que usan en esta región aislada de México. Puesto tras puesto tenía pirámides de betabeles color burdeos. Después, los comimos varias veces en Chiapas, incluyendo en una cena de Año Nuevo donde cubitos de betabel mezclados con toques de naranja y cebolla acompañaban piezas de un jamón especial de la región. Mi recuerdo más inolvidable de probar betabeles fue en La Reina, un bar con restaurante en Mérida. Tenía comida exquisita... y era grátis. Mientras los hombres en el bar gastaban dinero tomando y jugando dados, sus esposas, hijos y suegros se mantenían contentos con plato tras plato de sustanciosas botanas. Estaba con Diana Kennedy y, por supuesto, había que probar todo. Después de veinticinco platillos distintos, perdimos la cuenta. Los betabeles de La Reina, que se sirvieron siempre al comienzo de la progresión, eran de crear adicción, recordándome un poco al jarabe para tos empalagoso y agridulce que mi madre supuestamente me forzaba a tomar pero que en secreto me fascinaba. Esta versión que Florencio Perea compartió conmigo un día en Detroit, atrapa algo de todos estos recuerdos. Es mejor hecho un día antes de servir y se conserva, refrigerado, por varias semanas. Fácilmente se puede hacer la receta a la mitad.

El sabor campechano del betabel da una buena botaneada antes de y durante una comida informal de Tacos de San Luis Potosí (página 125) o con Tostadas de cangrejo (página 120).

6 betabeles medianos, con 1 pulgada más o menos de tallo, si es posible
1 cebolla blanca mediana
¾ de taza de vinagre de vino tinto
¾ de taza de jugo de naranja recién exprimido
16 pimientas negras enteras
10 pimientas gordas enteras
½ cucharadita de orégano seco, mexicano de preferencia
¼ de cucharadita de semilla de cilantro molida
varias tiritas de ralladura o cáscara de naranja
1 cucharadita de azúcar morena
aceite de oliva

Precaliente el horno a 325 grados F.

Lave los betabeles con cuidado, evitando perforar la piel. Colóquelos en una charola para hornear, salpique con ¼ de taza de agua más o menos, y tape con papel aluminio. Hornee como 1 hora, hasta que estén algo suaves al oprimirlos. No vaya a picarlos con un tenedor para probarlos porque se desangrarán y se secarán. Si aún no están, continúe cocinando otros 15–20 minutos. El tiempo exacto dependerá del grosor, frescura y lo nuevo que estén los betabeles. Ya tiernos, sumérjalos en agua fría hasta que se puedan tocar. Retire su cáscara, córtalos en rebanadas de ¼ de pulgada, y colóquelos en un tazón de vidrio.

Corte la cebolla en rebanadas muy delgadas, pero sólo use los añillos interiores del mismo diámetro que el betabel o más chicos. Guarde los demás para otro uso. Debe haber ½ taza de

cebolla más o menos. Agregue a los betabeles, y vierta el vinagre y jugo encima para cubrirlos. Añada agua si es necesario. Agregue la pimienta, pimienta gorda, orégano, semilla de cilantro, ralladura y azúcar. Cubra y refrigere, de preferencia hasta el día siguiente. Escurra y bañe con gotas de aceite de oliva antes de servir.

Encurtido de cebolla roja

LYNNWOOD, WASHINGTON • YUCATÁN, MÉXICO

2½ TAZAS, APROXIMADAMENTE *La cebolla roja, crujiente y encurtida es algo tradicional de Yucatán donde aún viven la familia de Ernesto Pino. Tazoncitos llenos de estas coloridas cebollas se sirven en casi todas las comidas en su casa y en cualquier otra parte en o alrededor de Mérida donde he comido. Aunque esta cebolla casi siempre parece acompañar la cochinita pibil, el puerco asado en hoyo local, además de otras especialidades yucatecas, realmente no necesita preparar esos platillos como excusa para servir estas deliciosas y picosas cebollas rojas.*

El Encurtido de cebolla roja hace para un buen agregado a tortas y tostadas y como acompañante a platillos sencillos de pescado y de pollo. Y es necesario con la Cochinita pibil (página 183).

3 cebollas rojas grandes, en rebanadas delgadas
1½ cucharaditas de sal de mar
¼ de cucharadita de pimienta negra recién molida
¼ de cucharadita de orégano, mexicano de preferencia
el jugo de 3 limones franceses grandes
2 chiles habaneros frescos, asados (página 19) (opcional)

Coloque las cebollas en un tazón grueso y resistente al calor y cubra con agua hirviendo. Remójelas por 2–3 minutos o apenas lo suficiente para que pierdan un poco lo crujiente, pero que no se pongan suaves. Escurra perfectamente. Añada la sal, pimienta, orégano y jugo de limón francés.

Haga un pozo en el centro de las cebollas, ponga allí los chiles, y cubra con otras rebanadas de cebolla. Permita reposar 1 hora, revolviendo de vez en cuando. Tapadas y refrigeradas, las cebollas durarán varias semanas, y sólo se pondrán suaves al final.

Antes de servir, retire los chiles y póngalos encima de la cebolla como guarnición. Sólo el que sea imprudente los debe intentar comer.

Impresiones de Michigan

Los ojos de Florencio Perea brillaban y sus manos estaban rodando y palmeando de una manera descriptiva en el aire al explicar cómo hacer tamales de masa negriazul—un tamal especial preparado solamente para el Día de Muertos. Florencio Perea estaba tan obviamente entusiasmado con la comida que pudiera haber pasado días no más oyéndolo hablar de las muchas diferentes comidas que había preparado, comido y disfrutado. Como carnicero jubilado, habló con autoridad sobre la preparación de lengua en vinagre o un pan de carne tachonado de jamón, aceitunas y pimentón para ser servido frío casi como un paté. Me platicó sobre su platillos favoritos de pescado y pollo, las ensaladas y tacos, y maneras de preparar las verduras de hoja verde conocidas que crecen silvestres aún en los suburbios de Detroit donde vive Florencio con su esposa.

De sólo diecisiete años de edad cuando se fue de Querétaro, un hermoso estado accidentado en el centro de México, Florencio aún siente el dolor de esa ruptura y su padre diciéndole: "No hay un árbol de tortillas creciendo aquí en cada esquina". En 1950 Florencio llegó a Dallas. Le encantó la ciudad, pero llevaba el impulso de vagar adentro, y su hermano y él pronto continuaron más hacia el norte, deteniéndose en Saint Louis y Toledo, Ohio, antes de escoger a Detroit como su casa. El padre de Florencio y sus abuelos de ambos lados de la familia eran carniceros, así que sólo era natural que siguiera sus pasos, primero teniendo que aprender las maneras tan distintas de cortar la carne en los Estados Unidos. Eventualmente fueron dueños de tres carnicerías, pero ahora jubilado, es madera lo que corta, no bistec. Sus tallados ganadores de premios están orgullosamente expuestos en su comedor; mi favorito es un grupo de mariachis de intrincado tallado.

Todo lo que sabía de Detroit era que compartía una frontera con Canadá, era la capital automovilística del país, y el museo de la localidad lucía unos emocionantes murales de Diego Rivera que mi esposo quería ver. Había oído del despido de los trabajadores de la industria automotriz y los motines raciales, pero siendo una persona que no se siente cómoda en las grandes ciudades, el ir ahí no era algo que esperaba con anticipación. Dado que había sido invitada personalmente por el Mexican Town Community Development a abrir el Mexican Town Mercado, un mercado en el suroeste de Detroit, al fin accedí a las repetidas solicitudes de Maria Elena Rodriguez.

En cuanto llegamos, comencé a entenderme con la ciudad y las personas que llegué a conocer. Estará dividida la comunidad méxico-americana más grande por la supercarretera I-75, y se habrán mudado muchos a los suburbios de alrededor, pero existe una unión y acuerdo entre el pueblo que rara vez he visto. Y no comprendía sólo personas de un origen étnico sino incluía a casi todo mundo. Hubo una tarde especial en la atestada sucursal Bowen de la Biblioteca Pública de Detroit, donde me reuní con un grupo entusiasta de jóvenes adolescentes quienes iban a actuar en una obra de teatro corta cuyo guión habían escrito basado en *The House on Mango Street* de Sandra Cisneros, una emotiva colección de estampas sobre una niña joven mexicana criándose en Chicago. El público incluía los padres y amistades usuales, pero también habían muchos miembros de la comunidad entera que los apoyaban. Otra noche asistimos a una fiesta de graduación que parecía una reunión informal de las Naciones Unidas—tanto comida como invitados eran una mezcla de orígenes étnicos. Esta conciencia de su espíritu común fue la corriente subyacente que encontré durante toda mi estancia.

Igual que Florencio, las personas en la comunidad méxico-americana que mejor conocí pertenecían a la enorme clase media de Detroit; maestros, trabajadores sociales, trabajadores en la industria automotriz, bibliotecarios, traductores, sacerdotes, abogados y dueños de pequeñas empresas. Estaban orgullosos de su pasado norteamericano, pero aún aquellos que hablaban predominantemente el español se identificaban totalmente con ser norteamericanos de Detroit. Muchos nacieron en Michigan, habiendo venido sus padres o abuelos al estado antes de la Segunda Guerra Mundial, algunos hasta antes de la Primera Guerra Mundial.

Fue la demanda para trabajadores en los campos de remolacha lo que primero trajo a mexicanos a Michigan—incluyendo aquellos que venían de zonas urbanas que nunca habían trabajado como peón. Reclutados en México y especialmente en San Antonio, Texas, vinieron miles y miles con sus familias—un incentivo por parte de los contratistas para que tendieran a quedarse. Y sí se quedaron, pero muchos salieron del campo con sus condiciones de vivienda deplorables a trabajos de mayor remuneración en los ferrocarriles y fábricas automotrices.

La cocina mexicana de estos méxico-americanos de segunda y tercera generación ha sufrido una metamorfosis interesante. La cocina rústica de la altiplanicie central en México, de donde eran la mayoría, está llena de sabores locales. Michoacán y Querétaro tienen sus tamales inusuales y quesos excepcionales; hay birria, el chivo o cordero cubierto de chile, cocido en un hoyo de Jalisco y Zacatecas, y los tacos y enchiladas especiales de San Luis Potosí, todos requiriendo ingredientes regionales. Cuando los primeros inmigrantes, tales como Pablo Escamilla y su esposa, Luz, llegaron a Michigan en 1924 después de pelear en la revolución mexicana, muy pocos de los chiles, hierbas de olor, frutas y hasta masa para hacer tortillas y tamales se podían conseguir, y sus platillos tradicionales tenían que ser preparados con cualesquier sustitutos que pudieran encontrar, eliminando muchos de los sabores distintivos.

Ya que la mayoría de los primeros inmigrantes mexicanos a Michigan a menudo se detenían en Texas o Arizona rumbo al norte, inevitablemente aprendieron algunas de las técnicas de cocina fronteriza que usaban combinaciones más sencillas de ingredientes que se encontraban allí. A través de los años, modificaron los alimentos que habían comido y cocinado desde

niños; solamente los siempre fiables frijoles permanecieron sin cambiar. Hoy, muchas de las generaciones más jovenes nunca han probado los sabores tradicionales de los platillos de sus abuelos, a pesar de que la mayoría de los ingredientes son ahora fácilmente obtenibles.

Dolores Gonzalez-Ramirez nació en Wyandotte, Michigan. Su familia era de Zacatecas y Guanajuato; su abuelo se fue a Texas, como muchos lo hicieron, para trabajar en los ferrocarriles. Cuando Dolores se estaba criando en Michigan, su madre hizo tamales y otros platillos mexicanos, pero después de que murió nadie en la familia cocinó los alimentos tradicionales. Sin embargo, ahora se ha vuelto a inspirar por viajes a la familia de su esposo en Cuernavaca, y de nuevo está preparando platillos mexicanos y, a su vez, transmitiendo su conocimiento a su hija adolescente. Su lección más importante: "No cocines a menos que estés contenta. Si estás triste o enojada, la comida reflejará tu humor y no sabrá nada bueno".

Tamales

Hot tamales, three in a shuck. Two of 'em slipped,
and one of 'em stuck.

(Tamales calientes, tres en una cáscara. Dos se cayeron, uno se atoró).

—CANCIONCILLA CANTADA POR VENDEDORES
DE TAMALES TEJANOS

Al que ha nacido para tamal, del cielo le caen las hojas.

—UN DICHO MEXICANO

"LO PRIMERO QUE HAY QUE HACER al planear cualquier fiesta", exhortó Angelita Espinosa en su voz persuasiva de abogada, "es hacer muchos tamales por adelantado". Angie continuó describiendo cómo ella y varias otras mujeres profesionistas de Detroit igual de ocupadas hallaron tiempo para preparar toda la comida para una fiesta grande a la que me iba a llevar al día siguiente. No sólo son comida de fiesta los tamales, pero el hacerlos también se convierte en una celebración. En muchos hogares es un interludio animado, con todo mundo compartiendo el trabajo y poniéndose al tanto de lo que ha pasado en sus vidas. Algunos cocineros, especialmente al que le han asignado hacer la masa, quizás hallan conducido este mismo ritual por más de treinta años, pero miembros de la familia más jovenes siempre ayudan, así que las tradiciones se transmitirán a una nueva generación.

Aunque cada vez más en los Estados Unidos los tamales se comen junto con otras comidas, es tradicional servir sólo uno o varios tipos diferentes con sólo una bebida caliente. Éste es un platillo para la mañana o cena, y para la mayoría de los méxico-americanos es la única comida que es inseparable de la Navidad.

El hijo de Rose Archuleta, Rudy, quien vive ahora en California, le llamó por teléfono a Caldwell, Idaho, una noche para decirle: "¿Adivina qué estoy cenando? ¡Tus tamales! Me los traje conmigo y cuando quiero algo que me recuerde a casa—algo especial—los saco del congelador y los cuezo al vapor. Es casi como estar contigo".

Rose tiene su técnica refinada a una precisión de línea de ensamblaje, incluso usando una prensa para tortillas, algo que nunca había visto usado de esta forma, para aplanar la masa.

Existe una aparente infinita variedad de tamaños y formas de tamales. Un tamal puede estar envuelto en hojas frescas o secas de maíz u hojas de plátano u otras hojas grandes aromáticas, pero todos son un paquete sorpresa esperando a que los abran. Algunos están gordos con masa amarilla altamente sazonada con poco o nada de relleno; en otros, sólo una brizna de masa envuelve hebras de pollo o carne con una infusíon de chile, o quizás una cucharada de frijoles negros. Ninguno de los que probé fueron iguales, aunque el relleno más común fue carne de puerco con chile colorado—pero en muchas combinaciones distintas y ocasionalmente hasta con la tradicional carne de una cabeza de puerco cocida lentamente durante mucho tiempo. Con los tamales, más que con cualquier otra comida, había un lazo directo generacional con México, un intento de replicar lo que sus madres y abuelas habían hecho con sólo unos cuantos cambios en el camino. A menudo manteca vegetal de alta calidad se usaba para reemplazar la manteca de puerco comercial desabrida que se encuentra en los Estados Unidos; en Nuevo México la masa puede ser de maíz azul almizcle en vez de maíz blanco o amarillo, y por todos lados encontré sustituciones en el tipo de chiles usados. El aire se incorporaba en la masa con batidoras eléctricas en vez de a mano, pero el proceso y producto eran esencialmente los mismos.

Instrucciones generales para hacer y cocer tamales

Escurra las hojas de maíz y seque a palmaditas. Ponga algunas de las hojas rotas en el fondo de una canasta de vaporera o rejilla y llene el fondo de una olla grande con 2 pulgadas de agua o más, pero no lo suficiente como para tocar los tamales (página 000). Lleve a un hervor bajo.

Acomode las hojas de maíz, masa y relleno en una hilera. Tome una hoja en la palma de la mano con el lado puntiagudo hacia su muñeca. Unte 1 cucharada copeteada de masa en la parte superior, lo más parejo posible, dejando un margen en cada lado. Coloque 1 cucharada de relleno en el centro de la masa. Doble los lados de la hoja sobre el relleno para taparlo y traiga para arriba el lado puntiagudo de la hoja hasta que esté parejo con la punta cortada. Puede amarrar el lado superior con tiras delgadas de hoja anudadas juntas. Es atractivo mas no necesario.

Coloque cada tamal verticalmente en la canasta de la vaporera con el lado doblado hacia abajo. Es más fácil comenzar en medio, apoyando los tamales en un pequeño embudo o lata con agujeros, y trabajar en círculo, colocando los tamales rellenos alrededor. Ponga la canasta de la vaporera sobre el agua, cubra los tamales con más hojas de maíz y una toalla limpia, y tape con una tapadera hermética. Cueza al vapor, sin abrir, por 1 hora.

Para ver si están listos, cuidadosamente retire un tamal de la olla, desenvuélvalo, permita reposar por varios minutos, luego parta con un tenedor para ver si está firme la masa. Si no, continúe cociendo al vapor. Cuando estén listos, retire los tamales de la olla y aparte por 5 minutos. Permita enfriar ligeramente antes de desenvolver.

Una pista en la hechura de tamales: ponga una moneda en el fondo de la vaporera y cuando hierva el agua, hará ruido. Si deja de hacerlo, sabrá que es tiempo de cuidadosamente añadir agua hirviendo. Simplemente no lo vierta encima de los tamales.

MANTECA DE PUERCO

Sí, ya lo sé, la manteca de puerco es una sustancia prohibida hoy en día—el equivalente culinario de crack. Sin embargo, simplemente recuerde que cosas muy buenas estan hechas con manteca: los tamales más ligeros, la tapa de masa para pay más hojaldrado y los ricos bizcochitos tradicionales (galletas de anís). Una cucharada de manteca agregada a frijoles refritos al cocerse los provee de un sabor especial y los mantiene húmedos y brillosos. Existe mucha verdad en el dicho mexicano "La manteca hace la cocina, no Catarina".

Quizás se sorprenda al saber que se dice que la mantequilla tiene más de cincuenta por ciento mas de colesterol que la que contiene la manteca. Si Ud. come mantequilla, Ud. puede usar manteca. Si está cometiendo un pecado, sin embargo, haga que valga la pena. Yo nunca uso esos bloques blancos cerosos desabridos de manteca que venden en las tiendas de abarrotes, sino derrito mi propia manteca. Es fácil, pero si le parece una tarea demasiado tediosa, encuentre un carnicero, especialmente en un barrio hispano, que derrite su propia grasa de sabor rico.

Para preparar su propia manteca, pídale a su carnicero una o dos libras de grasa de puerco y vea si se lo muele. Si no, pique finamente en casa con un cuchillo o procesador de alimentos. Caliente el horno a 300 grados F. Esparza la grasa en una charola grande de hornear y cueza en el horno por 30–45 minutos, o hasta que la mayoría de la grasa se haya derretido, dejando atrás sólo pequeños pedazos de restos sólidos. Si comienza a tomar color la grasa, baje la temperatura.

Permita enfriarse la manteca un poco, luego cuele a recipientes que se puedan sellar bien. Ponga cualesquier pedazos sobrantes de puerco, pequeñitos chicharrones, en su próxima olla de frijoles o revuelva con huevos.

Si se mantiene bien sellado—yo lo pongo en un frasco con tapadera de rosca—la manteca se conservará durante varios meses en la parte superior del refrigerador o como un año en el congelador.

Masa para tamales

SUFICIENTE MASA PARA 30 TAMALES *No tan sorprendente, ninguna de las cocineras méxico-americanas que entrevisté hicieron su masa en casa, como es común en México. En cambio, ellas usan masa comercial recién hecha, o la hacen con masa harina que es de un molido más grueso que para las tortillas. Cualquiera se puede usar, pero aquellos hechos con masa recién molida serán más ligeros y esponjados.*

Cocineras que viven cerca de barrios hispanos usualmente pueden comprar masa recién molida quc es de un molido más grueso para tamales. Revise la sección amarilla del directorio telefónico bajo comida mexicana o fábricas de tortillas. La masa de molido más fino para tortillas solo hará tamales de textura más lisa. La masa viene normalmente en bolsas de cinco libras que se pueden dividir y congelar. Masa fresca o ya descongelada sólo durará tres a cuatro días antes de comenzar a agriarse.

Masa hecha de masa harina, o harina molida de maíz seco, está a la mano en casi todos los supermercados y puede reconstituirse rápidamente con agua. Nota: esto no es harina de maíz, pues está hecha con maíz procesado en una forma especial. Los supermercados mexicanos muchas veces manejan masa harina especial para tamales, y vale la pena buscar esta harina de textura gruesa, mas no es indispensable.

Masa básica para tamal usando masa recién hecha o congelada y luego descongelada

⅔ de taza de manteca o manteca vegetal
2½ libras de masa preparada (6 tazas)
1 taza de caldo o agua apenas tibio
1½ cucharaditas de polvo de hornear
1½ cucharaditas de sal de mar

Bata la manteca con una batidora eléctrica unos 5 minutos, hasta ligera y como crema espesa batida. Añada poco a poco la masa, alternando con casi todo el líquido, y continúe batiendo por al menos otros 10 minutos. Agregue más líquido si está muy seca la masa. Este largo batido atrapa aire en la masa, lo cual expande los tamales al cocerse al vapor, haciéndolos ligeros y tiernos. Agregue el polvo de hornear y la sal, y mezcle perfectamente. Una cucharada de masa puesta en agua fría deberá flotar a la superficie.

Masa básica para tamal usando masa harina

4 tazas de masa harina
1½ cucharaditas de polvo de hornear
1½ cucharaditas de sal de mar, o al gusto
3 tazas de caldo o agua apenas tibio
⅔ de taza de manteca o manteca vegetal

Mezcle la masa harina, polvo de hornear y sal juntos en un tazón grande, y agregue y revuelva el caldo suficiente para hacer una masa húmeda.

Bata la manteca con una batidora eléctrica unos 5 minutos, hasta cremosa y ligera. Mezcle con la masa, agregando más agua si lo requiere. Para hacer una masa untable, siga batiendo al menos otros 10 minutos. Pruebe y ajuste la sal si lo requiere. La masa está lista cuando una cucharada puesta en agua fría flota a la superficie.

Tamales de puerco con chile colorado

SACRAMENTO, CALIFORNIA • GUANAJUATO, MÉXICO

RINDE 30 *Porcelanas exquisitas de Alemania y Checoeslovaquia acentuaban los muebles italianos en el hogar donde estaba yo disfrutando el sabor rústico de los tamales de Lupe Viramontes. Cada tamal es de tamaño chico pero de sabor grande con el chile rojo seco, tanto en el relleno como en la salsa. El contraste entre la comida y su entorno es típico de la vida de Lupe. Comenzando la escuela en Sacramento a los nueve años, ella no hablaba inglés. Ahora, después de vivir años en Europa con su marido ingeniero militar, ella habla inglés, alemán, italiano y español. Lupe sigue guisando de rutina la comida que aprendió creciendo en una familia mexicana. La diferencia principal es que las cantidades son más pequeñas ahora, ya que sus hijos están crecidos y usualmente sólo hay dos en casa para las comidas.*

Dada la salsa vivaz que va sobre los tamales, pruebe estos para cenar con Frijoles refritos (página 233) a un lado y una refrescante Ensalada de jícama y melón con naranja (página 59).

2 libras de espadilla o lomo de puerco
3 dientes de ajo
como 1½ cucharaditas de sal de mar
5 pimientas negras enteras
2 cucharadas de chile en polvo puro con chiles mixtos
3 chiles anchos secos o chiles California rojos o nuevomexicanos secos, asados (página 21), sin tallo, sin semillas, y finamente molidos
1 chile de árbol seco, asado (página 21), sin tallo, sin semillas, y finamente molido
¼ de cucharadita de comino
1 taza de harina
3–4 cucharadas de aceite de cártamo o *canola*, o manteca de puerco derretida
½ cucharadita de orégano seco, mexicano de preferencia
como ½ cucharadita de sal de mar, según lo salado del caldo
3 libras de Masa básica para tamal (página 296)
1 libra de hojas de maíz secas
30 tiras delgadas de hoja de maíz remojadas para amarrar (opcional)

Corte la carne en trozos grandes, coloque en una olla grande y gruesa o en una olla de hierro, y cubra con 6 tazas de agua. Aplaste el ajo con el dorso del cuchillo y añada a la olla con la sal y pimientas enteras. Lleve a un hervor y hierva la carne lentamente como 1½ horas, hasta que esté a punto de deshacerse. Retire la olla del fuego, y deje enfriar la carne en el caldo. Retire la carne, reservando el caldo, y corte cualquier grasa. Deshebre la carne con sus dedos, tape, y aparte. (Si el tiempo lo permite, cueza la carne por adelantado y enfría el caldo para que se cuaje la grasa y sea fácil de retirar. De otra forma, retire lo más que pueda con una cuchara).

Añada el chile en polvo, chile molido y comino a 3 tazas del caldo y mezcle perfectamente.

Dore la harina en un sartén sin engrasar hasta ligeramente tostada; revuelva y sacuda el sartén para no quemar la harina. Rocíe un poco del aceite hasta saturarse la harina y siga revolviendo hasta lograr un color caqui profundo. Lentamente agregue, mezclando, el chile con caldo, y cueza a fuego mediano hasta espesarse la salsa. Añada el orégano y sal al gusto. Mezcle y pruebe, agregando más chile si lo requiere.

Vierta, revolviendo, la mitad de la salsa en la carne de puerco deshebrada. Tape la salsa restante con una capa de envoltura de plástico puesta directamente encima y aparte para recalentar después.

Prepare la masa de tamal según las instrucciones para usar masa o masa harina. Enjuague las hojas de maíz y remoje en agua muy caliente por 15 minutos, hasta maleables. Séquelas a palmaditas. Corte en tiritas si las va a ocupar.

Ponga en fila el montón de hojas de maíz, la masa, el relleno y las tiritas para amarrar, luego arme y cueza los tamales al vapor siguiendo las instrucciones en la página 294.

Cuando estén cocidos los tamales y retirados de la olla, permítalos cuajarse mientras se calienta la salsa restante, añadiendo caldo para rebajarla. Retire las hojas, coloque 1 ó 2 en un plato, y vierta una cucharada de la salsa recalentada por encima.

VARIACIÓN: TAMALES DE PUERCO CON MASA ENCHILADA Alguna gente prefiere sus tamales sin la salsa encima, y en su lugar agregan 1–2 cucharadas de chile puro en polvo a la masa y proceden tal como lo anterior, eliminando la salsa encima. En este caso, sirva los tamales en sus envolturas.

Tamales de picadillo con chile colorado

TUCSON, ARIZONA • SONORA, MÉXICO

RINDE UNOS 30 *Carmen Villa Prezelski quizás no parezca mexicana, y con su apellido, poca gente en la Universidad de Arizona, donde es profesora en antropología histórica, le creen al principio, mas como ella me dijo:*

> *Créame, definitivamente soy méxico-americana. Aún recuerdo aquella primera Navidad que pasé fuera de casa aquí en Tucson. Estaba recién casada, y mi esposo, quien es polaco, me llevó a Nueva York a conocer a mis suegros. Qué desastre. Habían preparado una cena especial en mi honor con un enorme, suculento ganso al horno, pero aún antes de sentarnos a comer, comencé a llorar—y seguí llorando y llorando. Sólo pude explicarle a mi esposo mientras intentaba consolarme que simplemente no se sentía como Navidad. No podía oler los tamales.*

Regordetes con carne enchilada, uvas pasas y aceitunas, éstos son parecidos a los tamales tradicionales de Arizona que Carmen Villa Prezelski tiene que tener para poder hacer completa su Navidad. Sólo un toque extra de chile jalapeño ha sido agregado.

Para servir en un buffet festivo, añada Ensalada de Noche Buena (página 60), Ponche de Navidad caliente (página 386) y un plato de Bizcochitos (página 365).

1½ libras de pulpa de res en trozo
½ libra de lomo de cerdo
2 dientes de ajo
como 1 cucharadita de sal de mar
8 chiles nuevomexicanos o California rojos secos, asados (página 21)
1 cucharada de aceite de cártamo o *canola*
2 dientes de ajo, finamente picados
1 cucharada de harina
½ cucharadita de comino en polvo
⅓ de taza aceitunas negras picadas en cubitos
3 chiles jalapeños frescos, sin semillas y picados
½ taza de uvas pasas negras
¼ de cucharadita de orégano seco, mexicano de preferencia
como ½ cucharadita de sal de mar, según lo salado del caldo
3 libras de Masa básica para tamal (página 296)
1 libra de hojas de maíz secas
60 tiras delgadas de hoja de maíz remojadas para amarrar

Para la guarnición

1 taza de crema (página 21) o crema ácida diluida con leche (opcional)
½ taza de cebollita verde picada

Es mejor la carne al cocerla 6–12 horas por adelantado. Coloque la carne en una olla grande, cubra con 4 tazas de agua, y lleve a un hervor sobre fuego medio-alto. Retire cualquier espuma, y agregue los dientes enteros de ajo y la sal. Baje el calor y hierva lentamente hasta muy tierna la carne, unas 2 horas. Retire la carne, reservando el caldo, y ya suficientemente fría la carne, corte la mitad en cubos de ½ pulgada y deshebre el resto, retirando toda la grasa. Tape y refrigere.

Cuela el caldo y refrigere. Cuando la grasa se cuaje en la superficie, levántela y deseche.

Coloque los chiles asados en un tazón, vierta encima agua hirviendo, y deje remojar unos 10 minutos, hasta blandos. Muela los chiles en una licuadora o procesador de alimentos con 1 taza de agua hasta que se forme una pasta tersa. Agregue más agua si lo requiere. Aparte 2 cucharadas del puré de chile para añadir a la masa.

Caliente el aceite en un sartén o cacerola grande. Agregue el ajo picado y dore ligeramente a fuego lento. Espolvoree la harina y comino, y revuelva constantemente por 2 minutos hasta que comience a dorarse la mezcla. Añada, revolviendo, el puré de chile y 1 taza del caldo, y hierva lentamente por 2 minutos. Agregue la carne, aceitunas, jalapeños y uvas pasas. Espolvoree con orégano y sal al gusto. Hierva lentamente por unos 15–20 minutos, hasta que la mezcla se espese y tenga un aroma rico. Pruebe y corrija la sazón. Aparte para enfriar, luego refrigere, tapado, si el tiempo lo permite. El relleno mejora en sabor si lo prepara 1 día antes.

Prepare la masa para tamal según las instrucciones para masa o masa harina.

Enjuague las hojas de maíz y remójelas en agua muy caliente por 15 minutos hasta maleables.

Bata las 2 cucharadas de puré de chile en la masa, incorporando completamente. Agregue más caldo o agua si lo requiere para hacer una masa húmeda.

Cuando esté lista para armar los tamales, seque a palmaditas las hojas de maíz reblandecidas y coloque junto a la masa y el relleno al tiempo, corte tiras delgadas de las hojas menos perfectas, anudándolas si es necesario para hacer 60 ataduras, de 10 pulgadas de largo cada una.

Siga las instrucciones de la página 294 para preparar la vaporera y para formar y cocer al vapor los tamales, pero utilice 2–3 cucharadas copeteadas de masa y relleno para que cada tamal esté rechoncho y bien dotado. Unte la masa uniformemente en el centro del lado liso de una hoja, dejando un margen de 1 pulgada en cada extremo y uno más chico por los costados.

Unte 2 cucharadas del relleno por dentro de la masa, dejando un marco de masa de ½ pulgada alrededor del exterior. Doble un lado de la hoja sobre el relleno, enrolle, y amarre cada extremo como regalito de fiesta. Si la hoja no cubre por completo la masa, inserte otro pedazo más chico de hoja. Repita para hacer los tamales restantes. Cueza al vapor directamente o congele para uso después.

Coloque los tamales restantes extendidos sobre la rejilla de la vaporera, alternando la dirección con cada capa. Cueza al vapor de 45 minutos a 1 hora, hasta que la masa esté firme y se separa fácilmente de la hoja.

Estos tamales deberán comerse calientes, cada persona desenvolviendo el suyo, o las hojas se pueden retirar y cada tamal servirse con crema y cebolla verde picada encima.

Tamales navideños

SAG HARBOR, NUEVA YORK • PUEBLA, MÉXICO

RINDE UNOS 30 *Cuando Olga Vaquero necesita ingredientes para tamales y otros platillos mexicanos, son llevados directamente a su puerta en la punta de Long Island por Jesus Blanco, un abarrotero ambulante. Tiene una camioneta equipada como pequeño mercado mexicano, completo con muchas variedades de chiles frescos y secos, tomatillos, epazote y hoja santa secos, además de productos enlatados, quesos mexicanos, cecina y, claro, tortillas recién hechas en una tortillería de Brooklyn. Cualquier comida de temporada pedida por adelantado se puede traer del mercado de abastos.*

Olga llegó primero a Los Ángeles cuando apenas tenía diecisiete años, compartiendo alojamiento en una casa ya repleta con amigos de su familia. Ahora en cada viaje de regreso a México con su esposo, Isaías, que es el chef de parrilla en el prestigioso American Hotel en Long Island, ha aumentado su conocimiento de cocina regional poblana. Y ahora con la existencia de ingredientes puede reproducir casi todos en los Estados Unidos. Moles de sabor complejo y tamales, utilizando esta misma salsa rica, son de los favoritos de la familia para los festejos navideños, servidos normalmente después de misa en la Noche Buena y en otras reuniones festivas.

Para Noche Buena, sirva esto con la taza tradicional de Chocolate a la mexicana (página 390) o Champurrado (página 388). Para una cena más completa, agregue una enorme ensalada verde o Ensalada de Corpus Christi (página 63).

3 libras de Masa básica para tamal (página 296)
1 libra de hojas de maíz secas
2 cucharadas de ajonjolí
1 cucharada de cacahuates españoles sin sal
3 clavos
3 pimientas negras enteras
4 cada uno de chiles anchos, mulatos y pasilla, asados (página 19) y sin venas
1 rebanada de pan blanco seco ó 4 galletas saladas
1½ pulgadas de canela verdadera, en pedazos, o como 1 cucharadita de canela molida (casia)
¼ de taza de manteca de puerco derretida o aceite de cacahuate
2 tazas de caldo de pollo o cerdo
½ onza de chocolate mexicano, picado
como 1 cucharadita de sal de mar, según de lo salado del caldo
3 tazas de pollo sancochado (página 74), deshebrado, o cerdo cocido, deshebrado

Prepare la masa para tamal según las instrucciones usando masa o masa harina.

Enjuague las hojas de maíz y remoja en agua muy caliente por 15 minutos, hasta maleables.

Entibie un sartén chico sin grasa a fuego mediano y tueste el ajonjolí, cacahuates, clavos y pimientas. Saltee unos segundos hasta que comiencen a cambiar de color y suelten aroma. Aún calientes, colóquelos en un molino de especias, agregue los chiles, pan y canela, y muela perfectamente. Quizás esto se tenga que moler en tandas. No agregue líquido en este punto.

Caliente la manteca o aceite en un sartén grande y agregue, revolviendo, la mezcla de chile. Fría a fuego mediano, revolviendo constantemente, hasta obscuro y espeso. Añada, revolviendo, el caldo, chocolate y sal, y siga hirviendo lentamente hasta que se espese. Retire del calor.

Siga las instrucciones en la página 294 para formar y cocer al vapor los tamales. Use una cucharada de masa y una cucharadita del mole, y agregue un poco de carne de cerdo o pollo deshebrado encima del mole en cada tamal. Doble las hojas de maíz para formar tamales y cueza al vapor por 1½ horas en una vaporera.

Para ver si están listos los tamales, retire 1 tamal de la olla. Cuando esté desenvuelto, la masa deberá estar lo suficientemente firme para soltarse fácilmente de las hojas. Si están listos, retire los demás tamales de la olla y aparte 5 minutos antes de servir. Permita a cada persona desenvolver su propio tamal, o para una presentación más formal, ábralos y sirva sobre sus propias envolturas.

VARIACIÓN: TAMALES MINIATURAS DE FIESTA Sor Aline Marie es llamada a menudo para proveer comida de fiesta para grandes números de invitados en Mount St. Mary's College en Los Ángeles, donde es maestra de idiomas. Pequeños tamales rellenos de mole de pollo son la reserva que no falla porque se pueden hacer por adelantado y congelar. Otros rellenos se pueden usar también.

Para hacer como 6 docenas, use la receta de Masa básica para tamal (página 296). Los procedimientos siguen iguales, pero unte sólo una cucharadita copeteada de masa en medio de cada hoja y use apenas una cucharadita de relleno. Enrolle y voltee hacia arriba el extremo largo y amarre con una tira angosta de hoja. Cueza al vapor por 30–45 minutos.

Tamales vaporcitos de chile verde

AUSTIN, TEXAS

RINDE COMO 2 DOCENAS, SIRVIENDO 2 Ó 3 POR PERSONA *Diga "tamales" a mucha gente y piensan en bocados gordos y masudos de masa rellena de carne enchilada envueltos y cocidos en*

hojas secas de maíz. Los tamales de chile verde que Miguel prepara son muy distintos a los que se encuentran comúnmente en Texas y los otros estados fronterizos. La capa delgada de masa envuelta en fragantes hojas de plátano conlleva mantequilla y crema ácida en vez de manteca y está rellena de vegetales. Al desenvolverlo, acaba pareciéndose a un ravioli enorme—y qué placer para comer!

Lo bueno es que, si es principiante en la preparación de tamales, éstos son sencillos. Deberá poder conseguir las hojas de plátano, congeladas, en un mercado asiático, caribeño o hispano. Descongele por la noche en el refrigerador, luego desdoble y retire, cortando, cualesquier venas gruesas. Hojas de maíz secas, reblandecidas en agua, se pueden utilizar en últimas instancias.

Son magníficos estos tamales con huevos en la mañana, para una merienda ligera o como parte de un buffet de fiesta. Se pueden congelar sin cocer, luego cocer al vapor sin descongelar o se pueden cocer y congelar para descongelar después y calentar al vapor o recalentar en el horno de microondas.

25 hojas de plátano, de 8 por 7 pulgadas, con hojas extras para forrar la rejilla de la vaporera por encima y debajo
6 chiles poblanos o Anaheim frescos, asados (página 19), pelados y sin semillas
¾ de libra de jitomates maduros (como 2 jitomates medianos ó 5 jitomates pera), asados (página 20)
1 cebolla blanca, picada
1 diente de ajo, finamente picado
como ½ cucharadita de sal de mar
2 libras de Masa básica para tamal utilizando masa (página 296)
1¼ de tazas de mantequilla sin sal a temperatura ambiente
6 cucharadas de crema ácida
como 1 cucharadita generosa de sal de mar
1–1½ tazas de Caldo de pollo (página 74) o consomé de pollo enlatado

Ponga varias pulgadas de agua en la vaporera y tape. Coloque sobre fuego bajo para que esté hirviendo cuando los tamales estén listos para cocer. Forre la rejilla de la vaporera con una capa de pedazos de hoja de plátano extras.

Para reblandecer las hojas de plátano cortadas, páselas despacio sobre un quemador de gas o eléctrico hasta que obscurezcan y cambien de textura o se pueden enrollar juntas mas no apretadas y cocer al vapor, verticalmente, por 30 minutos, hasta maleables. Rompa 1 hoja de plátano en 24 ataduras angostas de 10 pulgadas de largo. Se pueden anudar para hacer ataduras más largas si lo desea.

Con sus manos apriete los chiles y jitomates juntos en un tazón mediano hasta que estén completamente machacados y mezclados. Agregue la cebolla y ajo. Mezcle bien, añada un poco de sal, y aparte.

Prepare la masa para tamal según las instrucciones usando la masa. Bata la mantequilla en un tazón grande con batidora eléctrica a velocidad máxima hasta espumosa. Esto tardará varios minutos. Agregue la crema ácida, baje la velocidad a mediana, y agregue poco a poco, batiendo, la masa y suficiente sal para sazonar bien la mezcla. Pruebe para asegurar la sazón correcta. Agregue el caldo de pollo de a poquito hasta que la mezcla esté como masa de pastel espesa. (La masa de tamales varía en absorbencia, así que seguramente habrá caldo de sobra). Permita que la masa cuaje por unos 5 minutos.

Uno a la vez, extienda unos cuantos pedazos de hoja de plátano. Unte una capa de ⅛ de pulgada de la masa en el centro de cada pedazo, dejando como ¾ de pulgada de margen en los extremos más grandes y 2 pulgadas por cada costado.

Ponga 1 cucharada del relleno en el centro de la masa. Doble uno de los costados largos un poco sobre el centro, luego solape con el costado opuesto. Voltee los extremos encima para formar un paquete de 3 por 4 pulgadas. Repita el proceso hasta que estén hechos todos los tamales. Aunque no es necesario, se ve agradable completar la envoltura del tamal amarrándolo en forma floja por el centro, sosteniendo la parte doblada en su lugar.

Coloque los tamales en capas en forma horizontal con la "costura" hacia arriba, alternando la dirección de cada capa. Cueza por unos 45 minutos, recordando agregar agua hirviendo si el nivel de agua baja demasiado. Están listos los tamales cuando la masa esté firme y pueda separarse de la hoja de plátano.

Retire los tamales de la olla y permita reposar varios minutos antes de abrir y servirlos. O deje que cada quien desenvuelva el suyo.

Tamales cambray

GIG HARBOR, WASHINGTON • OAXACA, MÉXICO

RINDE UNOS 30 *Éste es un platillo muy especial para mí, y debo admitir que estos tamales están incluidos en este libro no porque encontré la receta en los Estados Unidos sino porque Susy Torres, mi "casi hija" de Puerto Ángel en Oaxaca, mandó hacerme estos tamales repletos de verdura con unas amistades el día de mi sexagésimo cumpleaños.*

Normalmente, cambray *se refiere a cebollas, papas u otras verduras enteras pequeñas, mas en este caso supongo que es porque los vegetales se cortan en pequeños pedazos.*

Cuando doy una tamalada informal, me gusta preparar en especial estos tamales con caldo y manteca vegetales como una ofrenda a aquellos amigos y miembros de la familia que son vegetarianos. Para los demás habrá para escoger de los preparados con carne, quizás Tamales de picadillo con chile colorado (página 299) y Tamales de elote (página 309), y luego los Tamales Dulces de frijol (página 308)

como un contraste. Hago unos como Tamales miniaturas de fiesta (página 302) para que todos puedan probar las variedades. Definitivamente preparo éstos muy por adelantado y los congelo. Se pueden agregar variedades de ensaladas, en especial Ensalada de nopalitos (página 56) y Ensalada de jícama, melón y naranja (página 59). Sirva una olla grande de Frijoles borrachos (página 232) y termine con el Pastel de piña (página 372) tan fácil de preparar. Usualmente sirvo tanto Sangría (página 384) como Agua fresca de flor de Jamaica (página 383) y mucha cerveza fría.

1 cebolla blanca grande, asada (página 20)
1 cabeza entera de ajo, asada (página 20)
5 jitomates medianos maduros, asados (página 20)
3 cucharadas de aceite de cártamo o *canola*
½ cucharadita de orégano seco, mexicano de preferencia
sal de mar
4 tazas de Caldo de pollo (página 74), o consomé de pollo o verdura enlatado
3 cucharadas de fécula de maíz
½ libra de papa roja, cocida pelada y picada
2 zanahorias medianas, cocidas peladas y picadas
1 chayote grande, cocido pelado y picado
10 onzas de ejote fresco o congelado, cocido y picado
4–8 chiles jalapeños en escabeche, picados
½ taza de aceitunas verdes picadas
3 libras de Masa básica para tamal (página 296)
1 libra de hojas de maíz secas
60 tiras angostas de hoja de maíz remojadas para amarrar las puntas

Pique la cebolla en trozos y coloque en una licuadora o procesador de alimentos. Retire la cáscara del ajo y añada a la licuadora con los jitomates, con todo y su cáscara y sus jugos. Licue perfectamente.

Entibie el aceite en un sartén grande o una olla de hierro a fuego medio-alto y agregue el puré de tomate, orégano y sal al gusto. Cueza, revolviendo con frecuencia, unos 5 minutos hasta que se obscurezca y espese. Agregue el caldo de pollo, revuelva, reduzca el calor a medio-bajo, y hierva lentamente.

Ponga la fécula de maíz en una taza y revuelva el suficiente agua o caldo para diluirla en una salsa delgada. Vierta lentamente en la salsa, mezcle bien, y siga cociendo a hervor lento por 10 minutos. Agregue toda la verdura, chiles picados y aceitunas, y pruebe la sazón de nuevo. Después de hervir lentamente otros 5 minutos, retire la cazuela del calor y deje que la mezcla se enfríe. El relleno se puede hacer por adelantado hasta este punto, tapar y refrigerar.

Prepare la masa para tamal según las instrucciones usando masa o masa harina.

Enjuague las hojas de maíz y remójelas en agua muy caliente por 15 minutos, hasta maleables, y corte las tiras para amarrar.

Para hacer los tamales y cocerlos al vapor, siga las instrucciones en la página 294, pero como éstos serán tamales un poco más grandes, ayuda el enrollar la masa en bolas de ½ pulgada, y con un trozo de envoltura de plástico encima, aplane cada una en el centro de una hoja, trabajando la masa casi hasta la orilla.

Ponga una cucharada copeteada de relleno en el centro de la masa. Doble encima uno de los lados largos y enrolle firmemente. Amarre cada extremo con tiras delgadas de hoja de maíz.

Coloque cada tamal en capas horizontales en la vaporera, alternando la dirección. Tape muy bien y cueza al vapor como 1½ horas. Revise con cuidado durante el final que el agua no se consuma. Si está bajo, vierta más agua hirviendo en el fondo de la olla.

VARIACIÓN: TAMALES DE VERDURAS CON POLLO Para hacer mis tamales de cumpleaños especiales, sancoche 1 pechuga de pollo entera, y después de desmenuzar la carne, coloque unos pedazos encima de la verdura antes de doblar y amarrar cada tamal.

Tamales de elote

TUCSON, ARIZONA • SONORA, MÉXICO

4 DOCENAS; 1 DOCENA SIRVE 4 A 6 *Los tamales hechos con elote fresco molido en vez de masa son chiqueos que se encuentran en casi todas las regiones de México, en cualquier lugar que se coseche el elote. Siempre había oído de los expertos que el elote dulce de los Estados Unidos contiene demasiada humedad para ponerse lo suficientemente firme sin agregar masa, así que me sorprendí cuando Adela Bacahui sirvió los primeros tamales que acababa de hacer usando sólo elote del supermercado local—tan dulce y húmedo que era casi como comer budín de elote. Fueron maravillosos.*

Cuando volví a mi cocina, aunque seguí con diligencia los procedimientos de Adela, hasta usando "tres puños grandes de manteca", nunca logramos que las numerosas tandas que cocimos se cuajaran correctamente. Recordando que el frío convierte el azúcar en almidón, alcé los elotes en el refrigerador. Usé el elote triste que sobraba en el super, pensando que tendría más almidón. Aun así, no se cuajaba bien la masa. Por fin se decidió que para obtener resultados buenos consistentes se tendría que incluir masa harina. Los tamales serán de una consistencia más suave de lo que esperaría, pero es el intenso sabor de elote que los distingue de los demás.

Usualmente se sirven sólos los tamales y calientes, pero a veces con una salsa como Salsa verde, verde (página 270) o crema (página 21) por un lado. Los frijoles negros acompañan muy bien. Cualesquier sobrantes se pueden poner al vapor—desenvueltos, partidos por la mitad y dorados en mantequi-

lla con queso. Estos tamales se congelan bien, tanto antes y después de cocer, y no deberán descongelarse antes de recalentar. Si están congelados, asegúrese de agregar 30–45 minutos al tiempo de cocción al vapor.

como 1 docena de elotes frescos
1½ libras de queso *Monterey jack* o *longhorn*, cortado en cubitos de ¼ de pulgada
2 tazas de masa harina, de preferencia de molido grueso
1 taza de manteca ó ¾ de taza de manteca vegetal más 4 cucharadas de mantequilla sin sal, reblandecida
1 cucharada de polvo de hornear
1 cucharada más 1 cucharadita de sal de mar
16 chiles frescos nuevomexicanos o Anaheim, asados (página 19), pelados y sin semillas
1 diente de ajo grande, picado
sal de mar

Corte 1 ó 2 pulgadas de la punta de cada elote y luego la base. Retire cuidadosamente todas las hojas y deseche las hojitas interiores y cabellos de elote. Lave y escurra las hojas. Aparte las hojas exteriores para forrar la vaporera.

Con un cuchillo filoso, raspe todos los granos del elote en un tazón grande. Tenga cuidado de conservar toda la "leche" de elote posible. Agregue el queso.

Procese perfectamente el elote y queso en pequeñas tandas en un procesador de alimentos hasta lograr la consistencia de puré de manzana.

Utilizando una batidora con pala o un procesador de alimentos, bata la manteca hasta cremosa y formando picos—unos 5 minutos. Raspe los lados del tazón de vez en vez para que la manteca se bata por completo.

Añada el elote molido al tazón, unos cuantos puños a la vez, alternando con la masa harina, y mezcle bien con sus manos. Agregue, revolviendo, el polvo de hornear y la sal. Deberá estar muy pegajosa aún la masa.

Corte los chiles en tiritas, ¼ por 1½ pulgadas, y coloque en un tazoncito con el ajo.

Para formar un tamal, sostenga una hoja abierta en una mano y ponga una cucharada copeteada de la mezcla de elote molido en el centro de la hoja. Si no hay suficientes hojas grandes, solape varias chicas. Coloque 5–6 tiritas o una cucharadita de chiles picados por encima, dejando un margen amplio de masa por cada lado. Doble ambos costados sobre el relleno, luego doble encima el extremo puntiagudo, dejando el extremo recto abierto.

Forre una vaporera con algunas de las hojas sin usar. Si no tiene una vaporera, ponga los olotes en el fondo de una olla grande, luego agregue una capa de hojas. Pare cada tamal verticalmente en la vaporera con el extremo abierto hacia arriba. Añada el agua en el fondo de la olla. Coloque más hojas encima y una toalla de cocina húmeda, y tape perfectamente. Lleve el agua en la vaporera a un hervor lento y permita cocer los tamales al vapor como 1 hora,

aunque puedan requerir otros 15–30 minutos. Asegúrese que nunca se consuma el agua; agregue más agua hirviendo si lo requiere.

Para revisar, retire un tamal de la olla y deje enfriar unos minutos, permitiendo cuajar la masa. Desenvuelva para ver si está firme y ya no se pega a la hoja. Si aún está pegajosa la masa, envuelva de nuevo, regrese a la olla, y siga cociendo al vapor.

VARIACIÓN: TAMALES DE ELOTE CON PATO Agregue 2 tazas de pato o pollo cocido y deshebrado al relleno de los tamales.

Tamales dulces de frijol

MCMINNVILLE, OREGON • SINALOA, MÉXICO

RINDE UNOS 30 *Como me dijo Maria:*

> *Cuando mi madre estaba preparando tamales para la Navidad—usando casi siempre el pavo sobrante del Día de Acción de Gracias—ocasionalmente se le acababa el relleno pero le sobraba masa—un evento deseado por todos. Cuando esto sucedía, endulzaba la masa con piloncillo y le agregaba unas nueces y uvas pasas, junto con pimienta gorda. Luego hacía un relleno con refritos al que le agregaba más piloncillo, uvas pasas, pimienta gorda, canela, nuez moscada y gengibre—o sólo especia para pay de calabaza. Los tamalitos dulces de frijol se hacían un poco más chicos que los de carne y envolvían como bultito, con las puntas amarradas, y cocidos al vapor. Éste era un chiqueo especial para nosotros y ahora lo es para nuestro nieto, Aidan.*

No me tocó probar estos maravillosos e inusuales tamales cuando estaba con Maria McRitchie, pero Miguel y yo seguimos sus instrucciones cuidadosamente y salieron éstos, que pensamos son magníficos y ahora son un chiqueo para mis hijos y nietos.

Estos tamales dulces se sirven con frecuencia junto a un plato con otro tipo. Sólo asegúrese que se envuelvan de forma distinta para distinguirlos. Son excelentes para un desayuno o almuerzo especial e igual de buenos para la cena. Chocolate o atole caliente es la bebida tradicional para tomar con tamales.

Para los tamales

1 libra de hojas secas de maíz
30 tiras angostas de hoja de maíz para amarrar remojadas
3 libras de Masa básica para tamal (página 296)
½ taza de azúcar morena
½ taza de nuez bien picada
½ taza de uvas pasas
½ cucharadita de pimienta gorda molida

Para el relleno

2 tazas de Frijoles refritos (página 233) ó 1 lata de 16 onzas de frijoles pintos refritos
⅓ de taza de uvas pasas
2 cucharadas de azúcar morena
1½ cucharaditas de canela molida (casia)
½ cucharadita de nuez moscada molida, de preferencia recién molida
½ cucharadita de gengibre molido
½ cucharadita de pimienta gorda molida

Enjuague las hojas de maíz y remójelas en agua muy caliente por 15 minutos, hasta maleables, y corte las tiras angostas para amarrar.

Prepare la masa y póngala en un tazón grande. Agregue el azúcar morena, nueces, pasas y pimienta gorda, mezclando todo.

Para hacer el relleno, en un tazón mediano, mezcle juntos los frijoles, uvas pasas y azúcar morena. Agregue la canela, nuez moscada, gengibre y pimienta gorda, y mezcle bien.

Seque las hojas de maíz a palmaditas. Para cada tamal, extienda una hoja de maíz con el lado liso hacia arriba. Unte como 1 cucharada de la masa en el centro de cada hoja, dejando libres las orillas. Unte 1 cucharadita del relleno sobre la masa. Doble los costados de la hoja a lo largo sobre el centro para que solapen. Lleve hacia arriba el extremo puntiagudo hasta que esté parejo con el extremo recortado. Usando tiras delgadas de otra hoja, amarre bien el extremo. Si lo requiere, anude 2 tiras juntas para hacer una tira lo suficientemente larga para amarrar. (Los tamales deberán ser algo más chicos que los de carne y envueltos como un bultito con un extremo amarrado).

Prepare los demás tamales y siga las indicaciones en la página 294 para cocerlos al vapor.

Tamales dulces de calabaza

BURBANK, CALIFORNIA, Y EL PASO, TEXAS

RINDE 12 A 14 *Servir un tamal dulce y con especias no es tan raro como suena. Es el socio ideal de café o chocolate mañanero, al igual que un bocado para la noche. Los tamales de Roberto Cortez Jr. no tienen ningún relleno. La calabaza en puré y las especias molidas son parte de la masa y le dan a los*

tamales un rico sabor otoñal. Roberto, un méxico-americano de segunda generación, aprendió lo básico de su cocina mexicana de su abuela y lo complementó con ideas y técnicas aprendidas de los libros de cocina de Diana Kennedy y Patricia Quintana. Ahora un cocinero profesional, con frecuencia toma de su herencia culinaria mexicana y adapta recetas, pero hace muy pocos cambios en las recetas tradicionales tales como estos tamales.

30 hojas de maíz secas grandes
1 taza de mantequilla sin sal a temperatura ambiente
⅔ de taza de azúcar
1 cucharadita de sal de mar
1 cucharadita de canela molida (casia)
¼ de cucharadita de clavo molido
1¼ tazas de masa recién hecha o de masa harina (página 296)
1 taza de calabaza en puré enlatado
2 cucharaditas de polvo de hornear
⅛–¼ de taza de leche

Enjuague las hojas de maíz y remójelas en agua muy caliente por 15 minutos, hasta maleables.

En una batidora con pala o un procesador de alimentos, bata la mantequilla y azúcar a medio-alto por 12 minutos hasta cremosos. Añada la sal, canela y clavo después de los primeros minutos. Raspe los costados del tazón cuando se requiera.

Mientras tanto, mezcle la masa, puré de calabaza, polvo de hornear y leche en un tazón aparte hasta mezclarse perfectamente. Agregue esta mezcla, ¼ de taza a la vez, a la mantequilla batida. Cuando todo esté incorporado, revise a ver si está lo suficientemente ligero colocando una bolita en una taza de agua fría. Si flota, está lista. Si se hunde, bata para incorporar más aire hasta que flote una bola.

Siga las instrucciones en la página 294 para formar y cocer al vapor los tamales. Para cada tamal, unte como 2 cucharadas de la masa en el centro de una hoja reblandecida. Si están chicas las hojas, use hojas adicionales para extender el tamaño. Doble los costados de las hojas a lo largo sobre el centro para que se solapen, luego lleve hacia arriba el extremo puntiagudo hasta que esté parejo con el extremo recortado. Repita el proceso para hacer 12–14 tamales. Las hojas restantes se pueden usar para forrar la vaporera.

Cueza al vapor los tamales, parados en forma vertical en la vaporera, por 45 minutos. Están listos cuando la masa está firme y ya no se pega a las hojas.

VARIACIÓN: TAMALES DULCES TROPICALES Beatriz Esquivel, una maestra de lenguas en Detroit, elimina las especias y sustituye para la calabaza ½ taza de piña triturada escurrida y ½ taza de coco rallado.

Impresiones de Florida

El español hablado por 13 por ciento de la población de Florida no es un nuevo idioma escuchado en este paisaje tropical. La primera llegada documentada de un europeo a lo que dos siglos después sería los Estados Unidos fue el 2 de abril de 1513 por el español Juan Ponce de León. Se piensa que aterrizó en una pequeña ensenada cerca de lo que ahora es Daytona Beach. Observando que los alrededores eran exuberantes y verdes, nombró la región La Florida y lo reclamó todo para la corona española. Un poco más de cincuenta años después, colonizadores españoles llegaron y se establecieron al norte en Saint Augustine, el primer asentamiento permanente europeo en Norteamérica y todavía una ciudad fascinante que visitar.

Hoy día en Miami, es fácil entender el título de la ciudad como la capital de facto de América Latina—más del 50 por ciento de sus residentes son hispanos, muchos de ellos cubanos exiliados de clase media y alta, pero también miles de puertorriqueños, guatemaltecos y trasplantados de Sudamérica. De lo que no me había dado cuenta es que Florida también tiene una población méxico-americana bastante grande—de hecho, tiene el quinto porcentaje más alto que cualquier estado en el país, aún sin contar los muchos trabajadores migrantes y de temporada que viajan arriba y abajo la costa este de los Estados Unidos.

En Miami y las regiones residenciales de crecimiento descontrolado alrededor de la ciudad, descubrí un tipo de migrante muy diferente—viajeros mundiales sofisticados que por alguna razón u otra han visitado muchas partes del globo. Rose María Trevino ha vivido en Indonesia, Virginia Ariemma en Berlín y Nápoles, y Veronica Litton conduce grupos de aficionados al vino a Italia y Chile. Y la cocina de todas refleja esta influencia internacional, así como la fuerte presencia cubana en la ciudad.

Conocí a Eva Celayo de Garcia, de noventa y cuatro años de edad, en la casa de su nieta, Veronica Litton, en Pembroke Pines. La Señora Garcia es una mujer con un paladar todavía sorprendentemente agudo. Al llegar a Florida cinco años antes, estaba comiendo en un restaurante mexicano de primera categoría cuando determinó con sólo unas cuantas probadas que los chiles y semillas no habían sido tostados en el mole que le sirvieron. El jefe de cocina tuvo que admitir que ella tenía razón, y sin duda no ha vuelto a tomar esa ruta corta.

La Señora Garcia, casada a los trece años con el superintendente de Ferrocarriles Nacionales de veintiocho, viajó por todo México en su carro ferroviario privado. Cuando vivían en la Ciudad de México, su esposo comenzó a perder la vista y no podía trabajar. Eva abrió varias casas de asistencia en el centro de la ciudad y pronto estaba cocinando para cincuenta o más hombres de negocio quienes apreciaban el cuidado con que preparaba su comida. De esta manera,

Eva se mantuvo ocupada hasta 1991, cuando ya a fines de sus años ochenta vino a vivir a Florida con su hija.

Encontré un mundo muy distinto al salir de Miami y rumbo al sur en la carretera 997 hacia los Cayos de Florida. Ésta es tierra plana, lindada por un lado con los Everglades y del otro con el Estrecho de Florida. El aire caliente aletargado es debilitante, con sólo el tránsito de la supercarretera y el ocasional milano real de cola ahorquillada planeando arriba de uno como recordatorios de poner atención en la conducción. Iba a pasar varios días platicando con trabajadores en Brooks Tropicals, en las afueras de Homestead, probablemente el principal abastecedor de frutas y verduras tropicales del país. Mientras que los cubanos predominan en Miami, es en Homestead y sus tierras agrícolas circundantes donde miles de méxico-americanos y trabajadores inmigrantes mexicanos viven y trabajan, ayudando a cultivar y procesar los jitomates y frutas tropicales para el consumidor de los EE.UU.

Elroy Garza, el supervisor de planta de la enorme división de embalaje de limón agrio y aguacate, nació y se crió en Arkansas; sus padres eran de Río Bravo, justo al otro lado de la frontera de McAllen, Texas. Los padres de su esposa, Maria, vinieron de Guadalajara. Al platicar Elroy y yo, sentados en el fondo de la bodega enorme, me describió cómo habían ajustado su horario de cocinar y comer para acomodar una familia con tres adolescentes y dos padres que trabajan. Los desayunos son llenadores: huevos, papas, chilaquiles y los fines de semana quizás huevos rancheros. Ya que Maria hace tortillas de harina todos los días, llevan al trabajo un burrito lleno de huevos cocidos picados y frijoles pintos refritos o algún otro relleno como almuerzo. Las cenas son sencillas y usualmente incluyen una ensalada, frijoles refritos o de la olla, y siempre tortillas de harina. Son los domingos en que la familia disfruta reunirse en la mesa para las grandes comidas que combinan la cocina fronteriza de la familia de Elroy, los platillos más elaborados de Jalisco y las técnicas de cocina simplificadas disponibles en los Estados Unidos.

El menudo rojo de chile, hecho con pozole blanco, espeso con col picada, cebolla y rábanos, es un favorito para un almuerzo. Más tarde ese día, quizás un guiso de verdura en trozo, enriquecido con carne de res o un mole de pollo, se serviría usando una pasta de mole comercialmente preparada, y calentando tortillas comerciales en el horno de microondas en la bolsa para suavizarlas. En ocasiones, la madre de Maria prepara la especialidad regional de Guadalajara, birria, aunque quizás tendrá que usar cordero en vez del más tradicional chivo para la carne ligeramente sazonada de chile.

Pan, pan dulce y huevos

Seguro que el pan para la mañana.

—UN DICHO INSCRITO EN EL ANTIGUO CONVENTO DE SANTA CATALINA DE CUATRO SIGLOS DE EDAD, AHORA EL HOTEL CAMINO REAL, OAXACA, MÉXICO

"EL CIELO HUELE A PANADERÍA". Si así es, no existe ninguna comunidad méxico-americana sin su pedacito de cielo ya sea un suburbio de San Francisco, un barrio cerca del centro de Chicago o un pueblo con poca población en Texas. En las mañanas, el aroma a levadura que se escapa por las puertas hace que sea imposible pasar sin entrar, coger las pinzas y escoger dos ó tres de los panes más tentadores de la selección de pan dulce recién horneado. Luego están los pastelitos hojaldrados que se comen con café con leche para la cena o bolillos para acompañar la comida. Para aquellos que no tienen acceso a una panadería mexicana o a quienes, como a mí, les encanta hornear, hemos incluido algunas de las recetas más conocidas.

Tradicionalmente en México y todavía en algunas comunidades en los Estados Unidos, el desayuno, la primera comida del día, consiste en una taza de café o chocolate, quizás un jugo fresco y siempre pan dulce o tortillas para romper el ayuno de la noche. Después, especialmente en los fines de semana, se junta la familia para compartir el almuerzo, la enorme comida matutina con huevos y carne preparados de manera festiva, siempre animados con salsas y servidos con alteros de tortillas y más panes. A veces se sirve un tazón grande de pozole o menudo, a veces tamales o algo de carne con chile del día anterior.

Ya sea un desayuno frugal o un almuerzo elaborado, ambas son comidas que llenan—para proporcionar resistencia y brío para el día que comienza.

Bolillos

MCMINVILLE, OREGON

RINDE UNOS 16 PANES *En el pueblito de McMinville, Oregon, está unos de los mejores restaurantes mexicanos de la costa del oeste. Las propietarias son Claire y Shawna Archibald, y su Cafe Azul tiene clientes que manejan con regularidad desde Portland y aun de puntos más lejanos.*

La versión de panes duros mexicanos de Claire tiene la misma forma particular que el bolillo clásico, un óvalo rechoncho con puntas afiladas, pero con la adición de harina de maíz y de masa harina que le dan al pan una agradable textura crujiente.

Tengo que admitir que me gusta comer estos panes con corteza recién sacados del horno, cuando los interiores están suaves y porosos, perfectos para absorber mantequilla al derretirse. Ordinariamente se sirven en un canasto con la cena, pero se puede sacar el migajón y rellenar con Frijoles refritos (página 233) para convertirse en el platillo de desayuno rústico Molletes (página 332), o rebanar y rellenar con capas de carnes, quesos y condimentos para convertirse en una torta, el famoso emparedado de México.

1 cucharada de azúcar
2 paquetes (½ onza) de levadura seca activa
2 ½ tazas de agua tibia
½ taza de manteca (página 295) o aceite de oliva
1 cucharada de sal de mar
7 tazas de harina de trigo
½ taza de masa harina (página 114)
½ taza de harina de maíz blanca
1 cucharadita de sal de mar

Ponga ½ taza de agua tibia en un tazoncito. Para asegurar la temperatura correcta, pruebe una gota sobre el lado inferior de su muñeca. Debe estar cómodamente tibia. Espolvoree el azúcar y luego la levadura en el agua. Mezcle y deje que la levadura crezca hasta ponerse espumosa—unos 5 minutos.

En un tazón grande, mezcle juntos 1½ tazas de agua tibia, manteca, sal, 2 tazas de la harina y la mezcla de levadura. Mezcle bien con una cuchara de palo para crear una mezcla cremosa. Agregue las últimas 5 tazas de harina, poco a poquito, junto con la masa harina y harina de maíz. Continúe mezclando hasta que la masa se despegue de los costados del tazón y esté algo firme.

Vierta la masa sobre una superficie enharinada y amase, espolvoreando más harina sobre la tabla si se pone pegajosa la masa. Continúe amasando unos 4 minutos, hasta que la bola de masa esté firme, elástica y suave como satín.

Engrase con mantequilla o aceite un tazón grande y voltee la bola de masa para engrasarla por todos lados. Tape con una toalla o envoltura de plástico y deje crecer en un lugar tibio por 1 hora, o hasta que doble en tamaño.

Vierta la masa sobre una superficie ligeramente enharinada y amase por 2 minutos. Divida la masa en 4 porciones iguales y tape 3 de ellas. Divida el pedazo de masa en 4 bolillos. Forme cada uno en un óvalo plano, pellizcando los extremos para formar una figura de huso. Repita el proceso con el resto de la masa.

Coloque sobre unas charolas sin engrasar, tape, y deje crecer de nuevo en un lugar tibio por 30 minutos. Mientras tanto, precaliente el horno a 375 grados F.

Mezcle ¼ de taza de agua con la sal y pase con brocha ligeramente por encima de los bolillos. Pellizque las puntas de nuevo. Hornee los bolillos por 20–30 minutos; baje la temperatura a 350 grados F. si se ven muy dorados. Cuando se pongan de un dorado tenue y suenen huecos al darles golpecitos, retírelos del horno y enfría sobre una rejilla.

EL DÍA DE MUERTOS

Un día, a finales de octubre, traté de conseguir boletos de avión a México al último momento, pero mis planes casi se frustraron por falta de asientos. En ese tiempo no me daba cuenta de la marea anual de generaciones de méxico-americanos que regresan al sur a renovar su alianza con miembros de la familia—tanto vivos como muertos. El reverendo Thomas Belleque, sacerdote de la iglesia católica de Saint Andrew en Sumner, Washington, comentó sobre su congregación mexicana grande, la mayoría quienes vinieron al norte desde Michoacán durante los últimos diez años: "Creo que no he sepultado a nadie aquí. Siempre tenemos los funerales aquí, luego enviamos los cadáveres de regreso. Su corazón, su alma, su ser es mexicano".

En México, especialmente en los estados del centro y sur, el 1º y el 2 de noviembre pertenecen a los muertos, y las amistades y parientes se juntan para compartir los placeres de vivir—comidas favoritas, bebida y música—con los difuntos. No es nada macabro porque aquí, la muerte no es un fin sino una fase dentro de un ciclo constante. Es un tiempo vivaz porque se piensa que en esta época, las almas de los que han muerto pueden seguir participando en las fiestas que tanto gozaron durante sus vidas.

Aquellos que no pueden regresar a casa a menudo mandan dinero a sus familias en México, ayudando así a la alegría de la fiesta en honor a sus ancestros. En los Estados Unidos, las iglesias católicas pueden ofrecer misas especiales, y muchos inmigrantes, tales como Tita Cer-

vantes en Detroit quien salió de Michoacán hace cuarenta años, preparan un altar casero con fotos de los difuntos, flores y velas. Cuando miembros de la familia son sepultados en los Estados Unidos, se llevan flores a los cementerios, y en la zona fronteriza se ponen cruces de espuma de poliestireno decoradas festivamente en las sepulturas, y los niños comen calaveras de dulce. Pero no es como en México.

Allá, el Día de Muertos es uno de los días festivos más importantes y alegres del año, y todavía se celebra en casi la misma manera que hace siglos. En algunas partes, tales como Oaxaca y Pátzcuaro, Michoacán, es una fiesta de tres días con música, desfiles, fuegos artificiales y procesiones con vela al cementerio. En las casas y en algunos edificios públicos, se montan los altares y se repletan con la comida, bebida y hasta cigarros favoritos de cada alma que esperan que venga de visita. Las flores, en especial un tipo de maravilla de olor fuerte y color brillante, adornan el altar, porque se piensa que el aroma lleva a los difuntos de vuelta a su lugar entre sus familiares y amigos. Se ofrecen panes imaginativos y, según sus recursos, moles, tamales, tortillas envueltas en una servilleta, o un gusto como mezcal o tequila se añaden al acercarse el momento especial.

En los cementerios, se pintan de nuevo las tumbas y lápidas con colores brillantes, y las familias vienen con los brazos llenos de flores. Todos se reunen una noche, por lo general el 1º de noviembre, y hay una fiesta junto a la sepultura con todas las comidas maravillosas que disfrutó el difunto durante su vida. De nuevo, se cuida de que el aroma de la comida sea robusto y lo suficientemente fuerte como para guiar al difunto de regreso.

> *Los vivos no comen del festín hasta que se hayan ido los difuntos. Se mantienen despiertos toda la noche con los muertitos (seres humanos invisibles) como si estuvieran en un velorio—un velorio mexicano; cantando, rezando, tomando, haciendo el amor un poco—las tumbas se convierten en mesas de banquete similares a los del hogar. Se pone la comida encima, pesadas flores moradas silvestres y las acres* cempalxochitl *amarillas—antiguas flores sagradas.**

*Anita Brenner: *Idols Behind Altars* (Boston, Massachusetts: Beacon Press, 1970).

Pan de Muerto

TOPPENISH, WASHINGTON

RINDE 1 PAN REDONDO GRANDE Ó 2 MÁS CHICOS PARA 8 A 12 PORCIONES

Panes festivos de huevo endulzados juegan un papel importante en las actividades del Día de Muertos. Ruedas de este pan rico y dulce siempre se incluyen en las ofrendas a los muertos. A veces son redondos con una sugerencia de huesos y calavera horneados por encima o con cabezas de porcelana pintadas atravesando la masa. Hasta he visto la masa elaborada en forma de calavera y adornada con azúcar de color. Tradicionalmente, las familias también llevan este pan al panteón por la noche para "alimentar el espíritu" de sus muertos.

Un chiqueo que en verdad satisface el alma, esta versión es similar a la que Paula Solis hacía. He simplificado el proceso y sustituido mantequilla por la manteca e incluido agua de azahar, un saborizante fuerte que, usado con mesura, agrega un delicado perfume y sabor al pan. Es común en la comida del Medio Oriente y se vende en abarroterías especializadas.

La Señora Solis, ya de ochenta y seis años, tuvo una panadería por veintiséis años en Lubbock, Texas. Enviudó a los treinta y cuatro años con ocho hijos, y se mantuvo haciendo su pan dulce, conchas y especialidades de temporada como este suntuoso pan de huevo. Huérfana a los trece años, Paula aprendió a cocinar con las monjas que la criaron. Eventualmente se mudó para vivir con sus hijos al Valle de Yakima.

Para la masa

2 cucharadas de semillas de anís
2 paquetes (½ onza) de levadura activa granulada
1 taza (2 barras) de mantequilla sin sal, derretida, o manteca vegetal
½ taza de azúcar
6 yemas de huevo, ligeramente batidas
2 huevos, ligeramente batidos
1½ cucharaditas de agua de azahar (opcional)
1 cucharada de ralladura fina de naranja
½ cucharadita de sal de mar
4–5 tazas de harina de trigo, más extra para el área de trabajo
como 1 cucharada de aceite

Para el glaseado

1 huevo, ligeramente batido con 1 cucharada de agua

Para los ingredientes de encima

2 cucharadas de mantequilla sin sal, derretida
¼ de taza de azúcar

Hierva ¼ de taza de agua y vierta sobre el anís en un tazón resistente al calor. Repose hasta que se enfríe, unos 15 minutos.

Vierta ½ taza de agua tibia en un tazón grande y esparza la levadura encima. Deje reposar hasta que la levadura se disuelva y se infle.

Cuele el anís y vierta el agua con sabor enfriado sobre la levadura. Añada la mantequilla derretida, azúcar, yemas, huevos, agua de azahar, ralladura y sal. Mezcle 3 tazas de harina y bata bien por varios minutos. Poco a poco añada el resto de la harina, puño por puño, hasta que la masa comience a separarse de los lados del tazón y forme una bola algo pegajosa.

Vierta la masa sobre una superficie enharinada y amase por 10 minutos; agregue más harina de a poquito hasta que esté tersa y elástica la masa. La cantidad va a variar dependiendo de la harina.

Lave el tazón, séquelo bien, y engrase con aceite o mantequilla. Ponga la masa en el tazón o voltéela para engrasarla por todos lados. Tape el tazón con una hoja de plástico engrasada con aceite o una toalla de tejido cerrado húmeda, y deje que crezca la masa en un lugar tibio hasta doble en bulto, como 1½ horas. Se puede apartar y dejar crecer toda la noche en el refrigerador y llevar a temperatura ambiente antes de proceder.

Vierta la masa sobre una superficie ligeramente enharinada, golpee con el puño, y divida en partes iguales o deje entero. Pellizque como ¼ de cada parte para hacer adornos. Engrase con aceite o mantequilla una charola grande para hornear para cada pan.

Para cada pan, forme el pedazo de masa más grande en una bola redonda. Aplane la bola con el talón de su mano en forma de círculo con 1 pulgada de grueso y coloque sobre la charola. Forme la masa restante en una bola de 1½ ó 2 pulgadas y el resto en una tira larga. Pellizque 4 a 6 pedazos de la tira, dependiendo de la cantidad que sobró, y forme en pequeños lazos con nudos para asemejar huesos. Haga una hendidura en el centro del círculo grande, alargue la parte inferior de la bola chica en forma de punta, y oprima en la hendidura, acomodando los "huesos" como rayos alrededor. Repita el proceso con cada pan. Deje crecer el pan por 45–60 minutos en un lugar tibio, ligeramente tapado.

Hacia el final del último período de crecimiento, precaliente el horno a 375 grados F. Cuando el pan esté casi lo doble en tamaño, pase el huevo por encima del pan con brocha y hornee por 25–30 minutos. La superficie debe estar dorada. El pan más grande puede tomar casi 45 minutos. Retire los panes de las charolas y ponga sobre rejillas. Pase mantequilla con una brocha por encima, espolvoree inmediatamente con el azúcar, y deje enfriar los panes.

VARIACIÓN: PAN CON FRUTA CRISTALIZADA Pedazos de fruta cristalizada son un toque festivo al pan. Siga las instrucciones mas omita el anís, y después del primer crecimiento, amase 3 tazas de varias frutas cristalizadas picadas. Naranja, acitrón, piña e higos son las más comunes.

Rosca de Reyes

BAKERSFIELD, CALIFORNIA

2 ROSCAS *El 6 de enero en México, es la costumbre conmemorar a los tres reyes que visitaron al niño Jesús con regalos de oro, incienso y mirra. Un pastel en forma de rosca, rico en frutas cristalizadas, se hornea, y adentro se le esconde un pequeño muñeco de porcelana o plástico. Para mí, encontrar un muñeco que no se derrita al hornearse es un verdadero reto. Las viejas tiendas de* five and dime *los tenían, y los he encontrado en mercados mexicanos. La persona que encuentre el muñeco en su rebanada tiene que dar otra fiesta el 2 de febrero, el Día de la Candelaria. Algunas familias incluyen varios frijoles grandes para designar ayudantes para la próxima fiesta.*

Esta receta proviene en parte de una versión de Socorro Muños Kimble e Irma Serrano Noriega, dos mujeres californianas que, porque consideraron que el lado dulce de la cocina mexicana estaba recibiendo una atención sólo pasajera, escribieron Mexican Desserts, *un librito excelente. Socorro e Irma usualmente embellecen este pan con un betún de jerez, pero es igual de sabroso con una cantidad igual de jugo de naranja sustituyendo al vino. En ambos casos adorne con tiras de fruta cristalizada o seca.*

La Rosca de Reyes se sirve usualmente con Chocolate a la mexicana (página 390).

Para la masa

2 paquetes (½ onza) de levadura activa granulada
1 taza (2 barras) de mantequilla sin sal, derretida
½ taza de azúcar
6 yemas de huevo ligeramente batidas con 3 cucharadas de agua
2 huevos, ligeramente batidos
½ cucharadita de agua de azahar (opcional)
1 cucharada de ralladura fina de naranja
1 cucharada de ralladura fina de limón francés
½ cucharadita de sal de mar
4–5 tazas de harina, más extra para el área de trabajo
como 1 cucharada de aceite
1 taza de fruta cristalizada picada
¾ de taza de uvas pasas morenas
½ taza de nuez pacana picada
2 muñequitos de porcelana o plástico no-derretible

Para el glaseado

1 huevo, ligeramente batido con 1 cucharada de agua

Para el ingrediente de encima

2 tazas de azúcar glass cernida
⅓ de taza de jerez medio-seco o jugo de naranja
6 higos secados al sol o cristalizados, en tiras (opcional)
tiras de cáscara de naranja cristalizada (opcional)
tiras de otras frutas cristalizadas o nueces (opcional)

Vierta ½ taza de agua tibia en un tazón grande y esparza la levadura encima. Deje reposar hasta que se disuelva la levadura y se infle.

Añada la mantequilla derretida, azúcar, yemas, huevos, agua de azahar, ralladuras de naranja y limón francés y sal. Agregue 3 tazas de la harina revolviendo y bata bien por varios minutos. Poco a poco agregue el resto de la harina, puño por puño, hasta que la masa comience a despegarse de los lados del tazón y forme una bola algo pegajosa.

Vierta sobre una superficie enharinada y amase. Agregue más harina, poco a poco, hasta que esté tersa y elástica la masa, como 10 minutos. La cantidad va a variar dependiendo de la harina.

Lave el tazón, seque perfectamente, y engrase con aceite o mantequilla. Ponga la masa en el tazón y voltéela para engrasarla por todos lados. Tape el tazón con una hoja de plástico engrasada con aceite o con una toalla húmeda de tejido cerrado, y deje crecer la masa en un lugar tibio hasta doble en volumen, como 1½ horas. Se puede dejar aparte en el refrigerador para que crezca toda la noche y llevar a temperatura ambiente antes de proceder.

Engrase 2 charolas de hornear con aceite o mantequilla. Vierta la masa sobre una superficie ligeramente enharinada, golpee con el puño, y divida por la mitad. Añada la mitad de la fruta, pasas y pacanas a cada pedazo de masa e incorpore amasando sólo hasta que estén bien distribuidos. Forme la masa en 2 rollos gruesos y largos, y junte bien las puntas para formar una rosca. Meta 1 muñeco en la masa de cada círculo lo suficientemente adentro para que no se vea y coloque cada círculo sobre una charola de hornear. Para conservar la forma de rosca, coloque un tazón refractario o de soufflé de 3 ó 4 pulgadas engrasado con mantequilla por fuera en el centro de cada rosca para que quede apretadito. Permita que el pan crezca a casi el doble en tamaño, 45–60 minutos, ligeramente tapado.

Hacia el final del último período de crecimiento, precaliente el horno a 375 grados F. Cuando el pan esté casi lo doble en tamaño, pase el baño de huevo con una brocha sobre la parte superior de cada pan. Hornee 25–30 minutos. Debe estar dorada la superficie. Retire los panes de las charolas y coloque sobre una rejilla.

Mezcle el azúcar glass con el jerez o jugo de naranja y chorree sobre el pan aún caliente. Adorne con la fruta y nueces y deje que se enfríe el pan antes de comer.

Semitas de calabaza y piñones

FORT GARLAND, COLORADO

UNOS 24 PANES *Supe de estos panes color otoño dorado salpicados de piñones de Teresa Vigil una mañana en San Luis, Colorado. No pude conseguir la receta exacta porque su fuente, Eliza Garcia, hacía ya algunos años había fallecido, pero después de platicar con otros vecinos del lugar y haciendo experimentos, logré esta versión.*

Los primeros pobladores españoles y mexicanos del valle superior del Río Grande, en lo que es actualmente el norte de Nuevo México y el sur de Colorado, tuvieron una vida dura que se sostenía sólo con lo que sembraban u obtenían recolectando, cazando y pescando. Hoy, los hogares pueden presumir de estufas eléctricas, mas aún usan sus estufas de leña para cocinar casi todo. Panes como estos, utilizando calabaza fresca y piñones recolectados del árbol piñon de Colorado, fueron siempre preferidos.

En las pequeñas comunidades remotas que salpican el valle y posan sobre las laderas de las montañas, la vida social gira alrededor de la familia, iglesia y actividades organizadas por la comunidad. En Fort Garland, donde Eliza Garcia y su esposo vivían, todos esperaban con gusto los bailes mensuales en el salón de la comunidad. Él tocaba el violín y Eliza llevaba comida.

Estas semitas van bien en especial con Guiso veraniego con puerco (página 195), y me gustan con Pavo relleno para días de fiesta (página 172).

2 paquetes (½ onza) de levadura granulada activa
1 cucharada de azúcar morena
½ taza de agua tibia
3 cucharadas de mantequilla con sal derretida, enfriada
1½ cucharaditas de sal
2 huevos, ligeramente batidos
3 tazas de harina sin blanquear y ½ taza extra si se ocupa
¾ de taza de calabaza cocida machacada
1 cucharadita de canela (casia) molida
½ cucharadita de nuez moscada, recién molida de preferencia
½ taza de piñones sin cáscara y ligeramente tostados
aceite o mantequilla para engrasar el tazón

Esparza la levadura y azúcar sobre el agua tibia en un tazón grande. Remueva una vez y deje reposar por 5 minutos. Añada la mantequilla, sal y huevos a la mezcla de levadura, y remueva muy bien o use una batidora eléctrica de uso pesado. Agregue la harina poco a poco, alternando con la calabaza. Aún debe estar suave la masa. Espolvoree la canela, nuez moscada y piñones sobre la masa e incorpore bien, amasándolo. Vierta la masa sobre una superficie ligeramente enharinada y amase por varios minutos. Agregue más harina si lo requiere para

que no se pegue a la superficie, aunque la masa quedará muy suave. Cuando rebote después de ser oprimido con un dedo, fórmelo en una bola.

Engrase con aceite o mantequilla un tazón grande, coloque adentro la masa, y voltéela para engrasarla por todos lados. Tape el tazón con envoltura de plástico, y deje reposar en un lugar tibio hasta doblarse en tamaño, como 1 hora.

Cuando haya crecido la masa, golpee con el puño y vuelva a formarlo en una bola grande. Jale pedazos de masa para formar bolitas de 1½–2 pulgadas, y colóquelas con 2 pulgadas entre cada una sobre una lámina para hornear enaceitada. Tape ligeramente con una toalla húmeda y permita crecer hasta doble en tamaño.

Precaliente el horno a 375 grados F. Cuando las semas has terminado de crecer, transfiera la charola al horno caliente y hornee hasta que estén doradas y que suenen huecas al tamborilearlas, unos 15–20 minutos. Retire las semas del horno y enfríe sobre una rejilla.

VARIACIÓN: DELICIOSAS SEMITAS DE NARANJA Y CALABAZA CON PIÑONES En una versión de Colorado menos tradicional, tueste los piñones hasta que estén muy dorados y que emitan un aroma intenso. Omita la canela y nuez moscada y sustituya 1 cucharadita de semilla de cilantro bien triturada y la ralladura de 1 naranja entera. Si utiliza un rallador especial, retirará la cáscara en tiras muy delgadas y angostas. Si utiliza un pelapapas, tenga cuidado de retirar sólo la cáscara con el color encima, no el tejido blanco interior amargo. Corte la cáscara en tiras delgadas.

Molletes de anís

SANTA FE, NUEVO MÉXICO

COMO 2½ DOCENAS *Aunque ésta es mi versión de una receta para la sema dulce con huevo y levadura hecha por cocineras españolas por todo el suroeste de los Estados Unidos, viene de una pequeña colección de recetas autopublicadas por Lucy Delgado bajo el título de* Favorite Holiday Recipes. *Es similar a muchas otras que probé en Nuevo México, donde por mucho tiempo ha sido un chiqueo favorito ya con anís o con el cártamo silvestre. Como con otras comidas regionales, panes similares pueden llamarse de forma distinta, el más común bolletes, pero para mayor confusión, muchas familias prove-*

nientes de Oaxaca y otros estados del centro de México tuestan un bolillo partido a la mitad y lo embarran con frijoles y queso para el desayuno, llamándolo también un mollete.

Aunque definitivamente no es típico, yo disfruto estos panes de anís con Sopa de zanahoria (página 77) para un contraste sorprendente de sabores.

1 paquete (¼ de onza) de levadura granulado activo
¼ de taza de agua tibia
1½ tazas de leche
4 cucharadas de mantequilla sin sal
1 taza de azúcar
2 cucharaditas de semillas de anís
una pizca de sal de mar
2 huevos batidos
4–6 tazas de harina de trigo
½ taza de mantequilla sin sal derretida

En un tazoncito, esparza la levadura sobre el agua tibia. Deje reposar hasta que la levadura se disuelva y se infle.

Entibie la leche con la mantequilla sobre fuego bajo hasta que la mantequilla se derrita. Vierta en un tazón grande y agregue, removiendo, el azúcar, anís y sal. Cuando la mezcla esté apenas tibia, añada suavemente la levadura y los huevos.

Poco a poco, agregue sólo lo justo de harina para que esté suave pero no pegajoso. Coloque la masa sobre una superficie ligeramente enharinada y amase hasta que esté lisa, unos 4 minutos. Agregue más harina si lo requiere.

Engrase con aceite o mantequilla un tazón grande, coloque la masa adentro, y voltéela para engrasarla por todos lados. Tape el tazón con envoltura de plástico o una toalla apenas húmeda, y deje reposar en un lugar tibio hasta que doble en tamaño, como 1 hora.

Golpee con el puño y amase de nuevo por varios minutos, aún en el tazón. Tape y permita crecer de nuevo por 30 minutos.

Golpee con el puño de nuevo la masa, y forme en bolas de como 1½ pulgadas de diámetro. Coloque con varias pulgadas de separación sobre una lámina enaceitada y oprima con la palma de su mano para aplanar la masa un poco. Pase con una brocha la mantequilla por encima de los panes, tape, y deje crecer por otros 45–60 minutos hasta doblarse en tamaño. Mientras crecen, precaliente el horno a 350 grados F.

Hornee los panes hasta que estén dorados o que suenen huecos al darles golpecitos, unos 30 minutos. Sirva calientes con mucha mantequilla y con té, café o chocolate. Los panes se pueden envolver en papel aluminio y recalentar. También se congelan muy bien.

Pan de elote

GARDEN CITY, MICHIGAN • NUEVO LEÓN, MÉXICO

1 PAN PARA CORTAR EN 12 A 14 REBANADAS *Maria Petra Vasquez ama hornear, y con frecuencia le piden que haga este rico pan de elote para varias fiestas. El día que visité su hogar en las orillas de Detroit, recién lo habían servido en un evento en honor al cónsul mexicano en Costa Rica.*

Aunque su madre hacía su pan de elote con manteca, Petra usa mantequilla y con frecuencia margarina. Puede usar crema ácida baja en grasa, pero crema ácida sin grasa no funciona. Es mejor si el elote ha perdido algo de su humedad tierna.

Es costumbre colocar un tazón de mantequilla suavizada y miel para embadurnar sobre el pan aún tibio, pero está igual de sabroso con platillos tales como Caldillo de papas (página 95). Petra lo hace a veces por adelantado y lo sirve con un café a mediodía o de merienda.

2 tazas de granos de elote congelados, apenas descongelados o granos cortados de 3 elotes grandes y frescos
1 taza de harina de trigo
1 taza de leche
4 cucharadas de mantequilla sin sal derretida
½ taza de crema ácida
2 huevos, bien batidos
2 cucharaditas de polvo de hornear
1 cucharadita de cebolla rallada (opcional)
1 cucharadita de sal de mar
mantequilla y harina para el molde

Precaliente el horno a 325 grados F.

Mezcle todos los ingredientes juntos en un tazón. Engrase los costados y el fondo de un molde de 8½ por 11 pulgadas y enharine ligeramente, sacudiendo el exceso. Vierta la mezcla en el molde y hornee por unos 45 minutos, o hasta que esté dorado crujiente y que salga limpio un palillo introducido en el centro.

Permita enfriar el pan por 5 minutos antes de rebanar.

Pan de elote y chile

PHOENIX, ARIZONA

6 A 8 PORCIONES *El húmedo pan de elote y chile de Dina Mendival Lansdale es muy diferente al pan de elote convencional de nuestro sur estadounidense y más cercano al budín mexicano, el cual se*

sirve usualmente con una salsa como platillo acompañante o plato en sí. Encontré versiones similares en todo Arizona y California.

Sirva con mucha mantequilla o con la salsa del platillo principal, tal como Pollo en salsa chichimeca (página 158).

1 taza de harina de maíz
1 taza de harina
1 taza de azúcar
1 cucharada de polvo para hornear
1 cucharadita de sal de mar
1 lata de 14 onzas de elote en crema
½ libra de quesos rallados *Monterey jack* y *cheddar longhorn* mezclados juntos
1 taza de requesón de cuajos grandes, escurrido
1 lata de 4.5 onzas de chile verde, finamente picado, ó 6 chiles jalapeños enlatados bien picados
¼ de taza de aceite de maíz o cártamo, o mantequilla sin sal derretida, enfriada
1 huevo, bien batido

Precaliente el horno a 400 grados F.

Mezcle la harina de maíz, harina, azúcar, polvo de hornear y sal juntos en un tazón. En un tazón más grande, revuelva juntos el elote, queso, requesón, chiles, aceite y huevo. Añada los ingredientes secos a la mezcla de elote y queso poquito a poco, y revuelva hasta que esté bien incorporado.

Vierta en un molde de 9 por 13 pulgadas engrasado, y hornee unos 30 minutos. Está listo cuando un palillo introducido al centro sale limpio y la superficie esté dorada y esponjosa.

Colitas de pan

GARDEN CITY, MICHIGAN • NUEVO LEÓN, MÉXICO

8 A 12 PORCIONES *"Habiendo hambre no hay pan duro". Este dicho popular es muy del estilo de vida de Maria Petra Vasquez, quien conserva las colitas y otras rebanadas de pan hasta tener lo suficiente para hacer este pan tipo pastel. No piense en esto como un budín de pan; las migajas de pan crean una textura similar a un pan de maíz húmedo y correoso.*

Petra sirve esto a temperatura ambiente con café o como tentempié para sus nietos al salir de la escuela, mas es igual de sabroso caliente, recién salido del horno, con crema chantilly o helado de vainilla.

12 rebanadas de pan blanco principalmente, incluyendo las colitas
½ taza (1 barra) de mantequilla sin sal más algo extra para engrasar el molde
1 cucharadita de harina
2 tazas de leche
1 taza de azúcar morena
1 pizca de sal
1 huevo y 1 clara de huevo
2 cucharaditas de canela molida (casia)
½ taza de uvas pasas
½ taza de nuez picada
½ cucharadita de polvo de hornear

Antes de comenzar, rompa el pan en pedazos y permita secar en un horno tibio o toda la noche. Ya listo para preparar el pan dulce, desmorone el pan en pedacitos y coloque en un tazón grande. El procesador de alimentos sirve muy bien para esto mas deje algo de textura. Debe haber como 10 tazas de moronas irregulares gruesas.

Precaliente el horno a 325 grados F. Engrase un molde de 9 por 12 pulgadas con mantequilla y enharine, sacudiendo cualquier exceso. Vierta la leche en una cacerola mediana, añada el azúcar, mantequilla y sal, y caliente sobre llama muy baja hasta que el azúcar se disuelva y la mantequilla se derrita.

Bata el huevo y la clara de huevo en un tazoncito hasta espumoso, y agregue al pan. Añada la canela, pasas, nueces y polvo de hornear, y saltee bien. Vierta la mezcla de leche en la de pan, combinando por completo el líquido con los otros ingredientes.

Pase todo a cucharadas al molde engrasado y enharinado de manera pareja. Hornee sin tapar, unos 30 minutos, hasta ligeramente dorado. Retire del horno y deje enfriar un poco antes de cortar en cuadros.

Churros

NORTHBROOK, ILLINOIS

COMO 20, 4 PULGADAS DE LARGO *Elaine González, una apasionada e instruida entusiasta del chocolate, ha construido su carrera alrededor de los múltiples usos del cacao. Por la mañana o después de un largo día, Elaine disfruta una o dos tazas de chocolate hirviente, y en él sopea los crujientes churros delgados tan apreciados en España y México. Tuve la suerte de convencer a Elaine de compartir la receta de su madre conmigo. Elaine usa una churrera, una pistola de metal especial que se encuentra en España para hacer churros, pero una bolsa para decorar pasteles funciona igual de bien si utiliza un tubo grande de ½ ó ⅜ de pulgada ondulado o en forma de estrella.*

Realmente no me gustan los dulces, pero no es exageración al decir que adoro los churros. Elaine es la única cocinera de casa que conozco que prepara estas botanas especiales, pero los he probado con vendedores ambulantes de Chicago, Nueva York y Los Ángeles. El problema es que, como otras fritangas, se tienen que comer recién hechas y aún muy calientes, algo que rara vez se encuentra en los Estados Unidos, donde usualmente se fríen en un lado y se mantienen sólo tibios en los puestos.

½ taza de agua
½ taza de leche
¼ de cucharadita de sal de mar
1 cucharada de aceite de maíz o de cártamo
1 taza de harina
1 huevo grande
aceite de cacahuate o cártamo para freír
½ taza de azúcar

Coloque el agua, leche, sal y aceite en una cacerola de 1½ cuartos de galón a fuego medio-alto, y lleve a un hervor. Añada toda la harina de una sola vez, baje el calor, y mezcle vigorosamente con una cuchara de palo hasta formar una bola dura y seca.

Pase la masa al tazón grande de una batidora eléctrica y deje enfriar por unos 5 minutos. Bátala a velocidad medio-alta por 1 minuto, o hasta que se suavice la masa y se haga más maleable. Agregue el huevo y continúe batiendo. Al principio estará en pedazos la masa, pero al seguirla batiendo, se juntará para formar una mezcla lisa. Aparte y deje enfriar.

Mientras tanto, caliente al menos 1 pulgada de aceite en un sartén hondo de 8 a 9 pulgadas hasta que llegue a los 350 grados F. Si el aceite no logra esta temperatura, los churros se dorarán por fuera pero quedarán crudos por dentro. Doble hacia afuera la parte superior de una bolsa para decorar de 12 pulgadas e introduzca un tubo de estrella u ondulado grande (apertura de ½ pulgada). Llene la bolsa con la mitad de la masa, desdóblela, oprima la masa hacia el fondo del tubo, y cierre, torciendo, la parte superior de la bolsa. Sostenga la apertura de la bolsa perpendicularmente al sartén, como 3 pulgadas arriba de la superficie, y oprima para fuera 3 a 4 pulgadas de largo de masa directamente al aceite caliente. Corte la masa del tubo con un cuchillo. Oprima otros 2 ó 3 largos de masa, dependiendo del tamaño del sartén. Dore bien cada churro de un lado antes de voltearlo para dorar el otro. Escurra sobre papel absorbente, espolvoree con azúcar, y sirva de inmediato.

Buñuelos

FIFE, WASHINGTON • MICHOACÁN, MÉXICO

OCHO BUÑUELOS DE 8 Ó DIEZ DE 6 PULGADAS *Los días festivos son época de tanto esperanza como recordanza; y para méxico-americanos, muchos de los recuerdos de Navidad involucran buñuelos, las delgadas, crujientes ruedas de masa dorada bañadas en miel caliente. El comerlos siempre es un placer, mas es el reunirse y verlos hecho lo que los hace tan especiales. La masa se e-s-t-i-r-a primero sobre la rodilla de la cocinera (normalmente una abuela, ya que se requieren años de práctica para hacer la masa tan transparente que casi se puede ver a través de ella). Cada rueda frágil se mete luego en un cazo grande de aceite hirviendo para salir inflado y caliente.*

Yo aprendí a hacer buñuelos primero con dos hermanas en Morelia, Michoacán, quienes utilizaban la cáscara del tomatillo como una levadura natural en vez de polvo de hornear. Un día, cuando estaba con un grupo de mujeres de otro pueblo más chico en Michoacán, quienes con sus familias se habían trasladado al Valle de Puyallup en el estado de Washington, comenzamos a discutir buñuelos, y me dio gusto que usaran casi los mismos ingredientes y métodos que yo. Ésta es mi adaptación. Nunca logro la perfección de sus delicadas hojas de masa dorada, pero me divierto intentándolo.

A Miguel le gusta una miel con anís, pero saben igual de buenos espolvoreados con azúcar y canela, una práctica común en el suroeste de los Estados Unidos.

Algunas persona insisten en comer sus buñuelos muy dorados y con justo lo suficiente de la miel caliente como para hacerlos pegajosos, mientras que otros prefieren romperlos en pedazos y remojar hasta suaves en la miel. En ese caso una cuchara ayuda. Una taza de Chocolate a la mexicana (página 390) o Champurrado (página 388) es el acompañante tradicional.

Para la masa

10 cáscaras de tomatillo, enjuagadas, ó ½ cucharadita de polvo de hornear (véase la Nota)
½ taza (1 barra) de mantequilla sin sal o manteca vegetal
2 tazas de harina sin blanquear
½ cucharadita de sal de mar
1 huevo, ligeramente batido

Para la miel (opcional)

1 cucharada de semillas de anís
1 libra de azúcar morena obscura o piloncillo (página 23) machacado
1 taza de jugo de naranja recién exprimido

Para freír

suficiente aceite de cacahuate o cártamo para una freidora profunda ó 1 pulgada en un sartén grande y hondo

Para los ingredientes de encima (opcional)

canela (casia) molida
azúcar granulada

Coloque las cáscaras en una cacerola, y añada 1 taza de agua. Lleve a hervor, baje el calor, y deje hervir a fuego lento por 10 minutos. Remueva de vez en vez y sumerja las cáscaras. Después de retirar las cáscaras, agregue la mantequilla al agua. Se derretirá mientras se enfría el agua.

Ponga la harina en un tazón, mézclele la sal, y forme un hoyo en el centro. Deslice el huevo adentro y añada el agua de tomatillo enfriado de a poquito y salpicando. Saltee adentro algo de la harina de los costados hasta que se absorbe por completo la harina. La masa debe estar húmeda mas no pegajosa.

Vierta la masa sobre una superficie ligeramente enharinada y amase enérgicamente hasta lisa y elástica. Engrase un tazón con aceite o mantequilla, coloque la masa adentro, y voltéela para que quede engrasada por todos lados. Tape el tazón con una toalla seca, y deje reposar por 30 minutos.

Mientras reposa la masa, ponga el anís en una cacerola chica con 1 taza de agua y hierva por 3 minutos. Cuele, reservando el agua. Recaliente el agua anisada con el azúcar y jugo de naranja. Hierva lentamente a fuego mediano unos 8 minutos hasta que se espese y forme una miel ligera o que la miel alcance 210 grados F. en un termómetro dulcero. Retire del calor y recaliente después si lo requiere.

Dependiendo del tamaño de buñuelo que desee hacer, forme bolas de masa de 1½–2 pulgadas de diámetro. Para formar el buñuelo: Aplane cada bola entre las palmas de sus manos. Luego, sosteniéndola por la orilla, gire la masa, y con sus dedos trabaje desde el centro para llevar la masa hacia afuera hasta que forme una rueda delgada de 4–5 pulgadas. Se estirará muy delgada, y si aparecen hoyos, se pueden cerrar con un pellizco.

Coloque la masa aplanada sobre la superficie enharinada, y con la palma de su mano, aplane las orillas del círculo. Haga la masa lo más transparente posible sin romperla, aunque son de esperarse algunos hoyos. Repita con el resto de la masa, y permita reposar los buñuelos por 20 minutos. Esto ayudará a prevenir que se formen burbujas al freírlas.

Caliente el aceite sobre fuego medio-alto a muy caliente mas no humeando (375 grados F.). Para probarlo, agregue un pedacito de masa; inmediatamente deberá chisporrotear y dorarse. Tenga papel absorbente sobre una charola cerca de la estufa. Dore 1 buñuelo a la vez. Acueste un círculo de masa en el aceite caliente. Se hinchará en globitos y se dorará ligeramente.

Voltee con 2 espumaderas y dore el otro lado unos segundos. Retire del aceite y escurra. Ya dorados todos los buñuelos, sirva de inmediato, espolvoreados de azúcar y canela. O, tradicionalmente, salpique la miel caliente sobre los buñuelos calientes y sirva en un tazón ancho.

NOTA: Si prefiere quedarse con el polvo de hornear, simplemente mezcle media cucharadita en la harina, mézclele mantequilla o manteca suavizada con los dedos y añada el agua.

Sopaipillas

ALBUQUERQUE, NUEVO MÉXICO

COMO 50 CHICAS Ó 25 GRANDES *Piense en las sopaipillas de Nuevo México como un híbrido entre el pan frito de los indígenas pueblo y los buñuelos de México y España. En cualquier alimento en la región superior del Valle del Río Grande puede esperar canastos de infladas de masa en una variedad de figuras geométricas—triángulos, cuadrados, rectángulos. Aunque las sopaipillas se sirven a menudo sólo con miel y mantequilla o partidas y rellenas de frijoles, normalmente sobre la mesa está el triunvirato de las sopaipillas, guisado de chile picoso y miel a un lado para apaciguar el paladar. Otros las prefieren como un postre espolvoreadas con azúcar y canela o con miel de caramelo. Más al sur, las sopaipillas tienden a ser más chicas, como esta versión del centenario Miguel Baca, quien vivió con su hijo en un ranchito en las afueras de Albuquerque. Pilar, una de sus nietas, me dijo:*

> *Mi Abuelito Miguel, quien trabajó durante muchos años con el ferrocarril, tenía manos grandes y nudosas que avivaban una pipa, tronaban nueces de Castilla negras sobre piedras detrás de la casa, y preparaban magnífica comida nuevomexicana, tal como enchiladas estilo Nuevo México, chile (es decir, chile verde nuevomexicano) y sopaipillas. Recuerdo a Abuelito enseñándonos cómo hacer sopaipillas de esta forma. Entraba a la cocina, después de quitarse su sombrero Panamá, se remangaba, y ponía un delantal. Describía lo que estaba haciendo, llamándome "mi hijita", y me debaja ayudar en la preparación de la comida.*

Mientras estén calientes las sopaipillas, envuélvalas en una servilleta y deje en la mesa en una canasta con un jarroncito de miel cerca. Aunque esté preparando las sopaipillas más grandes y las rellene con Frijoles refritos (página 233) y queso rallado o Carne con chile colorado (página 180), mantenga cerca la miel junto con lechuga picada, jitomate y Guacamole (página 278). El Chile verde (página 277) es otra adición bienvenida.

4 tazas de harina de trigo
2 cucharaditas de polvo de hornear
1¼ cucharaditas de sal de mar
4 cucharadas de manteca vegetal o de puerco
unas 3 tazas de aceite de cacahuate para freír

Cierna la harina, polvo de hornear y sal juntos en un tazón grande. Utilizando 2 cuchillos o un cortapastas, agregue—cortando—la manteca a los ingredientes secos hasta formar una harina martajada. Añada justo la suficiente agua apenas tibia, como 1 taza, para suavizar la masa. Mézclela con un tenedor o las yemas de los dedos hasta formar una masa pegajosa.

Vierta la masa sobre una superficie ligeramente enharinada, y amase y voltee unas 40 veces. La masa aún estará suave mas no pegajosa. Haga 4 bolas, tape con una toalla limpia o envoltura de plástico, y permita reposar por 20–30 minutos. Se puede refrigerar la masa por varias horas si necesita, pero llévela a temperatura ambiente antes de continuar.

Una por una, sobre una superficie ligeramente enharinada, aplane cada bola de masa en forma de círculo de ⅛ de pulgada de grueso. Corte gajos en forma de diamante de 2 ó 3 pulgadas de largo por lado. O, si desea, la masa se puede cortar en otras formas o en un tamaño más grande. Ya que es mejor no trabajar la masa demasiado porque la hace correosa, cualesquier pedazos grandes sobrantes se pueden cortar en trozos chicos e irregulares. Tape ligeramente las sopaipillas mientras corta otras.

En un sartén grande y grueso o en una freidora eléctrica, caliente 1 pulgada de aceite a 400 grados F. Tomará varios minutos. Pruebe un pedacito de masa soltándolo adentro del aceite caliente. Debe chisporrotear e inflarse de inmediato. Cuando esté lo suficientemente caliente el aceite, coloque las sopaipillas, unas cuantas a la vez, en el aceite, y manténgalas sumergidas con una espumadera hasta que se hinchen o cucharee algo de aceite encima. Voltee después de unos segundos y fría el otro lado. Ya doradas, levántelas con la espumadera y escurra sobre papel absorbente. Se puede mantener el pan caliente en un horno a 200 grados F. mientras fríe las demás, o se pueden recalentar a 350 grados F.

Molletes

SAN DIEGO, CALIFORNIA • MICHOACÁN, MÉXICO

RINDE 4 *Si tiene frijoles refritos a la mano, este emparedado abierto es un tentempié mañanero rápido inusual. También son útiles para un almuerzo informal otoñal. En Nuevo México, los molletes son panes dulces usualmente con anís. En otras partes eran similares a los que he comido tanto en Oaxaca como Michoacán—un bolillo crujiente o telera con frijoles y queso derretido encima—aunque los de Texas estaban rete-picosos debido a una cantidad casi mortal de chile jalapeño picado.*

A Ana Rosa Bautista, quien maneja el negocio familiar aguacatero en San Diego, le gusta poner rebanadas de aguacate encima del queso derretido. También puede mezclar Chorizo (página 175) frito con los frijoles como me sirvieron en El Paso.

Sirva los molletes de inmediato con Salsa fresca (página 269) o, si no hay jitomates maduros, Salsa roja picante (página 274).

1 cucharada de aceite de cártamo o *canola*
½ cebolla blanca, en rebanadas finas
2 tazas de Frijoles refritos (página 233) o enlatados
1–2 cucharadas de chile jalapeño en vinagre picado (opcional)
Bolillos (página 314) u otros panes tipo francés
2 cucharadas de mantequilla sin sal derretida o aceite de cártamo o *canola*
4 onzas de queso *Monterey jack* o *cheddar* rallado

Precaliente el horno a 375 grados F.

Caliente el aceite en un sartén mediano, y dore la cebolla a fuego mediano. Agregue los frijoles y jalapeños, y remueva hasta que se calienten por completo.

Parta los bolillos a la mitad, y retire casi todo el migajón. Pase la mantequilla con brocha, y tueste por 5 minutos sobre una charola para hornear. Rellene los bolillos con los frijoles, esparza con queso rallado, y continúe horneando los panes hasta que se tuesten por las orillas y el queso se derrita.

Huevos rancheros

PHOENIX, ARIZONA

4 PORCIONES *Éste es uno de muchos platillos de huevo que Miguel recuerda haber comido para el almuerzo—a media mañana—los sábados o domingos cuando no iba a la escuela. Así es como recuerda su parte en la preparación:*

> *Toda la familia se sentaban juntos a comer—mi abuelo, Don Miguel, a un extremo de la mesa y mi abuela, Lupe, al otro. A veces éramos 15 personas en la mesa a la vez. Mi abuela siempre preparaba el platillo principal. Recuerdo que mi trabajo era preparar el café con leche (página 389) y té helado o bebidas de fruta.*

Sirva con Frijoles refritos (página 233), fruta fresca y café con leche para un desayuno mexicano muy tradicional. La salsa ranchera en este platillo se usa con frecuencia en otros, tales como de res, cerdo o pollo.

Para la salsa ranchera

2 libras de jitomates maduros (unos 4 jitomates), asados (página 20) con su piel
2 dientes de ajo, picados
6 chiles serranos frescos, sin tallo y asados (página 19)
sal de mar
2 cucharadas de aceite de cártamo o *canola*
2 cucharadas de cebolla blanca picada

Para los huevos

¼ de taza de aceite de cártamo o *canola*
8 tortillas de maíz comerciales
8 huevos
sal de mar

Para los ingredientes de encima

4 cucharadas de crema (página 21) o crema ácida diluida con leche
4 cucharadas de queso añejo, fresco o feta desmoronado
4 cucharadas de cilantro picado

Ponga los jitomates, ajo, chiles y sal en un procesador de alimentos o licuadora y muela brevemente, dejando algo de textura.

Caliente el aceite en un sartén o cacerola mediano a fuego medio-alto. Añada la cebolla y cueza unos 3 minutos. Vierta el jitomate molido y cocine 4–5 minutos a fuego alto, hasta que espese un poco la salsa. Debe reducirse a como 1½ tazas de salsa. Mantenga caliente mientras prepare los huevos.

Caliente el aceite en un sartén a fuego medio-alto y fría las tortillas unos 2 segundos cada lado. Escurra sobre papel absorbente, envuelva en aluminio, y mantenga caliente a muy baja temperatura en el horno.

Baje el fuego bajo el sartén y fría los huevos al gusto, agregando sal. (Se pueden escalfar los huevos; sólo comience a hervir el agua antes de freír las tortillas).

Solape 2 tortillas en cada plato, luego coloque 2 huevos encima. Vierta cucharadas de salsa ranchera sobre los huevos, luego crema. Esparza queso y cilantro encima y sirva.

Huevos motuleños

LYNNWOOD, WASHINGTON • YUCATÁN, MÉXICO

4 PORCIONES *Este platillo colorido y en capas es un favorito por toda la península de Yucatán, pero fue creado hace muchos años por el dueño de un restaurante en el pueblito de Motul, al norte de Mérida. Es sólo lógico que los huevos motuleños sean el desayuno favorito de Ernesto Pino, porque Motul es donde vivió una parte de la familia de su padre. Ernesto prepara estos huevos casi como un emparedado con una tortilla tanto arriba como abajo del huevo frito. Para un platillo más ligero se puede omitir la tortilla superior.*

El potente habanero es el chile ideal para este platillo, pero sólo debe permanecer en la salsa mientras se cuece y luego tirarse. Si usa chiles serranos, se convertirán en parte de la salsa.

Para la salsa

2 cucharadas de aceite de cártamo o *canola*
1 cebolla blanca, picada
6 jitomates maduros medianos, asados (página 20)
1 chile habanero cortado en cuatro ó 1–2 chiles serranos o jalapeños, asados (página 19) y pelados
como ½ cucharadita de sal de mar
1 taza de chícharos pequeños congelados, semi-descongelados
1 taza de queso fresco desmoronado o queso *Monterey jack* rallado
crema (página 21) o crema ácida diluida con un poco de leche (opcional)

Para la guarnición

2 plátanos machos maduros o plátanos macizos
6 onzas de jamón fino, en tiras "julienne" o picado

Para los huevos

aceite de cártamo o *canola*
8 tortillas de maíz comerciales
1½ tazas de frijoles negros refritos (página 233) o enlatados
8 huevos
sal de mar

Precaliente el horno a 200 grados F. para calentar los platos y mantener calientes varios ingredientes.

Para preparar la salsa, entibie el aceite en un sartén mediano y dore la cebolla. Coloque los jitomates asados—con todo menos las partes más chamuscadas—en una licuadora o procesador de alimentos. Si usa serranos o jalapeños, agregue sólo 1 chile a la licuadora, y muela a una textura áspera. Pruebe, agregue otro chile si lo requiere, y muela de nuevo brevemente. Agregue la mezcla de jitomate a la cebolla y sal al gusto. Si usa el habanero, añada, removiendo, a la salsa. Cueza a fuego medio-bajo unos 10 minutos hasta que la salsa espese. Retire los trozos de chile habanero y tire. Se puede hacer la salsa por adelantado y recalentar.

Pele los plátanos machos y corte en rodajas de ¼ de pulgada. En un sartén grande, caliente 2 cucharadas de aceite a fuego mediano. Acueste las rodajas de plátano en el sartén, y fría como 4 minutos cada lado hasta un dorado obscuro. Retire con espumadera, escurra sobre papel absorbente en una charola de hornear, y mantenga caliente en el horno junto con el jamón y los chícharos. Ponga el queso y la crema en tazoncitos.

En el mismo sartén, a fuego medio-alto, fría las tortillas brevemente, unos 30 segundos, sólo para suavizarlas. Escúrralas sobre papel absorbente, y mantenga calientes.

Caliente los frijoles. Coloque 4 de las tortillas sobre platos calientes, y embarra con una cucharada grande de frijoles. Mantenga las tortillas calientes mientras fríe los huevos.

En el mismo sartén que usó para las tortillas, caliente una cucharada de aceite y fría 2 huevos de un solo lado, o, volteándolos brevemente si lo prefiere. (Yo los prefiero con la yema aún suave pero no tan aguada como normalmente los preparo). Agregue sal al gusto.

Coloque 2 huevos sobre cada tortilla cubierta de frijol, vierta encima un poco de salsa, y tape con otra tortilla. Repita con los demás huevos y tortillas.

Vierta la salsa restante sobre las tortillas superiores y esparza con jamón, chícharos y queso. Si gusta, agregue una cucharada de crema en medio. Coloque las rodajas de plátano alrededor de los platos.

Huevos "rabo de mestiza"

VICTORIA, COLUMBIA BRITÁNICA, CANADÁ • CIUDAD DE MÉXICO, MÉXICO

2 PORCIONES CON 2 HUEVOS CADA UNO *El nombre común de este platillo parece no tener una razón de ser. Aún se sirve en hogares méxico-americanos de casi la misma manera en que se*

preparaba en México a través de los siglos. Ésta es mi versión de una receta muy similar de Maria Elena C. Lorens, a quien le gusta servir Rabo de mestiza como platillo principal en un almuerzo. Se puede incrementar para un grupo chico.

3 jitomates maduros y frescos, asados (página 20) y picados con su piel
2 cucharadas de mantequilla, aceite de cártamo o *canola*
½ cebolla blanca mediana, bien picada
2 chiles poblanos o Anaheim frescos, asados (página 19), pelados, sin semillas y en rajas
sal de mar
4 huevos grandes

Para la guarnición

1 taza de crema (página 21) o crema ácida diluida con leche
4 cucharadas de queso fresco o queso feta desmoronado

Ponga los jitomates en una licuadora con ½ taza de agua y muela perfectamente. Si está seca la mezcla aún, agregue unas cucharadas más de agua.

Derrita la mantequilla en un sartén mediano a fuego medio-bajo y acitrone las cebollas unos 3 minutos. Añada las rajas y cocine sólo unos minutos más.

Agregue los jitomates y sal al gusto. Suba el fuego a mediano y siga cocinando unos 5 minutos, hasta que la salsa se espese y sazone.

Abra cada huevo en una tacita o moldecito flanero, y muy cuidadosamente, para no romper las yemas, viértalas en la salsa. Cocine unos 4 minutos; con una cuchara ponga algo de la salsa sobre el huevo mientras se cuece, hasta que la yema apenas empiece a cuajarse. Retire los huevos de la salsa con una espumadera y coloque en tazones bajos precalentados. Vierta salsa alrededor de los huevos, agregue algo de crema, y esparza con queso. Sirva de inmediato, con tortillas calientes.

Huevos a la mexicana

AUSTIN, TEXAS

4 PORCIONES *Junto con los huevos rancheros, ésta es la forma más común—revueltos con chile, cebolla y jitomate—en que mexicanos y méxico-americanos preparan sus huevos del desayuno. Miguel prepara los suyos en la forma clásica. Quizás lo único que sea diferente es el tipo de chile fresco utilizado.*

Frijoles refritos (página 233), unas tortillas calientes y un tanto extra de Salsa verde (página 270), y tendrá uno de los más sabrosos desayunos de México.

3 cucharadas de aceite de cártamo o *canola*, manteca, manteca de tocino o mantequilla sin sal
½ cebolla blanca mediana, bien picada
1–2 chiles serranos o jalapeños frescos, bien picados
2 jitomates medianos maduros, picados
8 huevos, ligeramente batidos
como 1 cucharadita de sal de mar

Para la guarnición

queso fresco o feta desmoronado (opcional)
½ aguacate maduro pero firme, pelado y cortado en cubos de ½ pulgada

Caliente el aceite en un sartén mediano a fuego mediano. Saltee la cebolla y chiles hasta apenas suaves, añada los jitomates, y cocine por 3–4 minutos.

Vierta los huevos en el sartén y deje cuajar por 1 minuto, luego espolvoree con sal y revuelva suavemente con un tenedor o cuchara de palo. Baje la llama si se están cociendo muy rápido. Los huevos deben doblarse junto con la mezcla de jitomate hasta suavemente cuajados pero no resecos. Sirva pronto con algo de queso desmoronado y aguacate.

VARIACIÓN: HUEVOS REVUELTOS CON EPAZOTE O CILANTRO Añada 2 dientes de ajo picado a la cebolla y chiles cuando se fríen, y mezcle un ramito picado de epazote fresco ó 2 ó 3 ramitos de cilantro y una pizca de comino molido con los huevos antes de revolverlos.

Huevos revueltos con nopales y chorizo

SACRAMENTO, CALIFORNIA

4 PORCIONES *Éste es uno de esos platillos tan sencillos mas tan especiales. A Lupe Viramontes, de quien es la receta, le gusta agregar chorizo, pero asegúrese que esté recién preparado por su carnicero o use el suyo casero. En Tucson, Patricia Flores pone un puño grande de queso en sus huevos. Algunas cocineras agregan orégano, algunas jalapeños frescos. La versión de Lupe es la que a mi esposo Fredric le gusta preparar para un desayuno dominguero.*

Para un platillo inusual de desayuno o cena, a Maria McRitchie en Oregon le gusta envolver los huevos y nopales en enormes tortillas de harina calientes. Las puede tener a la mano junto con un tazón de su salsa favorita. Los sabores de la Salsa verde, verde (página 272) complementarán sin abrumar los huevos.

2 tazas de nopal enlatado, escurrido y bien enjuagado, ó 2 pencas de nopal frescas, cocidas (página 57)
1 cucharada de aceite de cártamo o *canola*
¼ de libra (como 2 chorizos) de chorizo mexicano recién hecho, comercial o casero página 175)
½ cebolla blanca mediana, bien picada
8 huevos grandes
1 cucharadita de chile seco triturado (opcional)
sal de mar y pimienta negra recién molida

Para la guarnición

1 cucharada de cilantro picado

Enjuague perfectamente el nopal para retirar la baba. Se necesita, pique en trozos de ½ pulgada. Escurra y seque a palmaditas.

Caliente el aceite en un sartén grande y grueso, y dore bien el chorizo a fuego mediano. Añada la cebolla y acitrone. Agregue el nopal revolviendo y continúe friendo 2–3 minutos más.

Mientras se cuece el chorizo, cebolla y nopal, bata los huevos ligeramente en un tazoncito con el chile triturado, sal y pimienta. Vierta los huevos en el sartén, deje cuajar un momento, y cocine al gusto, removiendo con cuidado de vez en vez. Sirva de inmediato con cilantro espolvoreado encima.

Omelette con queso estilo Sonora

SUMNER, WASHINGTON • SONORA, MÉXICO

1 PORCIÓN *Hace muchos años que Tina Aguilar y yo somas amigas. Pequeña y vivaz, ella trabaja en la administración de la Universidad de Washington mas aún tiene energía para ayudarle a su marido en sus continuos esfuerzos a beneficio de la comunidad mexicana. Ernie fue uno de los fundadores de la Cámara de Comercio Hispana de Washington y es presidente actual del Centro Mexicano del Estado de Washington.*

Este omelette que deja muy satisfecho, es uno de sus platillos favoritos para desayunos de fin de semana, y yo lo sirvo para cenar con una Ensalada César con chile chipotle (página 52). Para preparar un omelette perfecto, es útil tener un sartén para omelette especial de 8 ó 9 pulgadas, con los costados en declive y un acabado antiadherente.

Tina usualmente escoge Chilaquiles (página 221) para servir con este omelette picoso, pero los Frijoles refritos (página 233) o Frijoles maneados (página 234) van bien también. Comience con un platón de fruta fresca.

2 huevos
1 cucharada de chile jalapeño fresco picado
1 cucharada de cebolla blanca bien picada
1 cucharada de jitomate maduro picado
apenas ½ cucharadita de sal de mar
1 cucharada de mantequilla sin sal o aceite de cártamo o *canola*
1 cucharada de queso *Monterey jack* deshebrado

Para los ingredientes de encima

1–2 cucharadas de crema (página 21) o crema ácida diluida con una poca de leche (opcional)
1 cucharadita de perejil de hoja plana picado (opcional)

Rompa los huevos en un tazoncito y bata ligeramente con un tenedor. Añada 1 cucharada de agua si desea un omelette más ligero. Agregue la sal.

Derrita la mantequilla en un sartén chico sobre fuego mediano. Cuando esté burbujeando, agregue revolviendo el chile, cebolla y jitomate, y cueza unos 2 minutos. Suba el fuego y vierta el huevo adentro. Sacuda el sartén continuamente. Levante las orillas del huevo e incline el sartén para que el huevo sin cocer se deslice por debajo.

Cuando esté casi cocido el huevo, esparza con el queso. Incline el sartén y enrolle o doble el omelette al sentido contrario que Ud.

Para servir, sostenga un plato junto al sartén y deslice el omelette con cuidado. Si gusta, choree con crema y esparza con perejil.

VARIACIÓN: OMELETTE DE CHORIZO Sustituya 2 cucharadas de chorizo mexicano (página 175) cocido por el queso y chile jalapeño picado.

Tortilla española de papa

CHULA VISTA, CALIFORNIA

6 A 8 PORCIONES *Una tortilla no es siempre de maíz o trigo molido. Lo único que tiene en común con su contraparte española es su nombre, ambos derivados de la palabra raíz en latín—*torte*—significando "pastel redondo". En España es un omelette y el siempre preferido es uno sencillo de papa y usualmente comido a temperatura ambiente como una tapa o botana.*

Cuando le sobran frijoles negros a Carmen Mestos, ella prepara el platillo favorito de huevo de su hijo menor y su marido—una tortilla española con frijol negro molido y crema encima.

Esta tortilla más bien aparece para la cena que para el desayuno, pero es muy versátil. Me gusta juntarla con jitomates de hortaliza en rodajas o una ensalada verde grande, tal como Ensalada de berros (página 54) o para un buffet a temperatura ambiente, en rebanadas con sólo una salsa favorita.

¾ de taza de aceite de oliva
2 dientes de ajo enteros
1½ libras de papa roja, unas 6, peladas, luego rebanadas a lo largo a la mitad y cortadas en rebanadas de ⅛ de pulgada
1 cebolla amarilla grande, en rebanadas delgadas
sal de mar
8 huevos
1 lata de 4½ onzas de chile verde picado, escurrido
pimienta negra recién molida

Para la guarnición

1½ tazas de frijol negro machacado con caldo de frijol
1 taza de crema (página 21) o crema ácida, diluida con leche

Entibie el aceite en un sartén de 9 pulgadas antiadherente o uno de hierro fundido. Aplane el ajo con el dorso de un cuchillo, añada al aceite, y saltee. Ya dorado, retire y deseche. Agregue las papas en una sola capa, luego la cebolla, salando ligeramente cada capa. Cueza a fuego mediano por unos 20 minutos hasta estar las papas suaves pero no doradas. Voltéelas de vez en vez para que no se peguen juntas.

Retire las papas y cebollas con una espumadera y coloque sobre papel absorbente para escurrir cualquier aceite excesivo. Deseche todo menos 2 cucharadas de aceite, raspando cualesquier pedazos de papa que se hayan pegado. El fondo del sartén deberá estar muy limpio y liso.

Bata los huevos en un tazón grande y salpimente al gusto. Añada las papas y chile verde, empujando hacia abajo para que el huevo los cubra.

Recaliente el aceite en el sartén a fuego alto. Extienda la mezcla de papa con huevo parejo en el fondo del sartén. Reduzca la llama a baja, tape, y cueza hasta que como 1 pulgada alrededor de la orilla del huevo se cuaje, pero lo de en medio aún esté líquido. Destape, levante las orillas con una pala, e incline el sartén para que escurra el huevo líquido por debajo.

Caliente los frijoles en una cazuelita y mantenga tibios pero sin resecarlos.

Cuando el huevo se comience a dorar por debajo, invierta un plato plano y grande o una charola de hornear sin orillas sobre el sartén y voltéelo para que la tortilla esté sobre el plato. Quizás sea necesaria otra cucharada de aceite en el sartén antes de deslizar la tortilla de vuelta al sartén, el lado cocido hacia arriba. Esto se puede repetir varias veces hasta que ambos lados estén dorados mas el centro esté húmedo aún. Deslice la tortilla a un platón tibio, corte en trozos, y sirva caliente con frijoles encima y cucharadas de crema. Acompáñela con Bolillos (página 314) u otros panes duros calientes.

Migas con tocino y huevos

DETROIT, MICHIGAN • NUEVO LEÓN, MÉXICO

2 Ó 3 PORCIONES *Las migas, la palabra española para moronas, son una favorita universal con méxico-americanos en casi todas partes que visité en los Estados Unidos. En España, de donde proviene este platillo, las migas se hacen con cubos crujientes de pan dorado en aceite y mezcladas con jamón o tocino en vez de tortillas. Nunca las he comido en cualquiera de las formas en México, pero es prima segura de los Chilaquiles (página 221). Cocineras económicas combinan tortillas viejas en pedazos con huevo, unas cebollas, ajo, chile y un jitomate picado para crear un alimento que llena y economiza. Como Bettie Lee Taylor me comentó en Sacramento: "De esta forma mi tía abuela alimentaba a ocho personas con sólo 3 huevos". En particular, gusto de esta versión de Beatriz Esquivel, una maestra bilingüe en Detroit. Añada tanto chiles jalapeños como pimentón rojo para realzar el sabor junto con un pellizco grande de comino. Preparar migas invita a la creatividad, así que experimente con otros ingredientes.*

La manteca de tocino derretida se puede usar como parte o todo el aceite para freír las migas. Agregará sabor, pero claro, aumentará el colesterol.

Este sustancioso platillo para desayuno se puede doblar o hasta triplicar para servir en un almuerzo informal, aunque sería mejor preparar el tocino y tortillas antes y cocer los huevos en tandas. Coloque las migas en una cazuela de barro o cerámica. Agregue una jarra de jugo de naranja recién exprimido, Empanaditas de cerdo (página 44), una Ensalada de jícama, melón y naranja (página 59) y una olla de Frijoles charros (página 232), y nadie se irá con hambre.

Se pueden servir las migas con Salsa fresca (página 269) u otra salsa de jitomate fresco y una cucharada grande de Frijoles refritos (página 233) por un lado. A los hijos de Silvia Sosa les gusta cubrir sus migas con salsa catsup.

2 rebanadas gruesas de tocino
3 cucharadas de aceite de cártamo o *canola*
6 tortillas de maíz de sobra, algo secas y rotas en pedazos de 1–1½ pulgadas
½ cebolla blanca mediana, bien picada
3 dientes de ajo, finamente picados
2 chiles jalapeños frescos, sin semillas y bien picados
½ pimentón rojo, sin semillas y bien picado (opcional)
6 jitomates pera maduros, picados
½ cucharadita de comino
4 huevos, ligeramente batidos
½ taza de queso *Monterey jack* o *cheddar* blanco rallado
sal de mar y pimienta negra recién molida

Ponga el tocino en un sartén chico frío y cueza lentamente hasta crujiente. Retire las rebanadas de tocino y escurra sobre papel absorbente. Se puede freír el tocino por adelantado y apartar.

En un sartén grande y grueso caliente el aceite a fuego medio-alto y de manera rápida dore ligeramente las tortillas—como un puño a la vez. Deben estar algo crujientes pero aún correosas. Retire y escurra sobre papel absorbente. Continúe friendo en tandas hasta dorar todas las migas. Se pueden dorar antes y apartar.

Agregue la cebolla, ajo, chiles y pimentón y cueza hasta que se ablande el chile y apenas esté amarilla la cebolla. (Quizás sea necesario más aceite). Desmorone el tocino y añada removiendo junto con el jitomate y comino. Cueza varios minutos, luego agregue las migas, mezclando perfectamente.

Vierta el huevo sobre las migas y agregue el queso, revolviendo junto con sal y pimienta al gusto. Continúe removiendo suavemente hasta que los huevos se cuajen apenas y el queso se haya derretido. Sirva de inmediato.

Migas fáciles

SANTA ANA, CALIFORNIA • CHIHUAHUA, MÉXICO

4 A 6 PORCIONES *En vez de esperar a que sobren tortillas, María Gonzáles de Herrera disfruta tanto las migas que, cuando quiere una cena rápida, se compra una bolsa de totopos sin sal. Quince minutos después está lista su cena. Ya una abuela nueva, María tendrá la oportunidad de presentar a otra niña este montón de totopos con huevo que tanto satisfacen.*

Para hacer este platillo aún más fácil, sustituya 1 taza de su salsa favorita por nuestra versión fresca.

Sirva con Frijoles refritos (página 233) y su salsa preferida.

2 cucharadas de aceite de cártamo o *canola*
½ taza de cebolla blanca picada
3 chiles serranos o jalapeños frescos, sin semillas y picados
2 dientes de ajo, finamente picados
6 jitomates pera maduros, picados
sal de mar y pimienta negra recién molida

Para las migas

8 huevos
50 totopos sin sal (como una bolsa de 10 onzas) algo rotos
2 cucharadas de mantequilla sin sal
¼ de taza de queso añejo o parmesano rallado

Entibie el aceite en un sartén mediano y acitrone la cebolla y chiles a fuego medio-alto. Añada el ajo, cueza por 1 minuto, y agregue los jitomates. Baje la llama y hierva lentamente por 10 minutos. Añada sal y pimienta al gusto, y mantenga caliente.

En un tazón grande, bata el huevo y cuidadosamente incorpore los totopos.

Derrita la mantequilla a fuego mediano en un sartén grande y grueso o en una cazuela de barro. Vierta el huevo con totopos y cueza muy brevemente, removiendo constantemente hasta que el huevo se cuaje mas no se seque. Retire del calor e incorpore la salsa. Pruebe y ajuste la sazón si lo requiere. Esparza queso por encima antes de servir.

Burritos para el desayuno

HOMESTEAD, FLORIDA • TAMAULIPAS, MÉXICO

RINDE 4 *Junto a la frontera mexicana y en Florida encontré varias versiones de estos burritos, servidos no sólo para el desayuno, sino todo el día. Con frecuencia, Elroy Garza lleva éstos al trabajo rellenos de huevos revueltos y envueltos en papel aluminio. Para almuerzos, sirva tazones de varios rellenos, un plato con tortillas envueltas en tela y una salsa caliente, roja o verde, para el gusto de todos.*

Sirva con mucha Salsa fresca (página 269) y un poco de Frijoles Refritos (página 233).

4 Tortillas de harina (página 31) o comerciales, de 7–8 pulgadas de diámetro
4 rebanadas gruesas de tocino
½ cebolla blanca, picada en trozos de ½ pulgada
¾ de libra de papas nuevas, hervidas y cortadas en cubos de ½ pulgada
⅛ de cucharadita de comino molido
sal de mar y pimienta negra recién molida
3 huevos, ligeramente batidos
¼ de taza de chile verde enlatado picado
¼ de taza de queso *Monterey jack* deshebrado
½ aguacate maduro, pelado y cortado en cubos de ½ pulgada

Envuelva las tortillas en papel aluminio y caliente en un horno a 250 grados F.

Dore el tocino en un sartén grueso o antiadherente a fuego medio-alto. Retire los pedazos cuando crujientes, escurra sobre papel absorbente, y desmorone. Agregue la cebolla al sartén y saltee hasta suave. Añada, removiendo, las papas y espolvoree con el comino, sal y pimienta al gusto. Dore las papas muy bien, unos 10 minutos. Quizás tenga que raspar el fondo del sartén con una pala para que no se peguen las papas. Baje la llama y agregue los huevos y el chile, removiendo. Revuelva suavemente con un tenedor hasta que se cuajen bien los huevos pero estén húmedos aún. Retire del calor y revuélvale el queso y tocino desmoronado.

Ponga ¼ de la mezcla en medio de cada tortilla, dejando espacio para doblar. Agregue algo de aguacate picado y doble hacia abajo. Voltee hacia adentro ambos lados de la tortilla, solapando el relleno un poco. Doble hacia arriba el lado posterior para cubrir más relleno, luego enrolle en cilindro.

VARIACIÓN: BURRITO PARA DESAYUNAR NUEVOMEXICANO La mayoría de los chefs nuevomexicanos parecen apetecer sus burritos ahogados en una salsa de chile rojo y horneados con queso rallado. Cuando apenas se derrita el queso, se le exprime crema (página 21) encima y se decora al último con cebollita verde bien picada.

Impresiones de Nueva York

Pueblitos mexicanos se anidan en los confines de esta ciudad grande, empujándose y reacomodándose alrededor de las formas de otros vecindarios ya establecidos. En las últimas décadas, según el agregado cultural del cónsul de México, por lo menos 93,000 mexicanos han llegado en torrentes a todos los cinco municipios de la ciudad—estableciendo comunidades como barrios por doquier. La mayor parte de las familias nuevas son de México, la mayoría de las ciudades y pueblos de Puebla, Guerrero, Oaxaca y Morelos, una bolsa de estados contiguos al suroeste de la Ciudad de México.

Algunos de los primeros mexicanos que se establecieron en Nueva York eran terratenientes adinerados de Yucatán. Después de que concluyó la revolución con sólo unas cuantas de sus metas realizadas, en 1934 el país eligió a Lázaro Cárdenas, el antiguo gobernador de Michoacán, como presidente. Un líder honesto y con ideas de reforma, se propuso cumplir por ley lo que las armas no habían podido: elevando el nivel de vida de la clase trabajadora y redistribuyendo millones de acres de tierra que anteriormente habían estado apropiadas en grandes haciendas, incluyendo aquellas en Yucatán dedicadas al cultivo de henequén. Para algunas de estas familias, la Ciudad de Nueva York se convirtió en su nuevo hogar.

La Segunda Guerra Mundial trajo la siguiente oleada—hombres y luego sus familias de los estados mexicanos centrales de Jalisco y Michoacán. En Sunset Park de Brooklyn y alrededor de la avenida Union, puestos en las aceras proclaman los famosos helados de Michoacán, y los numerosos restaurantes sirven las especialidades tradicionales de carne de estas dos regiones: las carnitas de Michoacán y la birria de Jalisco.

Siguiendo el patrón conocido de inmigrantes a Nueva York, muchas de las familias con quienes hablé se han mudado fuera de la ciudad. Mientras continúan trabajando en el Bronx o Manhattan, ahora viven en los suburbios cercanos en Long Island o en Westchester County.

Apolonio Mariano Ramirez tenía catorce años de edad cuando dejó su pueblo de Huehuepiaxta, Puebla, para ir a Nueva York y reunirse con su padre. Cuando se enfermó su padre y regresó a México después de menos de un año, Apolonio—quien para entonces se estaba llamando Mario—se quedó y comenzó su carrera culinaria. Mario echaba de menos muchos de esos sabores poblanos que no podía encontrar en la Ciudad de Nueva York, e hizo planes para algún día tener su propio restaurante mexicano—pero no hasta que pudiera proporcionar los ingredientes faltantes para que los platillos supieran como cuando los preparaba su madre, Imelda. Cuando había ahorrado suficiente dinero para el enganche, compró un terreno de cincuenta acres en el norte del estado de Nueva York, y ahí comenzó a cultivar pápalo, hoja santa, epazote, cilantro y otras hierbas de olor, chiles, vegetales y frutas difíciles de encontrar—hasta el maíz apropiado para sus tortillas hechas a mano.

Finalmente, Mario abrió su Rinconcito Mexicano en la calle Treintainueve Oeste, como a una cuadra de la central camionera del Port Authority. Un hombre guapo tamaño mediano ahora probablemente a finales de sus años treinta, sus ojos obscuros brillan y toda su cara irradia excitación cuando habla acerca de los platillos que ha aprendido a cocinar en su patria y ahora cocina en su casa y en cocinas de restaurante—los moles y otros platillos inusuales de carne y verdura que yo nunca había visto fuera de Puebla.

Mario está expandiendo su restaurante y su carta, pero algo que nunca aparecerá en ella son los tamales. Mario caminó conmigo a la avenida Octava, como a unos cien pies de Rinconcito Mexicano, donde todas las tardes hasta apenas noche mujeres mexicanas venden tamales desde los carritos cocina con motor. "Éste es su medio de vida", me dijo. "Yo no les quito clientela a mi gente".

Postres

Estoy tratando de pensar en algo que le gustara a mi padre. Dulces. Cualquier tipo de dulces. Golosinas. Nueces. Especialmente la corona del panadero rezumando su interior. Carlyle escribe en The French Revolution *acerca de la predilección de la raza humana por dulces; que tanto de la vida es descontento y tragedia. ¿Es de extrañarse el que se nos antojen los dulces? Así a mi padre, quien hacía dientes postizos, le encantaban los dulces.*

—RICHARD RODRIGUEZ, *DAYS OF OBLIGATION: AN ARGUMENT WITH MY MEXICAN FATHER*

CUANDO PREGUNTÉ ACERCA DE LOS POSTRES, Teresa Vigil comenzó a hablar acerca de "el juego de paños blancos bordados de cocina con las cuales todas nos criamos—'lunes para lavar' hasta el viernes que es 'día de pay'. Siempre hacíamos pays los viernes para el fin de semana y casi siempre de frutas que habíamos pizcado o cultivado nosotros. Cuando hace falta, uno improvisa".

Teresa, anteriormente una enfermera y la autoridad de la localidad sobre las hierbas y plantas silvestres del área, me describió cómo regresó al aislado valle de San Luis en el sur de Colorado después de haber pasado veintiocho años criándose en San Francisco. Este valle es donde nacieron sus abuelos y muchas generaciones de la familia de su madre, y fueron bautizados en la misma iglesia donde trabaja ahora.

Todo alrededor de la cabezera del Río Grande crecen los garambullos, algo como grosellas gordas negras o naranjas. Se pizcan por cesto de *bushel* y se usan para hacer pays. Para Teresa, éstos son favoritos de la familia, y en los meses más fríos, la calabaza y fruta seca reemplazan las bayas.

Durante mi entrecruzado del país, tuve muchas oportunidades de probar los finales dulces de las comidas familiares. Ya que a menudo era una invitada, algunos miembros de la familia usualmente pasaban el tiempo extra que requería la preparación de un pay o uno de los postres mexicanos más clásicos con su obvia herencia española—un flan, un budín de arroz o unas natillas.

Una de las contribuciones más bienvenidas de la tecnología de los Estados Unidos a esos postres ha sido la leche condensada y endulzada enlatada, seguida después por la leche evaporada. La falta de refrigeración fue una de las primeras razones por su popularidad con los cocineros mexicanos; ahora se han convertido en una tradición.

Con excepción de los días festivos religiosos, días de fiesta y comidas especiales para la familia o invitados, no se sirve mucho al final de una comida salvo fruta fresca, helado y quizás unas cuantas galletas. Las gelatinas son una excepción a la regla, tan populares entre méxico-americanos como lo son en México. La mayoría hechas con gelatina sin sabor y luego saborizadas con todo desde tequila y vino hasta café y varios jugos de fruta, se vuelven postres muy interesantes y originales. Pero para aquellas celebraciones que conmemoran las ocasiones especiales—el bautizo; la fiesta de quinceañera de una hija, esa fiesta especial; las bodas, y los días festivos religiosos como la Navidad y la Pascua—los dulces de México de larga tradición son traídos a la mesa. Los postres proporcionan el toque final dulce para toda ocasión para celebrar.

LAS QUINCEAÑERAS

La pequeña iglesia católica en Mountain Home, Idaho, estaba alegre con globos verdes y blancos. Seis guitarristas acompañaban a la cantante; sus palabras expresaban lo maravilloso que era para una mujer joven llegar a los quince años. Después de sentarse todas las amistades y parientes, por el pasillo central caminaron unas cuantas docenas de adolescentes—las muchachas con vestidos de fiesta verdes, los muchachos de esmoquin—y con ellos venía Veronica Marie, a punto de profesar públicamente que había aceptado la vida cristiana como manera de vivir, en la cual se había criado.

Una quinceañera tradicional como ésta es uno de los eventos más grandes en las vidas religiosas y sociales de las mujeres mexicanas católicas. Es una celebración que a menudo eclipsa

hasta el día de la boda, porque es su día para ellas sólas. Es tan importante que todas las amistades de la familia apoyan las festividades de manera financiera: una donando la música, una el vestido y otra las decoraciones. La emoción acompañante pareció igual de evidente en los Estados Unidos, al irme dando cuenta mientras estaba escuchando a Josephina Lopez en Los Ángeles y Marisol Dominguez en Chicago, y luego al participar en la quinceañera de Veronica. El evento significa que han alcanzado la edad de casamiento y están listas para salir al mundo. Hace poco en México, la vida promedio para una mujer era cuarenta años, y al llegar a los dieciséis, se suponía que tendría marido y estaría criando una familia. Una madre me dijo: "Siempre nos vestíamos de novia para nuestras quinceañeras en caso de que nos fugáramos con un hombre antes de estar casadas oficialmente".

Los tiempos han cambiado. Como le dijo el sacerdote a Veronica: "Los tiempos son muy diferentes ahora. Sabemos que necesitas más tiempo para madurar y para tomar las decisiones que darán forma al resto de tu vida". Pero entonces, cuando el padrino y la madrina y muchos patrocinadores se presentan para dar fe de la bondad de Veronica y para presentarle regalos—entre ellos una corona, anillo, collar y aretes—la ceremonia pudo igual de fácil haberse realizado hace cien años.

Después de la ceremonia viene la fiesta, usualmente en un salón alquilado, con música, baile y siempre abundantes platones de comida. Los frijoles charros comparten las mesas con puré de papas, mole negro con jamón cortado en rebanadas, tortillas y bolillos, todo tipo de ensalada y siempre mucho ponche y platos y platos de pasteles, galletas y otros dulces.

Frutas en almíbar

ALLEN PARK, MICHIGAN • QUERÉTARO, MÉXICO

6 PORCIONES *Quizás parezca raro el combinar fresas con frutas tropicales tales como mangos y papayas, pero es muy natural para Florencio Perea. Querétaro, donde él creció, está sobre una enorme altiplanicie al norte de la Ciudad de México. Las fresas que crecen en sus valles fértiles son famosos en todo México, y aunque su clima es demasiado templado para mangos y papayas, abundan en el clima* *húmedo y caliente del vecino estado de Veracruz. Servida sola, esta mezcla de frutas era un anticipo frecuente del desayuno, y en nuestra versión un jarabe simple hecho de miel y vino dulce lo transforma en el postre perfecto al final de una comida pesada.*

Los mangos y papayas que se encuentran en los supermercados de los EE.UU. a menudo están aún verdes y duros. Si es así, no tenga miedo de sustituir otra combinación de frutas. En particular, me gustan los duraznos, y he utilizado piña cuando está madura de verdad.

Esta compota es muy agradable al final de una comida con un mole. Para comidas especiales pruebe la fruta junto a rebanadas de Torta de piñones (página 371), servidas con más del gewürztraminer *algo dulzón.*

1 taza de vino *gewürztraminer*
½ taza de miel de azahar u otra miel aromática
el jugo de 2 naranjas
¼ de taza de licor de naranja (opcional)
3 mangos maduros, pelados
1 papaya madura chica, pelada y sin semillas
16 fresas grandes maduras, sin el cabito

Mezcle el vino, miel y jugo de naranja en una cacerola pequeña, y lleve la mezcla a un hervor lento. Vierta en un tazón y, ya fría, añada el licor de naranja. Rebane los mangos y la papaya en trozos de ¼ por 1 pulgada directamente en el jarabe. Tape y enfríe por varias horas o más para que los sabores se penetren. La compota se puede preparar hasta este punto hasta 12 horas antes.

Como 1 hora antes de servir, rebane las fresas y mezcle con la otra fruta. Regrese al refrigerador hasta que esté lista para servir.

Gelatina de licor de café

COLOMBIA BRITÁNICA, CANADÁ • CIUDAD DE MÉXICO, MÉXICO

4 PORCIONES *Cada región de México produce sus licores propios: licores dulces o astringentes con sabor a las frutas, hierbas o nueces de su área particular. Pasita con base de uvas pasas de Puebla, servida con un cubito de queso blanco; xtabentún, el licor de anís y miel de Mérida, y xanath de la vainilla de Veracruz, todos valen la pena buscarse si viaja a México.*

Pero son los licores de café, como el Kahlúa, los que la mayoría de la gente asocia con México; es más, son de mayor popularidad en los Estados Unidos que en México. Nosotros combinamos café fuerte con leche condensada para realzar el sabor del deliciosamente ligero postre de Maria Elena

Lorens. Los granos de café cubiertos con chocolate se consiguen en muchas tiendas de comida gourmet.

Esta gelatina es lo suficientemente ligera para seguir una comida sustanciosa de Albóndigas en chipotle (página 188), y tiene suficiente elegancia para completar una cena que luzca Pollo en salsa de ciruela pasa (página 160).

1 sobre de gelatina sin sabor
1 lata de 14 onzas de leche condensada endulzada
2 cucharaditas copeteadas de gránulos de café expreso instantáneo
3 yemas de huevo
¼ de taza de leche
½ taza de licor de café

Para la guarnición

1 taza de crema espesa, batida
16 granos de café cubiertos de chocolate (opcional)
4 ramitos de menta (opcional)

Espolvoree la gelatina sobre ¼ de taza de agua en un tazoncito y deje reposar como 2 minutos hasta absorberse y ponerse esponjoso.

Mezcle la leche condensada, los gránulos de café y 1 taza de agua en una cacerola mediana. Caliente a fuego mediano hasta que apenas comience a hervir. Retire del calor y agregue la gelatina mezclando hasta que se disuelva por completo. Enfríe.

En otro tazón, bata las yemas de huevo y leche juntas. Agregue a la gelatina junto con el licor de café.

Cuele la mezcla en copas para postre y refrigere 4 a 12 horas, o vierta en moldes individuales ligeramente enaceitados o un molde grande de 4 tazas. Para desmoldar, meta en agua muy caliente por varios segundos, luego voltee sobre un platón enfriado.

Adorne la gelatina con una cucharada de crema batida y un grano de café cubierto con chocolate o un ramito de menta.

Gelatina de tres leches con salsa dulce de naranja y ciruela pasa

CHICAGO, ILLINOIS • GUANAJUATO, MÉXICO

4 A 6 PORCIONES *No es una coincidencia que cuando Pamela Díaz de León tiene tiempo para cocinar, ella prepara magníficos dulces y repostería. Aunque ahora es una joven activa mujer de negocios en Chicago, sus años anteriores los pasó en Celaya, Guanajuato, un pueblo famoso por tanto su suave* *caramelo* cajeta *hecha de leche de cabra como por sus fresas, que son de las más dulces que he probado. Cada lunes, la abuela de Pamela jugaba baraja, y era la responsabilidad de Pamela el preparar los dulces que las señoras comían. Tenían que ser no tan pesados que causaran sueño pero lo suficientemente dulces para darles energía para otra mano, así que la solución a menudo era una gelatina.*

Esta reluciente gelatina blanco-leche está imbuida con 3 tipos de leche diferentes, cada una aportando su propio sabor y consistencia. El resultado es un postre muy refrescante con color pálido y textura sedosa que le da una elegancia especial. Es deliciosa apenas empolvada con canela molida y con mangos o fresas machacados o rebanados encima, o se puede rociar con jarabe de chocolate. Me gusta preparar una salsa para la gelatina que es una mezcla especial de ciruelas pasas y naranjas maceradas en licor. Adapté ésta de una receta que me dio una amiga mía en la Ciudad de México, María Dolores Torres Yzábal. Se tendrá que preparar varios días antes para que las ciruelas estén correctamente mareadas.

Mientras usualmente se sirve como postre de molde, es igual de atractivo servido directamente desde una copa de cristal para postre o una copa para vino. Sólo elimine el engrasado del molde y el desmoldear. Añada unos cuantos Bizcochitos (página 365) crujientes al lado de cada plato cuando presente este postre distintivo. Juntos hacen un final festivo de una cena con Albóndigas en chipotle (página 188).

Para la salsa

12 ciruelas pasas grandes sin hueso, cortadas en tiras
1 taza de *amaretto* o un licor de naranja
la ralladura o cáscara de ½ naranja, cortada en tiras angostas de 1–2 pulgadas

Para la gelatina

2 sobres de gelatina sin sabor
1 lata de 12 onzas de leche evaporada
1½ tazas de leche entera o al 2%
1 lata de 14 onzas de leche condensada
1 cucharada de extracto de vainilla
1 cucharada de ron o brandy (opcional)

Coloque las ciruelas en un frasco de 1 cuarto de galón con una tapadera y cubra con agua hirviendo. Cuando el agua se enfríe, retírela y sustituya con el licor, cubriendo las ciruelas por completo. Añada la cáscara de naranja y permita que haga una infusión por varios días o hasta 2 semanas si es posible. No requieren refrigeración.

Enaceite ligeramente 4 a 6 moldes individuales, cada uno de 1–1½ tazas.

Espolvoree la gelatina sobre 1½ tazas de agua fría en una cacerolita. Deje reposar sin mover por 1 minuto. Ponga sobre fuego lento hasta que se disuelva la gelatina por completo y esté transparente como el cristal. No permita que se acerque a un hervor. Retire la cacerola del calor y aparte a enfriar un poco.

Con una batidora manual o eléctrica, bata lentamente las leches juntas, comenzando con la evaporada, luego la leche entera o al 2% y terminando con la leche condensada. Trate de no crear muchas burbujas mientras bata.

Agregue, removiendo, la gelatina a la mezcla de leche, añada la vainilla y ron o brandy, y vierta en el (los) molde(s). Refrigere por un mínimo de 2 horas, y desmolde cuando listo para servir.

Al desmoldear, corte con un cuchillo tibio alrededor de la orilla del molde para dejar que entre aire. Sacuda suavemente para aflojar la gelatina. Tape el molde con un plato de postre enfriado, voltéelo, y levante el molde. Si la gelatina no sale deslizándose, dé unos golpecitos o sacuda el molde ligeramente. Si todo falla, sumerja el molde rápidamente en agua caliente y repita el proceso.

Coloque los platos de gelatina en el refrigerador hasta la hora de servir, luego ponga la salsa de naranja y ciruela encima y alrededor de la orilla de la gelatina con una cuchara. Si lo sirve en copas individuales de postre o vino, sirva la salsa encima.

Gelatina de rompope

4 PORCIONES *Escondido entre los montones de apuntes que Miguel y yo recolectamos sobre postres, encontré una hoja pequeña de papel amarillo con rayas con la receta para esta encantadora gelatina—una hecha con rompope espeso. Suculenta y cremosa en la lengua, sabe a canela con un toque de brandy. Sólo lamento no poder agradecer la fuente.*

El rompope, otra de esas creaciones ricas en huevo de los conventos mexicanos, es mucho mejor hecho en casa por Ud. misma. Ya que se conserva mucho tiempo refrigerado, me gusta tenerlo siempre a la mano. Sin embargo, una versión comercial se puede conseguir en abarroterías hispanas que venden bebidas alcohólicas y en algunas licorerías.

Este dulce está a gusto al igual en un menú rústico que pueda incluir quizás Tacos de San Luis Potosí (página 125) o con los platillos más sofisticados como moles.

Para el rompope (rinde 1 cuarto de galón)

4 tazas de leche
1 taza de azúcar
3 pulgadas de canela verdadera
¼ de cucharadita de bicarbonato de sodio
12 yemas de huevo
½ taza de brandy

Para la gelatina

2 tazas de leche
¼ de cucharadita de bicarbonato de sodio
¼ de taza de azúcar
4 pulgadas de canela verdadera o canela en rama (casia)
1½ sobres de gelatina sin sabor
½ taza de crema espesa

Para la guarnición

bayas frescas o congeladas

En una cacerola mediana a fuego mediano, mezcle juntos la leche, azúcar, canela y bicarbonato. Cuando comience a hervir, baje el calor y hierva lentamente unos 20 minutos. Aparte para enfriar y cuele para retirar la canela.

Coloque las yemas en un tazón y bata con una batidora eléctrica unos 5 minutos, hasta espeso y color amarillo limón. Mientras siga batiendo despacio, vierta la mezcla de leche enfriada en las yemas. Regrese a la cacerola y cueza a fuego lento, revolviendo constantemente, hasta que se espese la mezcla y cubra ligeramente el dorso de una cuchara de palo.

Retire del calor y detenga la cocción vertiendo el rompope en un tazón (metálico de preferencia) que esté reposando sobre hielo en un tazón grande. Remueva para enfriar. Poco a poco agregue el brandy, revolviendo, y está listo para servir, o se puede tapar perfectamente y conservar en el refrigerador.

Cuando esté lista para hacer la gelatina, lleve la leche a un hervor en una cacerola mediana sobre fuego medio-alto, luego retire de inmediato del calor y añada el bicarbonato, azúcar y canela. Lleve a un hervor de nuevo, luego aparte para enfriar. Retire la canela.

Remoje la gelatina en ⅓ de taza de agua fría. Agregue a la mezcla de leche con el rompope, revolviendo hasta disolverse por completo la gelatina.

Bata la crema en un tazón hasta que forme picos. Incorpore la crema batida a la gelatina y vierta en un molde ligeramente enaceitado de 1 cuarto de galón ó 4 moldes individuales. Enfríe al menos 3 horas antes de desmoldar. Esto se puede hacer hasta 1 día antes.

Voltee el molde sobre un plato enfriado y corte en gajos para servir o coloque los 4 moldes sobre platos para postre individuales. Ponga unas bayas encima y alrededor de la gelatina.

Almendrada

TUCSON, ARIZONA

6 A 8 PORCIONES *Es difícil describir la almendrada de Arizona. Un poco como natillas, una especie de crema o flan hecho ligero con clara de huevo que se encuentra en otras partes del suroeste de los Estados Unidos y México, la almendrada tiene una natilla que se usa más como una salsa, encima de un merengue sin cocer estabilizado con gelatina. Encontramos este postre tradicional en bastantes lugares de Arizona, pero en Tucson estaba de lo más espectacular, con el merengue teñido de verde, blanco y colorado, los colores de la bandera mexicana. Nuestra versión está basada en la primera almendrada que mi esposo, Fredric, y yo probamos al lonchar un día con Carlotta Flores en su El Charro Café.*

Las instrucciones para hacer este delicado postre de almendra están acompañadas invariablemente por la advertencia de "cuidarse del mal de ojo". Definitivamente no se debe hacer si está Ud. enojado o molesto o, hasta dicen algunos, si es varón o una mujer embarazada. No se preocupe mucho. Realmente no es tan temperamental. Lo importante es tener los huevos a temperatura ambiente y el tazón y batidoras frías. Rompa los huevos con cuidado para que, cuando los separe, no se mezcle yema con clara.

Me gusta servir este postre después de un platillo principal de Pechuga de pollo en salsa verde (página 161).

Para el merengue

aceite de cacahuate
1 sobre de gelatina sin sabor
6 claras de huevo a temperatura ambiente
½ taza de azúcar
½ cucharadita de extracto de almendra puro
½ cucharadita de extracto de vainilla
1 taza de almendras tostadas bien picadas

Para la natilla

6 yemas de huevo, ligeramente batidas
3 cucharadas de azúcar
⅛ de cucharadita de sal de mar
2 tazas de leche calentada sin llegar al punto de ebullición
½ cucharadita de extracto de vainilla
½ cucharadita de extracto de almendra ó 1 cucharada de licor de almendra o avellana (opcional)

Para la guarnición

almendras picadas en forma de astillas
fresas enteras frescas o fruta fresca (opcional)
ramitos de menta (opcional)

Como 1 hora antes, enaceite ligeramente un molde para pan de vidrio de 9 por 5 por 3 pulgadas, o un molde de 6 tazas, y enfríe. También enfríe un tazón grande y las batidoras.

En un tazoncito, espolvoree la gelatina sobre ¼ de taza de agua fría y deje reposar unos 5 minutos, hasta absorber todo el agua. Añada ½ taza de agua hirviendo, revuelva hasta que se disuelva, y aparte para enfríar.

En el tazón frío, bata las claras de huevo apenas a punto de picos firmes. Poco a poco incorpore, batiendo, el azúcar alternando con la gelatina. Agregue los extractos de almendra y vainilla, y bata hasta espumoso. Incorpore las almendras.

Con cuchara o vertiendo cuidadosamente, pase al molde frío y enfríe varias horas o hasta firme. Si no lo va a usar de inmediato, tape con envoltura de plástico cuando enfriado.

Para preparar la salsa de natillas, caliente agua en la parte inferior de un baño María, apenas a hervor lento. Coloque las yemas ligeramente batidas en la sección superior del baño con el azúcar y sal. Poco a poco agregue la leche, revolviendo despacio con una cuchara de palo, hasta que la mezcla comience a cubrir la cuchara—como 15 minutos.

Ya espesado, retire del calor, vierta en un tazón, y enfríe. Agregue los extractos de vainilla y almendra o licor, revolviendo. Tape y enfríe.

El merengue y la salsa se pueden hacer por adelantado y armar a la hora de servir. Para servir, desenmolde el merengue de almendra sobre un plato y choree con la salsa por encima. Esparza las almendras y acomode las bayas y menta alrededor del exterior. La almendrada también se puede servir de forma individual, rebanada en porciones de ¾ de pulgada y luego chorreada con la salsa y adornada.

VARIACIÓN: ALMENDRADA PATRIÓTICA Cuando haga el merengue, después de agregar las almendras y saborizantes a las claras batidas, ponga ⅓ parte de la mezcla en un tazón e incorpore varias gotas de colorante para alimentos rojo. En otro tazón, tiñe ⅓ parte de la mezcla con colorante para alimentos verde, y deje la ⅓ parte restante blanca. Con una cuchara ponga la mezcla roja en el molde primero, luego extienda la blanca, luego acabe con la verde. Enfríe por 2 horas, o hasta firme, y continúe preparando la natilla. Esta variación es especialmente apropiada para un día festivo patriótico mexicano como el Cinco de Mayo.

VARIACIÓN: ALMENDRADA DE CAFÉ O CHOCOLATE En *Mexican Desserts* por Socorro Muñoz Kimble e Irma Serrano Noriega hay una receta para Almendrada de chocolate. Miguel la adaptó para hacer esta almendrada muy diferente.

Incorpore 3 cucharadas de cacao en polvo o gránulos de café instantáneo en ½ del merengue básico, luego cuidadosamente, con cuchara, ponga una capa de chocolate o café y luego una capa blanca en un molde de 6 tazas. Repita con 2 capas más alternando. Esparza las almendras picadas sobre cada capa en vez de incorporarlas. Para esta versión, nos gusta usar un licor de café para el saborizante y agregar 2 cucharadas a ambos merengue y natilla, aunque también se puede usar ron.

Capirotada

ZILLAH, WASHINGTON

8 A 10 PORCIONES *"La mayoría de la gente tiene un árbol genealógico. Parece ser que yo sólo tengo un montón de leña", dijo Mike Esquivel. Explicó que su madre murió en el parto, dejándolo criarse con una variedad de tías y amigos de la familia en Utah.*

Este budín de pan festivo era uno de sus favoritos especiales. Tradicionalmente, en México se sirve durante la Pascua, pero Mike lo hace cada Navidad para su familia, usando manzanas de los huertos circundantes en el Valle de Yakima. Durante mis recorridos, descubrí que la capirotada toma muchas

formas; la más común, en especial en Nuevo México, incluye capas gruesas de queso gratinado, quizás Monterey jack, cheddar, *o hasta queso americano amarillo. Aída Gabilondo en El Paso incluye jitomates, cebolla verde, cáscara de naranja y cilantro en su jarabe, el cual es impresionantemente sabroso.*

Este postre casero es mejor servido caliente, con crema batida encima o helado de vainilla. Está sabrosa el segundo día también y es un chiqueo especial en el desayuno bañada en leche fría. Ya que la capirotada se sirve tradicionalmente durante la Cuaresma, es natural que siga después de otros platillos cuaresmeños, tales como Bacalao con pasas y nueces macadamia (página 155) o Tortitas de queso (página 208). También está muy rica después de un tazón de Pozole (página 103) o Sopa de albóndigas (página 94).

Para el jarabe de ron

1½ tazas de azúcar morena obscura
2 tazas de jugo de manzana o agua
5 pimientas gordas enteras
1 trozo de 4 pulgadas de canela verdadera ó 1 rama de canela (casia)
1 cucharada de semillas de anís
2 cucharadas de ron o al gusto

Para la capirotada

8 rebanadas de ½ pulgada de pan *baguette* (si el tiempo lo permite, déjelas secar unas horas)
3 huevos, batidos
5 cucharadas de leche
1 cucharadita de canela molida (casia)
1 manzana mediana, pelada, a la mitad, sin semillas, y en rebanadas delgadas
½ taza de nueces o pacanas
½ taza de almendras rebanadas tostadas
½ taza de uvas pasas
1 taza de queso añejo o feta desmoronado
2 cucharadas de mantequilla, cortada en pedacitos

Caliente el horno a 350 grados F. Enaceite ligeramente un refractario bajo, apenas lo grande para que 2 capas de 4 rebanadas de pan quepan ajustadas.

Combine el azúcar, jugo de manzana, pimienta gorda y canela en una cacerola mediana. Lleve a un hervor, luego baje el calor y hierva lentamente. Ponga el anís en un colador de té o amarre en un cuadrito de estopilla, sumerja en el jarabe hirviente por 10 minutos, luego retire y deseche. Si prefiere un sabor más pronunciado, deje hasta que esté listo el jarabe. Continúe hirviendo lentamente el jarabe hasta que se espese un poco, unos 10 minutos más.

Mientras hierve el jarabe, tueste el pan ligeramente en el horno. Coloque 4 rebanadas en una capa pareja en el refractario.

Mezcle los huevos, leche y canela juntos en un tazoncito. Rocíe la mitad de la mezcla sobre el pan. Agregue una capa de manzana. Esparza con mitad de las nueces, pasas y queso. Salpique con mitad de la mantequilla. Coloque las 4 rebanadas restantes en el refractario, rocíe con el resto del huevo, distribuya el resto de las nueces, pasas y queso de forma pareja, y salpique con la mantequilla restante.

Retire el jarabe del fuego. Deseche la canela, pimienta gorda y anís si aún permanecen adentro. Agregue el ron.

Vierta el jarabe lentamente sobre la capirotada, dejando que el pan superior absorba el jarabe y se cubra perfectamente. Hornee, sin tapar, por 20–30 minutos, hasta que la superficie se dore un poco.

Arroz con leche achocolatado

NORTHBROOK, ILLINOIS

6 A 8 PORCIONES *Por todos los Estados Unidos, casi tan popular como la capirotada—el budín de pan mexicano clásico—es el budín de arroz, un transplante directo de España. El mejor de su clase se dice que viene de Asturias, en la esquina más noroeste de ese país. Rico y cremoso, requiere grandes cantidades de leche, el uso de arroz de grano chico o mediano regordete y más de una hora de cocción lenta y bien cuidada. Sin embargo, me parece que bien vale la pena el tiempo requerido para crear un postre tan delicioso y satisfaciente.*

Tanto el padre y la madre como su abuela de Elaine González nacieron en Asturias y se establecieron primero en México y luego en Indiana e Illinois. La receta de su abuela refleja claramente sus raíces españolas, pero con una diferencia deliciosa.

Me gusta este budín en especial después de un tazón grande de Caldo de res (página 76), pero va muy bien tras otras comidas reconfortantes, tales como las Enchiladas coloradas de pollo de Gloria (página 210).

2 cuartos de galón de leche
1 onza de chocolate sin azúcar picado
1 taza más 1 cucharada de azúcar
1 trozo de 4 pulgadas de canela verdadera ó 1 rama de canela (casia)
½ taza de arroz importado de grano corto o arroz perla de California
2 yemas de huevo grandes

Para la guarnición

cacao en polvo para espolvorear cada porción

En una cacerola grande y honda sobre fuego mediano, lleve a hervor la leche, chocolate, 1 taza de azúcar y la canela, revolviendo frecuentemente. Baje el calor y agregue el arroz. Revuelva frecuentemente con una cuchara de palo para evitar que se pegue el arroz. No se preocupe si la leche parece salpicada de chocolate al principio; esto cambiará al progresar el cocimiento.

Hierva lentamente, sin tapar, a fuego lento como 1 hora, revolviendo la mezcla y, cada 5 ó 10 minutos, retirando la capa de albúmina que se forma en la superficie. Cuando esté listo, un grano de arroz apretado entre los dedos se debe sentir tierno.

Bata las yemas y la cucharada restante de azúcar en un tazoncito hasta bien incorporado. Agregue ½ taza del arroz cocido a las yemas batidas y mezcle vigorosamente con un tenedor para evitar que se revuelvan los huevos. Añada la mezcla tibia de huevo al arroz cocido todo de una vez y cueza, revolviendo, otros 5 minutos. El budín deberá estar de la consistencia de un flan suave, espeso pero aún algo "flojo". (Seguirá espesándose al enfriar). Deseche la canela.

Pase el budín a un tazón y aparte para enfriar, revolviendo de vez en vez. Cuando esté a temperatura ambiente, enfríe en el refrigerador por varias horas. Espolvoree con cacao en polvo y sirva frío, con mucho café caliente. Este postre sabe mucho mejor el mismo día que se hace, así que anime a que se sirvan dos veces.

Helado de rompope

LOS ÁNGELES, CALIFORNIA • OAXACA, MÉXICO

RINDE COMO 1½ CUARTOS DE GALÓN *Antes de que la Guerra de la Independencia a principios del siglo diecinueve cerrara muchos conventos en México, las monjas habían creado muchos usos para las cientas de yemas de huevo que sobraban después de usar las claras para vidriar los altares sobredorados y los murales dentro de las iglesias. Uno de los más deliciosos es un rompope creado por las hermanas de un convento en Puebla, donde aún se embotella y vende. Siempre me traigo este rompope a casa cuando estoy allá porque se conserva por tiempo indefinido en el refrigerador. Como siento que es demasiado espeso y dulce como bebida después de comer—su uso tradicional—yo lo vierto sobre bayas, pasteles simples o helado. Aurelia Lopez hace un helado de rompope. Hemos agregado unas pasas y crema espesa para enriquecerlo más.*

Sólo una cena especial deberá terminar con un postre tan sustancioso como éste. Está en su máximo después de un platillo principal de los espectaculares Chiles en nogada (página 200), o hasta se puede servir junto a una rebanada delgada de pay de calabaza, tras un pavo del Día de Acción de Gracias. Para acompañar el helado, sirva un coñac fino junto con café o un tequila añejo como el Tres Generaciones.

½ taza de uvas pasas
¼ de taza de brandy
1½ tazas de leche entera
1 taza de azúcar
1 trozo de 4 pulgadas de canela verdadera o canela en rama (casia)
4 yemas de huevo
1 taza de crema espesa

Si es posible, remoje las pasas en el brandy 3 ó 4 horas antes, luego cuele y aparte en un tazoncito. Reserve el brandy para uso después.

Coloque la leche, ½ taza de azúcar y la canela en una cacerola mediana y lleve a un hervor lento a fuego mediano. Baje el calor y deje hervir lentamente por 15 minutos.

Bata las yemas en un tazón con la ½ taza de azúcar restante hasta que se espese. Poco a poco agregue, mezclando, la leche. Regrese la mezcla a la cacerola y siga cociendo unos 15 minutos, hasta que se espese. Añada la crema y el brandy, revolviendo, y vierta a un tazón a través de un colador. Tape y ponga a enfriar en el refrigerador.

Cada máquina para hacer helado es diferente, así que procese según las instrucciones específicas del fabricante. Cuando esté medio congelado, agregue las pasas remojadas en brandy, luego continúe el proceso de congelamiento. Mantenga el helado en el congelador hasta que se sirva, pero no espere más que unos pocos días.

Bombe de frambuesa

LOS ÁNGELES, CALIFORNIA • CIUDAD DE MÉXICO, MÉXICO

12 PORCIONES *Sor Aline Marie Gerber llama este postre congelado que luce los colores patrios mexicanos su "bomba mexicana".*

Sor Aline Marie estará en el catálogo de Mount St. Mary's College en Los Ángeles como una maestra de lengua francesa, mas para muchos se destaca por su cocina para las fiestas elaboradas del Cinco de Mayo para todos los alumnos durante los últimos treinta años. Según Sor Aline Marie, su madre era considerada la "Madre Teresa de México" y también figuró mucho en varias novelas de Elizabeth Borton Treviño—libros que valen la pena leer por el vistazo que dan a una época anterior en México.

Esta creación colorida cabe en muchos menús, desde una cena especial hasta una comida informal de tacos o enchiladas, en especial tras los talones de las Enchiladas de jaiba en chiles chipotles (página 212).

20 macarrones comerciales en paquete
1 taza de Kahlúa u otro licor de café
1 cuarto de galón de helado de vainilla francés o Helado blanco y negro (página 362), algo suavizado
1 cuarto de galón de Nieve de frambuesa (la receta sigue) casera o comercial, algo suavizada

Para los ingredientes de encima

10 ramitos de menta (opcional)
20 granos de café cubiertos de chocolate (opcional)
1 taza de frambuesas frescas (opcional)

Enfríe un molde o tazón atractivo de metal de 2½ cuartos de galón. Desmorone los macarrones en un tazón, vierta el Kahlúa encima, y mezcle hasta que se empapen por completo.

Ponga una capa de helado en el molde, extienda, y vuelva a enfriar. Cuando esté sólido, agregue una capa de nieve de frambuesa y vuelva a enfriar.

Con una espátula, extienda una capa de los macarrones remojados en Kahlúa, luego siga haciendo capas y volviendo a enfriar, terminando con nieve de frambuesa. Tape el molde con papel encerado ligeramente engrasado y selle perfectamente.

Recongele al menos 4 horas o toda la noche. Cuando vaya a servir, sumerja el molde muy brevemente en agua caliente, deslice un cuchillo alrededor de la orilla, y vierta sobre un plato frío. Se puede hacer el bombe hasta 1 semana antes. Si no lo va a servir de inmediato, tape con un tazón más grande y papel aluminio o plástico, y conserve en el congelador. Adorne con los ramitos de menta y los granos de café cubiertos de chocolate o frambuesas frescas.

NIEVE DE FRAMBUESA: Esta nieve fácil de hacer le da un sabor especialmente refrescante al bombe, mas pruebe alguna vez sola con un ramito de menta como adorno.

⅓ de taza de azúcar
1 pinta de frambuesas frescas o un paquete de 10 onzas de frambuesas congeladas descongeladas
¼ de taza de jugo de naranja recién exprimido

Disuelva el azúcar con ¾ de taza de agua en una cacerola y lleve a un hervor lento. Siga cociendo por 5 minutos, y cuando esté como miel, retire del calor.

Haga las frambuesas puré con el jugo de naranja en un procesador de alimentos o licuadora. Cuele por un colador fino y mezcle con el jarabe. Ya enfriado, procese en una máquina para helados según las instrucciones del fabricante.

Si no tiene una máquina, vierta la mezcla de frambuesa en charolas para cubitos de hielo y coloque en el congelador. Cuando esté medio congelado, retire la mezcla de las charolas, ponga en un tazón, y bata perfectamente con un batidor manual o eléctrico a velocidad baja hasta que esté lisa. Regrese a las charolas y vuelva a congelar. Repita el proceso dos veces más, luego congele el sorbete en un recipiente tapado hasta que esté firme mas no duro.

Helado blanco y negro

SAN FRANCISCO, CALIFORNIA

4 A 6 PORCIONES *No sólo un postre, no sólo una bebida, sino un lujo verdaderamente delicioso. Ésta nos llamó la atención después de haber hecho una petición para recetas en los principales periódicos de habla hispana en todo el país. No venía con remitente la receta, sólo un recado a mano—"¡Buen provecho!"—y la firma de Ana Elena. Así que, gracias Ana Elena, estés donde estés.*

Este chiqueo matutino muy refrescante se puede servir a solas o quizás con los delicados Polvorones de canela (página 363). También considérelo como un final a una comida festiva de Chiles en nogada (página 200), o un platillo para cena más sencillo de Crepas con rajas de poblanos (página 207).

Para el helado

2 tazas de crema espesa
2 tazas de leche entera
¾ de taza más 1 cucharada de azúcar
1 raja de 6 pulgadas de canela verdadera o una rama de canela (casia)
1 vaina de vainilla grande, partida a lo largo
la cáscara de un limón francés
4 claras de huevo
un apretón de jugo de un limón francés

Para los ingredientes de encima

2–3 tazas de café negro cargado, enfriado
3 cucharadas de licor de café (opcional)
canela molida (casia)

Mezcle la crema, leche y ¾ de taza de azúcar en una cacerola gruesa y lleve a un hervor lento. Agregue la canela en raja, vaina de vainilla y cáscara de limón francés. Baje el fuego y hierva lentamente por 15 minutos, removiendo de vez en vez. Retire del fuego y permita enfriar. Tape con envoltura de plástico y refrigere hasta que esté frío.

En un tazón chico, bata las claras a punto de picos. Agregue poco a poco el jugo de limón francés y la cucharada restante de azúcar. Retire la cáscara de limón, raja de canela y vainilla de la mezcla fría de leche. Raspe las semillas de vainilla del interior de la vaina y ponga en la mezcla de leche e incorpore lentamente a las claras batidas.

Vierta la mezcla en una máquina para helado y procese según las instrucciones del fabricante. Se puede congelar, perfectamente sellado, en un tazón de metal o una charola para cubitos de hielo en el congelador. Cuando esté listo, deberá tener una consistencia algo suave.

Enfríe copas para postre o copas para vino grandes, y cuando listo para servir, ponga el helado en las copas. Mezcle el café helado y licor de café juntos y vierta encima. Espolvoree con la canela y sirva con una cuchara para comer y un popote para tomar a sorbos.

Polvorones de canela

PHOENIX, ARIZONA • SONORA, MÉXICO

3 A 4 DOCENAS *¿Cómo puede algo tan sencillo saber tan rico? De origen árabe, la receta se trasplantó intacta a México por los españoles. Con la excepción de Nuevo México y el sur de Colorado, donde bizcochitos son la galleta preferida, rara vez hablé con un cocinero méxico-americano en los Estados Unidos que no calificara éstos como su tentempié dulce favorito. El único desacuerdo fue en la cuestión de usar pura mantequilla, pura manteca o una combinación de las dos. Esta receta de la madre de Miguel, Amelia Galbraith, hace un polvorón con una textura muy fina y hojaldrada, y es tan pequeño que se puede comer de un sólo bocado. Los polvorones son un dulce favorito para servir en bodas y otras celebraciones, envueltos festivamente en papel de china multicolor.*

Sirva sobre un plato colorido contrastante junto a una copa de Helado blanco y negro (página 362). También son buena pareja para té caliente—o pruébelos con una copa de jerez.

1 taza (2 barras) de mantequilla sin sal a temperatura ambiente ó ½ taza de mantequilla y ½ taza de manteca vegetal (véase la Nota)
1½ tazas de azúcar glass cernida
1 cucharada de extracto de vainilla o brandy
2 tazas de harina
¼ de cucharadita de sal de mar
⅔ de taza de pacanas o nueces bien molidas
1 cucharadita de canela molida (casia)

Precaliente el horno a 325 grados F.

Bata la mantequilla en un tazón con una batidora eléctrica hasta cremosa. Añada la ½ taza del azúcar glass y vainilla, y siga batiendo hasta ligero y como nubes.

Agregue la harina y la sal muy gradualmente—una cucharada a la vez—hasta incorporarla perfectamente. Añada las nueces con lo último de la harina. Tape muy bien con envoltura de plástico y enfríe perfectamente.

Con sus manos, forme la masa en bolas de ¾ de pulgada. Coloque sobre una charola de hornear sin engrasar con como 1 pulgada entre cada una. Hornee en un horno moderado como 15 minutos, o hasta que las orillas se tornen un pálido dorado.

Coloque la taza restante de azúcar en un tazón bajo o plato con la canela. Retire la charola del horno y, aún calientes, cuidadosamente bañe las galletas en la mezcla de azúcar glass. Aparta para enfriar por completo y bañe de nuevo en el azúcar, sacudiendo cualquier exceso. Se pueden comer los polvorones recién hechos o guardar entre capas de papel encerado en un bote bien sellado por varias semanas, aunque entonces el azúcar glass tiende a ser absorbido por las galletas. También se congelan bien en bolsas de plástico herméticas.

NOTA: Ya que la mantequilla tiene un papel saborizante importante en estas galletitas, es importante usar mantequilla recién comprada, no la que ha estado en el refrigerador por un rato. Por razones de salud y como sustituto a la más tradicional manteca, Maria Petra Vasquez en Michigan sustituye manteca vegetal por mitad de la mantequilla.

LA NAVIDAD

La época navideña en Nuevo México es un tiempo de júbilo desbordante, comenzando el 12 de diciembre con la Fiesta de Guadalupe, una celebración conmemorando el primer santo de México. En el aire claro, frío y vigorizante nocturno, las luminarias alumbran los edificios de adobe de cientos de años de edad de Santa Fe y se perfilan las calles. Por todos lados se ponen nacimientos, las escenas sencillas talladas en madera, hechas de barro o construidas de otros materiales naturales o hechos por el hombre. El pesebre en el nacimiento se deja usualmente vacío hasta la Noche Buena, cuando el muñeco de un niño representando al Niño Jesús se agrega.

Igual que en México, grupos de amigos y parientes en muchas otras comunidades méxico-americanas todavía conducen la tradicional posada, representando la búsqueda de María y José por todo Belén para un hostal donde pasar la noche en que nació Jesús. Los participantes van de casa en casa en una procesión llena de canciones a la luz de las velas, primero sin lograr permiso para entrar pero en la última casa siendo recibidos alegremente con comida y bebida. Se sirve ponche caliente y chocolate, junto con bizcochitos y panes dulces. Siempre hay muchas piñatas llenas de color en figuras fantasiosas, llenas de dulces, frutas y pequeños juguetes. Estas figuras de barro o papel maché extravagantemente decoradas con papel de china son suspendidas de una cuerda, no más esperando a que un niño con los ojos vendados le dé un porrazo con un palo largo. Todos se acercan en círculo, aplaudiendo y gritando mientras los niños se turnan dándole a la piñata. Al fin alguien la rompe y se abre, desparramando sus sorpresas que son juntadas por todos en una rebatiña desenfrenada.

Para muchos de los católicos hispanoparlantes que conocí en Nuevo México, estas actividades son sólo el prólogo a la Noche Buena. Entonces, todas las familias—hijos, padres, abue-

los y otros parientes—se reunen y van a la Misa de Medianoche—o, como me dijeron, la Misa de Gallo en recuerdo del gallo que anunció el nacimiento del Niño Dios con su canto. Después, todo mundo regresa a casa para una cena de celebración que sin duda incluye tamales.

Las familias mexicanas tienen celebraciones similares por todos los Estados Unidos, y en muchas ciudades y comunidades hay festividades públicas. En el Distrito Histórico Olvera de Los Ángeles, durante las nueve noches antes de Navidad todo mundo participa en las posadas, serpenteando a la luz de las velas entre los viejos edificios de adobe y ladrillo. Una Fiesta Navideña llena de alborozo se celebra en El Mercado en San Antonio durante tres días, con todo y música, baile folklórico y hasta Pancho Claus y el famoso Las Posadas por el Riverwalk, es realmente espectacular, siendo alumbrado por miles de luces y luminarias.

Bizcochitos

CHIMAYÓ, NUEVO MÉXICO

6 A 7 DOCENAS *No puede haber reunión navideña en Nuevo México sin bizcochitos. Cada cocinera que conocí los hacía en cantidades y los tenían a la mano toda la temporada. Pueden hacer otras galletas también, mas la galleta con el lugar de honor en el platón siempre será estos ricos bizcochitos con el sabor sutil de las semillas de anís. A Nolia Martinez le gusta usar pura manteca, como muchas cocineras locales, pero hemos sustituido una parte de mantequilla, que proporciona un sabor agradable.*

Muchas cocineras que prefieren una galleta más crujiente extienden la masa a ¼ de pulgada o menos y las hornean a 375 grados F. Hoy en día, la masa para bizcochitos se corta en figuras elegantes con pequeños cortabizcochos no más de 2 pulgadas de diámetro o se corta en tiras diagonales como ¾ de pulgada de ancho y 2 pulgadas de largo, retirando un gajo triangular de los extremos angostos para que parezcan más como iris emblemáticos. Lo que yo buscaba era la verdadera figura flor de lis que había leído era la moda más antigua, tradicional. Por fin, alguien recordó a una tía que tenía una amiga que las hacía. El secreto es extender la masa algo más delgada y cortarlos lo doble de ancho. En un extremo corte 3 tiras de una pulgada de largo, sepárelos un poco jalando, y enrosque en una espiral. Es más trabajo pero los resultados son impresionantes.

Para los bizcochos

1 taza (2 barras) de mantequilla sin sal a temperatura ambiente
1 taza de manteca vegetal o de puerco a temperatura ambiente
1 taza de azúcar
2 huevos
2–3 cucharadas de semilla de anís
6 tazas de harina de trigo
3 cucharaditas de polvo de hornear
1 cucharadita de sal de mar
¼ de taza de jerez Amontillado, vino endulzado, brandy o jugo de naranja

Para los ingredientes de encima

¼ de taza de azúcar
1 cucharadita de canela molida (casia)

Bata juntos la mantequilla, manteca y azúcar vigorosamente hasta ligero y cremoso como nube. Agregue los huevos y las semillas de anís.

Cierna juntos la harina, polvo de hornear y sal. Añada a la mezcla batida, con apenas lo justo de jerez para hacer una masa firme. No bata la masa, remuévala con cuidado. Divida la masa en 4 porciones y enfríe, envuelta apretadamente, por 30 minutos.

Caliente el horno a 350 grados F. Extienda la masa sobre una superficie ligeramente enharinada a un grosor de ¼ a ½ pulgada, y corte en figuras pequeñas. Trate de manejar la masa lo menos posible.

Coloque los bizcochitos sobre charolas de hornear sin engrasar, y hornee en el horno por 10–15 minutos, hasta lograr un ligero café dorado.

Mezcle el azúcar y canela juntos en una charola o plato ancho y bajo. Cuando los bizcochitos estén listos, retire del horno y deje enfriar sobre la charola 3 minutos. Cuando se puedan manejar fácilmente, bañe en la mezcla de azúcar y enfríe por completo sobre una rejilla. Conserve en un recipiente o bolsa bien sellado. Si no se comen de inmediato, durarán varias semanas.

Empanaditas de calabaza

PHOENIX, ARIZONA

SUFICIENTE RELLENO PARA 3 DOCENAS DE EMPANADITAS DE 3 PULGADAS Ó 1 DOCENA DE EMPANADITAS DE 5 PULGADAS *Las empanaditas dulces se pueden rellenar con casi cualquier cosa que disfruta. En vez de pays de calabaza, compartí empanadas*

miniaturas rellenas de calabaza con especias como favoritas de épocas festivas en Nuevo México y Arizona, al igual que en Detroit. Aquí hay una versión de la madre de Miguel, Amelia Galbraith.

Se pueden servir éstas con Empanaditas de cerdo (página 44), junto con Ponche navideño (página 386). Para postre después de una comida festiva, acompáñelas con una copa de Helado de rompope (página 359).

1 receta de Masa de trigo para empanadas (página 43)

Para el relleno

2 tazas de calabaza en puré enlatada o fresca cocida
½ taza de azúcar morena
2 cucharaditas de especias para calabaza (véase la Nota)
½ cucharadita de canela molida (casia)
¼ de cucharadita de nuez moscada molida
2 cucharaditas de brandy (opcional)

Para el glaseado

1 huevo, ligeramente batido con 1 cucharadita de agua

Para el ingrediente de encima

2 cucharaditas de azúcar blanca granulada

Precaliente el horno a 350 grados F.

Prepare la masa según las instrucciones en la receta.

Ponga la calabaza, azúcar y especias en una cacerola mediana y mezcle bien. Lleve a hervor sobre fuego mediano, luego aparte para enfriar. Agregue el brandy si lo usa.

Extienda la masa sobre una superficie ligeramente enharinada a un grosor menos de ¼ de pulgada. Divida la masa por la mitad y extienda de nuevo a un grosor de al menos ⅛ de pulgada. Corte en círculos de 3 pulgadas y ponga unas 2 cucharaditas de relleno en el centro de cada círculo.

Doble un lado sobre el relleno, y selle muy bien con los dedos. Hágale un reborde con los dientes de un tenedor.

Embarre las empanaditas por encima con el glaseado de huevo usando una brocha, y colóquelas sobre una charola de hornear ligeramente engrasada. Hornee unos 15 minutos, hasta ligeramente dorados. Retire del horno y, aún calientes, espolvoree con el azúcar.

NOTA: Si no tiene especias para calabaza, doble la cantidad de canela y nuez moscada y añada ½ cucharadita cada una de gengibre y pimienta gorda.

Flan de chiles anchos

AUSTIN, TEXAS • CIUDAD DE MÉXICO, MÉXICO

8 A 10 PORCIONES *Este flan inusual era el postre favorito de la abuela de Nushie Chancellor. En aquellos tiempos, el chile ancho se usaba sólo para hacer salsas o en adobos, mas la siempre creativa Virginia Coutlolenc de Kuhn, admirando el rico sabor dulce del chile, tan reminiscente del chocolate, hizo al chile el enfoque de su flan. Nunca le dieron la receta actual a Nushie, pero la recreó de memoria y agregó la salsa como su propio toque personal.*

Este flan es un final especialmente bueno a un alimento donde destaca el Pollo en salsa chichimeca (página 158).

1 taza de azúcar
8 huevos y 4 yemas
2 tazas de leche entera
2 tazas de leche evaporada
2 tazas de leche condensada endulzada
¾ de taza de jugo de naranja recién exprimido o congelado
2 cucharaditas de extracto de vainilla puro
½ taza de azúcar morena obscura
2 chiles anchos secos, sin semillas, desvenados y cortados en tiras angostas

Para la salsa

1 taza de jugo de naranja recién exprimido o congelado
½ taza de azúcar morena obscura
1 chile ancho, sin semillas, desvenado y en pedazos
4 cucharadas de ralladura de naranja rallada
1 cucharadita de fécula de maíz, disuelta en ¼ de taza de agua

Ponga el azúcar en un sartencito o cacerola con ½ taza de agua. Remueva con una cuchara de palo a fuego mediano hasta que se disuelva el azúcar, luego deje consumirse el líquido, volviéndose un jarabe color ámbar.

Vierta el jarabe caliente en un molde flanero de 8 tazas, volteándolo para cubrir ligeramente el fondo completo y casi todo de los costados. Deje enfriar y endurecer.

Precaliente el horno a 350 grados F. y ponga a hervir una olla con agua.

Bata ligeramente los huevos y las yemas. Agregue las leches entera, evaporada y condensada y mezcle juntas. Añada el jugo de naranja y extracto de vainilla, removiendo. Agregue el azúcar morena obscura, revolviendo hasta que se disuelva. Incorpore las tiras de chile, y vierta la mezcla en el molde caramelizado. Coloque el molde en un refractario grande sobre la rejilla de en medio del horno. Vierta cuidadosamente el agua caliente en el refractario—suficiente para llegar hasta la mitad de los costados del molde flanero. Hornee 1½–2 horas,

hasta que un palillo insertado en el centro salga limpio. Agregue más agua caliente si lo requiere.

Retire el refractario con el flan del horno. Deje enfriar al menos 1 hora, luego refrigere, tapado, por 8–10 horas.

Para hacer la salsa, licue el jugo de naranja, azúcar morena obscura y chile ancho en una licuadora o procesador de alimentos. Vierta en una cacerolita, lleve a un hervor a fuego mediano, y hierva lentamente por 10 minutos. Añada la ralladura de naranja, retire del fuego inmediatamente, y agregue, removiendo, la fécula de maíz disuelta. Aparte para enfriar.

Para servir, afloje los lados del flan con un cuchillo e invierta sobre un plato grande y redondo. Chorree la salsa encima.

Pastel de queso con cajeta

EL PASO, TEXAS

12 A 16 PORCIONES *Hay un restaurante mexicano en El Paso llamado L & J Café que ha existido por mucho, mucho tiempo. En los años de la década de 1930 cuando se llamaba Tony's Place, el dueño, Antonio Flores, mandó construir muros falsos dentro de este edificio viejo de adobe a la orilla del pueblo para ocultar alambiques ilegales y máquinas tragamonedas que eran una buena parte de los ingresos del restaurante en aquella época. Estrellas de cine, políticos y otras celebridades iban en bola, y cuando se acabó la prohibición, seguían volviendo, para entonces adictos a la comida. Ahora el nieto de Tony, Leo Duran, con su esposa, Fran, sirven básicamente los mismos platillos tradicionales en el mismísimo edificio, incluyendo un pastel de queso como éste, con sus listones satinados de dulce cajeta.*

El carácter sustancioso de este pastel de queso hace que sea mejor siguiendo un platillo más ligero, tal como Salpicón de res (página 67) con su sabor algo picosito.

Para la base

4 cucharadas de mantequilla sin sal, derretida
1 taza de galleta integral molida (*Graham cracker*)
¼ de taza de nuez pacana picada

Para el relleno

2 libras de queso crema (no baja en grasa) a temperatura ambiente
½ taza de azúcar
4 huevos grandes
1 cucharadita de ralladura fina de naranja
2 cucharaditas de extracto de vainilla
¼ de taza de crema espesa
¼ de taza de crema ácida
1 taza de Cajeta (página 370) o comercial

Caliente el horno a 350 grados F.

Mezcle juntos la mantequilla derretida, las galletas molidas y pacanas picadas en un tazoncito. Esparza la mezcla en el fondo de un molde redondo de aro con resorte de 9 pulgadas, y oprima de forma pareja en el fondo y la mayor parte de los costados del molde. Enfríe la base en el refrigerador mientras prepara el relleno.

Bata el queso crema en un tazón con una batidora eléctrica. Agregue el azúcar y bata. Añada los huevos y mezcle hasta apenas terso. Raspe los lados y el fondo del tazón para que esté bien incorporado el queso. Agregue la ralladura, vainilla, crema y crema ácida removiendo con una cuchara grande hasta bien mezclado.

Entibie la cajeta, y con un cuchillo, suavemente agregue y remueva en el relleno de queso crema para que apenas ralle el relleno.

Lleve a un hervor una olla grande de agua. Retire la base del refrigerador, y tape el fondo y los costados exteriores del molde de aro con papel aluminio. Vierta despacio el relleno en el molde forrado de galleta molida.

Coloque una fuente de horno sobre la rejilla de en medio del horno, y ponga el molde de pastel lleno en el centro. Vierta suficiente agua caliente para llegar a la mitad de los costados del molde pastelero. Hornee por 55–60 minutos. Debe estar el centro algo suave y vibrante. Deje abierta la puerta del horno, apague el calor, y deje el pastel allí otra hora.

Retire del baño de agua y coloque sobre una rejilla para enfriar por completo. Retire el aro del molde y refrigere perfectamente. Se puede refrigerar hasta 3 días.

Cajeta

CHICAGO, ILLINOIS • GUANAJUATO, MÉXICO

RINDE COMO 2 TAZAS *Pamela Díaz de León vivió por años en Celaya, México, un pueblito entregado casi por completo a la elaboración de la cajeta. Originalmente, este jarabe carameloso de leche espesa de cabra se hacía con frutas y nueces distintas y era tan denso que se podía empacar en cajetes, es decir cajitas, pequeños de madera, de donde el nombre del dulce se deriva. Pamela aún prefiere el rico sabor de esta versión casera a la que se vende ahora por todo México y los Estados Unidos en frascos.*

Use la olla más grande y gruesa que tenga. La mezcla se pondrá espumosa, así que tiene que estar lo suficientemente grande para contener lo doble en volumen que el jarabe. De cobre es la que más se usa en México. Yo he usado también una olla de hierro grande y una cacerola de peltre con lados inclinados que han funcionado bien.

1 cuarto de galón de leche de cabra
1 taza de azúcar
¼ de cucharadita de bicarbonato de sodio
2 cucharaditas de leche de vaca
1 cucharadita de extracto de vainilla ó 1 cucharada de brandy

Mezcle la leche de cabra y azúcar en una olla grande y lleve a un hervor lento. En una taza mezcle el bicarbonato junto con la leche de vaca hasta que se disuelva. Retire la leche hirviente del calor. Vierta la mezcla de bicarbonato en la leche de cabra caliente mientras sigue removiendo. Hará espuma, así que tenga cuidado.

Regrese la olla a la estufa y permita hervir despacio a fuego mediano, removiendo con bastante frecuencia, unos 30 minutos. Al espesarse y obscurecerse la mezcla, baje el calor y remueva constantemente hasta que la cajeta se ponga de un color caramelo obscuro y cubra el dorso de una cuchara de palo—otros 20–30 minutos.

Vierta la cajeta en un tazón, y cuando se haya enfriado un poco, agregue removiendo la vainilla o el brandy, y entonces enfríe por completo. Se puede usar inmediatamente o conservar, bien tapado, en un frasco en el refrigerador por meses.

Torta de piñones

SANTA FÉ, NUEVO MÉXICO

10 PORCIONES *El rosa ocre de las lomas secas en el norte de Nuevo México están interrumpidas en lo alto por bosquecillos de enebro y piñon curados por el clima. Durante siglos, los indígenas locales han recolectado las nueces maduras en el otoño. Después de tostarlas lentamente, las almacenaban para comer durante el invierno como botana. También se molían en harina pesada que se utilizaba para añadir al pan y espesar guisos. Estos piñones no eran ninguna novedad para los primeros españoles que a duras penas sobrevivían en esta tierra formidable y ansiosamente los agregaron a su dieta, donde los mezclaban con quelites o un pollo o conejo silvestre asado ocasional.*

Durante los años duros de la depresión de la década de 1930, la leche condensada fue usada como endulzante y líquido en esta torta con intenso sabor a piñones, una idea que funciona igual de bien hoy en día. Esta receta muy rápida y fácil de hacer nos la dio una mujer joven que conocimos en un concierto en Santa Fe que dijo pertenecía a su tía, Bernadette Garcia, cuya familia había trabajado las tierras cedidas por el estado años atrás.

Esta torta es de textura muy ligera—casi como flan. Si se prefiere una consistencia más densa, sólo licue los ingredientes por menos tiempo. Para asar los piñones, extiéndalos sobre una lámina gruesa de

hornear o refractario en un horno calentado 275 grados F. hasta muy aromáticos y algo salpicados de café, unos 5 minutos. Remueva con frecuencia para tostar parejo.

Un postre versátil en lo extremo, la Torta de piñones puede seguir casi cualquier platillo principal excepto quizás los moles, que comparten una base de nuez para espesar. En especial me gusta tras platillos picosos como Pollo con chiles jalapeños en escabeche y legumbres (página 162), Pollo borracho (página 157) o Robalo en salsa roja (página 144).

⅔ de taza de piñones tostados
12 onzas de leche condensada endulzada enlatada
2 huevos grandes
1–1½ cucharadas de ralladura fresca de naranja
azúcar glass para espolvorear

Precaliente el horno a 350 grados F. Engrase ligeramente con mantequilla o aceite un molde cuadrado de 8 pulgadas, forre con papel aluminio o papel encerado, y engrase de vuelta. Espolvoree ligeramente con harina, sacudiendo el exceso.

Muela los piñones finamente en un molino para café o especias y ponga en una licuadora. Agregue la leche condensada, raspando la leche espesa que esté adherida a los lados de la lata. Añada los huevos y ralladura, y licue a velocidad alta unos 5 minutos para crear una masa ligera y etérea. Raspe los lados varias veces con una espátula para que se mezcle todo perfectamente.

Vierta la mezcla en el molde de pastel y hornee por 45–50 minutos o hasta que un palillo al insertarse en el centro salga limpio. Permita que se enfríe la torta sobre una rejilla por 10 minutos. Pase un cuchillo alrededor de la orilla interior del molde y voltee la torta sobre un plato, retire el papel, luego vuelva a voltear la torta sobre un plato para servir.

Cierna una capa ligera de azúcar glass encima antes de servir.

Pastel de piña

PHOENIX, ARIZONA

12 PORCIONES *La piña—esa reina de las frutas del Nuevo Mundo—es el símbolo de bienvenida y hospitalidad. Amelia Galbraith, la madre de Miguel, con frecuencia hornea este denso mas delicado pastel de piña y lo sirve con un betún de queso crema y gengibre cristalizado. Ya que este pastel tiene la textura de uno de zanahoria y se mantendrá húmedo por varios días, a Amelia le gusta tenerlo a la mano para recibir visitas, tanto amistades viejas como nuevas, en su hogar.*

Este pastel es pareja perfecta con Frutas en almíbar (página 349) después de un almuerzo tipo mexicano o tras una cena simple de tacos o enchiladas. Es un postre bienvenido en reuniones o para servir con una taza de café o té a cualquier hora del día o la noche.

2 tazas de azúcar
2 tazas de harina
2 cucharaditas de bicarbonato de sodio
2 huevos, ligeramente batidos
½ taza de nuez pacana picada
2 latas de 20 onzas de piña machacada, sin escurrir
1 cucharadita de extracto de vainilla

Para el betún

4 cucharadas de mantequilla sin sal a temperatura ambiente
8 onzas de queso crema, a temperatura ambiente
1 cucharadita de extracto de vainilla
1 cucharadita de jugo de limón francés
2 tazas de azúcar glass cernida
1 cucharada de gengibre cristalizado en rebanadas como astillas

Precaliente el horno a 325 grados F. Engrase con mantequilla un refractario Pyrex de 9 por 13 pulgadas. (Es importante usar un refractario de vidrio para este pastel porque el ácido de la piña reacciona con uno de metal).

Remueva en un tazón grande el azúcar, harina y bicarbonato de sodio. Agregue los huevos, pacanas, piña y vainilla, mezcle bien, luego vierta en el refractario. Hornee por 35–40 minutos, hasta que un palillo insertado en el centro salga limpio.

Bata la mantequilla, queso crema, vainilla y jugo de limón francés en un tazón hasta terso. Poco a poco incorpore, batiendo, el azúcar glass. Añada el gengibre cristalizado. Unte sobre el pastel mientras esté aún caliente.

Impresiones de Oregon e Idaho

A pesar de que viví en muchos lugares cuando estaba creciendo, el centro de mi vida siempre fue Caldwell, Idaho, y la comunidad agrícola y ranchera del Valle de Boise y el este de Oregon que lo circundaban.

Mientras que la presencia hispana en esta región tierra adentro es relativamente reciente, hace casi cuatro siglos los exploradores españoles navegaron hacia el norte junto a la costa de Oregon hasta el sureste de Alaska, trazando mapas y nombrando muchos lugares. Cabo Blanco y Cabo Sebastián en la costa suroeste de Oregon llevan los nombres geográficos europeos más antiguos del estado. En el siglo dieciocho, los vaqueros mexicanos vinieron desde California como jinetes de sendero y se establecieron en ranchos en el sureste de Oregon alrededor de Steens Mountain y la región Owyhee agreste, accidentada, pantanosa y llena de maleza.

Fue, sin embargo, durante la Segunda Guerra Mundial que miles de mexicanos fueron contratados para venir al noroeste de los Estados Unidos para ayudar con la aguda crisis agrícola. A diferencia de Canadá y los Estados Unidos, México tomó un papel neutral en la guerra, y para el enorme número de personas sufriendo con la desastrosa situación económica en ese país, ésta era una oportunidad bienvenida. No todo era fácil para estos braceros. Eran hombres separados de sus familias, muchos por primera vez en sus vidas (no se permitían mujeres ni niños en este programa gubernamental). Pocos hablaban el inglés o podían siquiera leer el español. Vivían juntos en campos de trabajo agrícolas, a menudo seis trabajadores en tiendas de campaña de dieciséis pies por dieciséis pies, provistos sólo de un catre y una cobija.

Durante el verano, la temperatura a menudo sube hasta los 100 grados y más en el valle del Snake River donde viví. Sé que hacía calor aquel domingo cuando fui con mi papá en automóvil a un campamento laboral cercano para visitar algunos de los trabajadores que había llegado a conocer. Había una fiesta; lo que más recuerdo es el puerco que evidentemente habían matado más temprano—encontré la evidencia de sus restos no utilizados. Fue la primera vez que comí carnitas, pedacitos crujientes color café de carne de puerco empapados con una salsa de jitomate recién hecha de chiles verdes cultivados en botes de café clavados a la pared de sus viviendas ruinosas de madera. Y recuerdo cómo hacía mucho, mucho calor. Sin árboles, sólo arena, arbustos espinudos y la sombra de la tarde al lado de los edificios.

Para cuando se terminó la guerra en 1945, los trabajadores mexicanos estaban más que listos para regresar a casa, aunque algunos regresaron después con sus familias como parte de la mano de obra de los trabajadores agrícolas migratorios cada vez más importante. Éstos son los hombres y mujeres que mejor llegué a conocer al trabajar a su lado en los campos y empacadoras.

Rose Archuleta y su familia viviero [illegible] ıpamento de trabajo afuera de Caldwell por veintinueve años. Viniendo de una [illegible] d en Colorado con sólo una otra familia hispana, Rose no aprendió a hace [illegible] a ni siquiera comió un taco hasta que estuvo en el campamento de trab [illegible] ıos ha hecho su hogar allá en Canyon Hill, un área afuera de Caldwell [illegible] aba mis caballos. Ahora es un complejo habitacional suburbano co [illegible] enteantes y cerradas.

Su familia crec [illegible] cocina principalmente de la misma manera que sus vecinos anglo [illegible] todavía hace tortillas de harina, pozole o capirotada y en la Navidad, siemp [illegible]

Por otro lado, platillos mexicanos con regularidad aparecen en la mesa de María Andrea Berain y su esposo, Jesse, quienes viven en una gran casona vieja en uno de los vecindarios callados de Boise. Jesse ha estado dando clases de cocina durante los últimos veinte años en un colegio de la localidad—una actividad suplementaria que él ve como un brote natural de la carrera de su padre como jefe de cocina del restaurante de un hotel. Su trabajo principal es como asesor al gobernador del estado de Idaho acerca de iniciativas hispanas tales como empleo, vivienda y educación. Cocinar es ahora principalmente una actividad suplementaria para Jesse. Su esposa maneja todas las comidas diarias y la cocina de días festivos especiales, pero a él le gusta tener la mano dentro de la preparación de platillos favoritos como frijoles y chorizo.

A lo largo del corredor del valle Willamette, que se estira hacia el sur a la frontera con California, la población méxico-americana de Oregon continúa creciendo. En algunas ciudades como Woodburn, los residentes son predominantemente bilingües, los letreros de las tiendas están escritas en español, y los restaurantes, como Luis's Taquería, sólo sirven comida mexicana. Aunque muchas familias son originalmente de Michoacán, éste es uno de los pocos estados donde conocí gente de Yucatán—la parte de México que está más lejos en términos de millas de Portland. Estas familias mayas, animados por unos cuantos inmigrantes anteriores, ahora trabajan principalmente en los viveros y viñedos del valle.

No hace mucho que los méxico-americanos eran sólo trabajadores de temporada pasajeros, pero esto ha cambiado, especialmente desde los años sesenta. Han comprado sus propias casas, encontrado trabajos más gratificantes, y comprado pequeños negocios. Marco Rodriguez en Nyssa, Oregon, maneja una panadería familiar muy exitosa que su madre y padre comenzaron en 1964; sus conchas cubiertas de azúcar y otros pastelillos son los favoritos, incluso en Idaho.

Tanto en Idaho como en Oregon, los méxico-americanos han venido para quedarse. Quizás todavía no sean tan aceptados totalmente en las ciudades agrícolas más pequeñas conservadoras como lo son en las áreas urbanas pobladas, pero su presencia está ahora entretejida en la tela de estas comunidades.

Bebidas

Para todo mal mezcal, para todo bien también.

—UN DICHO POPULAR MEXICANO

NO IMPORTA LA HORA DEL DÍA, cuando voy a casa de alguien para platicar sobre la cocina mexicana, sin falta me ofrecen algo de beber, usualmente una taza de café americano o un refresco embotellado—Coca-Cola, Pepsi o una naranjada, esos refrescos que en México parecen estar rápidamente reemplazando las tradicionales y más saludables aguas frescas. Sin embargo, a pesar del cambio hacia las bebidas omnipresentes populares norteamericanas, muchas de estas aguas de sabores naturales conocidas no se han olvidado. En Los Ángeles había tepache, una bebida de piña fermentada ligeramente ácida; en un pequeño restaurante en Woodburn, Oregon, tomé dos vasos de refrescante horchata, una bebida con sabor de arroz molido y agua de coco con sólo un dejo de canela. En mis viajes, probé agua de jamaica carmesí hecha de las flores secas del hibisco, tamarindo color melaza y limonada fresca. La sorpresa más refrescante de todas fue en Florida en un día tan caluroso que hasta los zopilotes estaban desganados y sintiendo el calor. Me había perdido por completo manejando por una de esas carreteras secundarias cerca de los Cayos, así que eventualmente me devolví y me paré a pedir direcciones en un puesto de fruta operado desde la parte trasera de un camión. Esa maravillosa mujer no sólo me puso en el camino correcto, sino me dio un enorme vaso de pulpa de sandía con hielo y jugo de limón agrio recién exprimido.

ES HORA PARA UNA CERVEZA

Con excepción de los niños y abstemios, la cerveza es la bebida de México, y algunas de las mejores así como un buen número de las más insípidas cervezas mexicanas se consiguen en los Estados Unidos.

Fue Alemania, que hace alarde de más cervecerías que cualquier otro lado del mundo, de donde vinieron los maestros cerveceros de México trayendo consigo sus cervezas distintivamente estilo Pilsner color dorado ligero y el *lager* estilo Viena color rojo ámbar.

En estos días de las cervecerías pequeñas y sus cervezas más audaces, los *lager* dorados más alegres podrán estar fuera de moda en los Estados Unidos, pero no con los méxico-americanos. Todas las tres cerveceras mexicanas principales, Modelo, Cuauhtémoc y Moctezuma, exportan estas cervezas que calman la sed. Las mejores de las Pilsner, creo, son la bien balanceada y fragante Superior, y Bohemia, otra cerveza muy agradable. Otras marcas en lo que se considera la clase de botella transparente son producidas principalmente como calmantes de sed baratas, con la malta a menudo aligerada con arroz o un alto porcentaje de maíz. Típicas son Chihuahua y Sol Especial. Para mí, Corona, la creación de Modelo en esta categoría, aunque tiene seguidores en los Estados Unidos casi estilo culto, sigue siendo sosa e insípida, más como un agua mineral con gas con sabor vagamente a lúpulo que una cerveza. Otra bebida muy popular de este tipo, la algo seca Tecate, se vende en bote y se acompaña invariablemente con sal y un pedazo de limón agrio.

En el otro lado del espectro de la cerveza, vale la pena buscar la Negra Modelo obscura. Con cuerpo cremoso, me parece un acompañante satisfactorio a la mayoría de las comidas mexicanas, especialmente aquellas con salsas de chile complejas. La otra cerveza obscura excelente, sustanciosa y con cuerpo, es Noche Buena, puesta en venta por Moctezuma sólo durante la época navideña. Si le gusta la cerveza obscura, asegúrese de que su supermercado la venda.

Sin embargo, para muchos bebedores de cerveza mexicana, Dos Equis XX es la elección para tanto beber casualmente con amistades como para compartir la mesa con lo mejor de la cocina mexicana. Su rico sabor y aroma malteado, muy ligeramente dulce, y su color cobre claro la hacen una buena cerveza desde todo punto de vista. No confunda ésta con la también popular pero más ligera Dos Equis XX Special Lager algo sobrecarbonatada.

Decida qué tipo y marca de cerveza le gusta más para diferentes ocasiones. Cómprela fría (la cerveza se echa a perder), guárdela fría, y bébala cuando se le haya quitado un poco lo frío para mejor apreciar su sabor.

UN SORBO DE VINO

A pesar de sus largos lazos españoles y franceses, México todavía no es un país asociado con el vino. La cepa de raíz de las uvas traída por los españoles fue cultivada principalmente con fines sacramentales. Aunque la tierra y clima alrededor de Aguascalientes, Querétaro y Baja California Norte eran complacientes, los reyes de España no lo eran: los vinos cultivados por placer eran prohibidos y eran traídos por barco desde Europa. Sólo en las últimas décadas han estado produciendo vino de algo de calidad los viñedos mexicanos, y sólo mucho más recientemente se puede considerar alguno notable. El vino, sin embargo, es un complemento

apropiado a las comidas de México. De hecho, cada año Santa Fe, Nuevo México, promueve un Festival del Vino y Chile muy importante, lo cual demuestra qué tan compatibles pueden ser diferentes vinos con un platillo lleno de chile. Veronica Litton, originalmente de la Ciudad de México y ahora gerente y asesora en vinos de Crow Wine Merchants en Coral Gables, Florida, compartió algunas de sus recomendaciones conmigo, las cuales he incluido junto con las sugerencias de Miguel y mías.

En general, con la mayoría de los platillos de México de complejo sabor, busque vinos con sabores igualmente concentrados. Nosotros bebemos los *zinfandel* afrutados de California, densos y ricos, y algunos vinos tintos con cuerpo de España e Italia. El *shiraz* maravillosamente lleno de especias de Australia es un favorito, así como el parecido *Petite Sirah* de California y un afrutado *Pinot Noir*. Hay algunos *merlots*, especialmente del estado de Washington, con un dejo sutil achocolatado que hacen buena pareja con muchos moles. Para comidas que hacen énfasis en lo ácido de los tomatillos, aguanta bien un fresco *sauvignon blanc*, incluyendo algunos de Chile, aunque si está buscando un vino blanco para platillos llenos de chile rojo, yo prefiero un *gewürztraminer* seco de enfoque más suave o un *Riesling*. Nosotros en el estado de Washington tenemos unos excelentes vinos de fruta, al igual, estoy segura, que otros estados. He servido un vino de pera con chiles poblanos rellenos de picadillo y vino de ruibarbo con camarones. La idea principal es entender que el vino hace buena pareja con la mayoría de la comida mexicana.

EL ESPÍRITU DE MÉXICO

Mientras que se puede considerar el chocolate como la bebida de los dioses, la bebida tradicional del pueblo ciertamente viene del corazón del maguey.

Con sus feroces pencas como espadas—las mismas que el maguey mezcalero que crece por todo el suroeste árido de los Estados Unidos—el maguey es oficialmente un agave, uno de un género grande de plantas similares. Aunque cada especie tiene cualidades útiles, diferentes tipos han sido usados en el pasado para fibras, bardas y combustible, así como muchos otros productos y, de hecho, casi todo lo esencial para una existencia básica para vivir. Es el mero centro de la planta lo que hace que el maguey sea tan valioso—la veta de oro, por decirlo así, del mezcal y su más distinguida versión, el tequila.

El mezcal es casi la bebida nacional de México, especialmente en las zonas semiáridas del país donde crece con fuerza el maguey. Hay un pueblo en Oaxaca que visito, Matatlán, donde casi todas las familias se dedican a hacer mezcal, todavía usando los alambiques caseros de cobre y caballos para jalar monótonamente en círculo la gran rueda de molino que tritura la piña asada, o el corazón del maguey. (Se tardan hasta diez años en desarrollarse y madurar muchas de estas piñas, a menudo pesando cien libras). Quizás no sea tan suave el mezcal como el tequila, pero su sabor ahumado distintivo, como el de los chiles chipotles, llega a gustar con el tiempo. El mezcal se puede conseguir con mayor facilidad en las tiendas de licor de los EE.UU., aunque en una versión algo tenue. De todos modos, vale la pena probarlo.

El tequila es la bebida más asociada con México. Hecho famoso cuando fue incluido por un cantinero de la frontera en una bebida mezclada llamada una Margarita (muchos deben haber pensado en la idea al mismo tiempo, dado el número de autores autodeclarados), el tequila ha asumido su propio lugar de honor en años recientes. En México, este licor es destilado de una sola distinta especie de agave azul, *A. tequilania Weber*, y siempre se ha consumido sólo con quizás una lamida de sal, una chupada de limón agrio, o un trago de sangrita, un *chaser* con una vida propia. El compartir una copita de su tequila favorito codiciado, el alma líquido de la hospitalidad mexicana, fue mi bienvenida suprema como huésped en los hogares méxico-americanos que visité.

En la década de 1990, el tequila se hizo más conocido y su popularidad creció en los Estados Unidos, quizás por impulso del intenso interés en la comida mexicana por parte de tanto cocineros como aficionados. Ha corrido la voz, y el resultado es que ahora muchos de los mejores restaurantes y bares ofrecen una amplia variedad de tequilas finos para saborear sólos, igual que una ginebra, vodka, bourbon o escosés de primera. Aquí hay algunos de los mejores, incluyendo los favoritos de Miguel y míos, que se consiguen en los Estados Unidos. La mayoría de las destilerías los venden en cuatro estilos muy distintos, que varían mucho tanto en sabor como en costo. Búsquelos, pídalos, y luego disfrute una y otra vez aquellos que prefiera.

Tequila blanco: Con etiqueta *blanco* o *plata*, éste es un tequila puro, usualmente sin añejar, y sólo se permite agregarle agua. Igual que con un vodka de primera, puede ser muy elegante. Busque el casi dulce Dos Reales Plata o Patrón Silver de Cuervo con su refrescante sabor ligeramente a pimienta, y mi elección usual, Herradura Silver, que me parece muy seco, y con sabor a hierba, con un maravilloso acabado suave.

Tequila oro: Este tequila amarillo popular, vendido con una etiqueta color oro, parece ser más bien un truco de mercadotecnia para los EE.UU. que otra cosa. Es un tequila claro no añejado al que se le ha puesto color y sabor con aditivos tales como caramelo, y se aprovecha mejor en la preparación de margaritas y otras bebidas mezcladas. Sauza Tequila Especial y Cuervo Especial Premium Tequila llevan la delantera.

Tequila Reposado: Éste es el tequila de preferencia de los conocedores, tanto como aperitivo y para beber durante una comida. Para producirlo, un tequila "plata" de alta calidad es "reposado," por dos a doce meses en barriles de roble—algunas veces los mismos barriles usados para añejar el bourbon de Kentucky—atenuando mas no controlando el enérgico sabor bravucón del agave. Dos de los mejores son el exquisitamente ligero Don Julio y, con sus ricos tonos de roble, Cuervo 1800, una mezcla de calidad suprema de tequilas reposado y añejo. Una elección para ocasiones muy especiales.

Tequila Añejo: Bebiendo a sorbos los suaves tequilas de México añejados en roble puede ser una maravillosa experiencia de lujo con un sabor harmoniosamente complejo y maduro, pero al otro extremo, como con los brandys, hay aquellos que dejan una sensación tan áspera en la boca que deseará nunca haberlo probado. Ésta es una bebida para saborear al final de una comida por su aroma así como por su sabor. Los dos tequilas servidos más a menudo son ambos de Sauza: Conmemorativo y el parecido al coñác Tres Generaciones aterciopelado, el cual es usualmente servido en una pequeña copa coñaquera.

LAS BEBIDAS CALIENTES RECONFORTANTES O VIGORIZANTES

Dos de las bebidas calientes de México más estimadas, los reconfortantes atoles y chocolates, parecen ser reservadas principalmente en los Estados Unidos para el ritual de día festivo de comer tamales o para ser bebidas por los niños pequeños o los enfermos. Es una lástima porque durante mucho tiempo han sido una parte vital en la historia de México.

El origen de la semilla del cacao y cómo llegó a la tierra caliente y húmeda del sur de México es una leyenda entrelazada en el pasado del pueblo mexicano. Como regalo del dios Quetzalcóatl, su primer uso documentado fue como una bebida sagrada consumida sólo por sacerdotes y nobles. Hasta parte de su nombre científico, *theobroma*, quiere decir "comida de los dioses." Al principio, el chocolate era mezclado sólo con agua, pero los indígenas pronto lo endulzaron con miel silvestre, y con la llegada de los españoles llegaron el azúcar y la leche. Hoy día, muchos mexicanos todavía prefieren el chocolate endulzado mezclado con agua, pero el sabor y textura del chocolate mexicano combinado con leche es incomparable, realmente digno de ser una bebida de los dioses.

El atole, otra bebida nutritiva del pasado de México, no es otra cosa más que maíz seco molido (masa harina) rebajada con agua o leche y usualmente con sabor a fruta, chocolate o, mi favorito, chiles. Encontré que es casi desconocido en los Estados Unidos con la excepción de la gente de más edad—aquellas nacidas en México a principios del siglo veinte—o inmigrantes más recientes, aunque varias veces me sirvieron atole hecho de maíz azul en Nuevo México. Mucho más común en Nuevo México es el pinole, hecho o de harina de maíz asado o de trigo, combinado con leche, azúcar y especias y servido frío así como caliente.

Tomando café, por otro lado, parecía ser la manera favorita de todo el mundo de comenzar y terminar el día, y casi todos los méxico-americanos con quienes compartí una taza de café lo preferían cargado y luego atenuado con leche. Sólo fue en ocasiones especiales que me encontré con el conocido café de olla de México, café cocido en una olla, endulzado con azúcar obscura, y con fragancia de canela y otras especias.

Cualquiera que sea la bebida servida, el acto de ofrecer algo de beber es una muestra de hospitalidad, y la variedad de posibilidades entre mexicanos y méxico-americanos es tan grande o más grande que en cualquier otra parte del mundo.

Licuados

CHICAGO, ILLINOIS • GUANAJUATO, MÉXICO

1 PORCIÓN GRANDE *Como parte del ritual cotidiano de mandar su activa familia a la escuela y al trabajo en el barrio mexicano 'Pilsen' de Chicago, Olivia Dominguez comienza su día con estas bebidas nutritivas combinando leche con cualquier fruta que tenga a la mano. Es una forma ideal de utilizar fruta muy madura, pero una lata de coctel de fruta escurrida sirve también. El sabor es más rico, sin embargo, combinando dos tipos de fruta conservando en mente la estética del resultado colorido. Algunos favoritos son plátano con zarzamora y melón con fresa. Durazno y mango también son buenos agregados. Para que sea más nutritivo, Olivia le agrega con frecuencia clara de huevo al licuado cuando lo está licuando, y a otros les gusta espesarlo con media taza de yogur. El* fruit smoothie, *una bebida idéntica, ya está de moda en California entre los que cuidan con conciencia su salud, haciendo así un cumplido no reconocido a la influencia de su gran población mexicana.*

Se pueden aumentar las cantidades para más porciones. Si la bebida se prepara por adelantado, viértala en una jarra, tape, refrigere y mezcle bien antes de servir. Sin embargo, es mejor tener sólo la fruta preparada y licuar al último momento.

1 taza de leche fría
1 taza de fruta madura, pelada, sin semilla y en trozos
1 cucharada de miel (opcional)
el jugo de 1 limón agrio (opcional)
una pizca de canela (casia) molida o nuez moscada ó 1 ramito de menta, según la fruta que use

Muela perfectamente bien la leche, fruta, miel y el jugo de limón agrio en una licuadora o procesador de alimentos. Si está muy espesa la bebida, diluya con un poco más de leche o pruebe jugo de naranja.

Vierta en un vaso largo con hielos o hasta con hielo picado. Espolvoree un poco de canela o nuez moscada o adorne con menta y sirva.

VARIACIÓN: AGUAS FRESCAS Algunas combinaciones de frutas, en especial las que usan una fruta ácida como la piña, parecen saber más ricas con agua que con leche, haciéndolas una bebida menos para el desayuno que para otros alimentos. Otra que nos gusta en especial combina melón o sandía con fresas en proporciones iguales, rebajada con concentrado de jugo de naranja diluido y un buen chorrito de jugo de limón agrio.

Agua fresca de flor de Jamaica

DENTON, TEXAS • OAXACA, MÉXICO

UNAS 7 TAZAS DE AGUA DE FLOR CONCENTRADA *El refresco parece ser la bebida de preferencia para la mayoría de las familias méxico-americanas de segunda y tercera generación que conocí, reemplazando las aguas frescas naturales tal como esta hermosa bebida. Algunos de los más conscientes de su salud han "descubierto" el agua de jamaica o, como con frecuencia se le etiqueta, té de flor de Jamaica, y se sorprenden al saber que es la misma bebida roja neón servida con cucharón desde vitriolas por vendedores callejeros en todo México y en barrios mexicanos en los Estados Unidos. La flor seca, con un alto contenido de vitamina C, se puede encontrar en supermercados hispanos y en casi todas las tiendas naturistas. La versión de Aurora Cabrera Dawson de esta bebida clásica contiene el sabor sutil de naranja y especias. Para un sabor más marcado de naranja, Valerie Hawkins-Hermocillo en Sacramento sugiere diluir el agua de jamaica con jugo de naranja recién exprimido. Tenga presente que la Jamaica es un diurético y puede afectar los riñones.*

2 onzas de flores de Jamaica secas (como 2 tazas)
½ taza de miel o azúcar
la cáscara de una naranja
1 clavo
1 raja de 3 pulgadas de canela verdadera o 1 rama de canela (casia)
2 cucharadas de jugo de limón agrio o limón francés

Lleve a un hervor 6 tazas de agua. Añada la jamaica, miel, cáscara, clavo y canela al agua hirviendo y remueva. Hierva suavemente 5 minutos. Retire del calor y permita reposar 1 hora.

Cuele el agua a una jarra. Agregue el jugo de limón agrio. Pruebe para dulzor y acidez, y ajuste si es necesario. Tape y refrigere.

Al servir, diluya con agua, jugo de naranja o agua mineral al gusto y luego vierta sobre hielos.

VARIACIÓN: SANGRÍA DE JAMAICA Para esta bebida briosa, utilice menos endulzante y mezcle con 24 onzas de vino tinto seco afrutado y ¼ de taza de jugo de naranja y jugo de limón agrio recién exprimidos y combinados. Pruebe y ajuste el azúcar o el jugo si es necesario. Refrigere varias horas o toda la noche. Cuando esté bien frío vierta en vasos largos. Se le puede agregar una taza de agua mineral justo antes de servir. Rinde 10 a 12 vasos.

Agua fresca de pepino

VICTORIA, COLUMBIA BRITÁNICA, CANADÁ • CIUDAD DE MÉXICO, MÉXICO

4 A 6 PORCIONES *La expresión "cool as a cucumber"—tan fresco como un pepino—es apropiada para esta refrescante bebida que Maria Elena Lorens sirve durante el verano en la Isla de Vancouver. He adaptado la receta de una en su libro* Mexican Cuisine.

2 pepinos grandes, pelados, sin semillas y picados
el jugo de 3 limones agrios
6–8 cucharadas de azúcar

Para la guarnición

ramitos de menta o trozos largos de pepino (opcional)

Licue el pepino, jugo de limón agrio, azúcar y 2 tazas de agua fría en la licuadora hasta que esté espumoso.

Vierta en una jarra de vidrio y agregue 4 tazas más de agua fría. Pruebe y ajuste el azúcar y limón agrio si es necesario. Si no se bebe inmediatamente, conserve tapado en el refrigerador por no más de 2 horas. Antes de servir ponga hielos en vasos largos, revuelva el agua de pepino, y vierta en los vasos. Añada un ramito de menta o trocitos de pepino para un toque especial.

VARIACIÓN: **AGUA FRESCA BRIOSA DE PEPINO** Añada 1 taza de buen tequila, vodka o ginebra a la jarra justo antes de remover, o agregue una cantidad apropiada a cada vaso antes de verter el agua fresca.

Sangría

GIG HARBOR, WASHINGTON • VERACRUZ, MÉXICO

6 PORCIONES *He compartido con frecuencia un vaso de sangría, la conocida bebida española de vino, con mis amistades mexicanas en los Estados Unidos, pero casi todas sus versiones incluyen limonada congelada, lo cual considero cambia el sabor de una bebida con sabores de frutas frescas a algo más común—más como un "cooler" de vino embotellado. Ésta es mi propia forma de hacer sangría. Evolucionó durante los años que vivimos en Cataluña, España, e incluye unas variaciones que aprendí en Veracruz. Es tan refrescante que me han pedido la receta mis amistades méxico-americanas.*

½ taza de jugo de limón agrio recién exprimido
½ taza de jugo de naranja recién exprimido
½–⅔ de taza de azúcar
1 botella de vino tinto seco
2 cucharadas de licor de naranja, tal como *triple sec* o Grand Marnier (opcional)
1 naranja chica, en rebanadas delgadas
1 limón agrio, en rebanadas delgadas
1 taza de agua de seltz o agua mineral
vodka (opcional)

Revuelva juntos en una jarra los jugos de limón agrio y naranja y el azúcar hasta que se disuelva el azúcar. Añada el vino, licor de naranja y rebanadas de naranja y limón agrio. Enfríe por varias horas. Agregue el agua de seltz justo antes de servir.

Sirva con hielos en una copa redonda de vino, o en un vaso largo transparente, con un popote. Es común en México verter una onza más o menos de vodka en cada vaso antes de agregar la sangría. Estará transparente la bebida en el fondo y con una capa roja espesa en la parte superior. Antes de beber, remueva todo con el popote.

EL TAMARINDO
(Tamarindus indica)

Una pasión por el suave sabor agrio del tamarindo fue adquirido hace mucho por los mexicanos. La vaina café quebradiza, pareciéndose bastante a una vaina alargada seca de frijol, vino con los españoles al Nuevo Mundo, pero tuvo su origen en alguna parte del sureste de Asia o África. Se le reconoce probablemente mejor como el sabor de fruta agridulce en la cocina india, donde aparece en todo tipo de curry, pilau, *chutney y salsa. Si Ud. cree que nunca ha probado el tamarindo, sólo vea la etiqueta atrás de una botella de salsa inglesa Lea & Perrins.*

Las vainas de tamarindo y pasta o concentrado ya preparado casi siempre se pueden encontrar en tiendas de abarrotes latinoamericanos o indios, así como en muchos supermercados bien surtidos.

Ponche de Navidad

MIAMI, FLORIDA • GUANAJUATO, MÉXICO

16 A 20 PORCIONES *Los recuerdos de Navidad en México casi siempre incluyen un ponche caliente fragante con frutas exóticas y especias, algo como un budín inglés líquido. Virginia Ariemma usa una receta familiar de su madre Virginia Domínguez, y es afortunada en poder encontrar las intensamente aromáticas guayabas en Florida donde ella vive. Si no las hay disponibles, se puede sustituir una lata de néctar de guayaba. Se puede encontrar la caña en muchos mercados filipinos o hispanos. Silvia de Santiago, al norte en Chicago, prepara un ponche casi idéntico para celebrar la fiesta de Navidad.*

Para agasajar invitados, sirva platones de galletas incluyendo los tradicionales Bizcochitos (página 365).

½ libra de tamarindos ó 6 cucharadas de pasta de tamarindo ó 2 cucharadas de concentrado de tamarindo
2 conos de piloncillo (página 23), picado (como 1 libra) ó 2 tazas de azúcar morena
1 taza de ciruelas pasas, deshuesadas y picadas
2 pies de caña fresca, pelada, partida en cuatro a lo largo, y en trozos de 3–4 pulgadas (opcional)
½ taza de uvas pasas
1 raja de 6 pulgadas de canela ó 1 rama de 3 pulgadas de canela (casia)
8–10 guayabas, sin el brotecito y cortadas a la mitad (opcional)
1 naranja chica clavada con 10 clavos enteros
1 taza de flor de Jamaica seca
1 manzana, picada
2 peras, peladas y picadas
el jugo de 2 naranjas
brandy o ron al gusto

Si utiliza el tamarindo en vaina, remójelo varios minutos para poder retirar la cáscara fácilmente junto con las 3 hebras que van a lo largo de la vaina. Coloque los tamarindos pelados en un tazón y cubra con 2 tazas de agua hirviendo. Permita remojar 1–2 horas. Con sus dedos o una cuchara, retire la pulpa de los huesos. Cuele la pulpa con el agua a un recipiente, repujando bien para extraer el sabor del tamarindo. Se puede hacer esto por adelantado, sellar bien, y guardar por hasta 1 semana en el refrigerador. (El tamarindo en pasta o concentrado sólo necesita diluirse con 2 tazas de agua).

Coloque el piloncillo con 4 cuartos de galón de agua en una olla grande y lleve a hervor a fuego medio-alto, removiendo hasta que se disuelva el azúcar. Añada las 2 tazas de agua de tamarindo, ciruelas pasas, uvas pasas, guayabas, caña, canela y naranja con clavos, y hierva a fuego lento por 1 hora.

En una cacerola aparte, ponga a hervir 6 tazas de agua y agregue la jamaica. Retire del fuego, permita reposar 20 minutos, y cuele el agua al ponche. Mezcle bien, añada las manzanas y peras picadas y el jugo de naranja, y siga hirviendo a fuego lento.

Sirva el ponche caliente en tazas con algo de fruta. Agregue el brandy o ron al último minuto.

Sangrita

3 TAZAS *El tequila no es sólo un ingrediente de la Margarita, un coctel creado para y apreciado por turistas americanos en México. Como un buen escocés o una ginebra fina, un tequila de calidad se aprecia mejor solito. Al pedir un tequila en México, vendría en un caballito acompañado por un plato con limones agrios, una cazuelita de sal y otra copita llena de sangrita, un "chaser" de un color rojo vibrante. Puede lamer un poco de sal del costado de su mano, chupar un limón y tomar un sorbo de sangrita o hacer una combinación ritualista de los tres. Por lo general, entre más fino el tequila, menos necesidad hay de un sabor que distraiga.*

Alguna de la sangrita comercial es espantosa, pero bien preparada, da un balance picoso pero dulce que muchos disfrutan con el tequila. Mucho del sabor y colorido rojo, o sangrita, proviene del chile seco, de la granada o grenadina, o del jitomate, dependiendo de quién lo prepara. Al servir tequila en casa, Miguel prefiere usar jitomates maravillosamente maduros, endulzados un poco, y un contraste de cebolla, jugo de limón agrio y chile. La sangrita se conserva sellada en el refrigerador como 1 semana.

2 libras de jitomates muy jugosos, pelados y sin semillas (unos 6 jitomates)
1 taza de jugo de naranja
¼ de taza de jugo de limón agrio
¼ de taza de cebolla blanca picada
1 cucharadita de azúcar
como ¼ de cucharadita de sal de mar
3–4 chiles serranos frescos, sin semillas y picados, ó ½–1 cucharadita de chile pequín, tepín o pimienta de cayena, molido

Ponga todos los ingredientes en una licuadora o procesador de alimentos, añadiendo el chile de a poquito y probando sobre la marcha. Muela hasta que esté tersa y picante al gusto. Quizás se tenga que moler en varias tandas. Coloque la sangrita en un frasco u otro recipiente y enfríe por lo menos 1 hora.

Cuando esté listo para degustar el tequila, vierta la sangrita en copitas o vasos chicos de 2–3 onzas cada uno y sirva con un buen tequila en otras copitas tequileras, es decir, caballitos. Tome un sorbo de tequila, luego de sangrita, chupando un limón agrio de vez en cuando entre sorbos.

Champurrado

DETROIT, MICHIGAN • MICHOACÁN, MÉXICO

3 TAZAS *Petra Cervantes, quien se fue a Detroit de Zamora, Michoacán, hace veinte años, siempre prepara esta tradicional bebida rica de chocolate espesada con masa para acompañar sus tamales en época de Navidad. Miguel recuerda que al estar tan enfermo de no poder comer, su abuela hacía un champurrado similar no más para él. Pero Ud. no tiene que esperar a no sentirse bien para probar esta bebida que hace entrar en calor. Es maravilloso para el desayuno de mañanas frías.*

El chocolate mexicano se forma en varias figuras, según la marca, y la cantidad de azúcar y especias incluidas varía. Pruebe el atole al irlo endulzando.

⅓ de taza de masa harina (página 114)
2 tazas de leche
¼–½ taza de azúcar morena obscura ó 2–4 conos chicos de piloncillo (página 23)
¼ de cucharadita de canela (casia) molida
3–4 onzas de chocolate mexicano
¼ de cucharadita de nuez moscada molida, de preferencia recién molida

Añada unas 4 cucharadas de agua tibia a la masa harina, lo suficiente para humedecerla por completo. Póngala a cucharadas en una licuadora o procesador de alimentos con 2 tazas de agua y licue perfectamente. Vierta en una olla mediana y hierva lentamente a fuego mediano, removiendo para evitar grumas. La mezcla se parecerá al cereal de trigo. Agregue la leche, azúcar, chocolate y canela y, al comenzar a burbujear de nuevo, baje la llama lo más posible. Hierva lentamente, removiendo de vez en vez, hasta que el atole comience a espesar y se derrita el chocolate.

Bata con una batidora manual hasta que esté espumoso. Vierta en tazas o jarritos, espolvoree con nuez moscada, y sirva de inmediato. Si reposa un rato el champurrado, quizás se espese demasiado. Añada, batiendo, un poco más de leche.

VARIACIÓN: ATOLE DE FRUTA FRESCA Para 3 ó 4 porciones, muela bien 1½ tazas de piña fresca, chabacano o durazno pelado y en cubitos con 1½ tazas de agua. Si utiliza fresas, use leche en vez de agua. Vierta en una cacerola con ½ taza de azúcar. Lleve a punto de ebullición lenta y hierva suavemente por 5 minutos. Disuelva ½ taza de masa harina en un poco de agua y agregue a la fruta, mezclando. Cocine, removiendo con frecuencia, otros 5 minutos.

Café de olla

PHOENIX, ARIZONA

4 A 6 PORCIONES *Café de olla, ese maravilloso café tostado obscuro y hecho en olla de barro tradicional con especias y azúcar, es la forma preferida de finalizar un alimento, tanto en los Estados Unidos como en México, y la versión de Miguel es típica. Se puede servir helado también.*

Como me contó Miguel,

> *Creo que tenía unos nueve años cuando mi abuelo, Don Miguel, me dio mi primera clase en la preparación del café. Era la gran cosa para mí porque era señal de que iba madurando. Tienes que recordar que el café mexicano se hace sin cafetera. Mi abuelo tenía sus trucos también, como poner un cascarón de huevo en el café para asentar los posos, aunque eventualmente sí se asientan en el fondo de la olla. No importa, mi abuela tomaba su café solamente colado, y él me dio a saber nunca olvidarlo. De alguna forma, mi abuelo siempre tenía, de casualidad, un pañuelo limpio en su bolsillo para ese propósito, para usarlo como colador. Total, después de servir el café, yo miraba a don Miguel para recibir la señal de que estaba bueno mi café. Su señal de aprobación era una gran sonrisa y un guiñar de ojo.*

1 raja de 6 pulgadas de canela ó 1 rama de canela (casia)
½ taza de azúcar morena obscura ó 4 conos chicos de piloncillo, picados (página 23)
3 clavos
7 cucharadas de café tostado obscuro, de molido mediano a grueso

Caliente 1 cuarto de galón de agua en una olla de barro o en una cacerola. Añada la canela, azúcar y clavos, y cocine a fuego medio-alto hasta que se disuelva el azúcar. Agregue el café y lleve a punto de ebullición, tape, apague el fuego, y repose el café por 10–15 minutos antes de servir.

Vierta cuidadosamente a tazas cafeteras o cuele en colador fino o por un pedazo de estopilla.

VARIACIÓN: CAFÉ CON LECHE En una ollita, lleve a punto de hervor 2 tazas de leche mientras reposa el café. Ya listo para servir, vierta la leche y café a cada taza, usando leche al gusto y agregando más azúcar, si así lo desea.

VARIACIÓN: CAFÉ DE OLLA HELADO Miguel me recordó que cuando él vivió en Arizona, con el calor tremendo, a menudo servían su café de olla y café con leche con mucho hielo como una bebida refrescante. Sólo cuele y enfríe antes de verter sobre el hielo.

Chocolate a la mexicana

AUSTIN, TEXAS

4 TAZAS *Los días festivos y de chocolate iban juntos en la familia de Miguel cuando hacían tamales. Siendo tan caliente donde él vivía en Arizona, su abuela a menudo servía el chocolate helado, contrario a la costumbre.*

El chocolate mexicano se encuentra en muchos supermercados en los Estados Unidos. Es más dulce y viene usualmente con sabor a canela. Una marca conocida es Ibarra, y Miguel aún usa Popular, la misma marca que su abuela compraba. Revise la etiqueta, pero por lo general, un segmento de chocolate es suficiente para una taza.

Se puede servir el chocolate como bebida reconfortante cuando quiera, pero si piensa hacer tamales, esta bebida los debe acompañar.

4 tazas de leche
3–4 onzas de chocolate mexicano

Entibie la leche con el chocolate en una cacerola mediana a fuego lento, removiendo constantemente hasta que se derrita el chocolate. Cuando empiece a hervir lentamente, bata vigorosamente con un molinillo o batidora manual hasta que la mezcla esté muy espumosa.

Sirva caliente en tarros. Si lo sirve helado, permita enfriar a temperatura ambiente antes de agregar los hielos.

Bibliografía selecta

El sabor de este libro está derivado de la historia social, política y culinaria del pueblo mexicano que ahora reside en los Estados Unidos. Con la ayuda de las bibliotecas públicas, universitarias y de museos por todo el país, consulté fuentes demasiado cuantiosas para enumerar. Los siguientes son libros recomendados que deberían de estar disponibles al lector interesado.

Acuña, Rodolfo: *Occupied America: A History of Chicanos*. Nueva York, Nueva York: Harper & Row, 1988 (3ª).

Andrews, Jean: *Peppers: The Domesticated Capsicums*. Austin, Texas: University of Texas Press, 1984.

Arnold, Sam'l P.: *Eating Up the Santa Fe Trail*. Niwot, Colorado: University Press of Colorado, 1990.

Baker, Richard: *Los Dos Mundos: Rural American Americans, Another America*. Logan, Utah: Utah State University Press, 1995.

Bayless, Rick, con Deann Groen Bayless: *Authentic Mexican*. Nueva York, Nueva York: William Morrow, 1987.

Bayless, Rick, con Deann Groen Bayless, y JeanMarie Brownson: *Rick Bayless' Mexican Kitchen*. Nueva York, Nueva York: Scribner, 1996.

Bermúdez, María Teresa: *Mexican Family Favorites Cookbook*. Phoenix, Arizona: Golden West, 1995.

Casas, Penélope: *The Food & Wine of Spain*. Nueva York, Nueva York: Alfred A. Knopf, 1982.

Chapman, Charles E.: *A History of California: The Spanish Period*. Nueva York, Nueva York: Macmillan, 1946.

Chipman, Donald E.: *Spanish Texas, 1519–1821*. Austin, Texas: University of Texas Press, 1992.

Clark, Amalia Ruiz: *Amalia's Special Mexican Dishes*. Oracle, Arizona: Gila River Design, 1979.

Cook, Warren L.: *Flood Tide of Empire: Spain and the Pacific Northwest*. New Haven, Connecticut: Yale University Press, 1973.

Dent, Huntley: *The Feast of Santa Fe*. Nueva York, Nueva York: Fireside, 1985.

Dondero, Carlo Andrea: *Go West: An Autobiography of Carlo Andrea Dondero, 1842–1939*. Eugene, Oregon: Garlic Press, 1992.

Ellis, Merle: *Cutting-Up in the Kitchen*. San Francisco, California: Chronicle Books, 1975.

Fontana, Bernard L.: *Entrada: The Legacy of Spain and Mexico in the United States*. Tucson, Arizona: Southwest Parks and Monuments Association, 1994.

Gabilondo, Aída: *Mexican Family Cooking*. Nueva York, Nueva York: Fawcett Columbine Cook, 1986.

Gamboa, Erasmo, y Carolyn M. Buan (eds.): *Nosotros, the Hispanic People of Oregon*. Portland, Oregon: Oregon Council for the Humanties, 1955.

Garza, Lucy: *South Texas Mexican Cookbook*. Phoenix, Arizona: Golden West Publishers, 1982.

Gilbert, Fabiola C.: *Historic Cookery*. Las Vegas, Nevada: La Galería de los Artesanos, 1970.

———: *The Good Life: New Mexico Traditions and Food*. Santa Fe, Nuevo México: Museum of New Mexico Press, 1982 (2ª).

Grebler, Leo, Joan W. Moore, y Ralph Guzmán: *The Mexican-American People: The Nation's Second Largest Minority*. Nueva York, Nueva York: Free Press, 1970.

Hardwick, William: *Authentic Indian-Mexican Recipes*. P. O. Box 1109, Fort Stockton, Texas 79735, 1972.

Hutson, Lucinda: *The Herb Garden*. Austin, Texas: Texas Monthly Press, 1987.

———: *Tequila*. Berkeley, California: Ten Speed Press, 1995.

Jamison, Cheryl Alters, y Bill Jamison: *The Border Cookbook*. Boston, Massachusetts: Harvard Common Press, 1995.

———: *The Rancho de Chimayó Cookbook*. Boston, Massachusetts: Harvard Common Press, 1991.

Jaramillo, Cleofas M.: *The Genuine New Mexico Tasty Recipes*. Santa Fe, Nuevo México: Ancient City Press, 1981.

Kay, Elizabeth: *Chimayó Valley Traditions*. Santa Fe, Nuevo México: Ancient City Press, 1987.

Kennedy, Diana: *The Cuisines of Mexico*. Nueva York, Nueva York: Harper & Row, 1972 (ed. rev., 1986).

———: *Mexican Regional Cooking*. Nueva York, Nueva York: Harper & Row, 1984 (ed. rev.).

———: *The Art of Mexican Cooking*. Nueva York, Nueva York: Bantam Books, 1989.

Kimble, Socorro Muñoz, y Irma Serrano Noriega: *Mexican Desserts*. Phoenix, Arizona: Golden West Publishers, 1987.

King, Shirley: *Fish: The Basics*. Shelburne, Vermont: Chapters Publishing, 1996.

Lozano, Ruben Rendon: *Viva Tejas: The Story of the Mexican-Born Patriots of the Texas Revolution*. San Antonio, Texas: The Alamo Press, 1936; reeditado con nuevo material de Mary Ann Noonan Guerra, 1985.

Lorens, Maria Elena C.: *Maria Elena's Mexican Cuisine*. Victoria, Colombia Británica: General Store Publishing, 1989.

Magoffin, Susan Shelby: *Down the Santa Fe Trail and into Mexico: The Diary of Susan Shelby Magoffin, 1846–1847*, Stella M. Drumm ed. New Haven, Connecticut: Yale University Press, 1926.

Martínez, Rubén: *The Other Side: Notes from the New L.A., Mexico City and Beyond*. Nueva York, Nueva York: Vintage Departures, una división de Random House, 1992.

Martínez, Zarella: *Food from My Heart*. Nueva York, Nueva York: Macmillan, 1992.

Meir, Matt S., y Feliciano Ribera: *Mexican Americans/American Mexicans—from Conquistadors to Chicanos*. Nueva York, Nueva York: Hill & Wang, 1993 (ed. rev.).

Muller, Frederick R.: *La Comida: The Foods, Cooking, and Traditions of the Upper Rio Grande*. Boulder, Colorado: Pruett Publishing, 1995.

Naj, Amal: *Peppers*. Nueva York, Nueva York: Alfred A. Knopf, 1992.

Ortiz, Elizabeth Lambert: *The Encyclopedia of Herbs, Spices, and Flavorings*. Londres: Dorling Kindersley, 1992.

Parkes, Henry Bamford: *A History of Mexico*. Boston, Massachusetts: Houghton Mifflin, 1969.

Peyton, James W.: *La Cocina de la Frontera, Mexican-American Cooking from the Southwest*. Santa Fe, Nuevo México: Red Crane Books, 1994.

———: *El Norte: the Cuisine of Northern Mexico*. Santa Fe, Nuevo México: Red Crane Books, 1990.

Preston, Mark: *California Mission Cookery*. Albuquerque, Nuevo México: Border Books, 1994.

Quintana, Patricia, con Jack Bishop: *Cuisine of the Water Gods*. Nueva York, Nueva York: Simon & Schuster, 1994.

Rodriguez, Richard: *Days of Obligation: An Argument with My Mexican Father*. Nueva York, Nueva York: Penguin Books, 1992.

Ronstadt, Federico José María: *Borderman: Memoirs of José María Ronstadt*, Edward F. Ronstadt ed. Albuquerque, Nuevo México: University of New Mexico Press.

Sanchez, George J.: *Becoming Mexican American*. Nueva York, Nueva York, Oxford University Press, 1993.

Simmons, Helen, y Cathryn A. Hoyt: *Hispanic Texas: A Historical Guide*. Austin, Texas: University of Texas Press, 1992.

Simons, Marc: *New Mexico: An Interpretive History*. Albuquerque, Nuevo México: University of New Mexico Press, 1988.

Weber, David J.: *Myth and the History of the Hispanic Southwest*. Albuquerque, Nuevo México: University of New Mexico Press, 1988.

West, John O.: *Mexican-American Folklore*. Little Rock, Arkansas: August House, Inc., 1988.

Zelayeta, Elena: *Elena's Secrets of Mexican Cooking*. Garden City, Nueva York: Doubleday, 1968.

———: *Elena's Famous Mexican and Spanish Recipes*. San Francisco, California: autopublicado, 1944.

Fuentes de los productos

Las mejores fuentes de productos mexicanos frescos y los productos secos y enlatados necesarios para cocinar platillos mexicanos son aquellas usualmente que están más cercanas a casa. La mayoría de los supermercados venden chiles frescos y secos, frutas y verduras tales como aguacates, tomatillos, mangos, plátanos machos, jícamas, chayotes y nopales. Si no, están en sus catálogos y se pueden mandar pedir. Simplemente pídalos. Mercados mexicanos y latinos se pueden hallar en la mayoría de las ciudades y pueblos que tengan una población hispana considerable. Busque en las Páginas Amarillas para sus ubicaciones. La mayoría tendrá masa recién molida y siempre la masa harina. Las fuentes de venta por correo enumeradas son las que conocemos a través de experiencia personal, y las recomendamos para los productos a veces difíciles de encontrar. Para hierbas de olor, siempre es mejor cultivar sus propias y usarlas frescas.

CULTÍVELO UD. MISMO

J. L. Hudson, Seedsman
P. O. Box 1058
Redwood City, CA 94064
Colección de semillas zapotecas. Semillas de Oaxaca. Plantas comestibles únicas, incluyendo chiles y hierbas de olor inusuales, chilacayote y alegría.

It's About Thyme
11726 Manchaca Road
Austin, TX 78748
512-280-1192
512-280-6356 fax
Una buena selección de plantas mexicanas. Dos especies del así llamado orégano mexicano (la *Poliomintha longiflora* común y la más dulce *Lippia graveolens*), hoja santa y epazote.

Native Seeds/Search
2509 North Campbell #325
Tucson, AZ 85719
602-327-9123
Semillas para epazote, chiles, tomatillos y otras hierbas de olor y plantas mexicanas.

Seeds of Change
P. O. Box 15700
Santa Fe, NM 87506-5700
505-438-8080
505-438-7052 fax
Semillas de reliquia de muchas hierbas de olor y planta mexicanas esenciales, incluyendo quelites, epazote y los tradicionales frijoles y maíz.

PRODUCTOS MEXICANOS EN GENERAL

Don Alfonso Foods
P. O. Box 201988
Austin, TX 78720
800-456-6100
800-765-7373 fax
Una fuente excelente de chile seco, chile puro molido, ingredientes mexicanos secos y enlatados, utensilios de cocina—incluyendo molcajetes, prensas para tortilla y tamaleras—y libros de cocina mexicanos.

The CMC Company
P. O. Box 322
Avalon, NJ 08202
800-262-2780
Un amplio surtido de chiles secos y enlatados, hojas de aguacate, masa harina, pasta de achiote, hierbas de olor mexicanas, camarón seco, piloncillo y chocolate mexicano; también utensilios de cocina, incluyendo comales y molcajetes.

Dean and DeLuca
Catalog Department
560 Broadway
New York, NY 10012
800-221-7714
Productos mexicanos y otros latinos, incluyendo muchas variedades de frijoles secos poco usuales, chiles y hierbas de olor. También pozole seco, semilla de calabaza y masa harina.

Santa Cruz Chile and Spice Company
P. O. Box 177
Tumacacori, AZ 85640
602-398-2591
Productores de productos de chile de Arizona. Muy amables, pero no aceptan tarjetas de crédito.

Santa Fe School of Cooking
116½ West San Francisco Street
Santa Fe, NM 87501
505-983-4511
505-983-7540 fax
Especialistas en productos de cocina nuevomexicanos.

FUENTES DE PRODUCTOS ESPECIALIZADOS

Elizabeth Berry
Gallina Canyon Ranch
P. O. Box 706
Abiquiú, NM 87510
Amplio surtido de frijoles de reliquia. Para pedir un catálogo, mande un dólar y un sobre de tamaño comercial con su nombre y dirección.

Peter Casados
P. O. Box 852
San Juan Pueblo, NM 87568
Los ingredientes especiales de Nuevo México.

Gazella Mexican Chocolate
3200 Corte Malposa No. 108
Camarillo, CA 93012
800-445-7744
Varias mezclas de chocolate mexicano tipo Oaxaca.

Herbs of Mexico
3903 Whittier Boulevard
Los Ángeles, CA 90023
213-261-2521
Muchas, muchas hierbas de olor mexicanas secas.

Mozzarella Company
2914 Elm Street
Dallas, TX 75226
800-798-2954
Quesos frescos mexicanos hechos a mano, incluyendo queso blanco y quesillo tipo Oaxaca. También quesos con sabor a chile ancho y epazote.

Reconocimientos de los permisos

página 31: reimpreso con permiso de Macmillan Publishing Company USA, a Simon & Schuster Macmillan Company, de *Food from My Heart* de Zarela Martinez. Derechos reservados © 1992 por Zarela Martinez.

página 44: Museum of New Mexico Press de *The Good Life*, de Fabiola Cabeza. Derechos reservados © 1949 por Fabiola Cabeza.

página 48: reimpreso con permiso de Garlic Press de *Go West: Autobiography of Carlos Andrea Dondero, 1842–1939*, de Carlos Andrea Dondero. Derechos reservados © 1992.

página 51: reimpreso con permiso de HarperCollins Publishers, Inc., de *The Cuisines of Mexico*, de Diana Kennedy. Derechos reservados © 1972 por Diana Kennedy. Derechos reservados de los dibujos © Harper & Row, Publishers, Inc.

página 63: reimpreso con permiso de Front and Center Press, Inc., de *Healthy Mexican Regional Cooking*, de Lotte Mendelsohn. Derechos reservados © 1995 por Lotte Mendelsohn.

páginas 87 y 354: autopublicado de *El Charro Café*, de Carlotta Flores. Derechos reservados © 1989 por Carlotta Flores.

página 111: "Tortillas Like Africa" de *Canto Familiar*, derechos reservados © 1995 por Gary Soto, reimpreso con permiso de Harcourt, Brace & Company.

página 143: reimpreso, con permiso, de *The Florentine Codex: General History of the Things of New Spain*, de Fray Bernardino de Sahagún. Book 8—Kings and Lords, pág. 39. Traducido al inglés por Arthur J. O. Anderson y Charles E. Dibble. Derechos reservados 1992 por School of American Research, Santa Fe, Nuevo México. Retraducido del azteca por Michael Coe.

página 163: reimpreso con permiso de Seton Press, Santa Fe, Nuevo México, de *New Mexico Tasty Recipes*, de Cleofas M. Jaramillo. Derechos reservados © 1942 por Cleofas M. Jaramillo.

páginas 205, 336, 350 y 384: reimpreso con permiso de General Store Publishing House de *Maria Elena's Mexican Cuisine*, de Maria Elena Lorens. Derechos reservados © 1989 por Maria Elena Lorens.

página 227: autopublicado de *Elena's Famous Mexican and Spanish Recipes*, de Elena Zelayeta. Derechos reservados © 1944 por Elena Zelayeta.

página 263: Mitford House de *Narrative of Some Things of New Spain and of the Great City of Tempestitan, Mexico*, de un Conquistador Anónimo, derechos reservados © 1972.

páginas 319 y 356: la receta y la variación reimpresas con permiso de Golden West Publishers, de *Mexican Desserts Cookbook*, de Socorro Muños Kimble e Irma Serrano Noriega. Derechos reservados © 1987 por Socorro Muños Kimble e Irma Serrano Noriega.

página 347: reimpreso con permiso de Penguin USA de *Days of Obligation: An Argument with My Mexican Father*, de Richard Rodriguez. Derechos reservados © 1993 por Richard Rodriguez.

Indice

Las referencias señaladas **en negrilla** indican las páginas donde se encontrarán las recetas.

A

D

E

F

G

H

I

J

M

N

P

Q

R

U

V

W

Equivalencias métricas

EQUIVALENCIAS DE MEDIDAS LÍQUIDAS Y SECAS

Sistema inglés (en EE.UU.)	*Sistema métrico*
¼ de cucharadita	1,25 mililitros
½ cucharadita	2,5 mililitros
1 cucharadita	5 mililitros
1 cucharada	15 mililitros
1 onza líquida	30 mililitros
¼ de taza	60 mililitros
⅓ de taza	80 mililitros
½ taza	120 mililitros
1 taza	240 mililitros
1 pinta (2 tazas)	480 mililitros
1 cuarto de galón (4 tazas)	960 mililitros (0,96 litros)
1 galón (4 cuartos de galón)	3,84 litros
1 onza (por peso)	28 gramos
¼ de libra (4 onzas)	114 gramos
1 libra (16 onzas)	454 gramos
2,2 libras	1 kilogramo (1000 gramos)

EQUIVALENCIAS DE TEMPERATURAS DEL HORNO

Descripción	*° Fahrenheit*	*° Celsius*
Tibio	200	90
Muy Lento	250	120
Lento	300–325	150–160
Muy Moderado	325–350	160–180
Moderado	350–375	180–190
Moderadamente Caliente	375–400	190–200
Caliente	400–450	200–230
Muy caliente	450–500	230–260

Cevis
708-317 50 05
Celect